中國學術思想 研究輯刊

六 編

林 慶 彰 主編

第26冊

康有爲《孔子改制考》研究

洪 鎰 昌 著

花木蘭文化出版社

國家圖書館出版品預行編目資料

康有為《孔子改制考》研究／洪鎰昌 著 — 初版 — 台北縣永
和市：花木蘭文化出版社，2009〔民 98〕
目 2+288 面；19×26 公分
（中國學術思想研究輯刊 六編：第 26 冊）
ISBN：978-986-254-077-0（精裝）
1.（周）孔丘 2.康有為 3.學術思想 4.儒學 5.先秦哲學
6.研究考訂
121.2   98015385

ISBN - 978-986-2540-77-0

9 789862 540770

中國學術思想研究輯刊
六 編 第二六冊   ISBN：978-986-254-077-0

康有爲《孔子改制考》研究

作　　者 洪鎰昌
主　　編 林慶彰
總 編 輯 杜潔祥
出　　版 花木蘭文化出版社
發 行 所 花木蘭文化出版社
發 行 人 高小娟
聯絡地址 台北縣永和市中正路五九五號七樓之三
　　　　 電話：02-2923-1455／傳眞：02-2923-1452
網　　址 http://www.huamulan.tw 信箱 sut81518@ms59.hinet.net
印　　刷 普羅文化出版廣告事業
封面設計 劉開工作室
初　　版 2009 年 9 月
定　　價 六編 30 冊（精裝）新台幣 50,000 元

康有爲《孔子改制考》研究

洪鎰昌　著

作者簡介

洪鎰昌，彰化縣人。民國 93 年 1 月，畢業於國立高雄師範大學國文學系博士班。曾任稻江科技暨管理學院文學創作與傳播學系專任助理教授兼主任；現任長庚技術學院通識教育中心專任助理教授。學術專長為哲理散文創作、現代小說研究與教學。最大的願望是自我完成並著作等身。

提　　要

　　光緒十八年（1892）康有為「選同學高才助纂焉」，開始編纂《孔子改制考》。經過六年，到了光緒二十三年（1897）冬，弟康廣仁於上海大同譯書局刊刻之。於翌年五月初一，進呈光緒皇帝。成為康氏變法思想主要的理論依據。在本書中，康氏將孔子塑造成一位「改革者」。蓋對中國人，尤其是傳統讀書人而言，最大的權威，莫過於孔子。所以如果能重塑孔子的形象，使其為清末中國維新運動代言，那麼對於變法改革的推行，必能增加說服力，並且減少阻力。《孔子改制考》就在這樣的動機底下完成的。《孔子改制考》計有二十一卷，其內容所牽涉的範圍，幾乎涵蓋了中國思想的主要範疇，以及思想的基本現象。如思想興起的背景、思想建立時「託古」技巧的運用、思想批評、流派建立與傳承、以及思想興衰之由等。故《孔子改制考》雖未能完成康氏最初撰述的主要目的，但隱約之中已囊括中國思想的重要議題，相當值得後人加以探究。

目

次

第一章　緒　論

第一節　研究動機

　　光緒二十四年（1898），戊戌政變之後，康有爲逃亡海外，結束了政治生涯的高峰期，同時《孔子改制考》亦遭到禁刊、焚毀的命運。其後，隨著清朝政權結束，民國成立，以及「民六復辟運動」的失敗，康有爲君主立憲的主張，被視爲「落伍」的象徵，而作爲變法理論基礎的《孔子改制考》，也跟著失去影響力與重要性。在熱烈掌聲之後，走下了舞臺，漸漸受到忽視與冷落。

　　然而若「不以成敗論英雄」，純就傳統經世濟民的思想而言。康氏將孔子塑造成清末的改革者，並對當時的政治、經濟、社會、教育文化等各方面，提出一套改革的方針與方向。這可說是對傳統學術思想的再運用，使傳統思想更具有彈性與力量，去面對，甚至領導新的時代。就這個角度而言，康有爲是成功的！而《孔子改制考》一書，就相當值得學術界給予重視，並加以研究探討。誠如蕭公權先生所云：

> 作爲一個「不設防」的人，康氏自有其缺點與錯誤，他並不是聖人。他的努力失敗，不能說是英雄。雖一度頗受人注目，但情況迅即轉變。歷史總是以現實的社會和政治標準衡量人。一個先知的預見不能成爲事實，便得不到掌聲。但是在思想的領域內，現實的裁判並不很相關。康有爲的改革與烏托邦思想，畢竟對中國思想史有重要貢獻。因爲此一貢獻，他將長受學界的重視。（《康有爲思想研究》，

頁35～36）

康氏在中國思想發展史上，必將佔有一席之地。單就《孔子改制考》而言，就相當具有學術價值。茲將其二十一卷目次，羅列於下：

上古茫昧無稽考第一

周末諸子並起創教考第二

諸子創教改制考第三

諸子改制託古考第四

諸子爭教互攻考第五

墨老弟子後學考第六

儒教爲孔子所創考第七

孔子爲制法之王考第八

孔子創儒教改制考第九

六經皆孔子改制所作考第十

孔子改制託古考第十一

孔子改制法堯舜文王考第十二

孔子改制弟子時人據舊制問難考第十三

諸子攻儒考第十四

墨老攻儒尤盛考第十五

儒墨爭教交攻考第十六

儒攻諸子考第十七

儒墨最盛並稱考第十八

魯國全從儒教考第十九

儒教偏傳天下戰國秦漢間尤盛考第二十

武帝後儒教一統考第二十一

〈僅就目次而言，即可看出本書所牽涉的範圍，幾乎涵蓋了中國思想的主要範疇，以及思想的基本現象。例如：

1. 卷一、二、三、七、八、九等，涉及到思想興起的背景，以及諸子思想的建立。其中，以「上古茫昧無稽」，作爲思想、文化的起源，乃至作爲解釋思想家立論時的「託古」背景，相當具有創意。

2. 卷四、十、十二等，考證諸子「託古」的運用。此一現象雖然早在東漢王充就曾提及，但以專篇加以討論的，則始於《孔子改制考》。

3. 卷五、十三、十四、十五、十六、十七等，提到諸子「互攻」，也就是思想批評的現象。

4. 卷六、十、十九、二十一等，除了提到思想流派的現象外，最重要的就是涉及思想之所以興盛的原因。

就以上《孔子改制考》所涉及的主題而言，不論在思想深度或廣度上，都相當具有研究的價值。故本文研究的動機，乃希望在康氏的基礎上，對《孔子改制考》作一分析、歸納，找出思想發展的相關理論，進而對中國思想的特質與現象，有一更爲深入的了解與詮釋。

第二節　《孔子改制考》主旨略述——《改子改制考·敘》要義

《孔子改制考》乃康有爲宣傳變法維新的主要作品。在本書中，他將孔子塑造成一位「改革者」。蓋對中國人，尤其是傳統讀書人而言，最大的權威，莫過於孔子。所以如果能重塑孔子的形象，使其爲清末中國維新運動代言，那麼對於變法改革的推行，必然能增加說服力，並且減少阻力。《孔子改制考》就在這樣的動機底下完成的。

本書刊於光緒二十三年（1897）。書中共分二十一卷，針對漢代之前的文獻，共計六十八種，作一徵引、考證。證明先秦諸子，尤其是孔子，曾創教、改制。並在當時的魯國付諸實現。到了漢武帝，孔教擊敗先秦諸教，而一統天下。本書的思想主旨，具見於書前的〈敘〉〔註1〕中。此〈敘〉說明了孔子「神格化」的「教主」角色，以及「三世進化」的「教義」等。可說是一篇簡略的「孔教發展史」。

一、孔教之「教主」

康氏將孔子塑造成一位「改制」的「新王」、「教主」。他已非《論語》或《史記》中所記載的樣子，而是康氏「神格化」之後的孔子。關於孔子的「身分」。根據《史記·孔子世家》的記載，「孔子布衣」、「孔子貧且賤」。曾擔任過的官職依序是「嘗爲季氏史」、「嘗爲司職吏」。魯定公八年，「以孔子爲中都宰」；隔年，「由中都宰爲司空」、「由司空爲大司寇」；到了定公十四年，孔

〔註1〕 1920年萬木草堂重刊本沒有序文，此〈敘〉乃從《不忍雜誌》第一冊錄出。

子五十六歲，「由大司寇行攝相事」。此後，孔子周遊列國十四年，最後回到魯國，「然魯終不能用孔子，孔子亦不求仕。」故就史實而言，孔子最高的職位爲「大司寇行攝相事」，終爲人臣，並沒有爲「王」的事實。然而，這是史實，也是史學家的看法，身爲公羊思想家的康有爲並不這樣認爲。《孔子改制考·敘》云：「天既哀大地生人之多艱，黑帝乃降精而救民患，爲神明，爲聖王，爲萬世作師，爲萬民作保，爲大地教主。」康氏認爲孔子乃天神下凡，下凡的目的在於普渡眾生。故理當爲神明、爲聖王、爲教主。

二、孔教之「教義」

孔子既爲一教主，創立「孔教」，理當有「教義」。「生于亂世，乃據亂世而立三世之法，而垂精太平。」即所謂「三世進化之義」。「三世」爲「據亂世」、「升平世」以及「太平世」。「三世」是一人類文明「進化」的歷程。康氏認爲人類的發展，就沿著這三個階段，由「據亂世」而「升平世」，最後到達人類文明的天堂——「太平世」。康氏對「太平世」有很深的企望：

> 教化大行，家給人足，無怨望忿怒之患，強弱〔□□〕之難，無殘賊妒疾之人。民修德而美好，被髮銜哺而游，毒蛇不螫，猛獸不搏，抵蟲不觸，朱草生，醴泉出，鳳凰麒麟遊于郊（椒）〔陬〕，囹圄空虛，畫衣裳而民不犯。

太平世是人類發展的最高，同時也是最後的境界。屆時，一切都是無法想像的美好。

「三世進化」的方向，「始于粗糲，終于精微」、「世運既變，治道斯移」，每一世都有其相應的制度。以政治爲例：「據亂世」代表政治最原始的狀況，崇尚君主，屬於「封建諸侯」的型態；到了「升平世」則進步爲「君民共主」，政府開始授民權、開議院；到了最後的「太平世」，也是政治發展的最高、最後階段。這時人民可以享有完全的自主權，「民主政治」成爲唯一的政治型態。〔註2〕制度乃隨著世代進化而變，這就是「孔子改制」的精義。

〔註2〕康有爲著：《孟子微·同民第十》云：「或民主，或君主，皆因民情所推戴，而爲天命所歸依，不能強也。亂世、升平世、太平世，皆有時命運遇，不能強致，大義則專爲國民。若其因時選革，或民主、或君主、或君民共主，迭爲變遷，皆必有之義，而不能少者也。即如今大地中，三法並存，大約據亂世尚君主，升平世尚君民共主，太平世尚民主矣。」

三、孔教之傳播

　　孔子的「三世進化之義」，爲全人類制定了全面進化的歷程，所以人們只要照著孔教主的規劃去做，就能夠逐漸進化，而至太平盛世。孔子將其救民的教義，書於六經，傳於七十弟子，〈敍〉云：

> 此制乎，……務在行仁，憂民憂以除民患而已。《易》之言曰：「書不盡言，言不盡意。」《詩》、《書》、《禮》、《樂》、《易》、《春秋》爲其書，口傳七十子後學爲其言。

六經當中，以《春秋》一經，最具有代表性；而後學弟子當中，以孟子、荀子最得真傳。

　　孔教既有優越的「三世進化之義」作爲教義，又有得力的門徒，如孟子、荀子等加以傳佈，造成「其後學散布天下，徒侶六萬。」（《孟子微·序》）「天下咸歸依孔子」的空前盛況。到了漢武帝時，更罷黜百家而獨尊儒術，使得儒教一統天下。

四、孔教之中輟

　　雖然在武帝時，孔教一統天下，盛況空前，但不久後，卻遭到王莽、劉歆君臣的迫害：

> 夫兩漢君臣、儒生，尊從《春秋》撥亂之制而雜以霸術，猶未盡行也。聖制萌芽，新歆遽出，僞《左》盛行，古文纂亂。于是削移孔子之經而爲周公，降孔子之聖王而爲先師，《公羊》之學廢，改制之義湮，三世之說微，太平之治，大同之樂，闇而不明，鬱而不發。

劉歆破壞的方法，乃是以僞作的古文經說，纂亂、替代孔教的今文經說；〔註3〕以《左傳》取代了《公羊》；尊周公而將孔子的地位，由「教主」降爲「先師」。這麼一來，對中華文化的發展，造成重大的傷害：

> 我華我夏，雜以魏、晉、隋、唐佛老、詞章之學，亂以氐、羌、突厥、契丹、蒙古之風，非惟不識太平，並求漢人撥亂之義亦乖剌而不可得，而中國之民遂二千年被暴主、夷狄之酷政。耗矣！哀矣！

孔子改制之義遂隨之湮沒，於是人類往太平的進化歷程被迫中斷。孔教發展

〔註3〕 關於劉歆對於孔教發展的破壞，康氏在另一名著，即《新學僞經考》加以「考證」證明。「新學」即爲新莽之學，爲劉歆所撰的古文經學，亦即是「僞經」。

的中輟，使得中華民族在漢代之後，遭到了空前的浩劫。

五、孔教之復興

　　到了宋代，朱子等理學家的出現，可說是儒學復興，「朱子生於大統絕學之後，揭鼓揚旗而發明之。」但是康有為認為還是有所「偏頗」。首先，朱子學說內容，重在「內聖」而少言「外王」，「知省身救過而少救民患」；其次，朱子學術不純，「雜以佛老」；再次，「其道觳苦」，由於重內聖、省身、節欲等佛老工夫，使其理論艱苦難行。所以朱子並未「全面」恢復聖教，只能算是「偏安」的局勢，「所以為治教者，亦僅如東周、劉蜀、蕭察之偏安而已。」

　　前人既皆無法恢復孔教，難道聖教就永遠沉淪嗎？行文至此，康有為相當感慨云：

> 大昏也，博夜也，冥冥汶汶，霧霧霧霧，重重錮昏，皎日墜淵。萬百億千縫掖俊民，跂跂脈脈而望，籌燈而求明，囊螢而自珍，然卒不聞孔子天地之全，太平之治，大同之樂。悲夫！

於是在一次神祕的經驗——夢的感召之下，康氏毅然擔負起提倡孔教，拯救生民的重責大任。「乃與門人數輩朝夕鈎撢」，努力八年，終於在光緒二十三年，戊戌變法前，完成了《孔子改制考》：

> 天哀生民，黙牖其明，白日流光，煥炳瑩晶。予小子夢執禮器而西行，乃睹此廣樂鈎天，復見宗廟百官之美富。門戶既得，乃掃荊榛而開塗徑，撥雲霧而覽日月，非復人間世矣。不敢隱匿大道，乃與門人數輩朝夕鈎撢，八年于茲，刪除繁蕪，就成簡要，為《改制考》（三十）〔二十一〕卷。

《孔子改制考》中之「考」者，乃是以清代盛行的考據法，來考證「孔子改制」的真實性，進而發揚孔教。

六、孔教發展方向

　　康氏以復興孔教自許。提倡孔教，除了發揚傳統儒家精神之外，最主要目的，在於改制、變法、救國。至於清末中國變法的方向，亦即三世進化的方向為何？按照康氏的規劃，乃是向西方學習。在《孔子改制考·敘》雖未明言，但依然有跡可循，如〈敘〉首記云：「孔子卒後二千三百七十六年」。〈敘〉

末，並有孔子紀年，「《孔子改制考》成書，去孔子之生二千四百四十九年也。」
〔註4〕這是模仿西方以耶穌出生作爲紀年的方式。同時整個孔教的模式與基督
教相當類似。「模仿是最高的讚美」，這同時也說明了，康氏宣揚孔教是爲了
改制變法，提倡西學進而與西方列強抗衡，拯救清末中國於內憂外患之中。

第三節 《孔子改制考》的編輯刊刻

　　根據《自編年譜》的記載，光緒十八年（1892）康有爲所編著的書籍甚
多，而其中體裁最爲博大者，即爲《孔子改制考》。或許因編纂工作的繁重，
所以他「選同學高才助纂焉」，指派資優的學生，如陳千秋、曹泰等幫忙蒐集
資料。如此一來，則可確定本書的編纂始於是年，然而續云：

> 是書體裁博大，自丙戌年與陳慶笙議修改《五禮通考》，始屬稿，及
> 己丑在京師，既謝國事，又爲之，是年編次甚多，選同學諸子分葺
> 焉。

「丙戌年」爲光緒十二年（1886），而己丑年爲光緒十五年（1889）。按《自
編年譜》光緒十二年，康氏所著書籍爲《康子》（內、外篇）〔註5〕、《公理書》、
《教學通議》、《韻學厄言》（「既而棄之」），除此之外，他將學習的重點，放
在西學方面以及「新曆法」的編定上。並未提到任何與「孔子改制」相關的
事宜。至於最早提到與本書主題有關的思想，爲光緒十年（甲申，1884），有
「推太平之世」、「以三世推將來」等語；光緒十三年（1887，丁亥）：

> 續作內外篇，兼涉西學，以經與諸子，推明太古洪水折木之事，中
> 國始於夏禹之理，諸侯猶今土司，帝霸乘權，皆有天下，三代舊事
> 舊制，猶未文明之故，推孔子據亂、升平、太平之理。

其中，「中國始於夏禹之理」、「三代舊事舊制，猶未文明之故。」這個說法，
乃屬於《孔子改制考》卷一〈上古茫昧無稽考〉中的概念；又「推孔子據亂、
升平、太平之理」，此爲孔子改制的「三世進化之義」。光緒十四年，康氏居
於京師汗漫舫，「發古文經之僞，明今學之正。」可見思想的蘊釀乃漫長而漸
進的。〔註6〕由於之前，「孔子改制」的相關思想，多爲零星的記載，直到光

〔註4〕 此以孔子的出生作爲紀元，孔子生於西元 551 年。光緒二十四年，正值西元
　　　 1898 年。正是「去孔子之生」2449 年。

〔註5〕 康子分爲兩大部分，即內、外篇，「內篇言天地人物之理，外篇言政教藝樂之事。」

〔註6〕 一般學者，包括康氏的弟子梁啓超等，多認爲「孔子改制」的思想，乃是在

緒十八年，才有正式的書名，提出本書的五大主旨：

一、孔子定說。以《春秋公羊》、董氏《繁露》、《禮・王制》、《論語》、《孟子》、《荀子》爲主。

二、三統說。孔子每立一制，皆有三統，若建子、建寅、建丑；尚白、尚黑、尚赤；雞鳴、平旦、日午爲朔。託之夏、殷、周者，制雖異而同爲孔子之正說，皆可從也。

三、存舊。周初遺制，諸國舊俗，皆雜見於諸子，而管子最多，劉歆所採以爲禮者，然可以考舊制，故次焉。

四、闢僞。劉歆僞撰《周禮》、《左傳》及諸古文之說，向來竄亂於諸經中者，辭而闢之。

五、傳謬。自劉歆以後，諸儒展轉附會訛傳者。

又《孔子改制考・敘》中，康氏云：

> 不敢隱匿大道，乃與門人數輩朝夕鉤撢，八年于茲，刪除繁蕪，就成簡要，爲《改制考》三十卷。〔註7〕……《孔子改制考》成書，去孔子之生二千四百四十九年也。光緒二十四年，正月，元日，南海康有爲廣廈記。

以光緒二十四年，往前算八年，當爲光緒十七年，然而由於寫〈敘〉時，乃二十四年的正月元日，或許不應算一年，那麼由二十三年往前推，爲光緒十六年。可見康氏在何時開始編纂《孔子改制考》，自己的記載，亦夾雜不清。但一般學者皆暫定爲光緒十八年。

經過六年的編纂，到了光緒二十三年（1897）冬，弟康廣仁於上海大同譯書局刊刻《孔子改制考》。於翌年五月初一，進呈光緒皇帝。並建議：

> 開孔教會，以衍聖公爲會長，聽天下人入會，令天主耶穌各立會長與議教律。凡有教案，歸教會中按照議定教律商辦，國家不與聞。……
> 請聽沿邊口岸准用孔子紀年。

然而，隨著德宗光緒皇帝詔定國是，決心變法之後，康氏樹大招風，而受到部分舊黨人士的壓抑，《孔子改制考》也就成了攻擊的重點。如湖南巡撫陳寶箴，在康氏受光緒召見之後，上〈請釐正學術造就人才摺〉，論及康氏爲人，

光緒十六年，受到廖平啓發之後的結果。關於這個問題，在本論文的後半，將有專門篇章加以探討。

〔註7〕《改制考》「三十卷」者，應爲「二十一卷」。

及其所著《孔子改制考》云：

> 臣嘗聞工部主事康有爲之爲人博學多材，盛名幾遍天下，譽之者有
> 人，毀之者尤有人，……及徐考其所以然，則皆由於康有爲平日所
> 著《孔子改制》一書，……當康有爲年少時，其所見譯出西書有限，
> 或未能深究教主之害，與其流極所至，其著爲此書，……而民權平
> 等之說熾矣。甚或逞其橫議，幾若不知有君臣父子之大防。（《戊戌
> 政變人物傳稿・陳寶箴》）

康氏嚮往西學，並希望西方政治制度等，能在中國實現，故依照他規劃的孔子「三世進化之義」，政治制度的「演化」，由君主集權、君民共主、最後達到民主政治。這樣的歷程，明顯地看出君民權力的消長，就清末的大臣而言，這樣的觀念，當然屬「大逆不道」。所以沈氏批評「孔子改制」的說法，將招致「民權平等」，乃至「不知有君臣父子之大防」等說法，基本上是正確的。之所以造成批評，主要是角度的不同，康氏站在人民，乃至於中國；相對地，沈氏則站在君主的利益上著想。因此，他建議朝廷：「可否特降諭旨，飭下康有爲即將所著《孔子改制考》一書版本自行銷燬。」沈氏摺上後，孫家鼐奏覆云：「陳寶箴請銷燬其書，正欲保全其人。」「願皇上采察其言，而徐察其人品心術，果能如陳寶箴所言，更事漸多，知非進德，於愛惜人才之中，仍不失釐正學術之意。」（《翼教叢編》卷一）又當時張之洞著《勸學篇》，內外共二十四篇。旨在「辨上下，定民志，斥民權之亂政也。」也是針對《孔子改制考》而來的。可見他們皆認爲「孔子改制」爲「異說」，有敗壞學術之虞。而且孫氏更進一步認爲：「其孔子素王考乃自爲教王、民主。」並於五月二十九日，上摺彈劾之。但是，光緒並未採納這些建議。然而此書終究於戊戌政變、庚子拳亂，兩度奉旨「焚板禁行」。

第四節　《孔子改制考》的篇章結構

本書共分爲二十一卷。每一卷的篇章結構，大同小異。主要分爲四部分。

一、目　次

在卷名後，往往接有目次，排列本卷考證的主題、對象、以及先後的次序。以卷二爲例，其卷首的目次爲：

諸子並起創教總義

子桑伯子創教

原壤創教

棘子成創教

管子創教

晏子創教

少正卯創教

許行創教

白圭創教

陳仲子創教

墨家創教

道家創教

法家創教

名家創教

陰陽家創教

縱橫家創教

兵家創教

本卷卷名爲〈周末諸子並起創教考〉，所以目次，羅列「創教」諸子的名單。然而順序的前後，似乎看不出有任何特別的意義。

　　本書二十一卷中，並非每一卷皆有目次，有目次者，依序爲卷二、三、四、五、七、八、十二、十三、十四、十七、十九、二十、二十一等，共計十三卷；至於無目次者，分別爲卷一、六、九、十、十一、十五、十六、十八等，共計八卷。除了卷一內容爲「上古茫昧無稽考」，可以統而言之，不必分項，列出目次；其他七卷，似乎皆可有目次，如卷六〈墨老弟子後學考〉，在卷首雖無目次羅列，但在其後的徵引文獻中，還是有項目之分，將墨子、老子二家的弟子後學，先以「戰國」、「西漢」、「東漢」等三期，分爲「戰國墨子後學」、「西漢墨子後學」、「東漢墨子後學」；「戰國老子後學」、「西漢老子後學」、「東漢老子後學」；其後每一期，又有細分，如「戰國墨子後學」又有「禽滑釐、許犯、田繫、索盧參」；「孟勝、田襄子、徐弱」；「公孫龍、桓團、惠施、黃繚」、「程繁」、「荊耕柱」「管黔游、高石子」……等等。然康氏未於卷首列上目次，不知有何深意？或者不過是一時疏漏？或刻刊遺漏等？不得其詳。

二、緒　論

在目次之後，接著有一段緒論，作爲本卷主旨的呈述。如卷九〈孔子創儒教改制考〉「緒論」爲：

> 凡大地教主，無不改制立法也，諸子已然矣。中國義理制度皆立於孔子，弟子受其道而傳其教，以行之天下，移易其舊俗。若冠服、三年喪、親迎、井田、學校、選舉，尤其大而著者。今採傳記發其一隅，以待學者引伸觸長焉，其詳別爲專書矣。

不同於目次，在二十一卷中，每卷開頭皆有「緒論」。

三、徵引文獻

康氏以徵引漢代之前的文獻，證明「孔子改制」，所以「徵引文獻」可以說是本書的正文，據統計，本書共徵引文獻二千零六十條。二十一卷，每一卷徵引條數皆不相同，茲製成表格如下：

表 1-1　徵引文獻條數歸納表（依卷數前後排序）

卷數	卷　　名	引文條數	百分比
1	上古茫昧無稽考	23	1.12
2	周末諸子並起創教考	72	3.50
3	諸子創教改制考	56	2.72
4	諸子改制託古考	168	8.16
5	諸子爭教互攻考	37	1.80
6	墨老弟子後學考	141	6.84
7	儒教爲孔子所創考	145	7.04
8	孔子爲制法之王考	106	5.15
9	孔子創儒教改制考	95	4.61
10	六經皆孔子改制所作考	74	3.59
11	孔子改制託古考	82	3.98
12	孔子改制法堯舜文王考	99	4.81
13	孔子改制弟子時人據舊制問難考	29	1.41
14	諸子攻儒考	144	6.99
15	墨老攻儒尤盛考	57	2.77
16	儒墨爭教交攻考	54	2.62

17	儒攻諸子考	86	4.17
18	儒墨最盛並稱考	53	2.57
19	魯國全從儒教考	36	1.75
20	儒教偏傳天下戰國秦漢間尤盛考	102	4.95
21	武帝後儒教一統考	401	19.47
合　　計		2,060	100.02

若將二十一卷，以徵引條數的多寡加以排序，則如下表：

表1-2　徵引文獻條數歸納表（依百分比多寡排序）

卷數	卷　　　名	引文條數	百分比
21	武帝後儒教一統考	401	19.47
4	諸子改制託古考	168	8.16
7	儒教爲孔子所創考	145	7.04
14	諸子攻儒考	144	6.99
6	墨老弟子後學考	141	6.84
8	孔子爲制法之王考	106	5.15
20	儒教偏傳天下戰國秦漢間尤盛考	102	4.95
12	孔子改制法堯舜文王考	99	4.81
9	孔子創儒教改制考	95	4.61
17	儒攻諸子考	86	4.17
11	孔子改制託古考	82	3.98
10	六經皆孔子改制所作考	74	3.59
2	周末諸子並起創教考	72	3.50
15	墨老攻儒尤盛考	57	2.77
3	諸子創教改制考	56	2.72
16	儒墨爭教交攻考	54	2.62
18	儒墨最盛並稱考	53	2.57
5	諸子爭教互攻考	37	1.80
19	魯國全從儒教考	36	1.75
13	孔子改制弟子時人據舊制問難考	29	1.41
1	上古茫昧無稽考	23	1.12
合　　計		2,060	100.02

　　由上表可知，卷二十一〈武帝後儒教一統考〉，徵引文獻的條數，多達四百零一條，爲最多。而最少者爲卷一〈上古茫昧無稽考〉，僅二十三條。這或許也間接證明，由於上古「茫昧」，相對地，文獻的相關記載也不多，故無從稽考。

　　《孔子改制考》一書，其中所徵引的古籍，計有六十八種。茲以古籍被徵引次數的多寡排序如下表：

表 1-3　**徵引書目歸納表**（依古籍被徵引次數多寡排序）

序	書　　名	引用次數	百分比
1	後漢書	258	12.52
2	史記	225	10.92
3	漢書	192	9.32
4	論衡	156	7.57
5	墨子	120	5.83
6	莊子	104	5.05
7	孟子	104	5.05
8	淮南子	94	4.56
9	荀子	88	4.27
10	韓非子	83	4.03
11	鹽鐵論	81	3.93
12	呂氏春秋	59	2.86
13	論語	51	2.48
14	公羊	46	2.23
15	禮記	46	2.23
16	春秋繁露	35	1.70
17	列子	33	1.60
18	管子	24	1.17
19	春秋緯	21	1.02
20	說苑	20	0.97
21	樂緯	15	0.73
22	孔叢子	15	0.73
23	尸子	14	0.68
24	尚書緯	13	0.63
25	晏子春秋	11	0.53
26	法言	11	0.53
27	其他（共四十二種）	141	6.84

　　由上表可見，排行前三名的，分別爲《後漢書》、《史記》、《漢書》，皆爲史書。

　　據康氏的說法，到了漢代，諸子流派中尚存者，以儒家最盛，所以相關的人物、事件記載亦多。如卷二十一〈武帝後儒教一統考〉，其中所徵引的文獻，計有四百零一條，佔所徵引文獻的百分之十九點四七，佔了將近五分之一，而這麼重的份量，主要來自三部史書，尤其是《後漢書》。所以若以篇章徵引的次數而言，則以《後漢書・儒林列傳》居冠，其次則爲《漢書・儒林列傳》。茲將篇章引用次數前三十名，列表如下：

表1-4　徵引篇章歸納表（依篇章被徵引次數多寡排序）

序	書　　名	引用次數
1	《後漢書・儒林列傳》	46
2	《漢書・儒林列傳》	39
3	《孟子・滕文公》	36
4	《史記・太史公自序》	27
5	《墨子・公孟》	26
6	《公羊》隱元年《傳》	23
7	《禮記・檀弓》	22
8	《墨子・非儒》	19
9	《韓非子・顯學》	19
10	《史記・儒林列傳》	19
11	《孟子・盡心》	19
12	《淮南子・氾論訓》	19
13	《孟子・告子》	17
14	《荀子・禮論》	17
15	《淮南子・齊俗訓》	16
16	《韓非子・五蠹》	14
17	《史記・秦始皇本紀》	13
18	《列子・楊朱》	13
19	《論語・憲問》	13
20	《孟子・離婁》	12
21	《後漢書・循吏列傳》	12
22	《繁露・三代改制》	12
23	《漢書・藝文志》	12
24	《荀子・正論》	11

25	《莊子・天運》	10
26	《樂緯・動聲儀》	10
27	《論衡・程材》	10
28	《論衡・儒增》	10
29	《韓非子・外儲說》	10
30	《鹽鐵論・相刺》	10

四、註　文

在徵引文獻之後，康氏往往加註。本書註文條數，計有六百七十九條，相較於二千多條的引文，可見並非每條引文之後，皆有註文。加註與否，幾乎無規則可言。茲將每卷註文，加以統計，製表如下：

表 1-5　註文條數歸納表（依註文條數多寡排序）

卷數	卷　　　名	註文條數	百分比	引文條數
4	諸子改制託古考	82	12.08	168
14	諸子攻儒考	80	11.78	144
9	孔子創儒教改制考	59	8.69	95
8	孔子爲制法之王考	48	7.07	106
6	墨老弟子後學考	46	6.77	141
7	儒教爲孔子所創考	46	6.77	145
11	孔子改制託古考	43	6.33	82
10	六經皆孔子改制所作考	31	4.57	74
17	儒攻諸子考	29	4.27	86
12	孔子改制法堯舜文王考	28	4.12	99
13	孔子改制弟子時人據舊制問難考	25	3.68	29
16	儒墨爭教交攻考	24	3.53	54
5	諸子爭教互攻考	21	3.09	37
20	儒教偏傳天下戰國秦漢間尤盛考	21	3.09	102
18	儒墨最盛並稱考	20	2.95	53
21	武帝後儒教一統考	20	2.95	401
15	墨老攻儒尤盛考	16	2.36	57
1	上古茫昧無稽考	16	2.36	23
19	魯國全從儒教考	13	1.91	36
3	諸子創教改制考	10	1.47	56
2	周末諸子並起創教考	1	0.15	72
合　　　計		679	99.99	2,060

　　由上表的統計數字，可以看出兩個特色。首先，大體而言，註文的多寡，大致上與引文成正比。但不盡然，如引文最多的卷二十一，註文只有二十條。這種現象乃是因爲該卷的引文，主要出自《後書・儒林列傳》，徵引其中的人物或事件，只要徵引足夠，自能說明本卷主旨，即「武帝後儒教一統」，故不需要多加註釋；其次，卷二〈周末諸子並起創教考〉，於徵引《論語・憲問》：「或曰：『以德報怨，何如？』子曰：『何以報德？以直報怨，以德報德。』」註云：「以德報怨，其學出於老子。」全卷七十二條引文，只有此十字的註文，相當突兀。尤其相對於卷七〈儒教爲孔子所創考〉，註文則多達四十六條，排名第五。可見諸子人數雖有十六位之多，但比不上孔子一人的「創教」，來得吸引康有爲的青睞。這說明了在本書中，孔子才是主角，諸子並非康氏著作本書的重點，不論在「創教」、「改制」、或者「託古」等方面。那麼爲何不將全部的篇幅用來考證「孔子改制」，而先考證「諸子創教改制」？先諸子後孔子的主要原因，在於諸子既然都可創教改制，那麼孔子爲何不能？如卷三〈諸子創教改制考〉「緒論」云：

> 孔子改制之說，自今學廢沒，古學盛行後，迷惑人心，人多疑之。吾今不與言孔子，請攷諸子，諸子何一不改制哉？……今揭諸子改制之說。諸子之改制明，況大聖制作之孔子，坐睹亂世，忍不損益，撥而反之正乎？

可見在本書中，康氏只是將諸子視爲「背景」的功能，重點乃在襯托孔子，所謂「凡大地教主，無不改制立法也，諸子已然矣。」（卷九）何況「孔子爲諸子之卓，豈不然哉？」（卷二）本書前五卷先考諸子，卷七後則專談孔子創教改制，如此一來讀者對於孔子創教、改制、託古等，就容易接受，而不顯得特別突兀。

第五節　本論文的章節安排

　　本文主要分爲十一章。第一章爲〈緒論〉。第一節，說明本文的研究動機；第二節，略述《孔子改制考》的主旨。這樣安排的目的，乃基於假設讀者從未接觸過本書，故如果能在本文緒論中，對《孔子改制考》主旨先做一略述。如此一來，在翻閱往後的章節時，就有一基本的概念，也比較容易掌握；第三節，敘述《孔子改制考》的編輯與付梓的過程；第四節，介紹本書的形式

結構，並透過對徵引文獻的統計，希望歸納出有用的相關資訊；第五節，說明本論文章節安排的目的。說明本文的篇章結構、目次安排的原因。

第二章〈康有爲生平及其變法歷程〉。主要對康有爲的生平，以及提倡維新運動的歷程，作一概略的介紹。本文並未將「時代背景」，單獨列爲一章。蓋當代大事或歷史事件，每個人的解讀不同，甚至有的思想家根本不以爲意，故如果僅泛論清末，乃至於清中葉以來的歷史，作爲「時代背景」一章，那麼將使本論文節奏顯得鬆散。故本章以《康南海自編年譜》爲主，並將與康氏有關的時代事件，穿插於本章之中。

第三章〈論思想啓發——《孔子改制考》與廖平《知聖篇》的關係〉。探討康氏《孔子改制考》的思想淵源，也就思想啓發的問題。既然是思想「淵源」，那麼它的位置就應在思想「形成」之前，在探討《孔子改制考》所有相關的問題之前。一般學者認爲《孔子改制考》主要受到廖平《知聖篇》的影響。本章由思想形成的歷程，來探討這個問題。

由第四章起，至第九章止，計有六章，乃本論文的主要重點。分別爲第四章〈先秦諸子思想的崛起〉、第五章〈先秦諸子的互攻與傳承〉、第六章〈孔子的創教〉、第七章〈孔子改制託古〉、第八章〈孔教與諸子的互攻〉、第九章〈孔教的興盛〉。在這六章當中，分別將《孔子改制考》二十一卷作一分類。分別探討康氏所謂先秦諸子思想的崛起、託古、批評、傳承、以及興盛。第四章〈先秦諸子思想的崛起〉、第五章〈先秦諸子的互攻與傳承〉，對象爲先秦諸子，不包含孔子；由第六章起至第九章止，計有四章則專論孔子。這是康氏著作本書的主要目的與重點，但它所牽涉的思想現象，與前五卷中的諸子無異，依然有「崛起」、「託古」、「互攻」、「後學」、以及「興盛」等現象。理論上，既然是專談孔子，應合爲一章，但本論文給予四章的篇幅，主要原因在於，一來這一部分，乃康氏的重點，若只安排一章，似乎無法呼應、彰顯康氏著書的目的；二來，《孔子改制考》中，談論孔子部分，由卷七至卷二十一，共十五卷，佔本書所有卷數的七成以上，若本論文只以一章的篇幅探討，又顯得與原著，在份量不能相應。

第十章〈康有爲與孔教運動〉。探討康氏對孔教的塑造。當然這可由主、客觀等方面加以探討。主觀方面，探討康有爲救世的理想，亦即是宗教情操；客觀方面，探討孔教的組成要素，如「教主」、「教義」、「聖經」、「門徒」等。最後一節，則敘述提倡孔教爲國教的歷程。

　　第十一章〈結論〉。誠如蕭公權先生在所云：「康有爲的改革與烏托邦思想，畢竟對中國思想史有重要貢獻。因爲此一貢獻，他將長受學界的重視。」（《康有爲思想研究》，頁 36）所以本章總結《孔子改制考》二十一卷當中，康氏考據論證的缺失，以及與思想相關的議題，加以整理、略述。目前本人的能力僅止於此！但希望這些思想議題，能夠成爲博士後研究的基礎與方向。

第二章　康有爲生平及其變法歷程

第一節　康有爲家世背景及求學歷程

康有爲，別名「祖貽」〔註1〕（或作「祖詒」）。字「廣廈」，號「長素」〔註2〕，清咸豐八年（1858，一）〔註3〕二月初五日，生於廣東省南海縣西樵山北之銀塘鄉（又名「蘇村」）敦仁里老屋中。《康南海自編年譜》云：

> 太宜人胎十一月而生，時已有女兄二人，長者殤矣。祖父母望孫切矣。於時連州公〔註4〕官欽州學正，聞而欣喜，錫名曰「有欽」。在遠寄未及至，伯祖知府公名之曰「有爲」。〔註5〕

〔註1〕 「祖貽」之名，因其祖「贊修」於光緒三年五月，連州水災殉職，康氏獲賜廕監生，其赴試名「祖貽」者，殆取義於此，蓋紀念乃祖也。

〔註2〕 除了「長素」之外，又先後自號爲「明夷」、「更生」、「更甡」、「天遊化人」、「西樵山人」、「南海老人」、「廣東南海人」等。關於「長素」者，或謂「目無孔聖，長於素王」，如葉德輝謂其「自稱長素，僭擬素王，欲奪尼山一席」云云。康氏嘗謂：「思入無方，行必素位，弱不好弄，長實素心，生平最愛用素之義，故以長素自號。」（《康有爲與戊戌變法》，頁15）故應爲「長（ㄔㄤˊ）素」而非「長（ㄓㄤˇ）素」。

〔註3〕 本章紀年的方式，在清帝年號之後，附以括號，標明西元，以及康氏當時的年紀。

〔註4〕 康有爲祖父，諱「以乾」，字「贊修」，號「述之」。生於嘉慶十二年。道光丙午舉人，世傳理學，好德篤行。歷任廉州、合浦、連州教導、欽州學正，有教澤。光緒三年（1877，康二十歲），夏泛拯溺，舟沒殉難，享壽七十一歲。祀於欽州賓興館，連州昭忠祠，三世皆有傳載南海縣志。（詳見康有爲著：〈誥封奉直大夫敕授文林郎升用教授贈教諭銜連州訓導康公行狀〉）

〔註5〕 按「有爲」之名，近人有指其「欲有所爲而爲之」，甚有謂其寓有「富有」、「貴

關於自己的祖先，康有爲頗爲自豪地說：「吾家自九世祖惟卿公爲士人，至於吾爲二十一世，凡爲士人十三世矣。……吾家實以教授世其家。」這個說法並不完全正確。根據〈康氏家廟碑〉的記載，十三世族人中，學者所佔的比例，並未比從事其他行業的來得高。〔註6〕但這至少可以看出康氏對自己的期許。

在族人當中，康氏最感激的有二人。一是叔祖國熹，〔註7〕以布衣募集壯士，與紅巾戰，平定南海、三水、高要、高明四縣賊，以軍功而受知於左宗棠。懿修雖非學者，然亦好學，善詩文，藏書萬卷，康氏自小涉獵，自謂「得博群籍，賴公書」；另一人是國器（字友之），即懿修之幼弟。咸豐三年，太平軍入侵江西時，「募兵拒賊」。不久轉戰於江、浙、閩、粵間，所向有功。累遷至廣西布政使、護理廣西巡撫，乃族人中唯一得此殊榮者，故康氏謂：「吾宗大自公爲之」。國器晚年衣錦還鄉後，大興土木，建澹如樓、二萬卷樓等。故國熹有萬卷書供康氏閱讀，國器則提供了優越的讀書環境。光緒十年（1884、二七）康氏在思想上有所啓悟，即在澹如樓中。

康氏很少提及他的父親。〔註8〕之所以如此，在於幼年時，其父多遊宦福建和江西兩省，而且在康氏十一歲時，即去世。這對幼年的康有爲而言，無異是一重大打擊。這個打擊不僅是心理，同時也波及到生計：

> 同治七年正月二十日知縣公卒，侍疾彌留，跪聆遺訓，諭以立志勉學，教以孝親，友愛姊弟，追思音容，淚下若糜。……知縣公既逝，家計驟絀，僅用一婢，老母寡居，手挽幼弟，與諸姊妹治井灶之事，爲生平未有之勞焉。

一家生計的擔子都落在寡母身上。康氏與母親及幼弟在不寬裕的情況下，共住了幾年。光緒六年（1880、二三）時，窮得「不能出游，不能購書，乃至無筆墨」。

爲」之意，即「富有四海」、「貴爲天子」，寓帝王思想。然「有爲」之「有」乃兄弟排輩用字，如胞弟「有溥」（字「廣仁」，號「幼博」），季弟「有霈」（字「廣澤」，號「季雨」）、堂弟「有銘」等，可證其名確屬輩分稱謂，並無他義。

〔註6〕 關於康氏祖先的狀況，請參考蕭公權：《康有爲思想研究》頁3～9，吳天任撰：《康有爲先生年譜》頁3～6，皆有詳細的描述。

〔註7〕 從祖國熹，又名懿修，號種芝（一作「之」）。

〔註8〕 父名達初，字植謀，號少農，又名致祥。嘗從朱九江先生學。從友之公討賊於閩，戎馬五年，以功官提舉銜江西補用知縣，將到任，喘病大作，綿頓累年，同治七年正月卒，年僅三十八。

康氏的的祖父、叔伯們負起他早年讀書的責任。他與祖父連州公，尤其親近。由於是長孫且早慧的緣故，特別受到垂愛。同治七年（1867、十）春天，父親剛去世不久，康氏即開始積極讀書。《自編年譜》云：

> 既孤三月，遂從先祖於連州官舍，連州公日夜摩導以儒先高義、文學條理，始覽《綱鑑》知古今，次觀《大清會典》、《東華錄》而知掌故，遂讀《明史》、《三國志》。六月為詩文皆成篇。於時神鋒開豁，好學敏銳。日昃室闇，執卷倚簷柱，就光而讀，夜或申旦，務盡卷帙。先祖聞之，戒令就寢，猶籌燈如豆於帳中，隱而讀書焉。
> 頻閱《邸報》，覽〔註9〕知朝事，知曾文正、駱文忠、左文襄之業，而慷慨有遠志矣。

就一個年僅十一歲的小孩而言，這段描述顯得「突兀」。首先，康氏的求知慾可說相當強烈而廣泛的；其次，「六月為詩文皆成篇」，可以看出他的早慧；再次，這時已滿懷經世濟民，成就一番事業的遠志了。

一年之後，即同治八年（1869、十二）。康氏隨著祖父到連州官舍。在連州，他獲得相當的自信，不但傲視同儕，「俛接州中諸生，大有霸視之氣。」更得到長輩的賞賜與注目：

> 與州中諸生接，論文談事，禮容猶然。五月觀競渡，賦詩二十韻，州吏目金公稱為神童，贈漆硯盤筆盒數事，州人屬目焉。暇日輒從連州公游諸名勝，如北山寺石之奇，大雲巖之奧，……皆有賦詩。

由於本身的早慧，以及長輩的肯定，使得康氏處處自比於古人，「於時動希古人，某事輒自以為南軒，某文輒自以為東坡，某念輒自以為六祖、邱長春矣。」在這志得意滿的生活中，唯一令康氏感到挫折的是學八股文與考試。同治八年（1869、十二），祖父開始教寫作制藝文。他「援筆輒成，但不好之，不工也。」隔年七月，隨著祖父調回廣州。在學作八股文方面，給了他更大的壓力，「先祖以予不好八股文，於時專責為此業。」同治十年（1871、十四），回到故鄉西樵之銀塘鄉，此時正好，叔祖國器的澹如樓、二萬卷書樓剛落成，康氏悠游其中，並浸淫在國熹（國器兄）的豐富藏書中：

> 時從祖友之公（國器）新築園林，藏書於澹如樓及二萬卷書樓中。
> 兩樓對峙，中間亭沼，花木頗盛，有古檜七株，數百年物也。建幽

〔註9〕 「覽」，吳天任本或作「藉」，而蕭公權引文「覽知朝事」，則少一「覽」字而為「知朝事」。

室曰七檜軒，導以飛橋爲虹福臺。種芝公（國熹）書最多，庋藏其間。於時讀書園中，縱觀說部、集部，昆弟聚學，有詩酒之懽。

回到家鄉後，康氏跟著叔父竹孫公（名達節，叔祖國熹之子）學爲文。「是年始試童子試」，然考場失利。這可說是康氏讀書學文以來，首次的挫敗。隔年，「在鄉從楊仁山先生（名學華，壬子副榜）學。再應童子試不售。」於是老師給予更多的壓力，「於時專督責爲八股小題文，性不好也。」寫不好八股文，主要是個性使然，可見康氏相當具有個性，即使有外在的壓力，也不輕易妥協；同時有創意，敢於叛逆、反對傳統的價值。他對於這兩年來的結論是──「兩年費日於試事及八股，進學最寡矣。」十五歲的他，雖然還不完全確定將來的方向，但傳統士人的讀書－應試－當官的求學歷程，並不能引起他的興趣，反而心生反感，「試事」與「八股」和自己爲學的目的是相反的，所以前者努力愈多，後者的收穫就愈少。

同治十二年（1873、十六）康氏改從張賚臣（諱公輔）學爲文。雖然換了教師，但卻未嘗改變他對時文的排斥，反而更加厭惡，「時文體尚路德派，最惡厭之，乃盡舍去。」「於時益吐棄八股，名爲學文，絕不一作。」這樣的結果，招來長輩們的責難，並向連州公告狀，「諸父極責，大詰之先祖前，乃出『君子有九思，至忿思難』一題，援筆爲十六小講，各有警語，連州公稱之，乃不深責。於是乃始稍從事八股。」可見康氏對於八股的寫作，非不能也，乃不爲也。光緒元年（1875、十八）「從呂拔湖先生學文。是時督責甚嚴，專事八股，一切學皆舍去。」這樣全心投入，並未獲得預期的效果，「是年應鄉試不售，憤學業之無成。」隔年的鄉試又失利了！這樣的打擊是深刻而痛苦的，但令人欣慰的，就在考試不久後，他找到了生命中第一位，也是最後一位令他心悅誠服的導師──朱九江。〔註10〕朱先生曾經教過康氏的父親，甚至祖父輩，「父少農公與從伯彝仲公、從叔竹孫公皆曾捧扙受業，今以回、參之列，辟咺受業，而朱先生則年七十矣。」關於老師的講課方式，「登堂講學，不挾一卷，而引證群書，貫穿諷誦，不遺隻字，學者錄之即可成書，今所傳《禮山講義》是也。」「生平動止有法，進退有度，強記、博聞，每議一

〔註10〕關於朱九江生平，《自編年譜》記云：「朱先生諱次琦，號子襄，道光丁未進士，出爲山西襄陵令，百九十日，惠政大行，縣人祀焉。棄官歸，講學於邑之九江鄉禮山草堂，學者稱九江先生，三十年累徵不出。碩德高行，博極群書，其品詣學術，在涑水、東萊之間，與國朝亭林、船山爲近，而德器過之。」

事，論一學，貫串今故，能舉其詞，發先聖大道之本，舉修己愛人之義，掃去漢宋之門戶，而歸宗於孔子。」可見朱先生學有所成，且能融會貫通，不囿於當時的學派，故與當時的學風有所不同：

> 當是時，漢學方興，餖飣爲工，獵瑣文而忘大義，先生獨不蔽於俗，勵節行於後漢，探義理於宋人，既則舍漢釋宋，發先聖大道之本，修己愛人之義，一以孔子爲歸，清代二百年來，大賢臣儒，實未之有比。

朱先生和康氏之前老師不同，教學重點不在八股應試，而是有更實際、平實恢弘的學習方法與宗旨：

> 先生壁立萬仞，而其學平實敦大，皆出躬行之餘，以末世俗汙，特重氣節，而主濟人經世，不爲無用之高談空論。其教學之恆言，則曰「四行五學」，四行者：敦行孝弟、崇尚名節、變化氣質、檢攝威儀；五學則經學、文學、掌故之學、性理之學、詞章之學。

能得到明師的教導，康有爲難掩內心的興奮，他描述當時的心情：

> 於時捧手受教，乃如旅人之得宿，盲者之睹明，乃洗心絕欲，一意歸依，以聖賢爲必可期，以群書爲三十歲前必可盡讀，以一身爲必能有立，以天下爲必可爲。從此謝絕科舉之文，土芥富貴之事，超然立於群倫之表，與古賢豪君子爲群。信乎大賢之能起人也，藉非生近其時，居近其地，烏能早親炙之哉？

朱先生使康氏在求學方面，乃至於整個人生，都充滿了希望，可見這不僅是學習方向的投合，還隱含了師生之間，生命情調的契合，才會引起這麼大的回響。由於康有爲對老師如此地推崇，所以朱氏的風格，如強調躬行、濟人經世、講求大義、兼容並蓄、一以孔子爲歸等，深刻地影響了康有爲，成爲他後來求學、教學的榜樣。在這樣全面教學內容，以及優良的老師教導之下，康有爲更加認眞向學，且日有所得，「未明而起，夜分而寢，日讀宋儒書及經說、小學、史學、掌故詞章，兼綜而並騖，日讀書以寸記。」康氏與老師的互動相當良好，例如：

> 甫入學舍，朱先生試以「五代史史裁論」，乃考群書，以「史通」體爲之，得二十餘頁，朱先生睹之，謂賅博雅洽，直是著成一書，非復一文矣。乃知著書不難，古人去我不遠，益自信自得。

「又以未嘗學駢文，讀《史通》愛其文體，試爲之，朱先生許可，又自以爲

文章易作，遍峭不難。」由於朱先生的慈祥與雅量，給學生充分發揮的空間，又能加以欣賞並給予鼓勵，使得康氏漸漸脫離八股應試失利的陰霾，重新找到學習的樂趣，建立求學的自得與自信：

> 蓋家有藏書，涉獵最博，但無門徑，及聞朱先生之說，與同學簡竹居（朝亮）、胡少愷（景棠），日上下其議論，即渙然融釋貫串，而疇昔雜博之學，皆爲有用，於是偶然自負，以爲不朽之業。

相較於之前「應鄉試不售，憤學業之無成。」對自己的憤怒與否定；在此，藉由老師的指導與同儕的切磋，重新肯定、認同了自己的學習歷程。這除了要靠自己的努力之外，最大的機緣那就是朱九江先生的指導。

光緒四年（1878、二一），在禮山草堂從老師的導引下，大力攻讀古典書籍，如《周禮》、《儀禮》、《爾雅》、《說文》、《水經》、《楚辭》、《漢書》、《文選》、《杜詩》、《徐庾文》等。尤用力於《後漢書》，蓋由於九江先生極力推崇其中的風俗氣節。在這樣的環境底下，漸漸養成其獨立思想的能力，甚至與老師意見相左。例如對韓愈的看法：

> 九江先生甚稱韓昌黎之文，因取韓柳集讀而學之，亦遂肖焉。時讀子書，知道術，乃請於九江先生，謂昌黎道術淺薄，……竊謂言道當如莊、荀，言治當如管、韓，即《素問》言醫，亦成一家。若如昌黎，不過爲文工於抑揚演灝，但能言耳，於道無與，即〈原道〉亦極膚淺，而浪得大名。千年來文家頡頑，作氣勢自負，實無有知道者。

對於這樣的觀點，朱先生再次展現他的雅量，不過「笑責其狂」而已，但同學卻大不以爲然。到了秋末多初，「《四庫》要書大義，略知其概。」但也在這同時，他開始懷疑讀書的意義，書本已經無法滿足其內在的眞正需要：

> 以日埋故紙堆中，汨其靈明，漸厭之。日有所思，即考據家著書滿家，如戴東原究復何用？因棄去而求安心立命之所，絕學捐書，閉戶謝客，同學大怪之，以九江先生尚躬行，惡禪學，無有爲之者。

在這困惑底下，他必須尋找新的思想出路。他感到迷失、傍徨，所以有必要排除所有的干擾，包括書本在內，好好地思索內心眞正的需要，即「安心立命之所」。唯一的選擇就是靜坐：

> 靜坐之際，忽見天地萬物皆我一體，大放光明，自以爲聖人則欣喜而笑，忽思蒼生困苦，則悶然而哭。忽思有親不事，何學爲？則即

　　束裝歸廬先墓上。同門見歌哭無常，以為狂而有心疾矣。

他漸漸由形下而形上，由求知而求道，由哲學而進入宗教，這表示他需要更大的力量，來拯救、導引他走出獨特的生命歷程。這已超出九江先生的教學方法之外，故「至冬辭九江先生，〔註11〕決歸靜坐焉。」

　　光緒五年（1879、二二）正月，康氏回到家鄉，在幽勝的西樵山白雲洞繼續靜坐，「養神明，棄渣滓。」放棄傳統學術典籍，「專講道佛之書」。〔註12〕他希望藉由徹底地自我放逐，獲取真正的內在自由：

　　　　時或嘯歌為詩文，俳佪散髮，枕臥石窟瀑泉之間，席芳草，臨清流，
　　　　修柯遮雲，清泉滿聽，常夜坐彌月不睡，恣意遊思，天上人間，極
　　　　苦極樂，皆現身試之。

接著他描述一段特殊的經驗：「始則諸魔雜沓，繼則諸夢皆息，神明超勝，欣然自得。習五勝道，見身外有我，又令我入身中，視身如骸，視人如豕。」這是康氏靜坐以來的心得，或許也可以視為成果。但他並未在靜坐繼續下工夫，原因「既而以事出城，遂斷此學。」然而更主要的原因是長輩的極力反對：

　　　　自先祖棄養兩年來，〔註13〕頗能自立，謝絕時文，並不就試。秋間
　　　　叔父督責至甚，令就鄉試，乃至斷其資糧。於是還鄉，居於二萬卷
　　　　書樓及澹如樓中，或養心、或讀書，超然物表。

康氏還是不得不向現實環境低頭，在叔父們的壓力下，回到澹如樓中。但也並不因此而完全妥協，一來由於個性使然，二來則感念民生的疾苦，使他無法埋首時文之中。他有更偉大的志向，那就是經世濟民：

　　　　於時舍棄攷棄帖括之學，專意養心，旋念民生艱難，天與我聰明才
　　　　力，當拯救之。乃哀物悼世，以經營天下為志，時時取《周禮》、《王
　　　　制》、《太平經國書》、《文獻通考》、《經世文編》、《天下郡國利病全
　　　　書》、《讀史方輿紀要》緯劃之，俛讀仰思，兼以筆記，皆經緯世宙
　　　　之言。

他由中國傳統的文獻，尋找救世的理論與方法。但不久之後，有了更為契合的新發現，那就西學與西方世界：

〔註11〕光緒二年秋從學朱先生，至光緒四年冬辭歸，實際在學期間僅二年餘，這還包
　　　　含其間在光緒三年，祖父去世，回家奔喪七個月。此後，在《自編年譜》中，
　　　　未見再行拜謁之事，至光緒八年朱先生卒，康氏始重至九江與同學辦理喪事。
〔註12〕且「嘗試《老子》，後大惡之，棄去。」
〔註13〕祖父連州公於光緒三年五月，遭水災遇難。享壽七十一歲。

> 既而得《西國近事彙編》、《環遊地球新錄》及西書數種覽之，更遊
> 香港，觀西人宮室之瑰麗，道路之整潔，巡捕之嚴密，乃知西人治
> 國有法度，不得以古舊之夷狄視之。復閱《海國圖志》、《瀛環志略》
> 等書。購地球圖，漸收西學之書，爲講西學之基矣。

接觸西學之後，接著遊歷香港，這經歷的結論是——不能以傳統「夷狄」的觀念來看待外國，尤其是西方國家。他們治國有法，社會比中國進步。回到故鄉之後，康氏於是大量閱讀西學。這個經歷，不論是在將來的治學方向，或救世的方法上，開啓了一道異於中國傳統的新門。

光緒八年（1882、二五）五月，北上應順天鄉試。在回家途中，道經上海，目睹當地的繁榮與富庶，「益知西人治術之有本」，於是一路上，「大購西書以歸講求焉」。關於此，梁啓超有更詳細的記載，《南海康先生傳》云：

> 其時西學初輸入中國，舉國學者，莫或過問，先生僻處鄉邑，亦未
> 獲從事也。及道香港、上海，見西人殖民政治之完整，屬地如此，
> 本國之更進可知。因思其所以致此者，必有道德學問以爲之本原。
> 乃悉購江南製造局，及西教會所譯出各書盡讀之。彼時所譯者，皆
> 初級普通學，及工藝、兵法、醫學之書，否則耶穌經典論疏耳。於
> 政治、哲學，毫無所及。而先生以其天稟學識，別有會悟，能舉一
> 以反三，因小以知大，自是於其學力中別開一境界。

這並不是學生對老師誇大的描述。在《自編年譜》中，常可見到康氏展現其具有創意的推衍能力。所以儘管當時傳入中國的西學不夠全面，但對一個有創意的生命而言，已經足以引起不小的波瀾。「十一月還家，自是大講西學，始盡釋故見。」可見雖然僅是「偏面」的西學，已使康氏產生震撼、認同、講授，甚至推翻、改變舊有的觀點。

光緒九年（1883、二六），閱讀《東華錄》、《大清會典則例》、《十朝聖訓》、《國朝掌故》，這些書籍呈現出明顯的傾向，那就是康氏將注意力，由古籍轉向清代政治與現實社會。除此之外，又大量購買、攻讀西學：

> 又購《萬國公報》大攻西學，凡聲、光、化、電、重學及各國史志，
> 諸人遊記皆涉獵焉。又欲輯《萬國文獻通考》，並及樂律、韻學、地
> 圖學。是時絕意試事，專精問學，新識深思，妙悟精理，俛讀仰思，
> 日新大進。

由這段記載可見，這時康氏已將全部的精力，由中國傳統學術轉向西學。從

這種「求知若渴」的描述，可見他與西學契合的程度。「又欲輯《萬國文獻通考》」可見他具有旺盛的企圖心，不再是偏面的，而是嘗試全面吸收西學。同時能夠「新識深思，妙悟精理。」能加以融會貫通，每天都有重大的收穫。

　　光緒十年（1884、二七），乃康氏在思想上有重大突破的一年。在秋冬交際時，康氏獨居澹如樓，「萬緣澄絕，俛讀仰思。」一直到了十二月，思緒不斷精進深入，「所悟日深」，處於蘊釀豐厚的狀況，這時因操作顯微鏡等的機緣，〔註14〕使得所有蘊釀破繭而出，如江河潰堤。所有的思緒在這一刻突然湧現。康氏描述當時的狀況：「因顯微鏡之萬數千倍者，視虱如輪，見蟻如象，而悟大小齊同之理。因電機光線一秒數十萬里，而悟久速齊同之理。」他體驗到事物的不同與對立，不過是人的一種觀點而已，而且是局限性的觀點，並不等同於眞正的事實；既然如此，那麼相對地，眞實的世界，應該是可以是無限延伸的，「知至大之外，尚有大者；至小之內，尚包小者，剖一而無盡，吹萬而不同，根元氣之混侖，推太平之世。」既然所有的事物，那麼皆可以無限推展延伸。人類文明的發展，亦可以無限推衍：

　　　　及五百年後如何？千年後如何？世界如何？人魂、人體遞變如何？
　　　　月與諸星交通如何？諸星、諸天、氣質、物質、人民政教、禮樂、
　　　　文章、宮室、飲食如何？諸天順軌變度，出入生死如何？奧遠窅冥，
　　　　不可思議，想入非無不得而窮也。

可是如此一來，相對於有局限的生命而言，將因不能掌握無窮的眞實世界，而顯得渺茫無力。所以應由無限而回到現在：

　　　　既知無來去，則專以現在爲總持；既知無無，則專以生有爲存存；
　　　　既知氣精神無生死，則專以示視爲解脫；既知無精粗，無淨穢，則
　　　　專以悟覺爲受用；既畔援歆羨皆盡絕，則專仁慈爲施用。

「相對」並非「敵對」，「現在」是「未來」的起點與關鍵。所以有必要趁現在，制定一套「統物之理」，這套理論可以促進人類未來的統一，並且帶領人們進入「極樂世界」。「以合國、合種、合教一統地球。又推一統之後，人類言語、文字、飲食、衣服、宮室之變制，男女平等之法，人民通同公之法，務致諸生於極樂世界。」那麼「統物之理」的思想來源，康氏此時已有所得：

〔註14〕康氏別有〈顯微〉一文，自言是年九月，購得望遠鏡，又購顯微鏡，以之視
　　　　遠視微，乃知列子所謂蟭螟巢於蚊睫，三飛三鳴而蚊不知者，非妄語也，且
　　　　形容之未足也。（見《戊戌變法前後》）

合經子之奧言，探儒佛之微旨，參中西之新理，窮天地之賾變，搜
合諸教，披析大地，剖析今故，窮察後來，自生物之源，人群之合，
諸天之界，眾星之世，生生色色之故，大小長短之度，有定無定之
理，形魂現示之變，安身立命，六通四闢，浩然自得。

對於人類未來發展規劃的概念，康氏已「浩得自得」，這是集合當今所有的思
想學說而成，有經學、子學、西學等學說；儒教、佛教等諸教；並且參考所
有天地萬物生存運行的現象，最後歸結合成的。對於人類未來的規劃，康氏
認爲這是他「無所希望，無所逃避」的「天職」：

其來現也，專爲救眾生而已，故不居天堂而故入地獄，不投淨土而
故來濁世，不爲帝王而故爲士人。不肯自潔，不肯獨樂，不願自尊，
而以與眾生親，爲易於援救，故日日以救眾生爲心，刻刻以救世爲
事，舍身命而爲之。以諸天不能盡也，無小無大，就其所生之地，
所遇之人，所親之眾，而悲哀振救之，日號於眾，望眾從之，以是
爲道術，以是爲行己。

這種以救世自命的宏願，簡直就是宗教家、教主的職志。這個偉大的志願，
與後來的變法救中國、提倡孔教等運動是相應的。唯一最大的不同，乃是將
這個宏願的發起人改成孔子，由孔子來爲自己代言而已。

接著康氏在隔年（光緒十一年，1885、二八），即提出了他的《人類公理》，
而最特別的地方在於本書的架構，乃以「幾何」的方式呈現，所謂「從事算
學，以幾何著《人類公理》。」〔註15〕此書在當時並未刊行，具體內容則無法
得知。但是康氏以西方算學的幾何方式來呈述「人類公理」，而不以中國傳統
著書的方式，可見他對西學的倚賴與自得，已勝過了中國傳統學術。

著書不久之後，受朋友張延秋（鼎華）之邀，準備到京師一遊，就在二
月二十三日正要出發時，「頭痛大作幾死」。連醫生都束手無策。只好自己每
天翻閱醫書，尋找治療的方法，甚至到最到連眼睛都痛到不能閱讀，到了這
種地步，只能無奈地「從容待死」：

醫者束手無法，惟裹頭行吟於室中，數月不出。檢視書記遺稿，從

〔註15〕光緒十二年（1886）康氏又「作《公理書》，依幾何爲之者。」十三年，「是
歲編《人類公理》」。《人類公理》與《公理書》當時並未刊布於世。如今可見
者爲《實理公法全書》，它有可能是《人類公理》、《公理書》的修訂稿，此書
編撰的體例，每條目下以「實理」、「公法」、「比例」等項推論之，分別相當
於「幾何」中的「定義」、「定理」、「公式」、「證明」等項。

> 容待死。乃手定大同之制，名曰《人類公理》。以為吾既聞道，既定
> 大同，可以死矣。後得西醫書讀之，以信西學之故，創試西藥，乃
> 漸收效，日走村後大樹下，至七月乃瘳。

康氏這時正值二十八歲的壯年，果真去世，那麼將是清末中國，尤其變法改革、思想發展史上的一大損失。然而或許是命不該絕，不知在何種機緣下，得到西醫書籍，由於對西學的信任，使他願意創試、嚐試西藥，而果真奏效。將近半年來的頭痛，終於痊癒了！這個經驗，使他與西學之間成了「生死之交」。任何人在這種機緣底下，對西方學術，都有可能建立無法撼動的信任。西藥既然能救康有為的命，那麼西學就有可能拯救清末中國的內憂外患。

　　光緒十二年（1886、二九），當時張之洞為兩廣總督，康氏託好友張延秋告之：「中國所譯西書太少，傅南雅〔註16〕所譯者，皆兵醫不切之學，西學多新理，其政書甚要，皆中國所無，宜開局譯之，為最要事。」雖然此事後來因經費不足而「事卒不成」。但由此建言可以看出，康氏對於西學的認識，已超越了當時中國境內全數的西書；同時在眾多西學新知中，他指出中國最迫切需要的，乃政治方面的知識。這意味著康氏認為中國政治迫切需要改革，而改革的方向，主要參考、模仿西方政治。

第二節　康有為提倡變法維新的歷程

　　光緒十四年（1888、三一）夏天，一來由於張延秋的邀請，二來為了參加鄉試，所以五月遂出發前往北京。九月，遊西山時，登高遠望，頗有山河人民之感：「計自馬江敗後，國勢日蹙，中國發憤，只有此數年閑暇，及時變法，猶可支持，過此不治，後欲為之，外患日逼，勢無及矣。」所謂「外患日逼」，如光緒五年，日本強占琉球；〔註17〕十一年，法國吞併安南；〔註18〕十二年，英國佔領緬甸。〔註19〕使得南方藩屬相繼喪失，邊疆危機四起。他認為這時的中國，已到了需要變法改革的時候了。於是提筆寫信給當時頗有

〔註16〕傅南雅（John Fryer 1839～1928），英國傳教士。
〔註17〕光緒五年（1879）閏三月，日本併吞琉球，改為沖繩縣。光緒十一年（1885），清廷派李鴻章與日本訂「天津條約」，承認朝鮮為中日共同保護國。
〔註18〕光緒十一年（1885），馮子材敗法軍於安南，收復諒山。清廷派李鴻章與法議和，訂「天津條約」，承認安南為法保護國，並開雲南蒙自等處為商埠。
〔註19〕光緒十二年（1886），清廷與英國簽訂「緬甸條約」，承認英國吞併緬甸。

名氣，又爲光緒皇帝所信任的大臣翁同龢、潘祖蔭、徐桐等，「以書陳大計而責之」，信中責備這些大臣未能克盡職守。康有爲此舉造成「京師譁然」，徐桐更是大怒，斥爲「狂生」。

不久之後正好碰上祖陵山崩千餘丈。他藉此天人感應、災異警世的機會，「發憤上書萬言，極言時危，請及時變法。」此即〈上清帝第一書〉。上書開頭即言：「國勢危蹙，祖陵奇變，請下詔罪己，及時圖治。」「近者洋人智學之興，器藝之奇，地利之闢，日新月異。今海外略地已竟，合而伺我，眞非常之變局也。」但國內並未感受到這股強烈的危機：

> 竊觀內外人情，皆酣嬉偷惰，苟安旦夕，遊宴從容，事無大小，無
> 一能舉。有心者歎息而無所爲計，無恥者嗜利而借以營私，……今
> 兵則水陸不練，財則公私匱竭，官不擇材而上且鬻官，學不教士而
> 下患無學，此數者，人皆憂之痛恨焉，而未以爲大憂者也。

因此，他提出三點建議，即「變成法、通下情、愼左右。」其中，以「變成法」最爲重要。一般的觀念，現有的法制乃祖先所定，不宜輕變。所以現在若要提倡變法，必須先打破這種觀念：

> 夫法者，皆祖宗之舊，敢輕言變者，非愚則妄。……今論治者，皆
> 知其弊，然以爲祖宗之法，莫之敢言變，豈不誠恭順哉？然未深思
> 國家治敗之故也。今之法例，雖云承列聖之舊，實皆六朝、唐、宋、
> 元、明之弊政也。我先帝撫有天下，不用滿洲之法典，而採前明之
> 遺制，不過因其俗而已，然則世祖章皇帝已變太祖、太宗之法矣。
> 夫治國之有法，猶治病之有方也，病變則方亦變。……時既變而仍
> 用舊法，可以危國。

而且「今之時局，前朝所有也，則宜仍之，若知爲前朝所無有，則宜易新法以治之。夫治平世，與治敵國並立之世固異矣。」以日本爲例，不過一崎嶇小島，君臣變法興治，十餘年間，百廢俱舉，南滅琉球，北闢蝦夷，歐洲等大國，睨而莫敢伺，反觀中國地方之大，物產之盛，人民之眾，如果能及時變法圖強，何弱不振？所以只要皇太后、皇上求言圖治，中國必大有可爲：

> 尤望妙選仁賢，及通治術之士，與論治道，講求變法之宜，而次第
> 行之。精神一變，歲月之間，紀綱已振，十年之內，富強可致，至
> 二十年，久道化成，以恢屬地而雪仇恥不難矣。

否則恐數年之後，四夷逼於外，亂民作於內，於時內憂外患，乃欲爲治，「豈

能待我十年教訓乎？恐無及也。」

　　康氏上書的舉動，可說是相當難能可貴的精神與勇氣。但依朝廷慣例，「無以諸生上書者」，布衣是不可上書的，更何況「當時大惡洋務，更無請變法者。」而康氏「以至微賤，首倡此論」，使得「朝士大攻之」，惹得某些大臣對他大肆攻擊，並將上書予以扣壓。

　　康氏對時局漸漸有所了解。他看到慈禧太后大興土木，修建頤和園；軍機大臣孫毓汶與宦官李蓮英狼狽為奸，把持朝政，於是「士夫掩口，言路結舌。群僚皆以賄進，大臣退朝，即擁娼優，酣飲為樂。」在這種局勢之下，「不獨不能變法，即舊政風紀，亦敗壞掃地」。他非常失望地表示：

　　　久旅京師，日熟朝局，知其待亡，決然舍歸，專意著述，無復人世
　　　間志意矣。既審中國之亡，救之不得，坐視不忍，大發浮海居夷之
　　　歎，欲行教於美，又欲經營殖民地於巴西，以為新中國，既皆限於
　　　力，又有老母未能遠游，遂還粵，將教授著書以終焉。

此時康氏內心充滿挫折、矛盾與無力感。於是在光緒十五年（1889、三二）九月，離開京師，十二月，回到廣東，準備「專意著述」。

　　光緒十六年（1890、三三），康氏回到廣東不久，住處從徽州會館搬到羊城的雲衢書屋（「先曾祖之老屋也」）。三月陳千秋（號「通甫」，又字「禮吉」）來見，康氏「乃告之以孔子改制之意，仁道合群之原，破棄效據舊學之無用，禮吉恍然悟，首來受學。」六月入康氏之門，八月梁啟超亦來拜師。〔註 20〕「是歲既與世絕，專意著述。」所以著作豐富，計有《婆羅門教考》、《王制義證》、《毛詩偽證》、《周禮偽證》、《說文偽證》、《爾雅偽證》等。康氏考證《毛詩》、《周禮》、《說文》、《爾雅》等書為「偽證」，目的在於這四部經典，或屬於古文經，或與古文經有關。所以康氏的經典立場，就相當明顯，乃站在今文經的立場批駁古文經。這與後來提倡「孔子改制」有密切的關係。

　　翌年（光緒十七年），康氏應陳千秋、梁啟超之請，在長興里正式開堂講學，著《長興學記》以為學規。〔註 21〕「與諸子大講求仁之義，及中國數千

〔註20〕按梁啟超《三十自述》云：「其年秋，始交陳通甫，通甫時亦肄業學海堂，以高才生聞。既而相語曰：『吾聞南海康先生上書請變法不達，新從京師歸，吾往謁焉，其學乃為吾與子所未夢及，吾與子今得師矣。』於是乃因通甫修弟子禮事南海先生。」（《飲冰室合集》第四冊）

〔註21〕梁啟超憶長興學舍云：「（康氏）乃盡出其所學，教授弟子，以孔學、佛學、宋明理學為體；以史學、西學為用。其教旨在激勵氣節，發揚精神，廣求智

年來學術源流，歷史、政治沿革得失，取萬國比例推之，研求救中國之法。」故教授科目除了「義理之學」、「考據之學」、「詞章之學」外，增加「經世之學」一門。「經世之學」的內容計有：「政治原理學」、「中國政治沿革得失」、「萬國政治沿革得失」、「政治應用學」、「群學」（社會學）等。除此之外，西方科學知識，也是教授的重點。由於康氏講學帶有強烈的現實性和新鮮感，吸引了越來越多的學生，如韓樹園（文舉）、梁伯雋（朝杰）、曹著偉（泰）、王鏡如（覺任）、麥孺博（孟華）等，陸續來學。此時計有學生二十多人。七月時，重要代表著作——《新學偽經考》，刻成。所謂「新學」之「新」，乃指漢代「新莽」而言。本書主旨，在於考證漢代劉歆，為了幫王莽篡位，建立新朝，特偽作古文經學，從學術的立場助成其事。故古文經又稱「新學」，乃劉歆所偽作者。康氏打壓古文經的目的，相對在提倡今文經學，尤其是其中的公羊學。蓋公羊學中有孔子「素王改制」的說法，這正好可以接續上清末變法改制的需要。

康有為招收學生的標準也是異乎尋常的。他打破門第高低、年齡大小、學問深淺的界限，而以能否接受他的維新變法理論為前題。康有為對於初入學者，先進行一番認真嚴肅的談話，藉此逐一加以甄選，希望吸收有志於維新愛國的青年。由於「來學多志士」，幾年下來，他不但宣傳了變法思想，而且培養了一批人才。他的得意弟子如梁啟超、麥孟華、王覺任、韓文舉、梁朝杰、歐矩甲、徐勤等後來都成為維新運動的重要成員。

由於來學者不斷增加，學舍一再易址。光緒十八年（1892、三五），由長興里遷到衛邊街鄺氏祠（今廣州第十三中學），學者漸眾。正月時，曾任四川知縣的廣西人龍澤厚也入學受業。〔註22〕學堂中，以陳千秋充當學長。並「用孔子生二千四百四十三紀年，制大成舞，作歌以祀孔子，置干戚以舞大武、歌酌、桓、賚、般六章，復古之禮容。」從光緒五年，康氏開始將求知方向，由中國傳統學術轉向西學，到後來，甚至全力為之。然而，在此他又開始重視孔子，這並不是因為對西學失望的結果，而是為了借重孔子「素王改制」

慧。中國數千年無學校，至長興學舍，雖其組織之完備，萬不逮泰西之一，而其精神則未多讓之，其見於形式上者，如音樂至兵式體操諸科，亦皆屬創舉。（《南海康先生傳》，見《飲冰室文集》第三冊。）

〔註22〕 《年譜》云：「正月龍澤厚（積之）以知縣引見，道過粵，來學焉。積之仁質甚厚，嘗創辦廣仁善堂，聚眾千人，講衰學，西帥李鑑堂（秉衡）禮之，令辦乞丐院，又修孔廟者。」

的公羊思想。如果能將孔子塑造成改革家的形象，那麼對於在清末的變法，孔子將成爲最佳的助力與代言人。於是康氏進而開始編撰《孔子改制考》，「是時所編輯之書甚多，而孔子改制考體裁博大，選同學高才助編纂焉。」本書終將成爲「思想界之一大颶風」。〔註23〕

光緒十九年（1893、三六）仍講學於衛邊街，學生計有四十餘人。到冬季時，再遷至府學宮仰高祠（今廣州工人文化宮）。來學者益眾，總計約百餘人。爲了作長久之計，租賃十年，還特地上一方匾額，題上「萬木草堂」四個大字。也就在這一年，康氏在考場上，終於傳出捷報，「應鄉試，中式第八名。」〔註24〕

康氏「旦晝講學，夕則編書，同學諸子亦助編，書題甚多。著《孟子爲公羊學考》、《論語爲公羊學考》，撰《三世演孔圖》未成。」由光緒十六以來，康氏一系列的著作，有一共同的中心思想，那就是藉「發古文經之僞，明今文學之正」，發揚公羊學的「三世說」，提倡政治進化的改革思想。換句話說，根據變法的需要，康有爲對傳統儒家學說重新詮釋，使其「公羊化」。通過撰述活動，建立起一個「托古改制」的變法思想體系，爲將來的維新運動預作準備。

光緒二十年（1894，三七）二月十二日，康氏與梁啓超同入京會試。七月時，給事中余晉珊（聯沅）上疏彈劾《新學僞經考》，希望朝廷加以焚毀，而禁粵士從學，理由是：「惑世誣民，非聖無法，同少正卯，聖世不容。」此事經由知縣李命三的開脫，以及梁啓超的各方奔走，全力營救，終於未遭嚴處，然書終被焚毀。〔註25〕

早在光緒五年（1879），當日本吞并琉球時，康氏就曾爲此感到憂心。光緒十四年在〈上清帝第一書〉中提到：「日本改紀，將窮朝鮮而窺我邊」又：「數年之後，四夷逼於外，亂民起於內，安能待我十年教訓乎？恐無及也。」希望清廷提高警惕，然而到了光緒二十年，朝廷方面卻無視於他的警告，而

〔註23〕梁啓超語，見《清代學術概論》，二十三。
〔註24〕《年譜》云：「本置第二名，三藝皆刻矣，以次〈書同文〉自用孔子改制，違朱註，犯磨勘，既刻而抽出，改置第八名。……然以吾不奉考官房官爲師，時論大譁，謗言宏起由此。蓋變千年之俗，誠不易也。」
〔註25〕此事經余晉珊疏劾後，御史安維峻更疏請嚴予究辦。軍機處寄諭兩廣總督李筱泉（瀚章）查辦。筱泉派准補電白縣知縣李命三（滋然）查復，命三查後簽復，爲之開脫，同時與梁啓超奔走各方，力爲營救，得免嚴處，遂奉粵督諭令，將《新學僞經考》自行焚毀結案。

沉迷於三千萬兩爲西太后辦六十大壽慶典。〔註26〕五月時，當時有人問到：「國朝可百年乎？」他十分痛心地回答：「禍在眉睫，何言百年？」七月，日本謀奪朝鮮，清廷下詔宣戰，結果海陸軍皆敗。此時，康氏無限感慨地說：「不及六年變作，不幸而言中矣！」

光緒二十一年（1895，三八）。清廷戰敗已成定局，於是派李鴻章赴日議和。四月，簽訂《馬關條約》，議定割遼東、台灣，並償款二萬萬兩。其中賠款之巨，割地之廣，前所未有。當條約內容傳到北京時，舉國嘩然。當時「各直省莫不發憤，連日遞章都察院，衣冠塞途，圍其長官之車。」康有爲看到群情激憤，認爲「士氣可用」。乃合十八省在京舉人到松筠庵開會，「與名者千二百餘人」，大家公推康有爲起草奏稿。康氏以一天兩夜的時間，洋洋灑灑寫了一萬八千字的「萬言書」，主張堅決反對《馬關條約》，請求「拒和」、「遷都」、「變法」三者，「下詔〔註27〕鼓天下之氣、遷都定天下之本，練兵強天下之勢，變法成天下之治。」這就是著名的「公車上書」，亦即〈上清帝第二書〉。首先，在「拒和」方面。康氏認爲「主戰」才能團結民心，「夫言戰者，固結民心，力籌大局，可以圖存；言和者，解散民體，鼓舞夷心，更速甚亡。」其次，在「遷都」方面。「自古都畿皆憑險阻」，「方今旅順已失，威海既隳，險阻無有，京師孤立。……此次和議即和，而諸夷窺伺，皆可揚帆而達津、沽。」藉機陽攻京城，而實要索邊陲。所以往內地發展，勢在必行。至於新都的理想地點，莫如秦中。〔註28〕最後，在「變法」方面。康氏認爲前二者「拒和主戰」、「遷都定本」都是權宜應敵之謀，唯有「變法」才是立國自強之策。在此，他重複〈上清帝第一書〉的觀點，強調舊法之弊，循舊法終必滅亡，「不變法而割祖宗之疆土，馴至於亡，與變法而宗廟之威靈，可以大強，孰輕孰重，孰得孰失，必能辨之者。」而與第一次上書不同者，在於前者僅言變法之要，而此次上書，更具體地提出變法的條例。如「變之之法，富國爲先。」至於富國的方法有：鈔法、鐵路、機器輪舟、開礦、鑄銀、郵政等六法。此外，在上書中，首次建議立孔教爲國教。這個提議的動機有三，一

〔註26〕《年譜》云：「時擬以三千萬舉行萬壽，舉國若狂，方謀保舉，而孫毓汶當國，政以賄成，大官化之，惟事娛樂。內通李蓮英，相與交關，政俗之污壞，官方之紊亂，至是歲爲極。」

〔註27〕康氏建議先速下三詔，即「罪己之詔」、「明罰之詔」、「求才之詔」。

〔註28〕所謂：「若夫建都之地，北出熱河、遼瀋，則更迫強敵；南入汴梁、金梁，則非控天險；入蜀則太深；都晉則太近。天府之腴，崤函之固，莫如秦中。」

來藉此挽救日益敗壞的人心；二來提倡經世之學；三則藉由提倡孔教，制衡外來宗教的入侵，所謂「扶聖教而塞異端」，此乃最主要的動機：

> 然近日風俗人心之壞，更宜講求挽救之方。蓋風俗弊壞，由於無教。士人不勵廉恥，而欺詐巧滑之風成；大臣託於畏謹，而苟且廢弛之弊作。而六經爲有用之書，孔子爲經世之學，鮮有負荷宣揚，於是外夷邪教，得起而煽惑吾民。直省之間，拜堂棋布，而吾每縣僅有孔子一廟，豈不可痛哉！

因此，康氏希望由朝廷出面主其事，首先，立孔教爲唯一的國教。「令鄉落淫祠，悉改爲孔子廟，其各善堂、會館俱令獨祀孔子。庶以化導愚民，扶聖教而塞異端。」其次，立道學科，遴選「傳教士」：

> 今宜亟立道學一科，其有講學大儒，發明孔子之道者，不論資格，並加徵禮，量授國子之官，或備學政之選。其舉人願入道學科者，得爲州、縣教官。其諸生願入道學科者，爲講學生。

如此一來，可儲備傳教人材，培訓傳教士。最後，派傳教士到各鄉落，講明孔子之道，甚至可以出國傳播孔教：

> 其道學科有高才碩學，欲傳孔子之道於外國者，明詔獎勵，當給國子監、翰林院官銜，助以經費，令所在使臣領事保護，予以憑照，令資游歷。若在外國建有學堂，聚徒千人，確有明效，給予世爵。……
>
> 且借傳教爲游歷，可調夷情，可揚國聲，莫不尊親，尤爲大義矣。

由以上康氏的建議可知，有很大的成分，乃模仿西方傳教士的模式。主要目的在於抗衡當時基督教的傳播。不過，就上書所言的次第，孔教的設立是變法的一部分，變法之先在「富國」，富國則可「養民」，〔註29〕人民富足之後，則有「教民」，〔註30〕孔教的設立則爲教民的重點之一。

　　〈公車上書〉於四月八日，遞進都察院。都察院則推說皇帝已在條約上蓋印，「既以用寶，無法挽回。」拒絕代遞。雖然上書失敗，然此舉已傳遍北京，強大的輿論壓力，使得主和軍機大臣孫毓汶，不敢上朝而提出辭職。公車上書第二天，考試發榜，康有爲中進士第五名，授工部主事。但他無意於仕宦，「自知非吏才，不能供奔走。又生平講學著書，自分以布衣終，以迫於

〔註29〕養民之法有四，即務農、勤工、惠商、恤窮。
〔註30〕教民之法有四，即普及教育、改革科舉、開設報館、設立道學。而提倡孔教屬於「設立道學」者。

母命，屈折就試，原無意於科第，況仕宦乎？」「未能為五斗折腰，故不到署。」

五月十一日，康氏以進士的身份遞上了〈上清帝第三書〉。此書重申〈公車上書〉的內容，[註31] 並且作了補充說明，特別是用人行政方面。這次上書終於被光緒皇帝看到了。光緒除了表示贊許，並且發下軍機處，命即日抄四份，一份呈太后、一份留在軍機處、一份放在乾清宮南窗小篋、另一份則存勤政殿以備隨時閱覽。不久，朝廷發下了〈發各省督撫會議奏復〉和〈舉人才詔〉兩道上諭，其中舉才、籌餉、練兵、恤商、惠工等內容，都是康有為上書中所提到的。可見光緒十分重視他的建議。

六月三十日，康氏以工部主事的名義，第四次呈上萬言書，然此書並未上達。[註32] 書中所言較前三次上書，更為精詳，專談變法之先後次第及下手之法。書中首言泰西之所以致強之由有三：一在千年來諸國並立，若不自振，則滅亡隨之，故不得不勵精戒懼以圖存；二在立科以勵智學。西國皆主啟新，不主仍舊；主宜今不宜泥古。國家立科鼓勵，爵賞發明，故智學進步，新法新器，日出不窮；三在設議院以通下情。國家大事，集眾議之，人皆來自四方，故疾苦無不上聞，政皆出於一堂，故德意無不下達，因而百度並舉，以致富強。書中強調變法的關鍵在於皇帝的決心，「惟在皇上內審安危，斷自聖衷而已。」希望光緒「先引咎罪己，以收天下之心」，並「紆絳尊貴，通達下情，日見賢才，日求讜論。」「以整紀綱而成大化，雪仇恥而揚天威！」

此次上書不達，使康氏備受挫折，決意南歸。然經好友陳次亮、沈子培的極力慰留，於是繼續留在京師。康有為思索這幾次上書不達、朝臣阻撓變法的根本原因，在於京師風氣閉塞，「以士大夫不通外國政事風俗」，使得很多人根本不知道該不該變法？又要如何變法？「而京師無人敢創報以開知識」，因此他決定辦報進行宣傳，希望能夠「去塞求通」。此報名為《萬國公報》，[註33] 由梁啟超、麥孟華編輯撰稿。每日千份，隨京報派送至朝士大夫，不收報費。這就是維新派創辦的第一份報紙。開報不久，漸漸產生宣傳效果，

〔註31〕本篇的開頭，約八分之一為新作，剩餘的部分，與〈公車上書〉完全重複。

〔註32〕此書先交都察院，都察院推說康為工部主事，照例須由所屬的衙門代遞；到了工部，孫家鼐許為代遞，可是因為工部侍郎李文田和康有為有前嫌，不肯畫押；於是康有為再與梁啟超、麥孟華聯名遞都察院，仍不肯收；最後交袁世凱送督辦處，兵部尚書榮祿亦不收。

〔註33〕《萬國公報》，光緒二十一年六月二十七日創刊，雙日刊。每冊有編號，無出版年月，形式與京報相似。第四十五冊之後，改名為《中外紀聞》。

「報開兩月，輿論漸明，初則駭之，繼亦漸知新法之益」，宣傳達到了功效，傾向變法維新的人也跟著增多了。

康氏認爲要開風氣、變識見，除了辦報之外，還必須將散漫士人集合起來，組成學會：

> 中國風氣，自來散漫，士大夫戒於明世社會之禁，不敢相聚講求，故轉移極難。思開風氣，開知識，非合大群不可，且必合大群而後力厚也，合群非開會不可。

因此，他到處游說大家「合群」、「開會」，組織學會。這個主張除了得到刑部主事沈子培（增植）、戶部郎中陳次亮（熾）等的贊成之外；還有袁慰亭（世凱）、楊叔嶠（銳）、丁叔衡（立鈞）、沈子封（子培弟）、張巽之〔註34〕（孝謙）等十餘人捐資贊助；湖廣總督張之洞、兩江總督劉坤一、直隸總督王文韶各出五千金；英人李提摩太亦來會，再加上英美公使皆願捐助西書及圖器。於是在京師成立了「強學會」。〈京師強學會序〉云：

> 夫中國之在大地也，……其地之廣於萬國等在三，其人之眾等在一，……徒以風氣未開，人才乏絕，坐受陵侮。……普魯士有強國之會，遂報法讎。日有尊攘之徒，用成維新。蓋學業以講求而成，人才以摩屬而出。合眾人之才力，則圖書易庀；合眾人之心思，則聞見易通。

可見集會的目的，在於糾集眾人的才力，一新人民思想風氣，變法維新，抵禦外侮。

九月十二日，康氏到上海，游說張之洞，得其允諾，撥款相助，成立上海強學會。於是由張之洞署名，〔註35〕康氏起草〈上海強學會章程〉，申明設會目的在「專爲中國自強自立」、「求中國自強之學」。學會最重要的四事爲：（一）譯印圖書。譯書爲講求西學的第一義，使通士以廣問學；（二）刊布報紙。模仿林則徐翻譯《澳門月報》以觀敵情；（三）開大書藏。除大開中國舊籍之經世有用者外，於西人政教及各種學術圖書，皆應旁搜講求，以廣考鏡而備研究；（四）開博物館。開博物院則應置辦儀器、講求製造，以爲益智集

〔註34〕學會以陳次亮爲提調，「張巽之爲幫辦。張爲人故反覆，而是時李高陽（鴻藻）當國，張爲其得意門生，故沈子培舉之，使其必敗壞也。」

〔註35〕然而張之洞最後並未加入，主要的原因，據康氏的說法，在於他不信「孔子改制」之說，並頻勸康氏勿言此，則將供養之。康氏告以：「孔子改制，大道也。豈爲一兩江總督供養易之哉？」於是二人終因「論學不合而背盟」。

思之助。從章程可看出，康有爲相信西方的文化與知識可以救中國。因此，推動大家向西方尋找救國的方法與眞理。

上海成立強學分會之後，各地蔚爲風行，紛紛開會、辦報。打破了清廷嚴禁結社集會的舊例。然而誠如康氏所預料，「此事大順，將來必有極逆者矣！」當時一些大臣十分厭惡康有爲。如李鴻章因入會不得而記恨。〔註36〕十一月御史楊崇伊上書彈劾北京強學會「植黨營私」，開處士橫議之風；攻擊《中外紀聞》「販賣西學」，於是慈禧太后強迫光緒帝下令封閉強學會，禁止《中外紀聞》的刊行。張之洞在得知消息後，下令查禁上海強學會及《強學報》。在這種風聲鶴唳的狀況底下，「與會各人紛紛匿遁」，「於是開新之風掃地矣」。康氏眼見無所作爲，再加上母壽在即，於是在光緒二十一年底，回到廣東。

光緒二十二年（1896，三九）。回到廣東之後，一方面繼續在廣府學宮的萬木草堂講學、著述，「續成《孔子改制考》、《春秋董氏學》、《春秋學》。」發揚公羊思想，提倡孔子改制。「又撰《日本書目志》」整理日本維新運動的相關書目；另一方面積極進行社會活動。「七月與幼博遊羅浮，八月遊香港，十月至澳門」，他在澳門與何穗田創辦《知新報》，十二月到廣西，隔年四月，與唐景崧、岑春萱等組織「聖學會」，「獨尊孔子以廣聖教」。假廣仁善堂以供孔子。行禮之日，士夫雲集，威儀甚盛。康氏起草章程序文，敘述緣起：

> 天下所宗師者，孔子也。……頃梧州通商，教士蝟集，皆獨尊耶穌之故，而吾乃不知獨尊孔子以廣聖教，……本堂創行善舉，特奉孔子，如勸賑、贈醫、施衣、施棺諸善事，開辦有年。今欲推廣，專以發明聖道，仁吾同類，合官紳士庶而講求之，以文會友，用廣大孔子之教爲主。……今本堂創設此會，略仿古者學校之規，及各家專門之法，以擴見聞而開風氣。上以廣先聖孔子之教，中以成國家有用之才，下以開愚氓蚩陋之習，庶幾不失廣仁之義云爾。

在〈會章〉中，康氏標舉「聖學會」的活動，主要有五項：「一曰庚子拜經」：「每逢庚子日大會，會中士夫衿帶陳經行禮，誦經一章，以昭尊敬。」「二曰廣購書器」：

> 近年西政、西學，日新不已，實則中國聖經之義，議院實謀及庶人，

〔註36〕李鴻章表示願意出捐兩千兩，並申請入會，但強學會因其主和、賣國，予以斷然拒絕。李因此大怒。這爲日後御史楊崇伊（乃李鴻章之兒女親家）對強學會的參劾，埋下了禍根。

機器則開物利用，……今擬合中國圖書陸續購鈔，而先搜其經世有
用者，西人政學及各種藝術圖書，皆旁搜購採，以廣考鏡而備研求。」
「三曰刊布報紙」：「今之刊報，專以講明孔道，表彰實學，次及各省新聞，
各國政學，而善堂美舉，會中事務附焉。」「四曰設大義塾」：「茲特設大義塾，
增聘通人掌教，以育冠髦之士，課以經學為本，講求義理、經濟，旁及詞章
及泰西各學。」「五曰開三業學」：「泰西之富，不在治砲械軍兵，而在務士農
工商。農工商之業，皆有專書千百種，……今翻譯其書，立學講求，以開民
智。」（〈兩粵廣仁善堂聖學會緣起附會章〉）由以上可見，「孔教」、「救國」、「西
學」乃康氏的「三位一體」，在「救國」的目的下，以「孔教」為體、而以「西
學」為用。其所有思想與努力，皆不外於此。

光緒二十三年（1897，四十）六月，從廣西還鄉後，繼續講學，「時學者大
集，乃晝夜會講」，此乃萬木草堂的興盛時期。八月，納妾梁氏之後，卻有歸隱
的想法。十月到上海，又興起了移民巴西的念頭。早在光緒十四年，第一次上
書遭到挫折時，康氏「大發浮海居夷之歎」，欲經營殖民地於巴西。以為新中國。
但限於財力，且有老母，故未能如願成行。他認為中國人口太多，想移民到人
煙稀少的巴西去，因為巴西「經緯度與吾近，地域數千里，亞馬孫河貫之，肥
饒衍沃，人民僅八百萬，吾若遷民往，可以為新中國」，他希望創立新國家，按
自己的理想，開闢一塊人間樂土。他目睹朝廷經歷了甲午戰敗及割台之痛後仍
不思振作，必將亡國，「故欲開巴西以存吾種」。光緒二十一年，巴西使者到中
國，希望通商招工，當時港澳兩地的商人，都有高度的興趣。其中何穗田擘畫
甚詳，並與康氏商量相關事宜。光緒二十三年多，康氏入京欲請求外部主事李
鴻章批准。不幸的是此時正好傳來德國強佔膠州灣的消息。

當康氏得知消息後，馬上起程進京。隔年正月，向光緒上第五書。這次
上書比起前幾次，在情辭上來得更加激烈。他開門見山地指出，自從中法戰
爭結束，朝廷並沒有接受戰爭失敗的慘痛教訓，仍然苟且偷安，守舊不變，
這使得中國的局勢非常危險，他預言中國將繼非洲之後，為西方所瓜分殆盡：

> 今非洲剖訖，三年來泰西專以分中國為說，報章論議，公託義聲，其
> 分割之圖，傳徧大地，擘畫詳明，絕無隱諱。……號於眾曰，保歐洲
> 太平，則其移毒於亞洲可知。文其言曰，保教保商，則其垂涎於地利
> 可想。英國太晤士報德國膠事，處置中國，極其得宜，譬猶地雷四伏，
> 藥線交通，一處火燃，四面皆應，膠警乃其借端，德國固其嚆矢耳。

他焦急地希望光緒皇帝因膠州灣事件發憤圖強，「明定國是，與海內更始；自茲國事付國會議行；紆尊降貴，延見臣庶，盡革舊俗，一意維新。」他提出了變法的上、中、下三策。上策的主旨是「擇法俄、日以定國是。」「以俄國大彼得之心爲心法，以日本明治之政爲政法。」中策主旨是「大集群才而謀變政」。所謂「群才」，主要是指六部九卿等官吏中的賢才，擇供咨問；下策主旨是「聽任疆臣各自變法」。主要是爲支持維新變法的地方督撫，爭得一些推行新政的自主權力。奏章遞到工部尚書淞桂手裏，由於書中有「職恐自爾之後，皇上與諸臣雖欲苟安旦夕，歌舞湖山而不可得矣。且恐皇上與諸臣求爲長安布衣而不可得矣」等語，長官大怒，不肯代遞。康氏失望之餘，向李鴻章申請到巴西開發，李允許辦理，但又推說必須等巴西公使前來請求方可。眼見事皆不可爲，天時又冷，他希望在河水凍結不能通航之前返鄉。正當要起程之時，卻被翁同龢留住，「上將大用君矣，不可行！」翌日，由給事中高燮曾奏薦請召見。〔註37〕然而恭親王奕訢以朝廷成例，皇帝不能召見四品以下官員爲由，加以阻撓。光緒難以打破舊制，只好改爲由王公大臣向康有爲問話。

　　光緒二十四年（戊戌，1898，四一）正月三日下午三時。康有爲被請到總理衙門的西花廳，「問變法之宜」，當時出席的大臣有李鴻章、翁同龢、榮祿、刑部尚書廖壽恒、戶部左侍郎張蔭桓等五人。榮祿首先發言：「祖宗之法不能變！」康氏答：「祖宗之法，以治祖宗之地也。今祖宗之地不能守，何有於祖宗之法乎？即如此地爲外交之署，亦非祖宗之法所有也。因時制宜，誠非得已。」廖問：「宜如何變法？」康答：「宜變法律，官制爲先。」李問：「然則六部盡撤，則例盡棄乎？」答：「今爲列國並立之時，非復一統之世，今之法律官制，皆一統之法，弱亡中國，皆此物也，誠宜盡撤，即一時不能盡去，亦當斟酌改定，新政乃可推行。」翁問：「如何籌款？」答：「日本之銀行紙幣、法國印花、印度田稅，以中國之大，若制度既變，可比今十倍。」

　　接著康氏大談法律、度支、學校、農商、工礦政、鐵路、郵信、會社、海軍、陸軍等改革辦法。「並言日本維新，仿效西法，法制甚備，與我相近，最易仿摹。」於是拿出《日本變政考》和《俄大彼得變政記》兩書，供大臣參考。他侃侃而談，眾人直到天黑才散去。翌日，翁同龢將談話內容與情形

〔註37〕〈上清帝第五書〉，雖被工部尚書淞桂阻攔，但都察院高燮曾卻得到傳抄本。
　　　　在大爲感動之餘，爲康氏的遭遇鳴不平。次日上奏章推薦，稱讚康氏學問淹長，
　　　　才氣豪邁，熟諳西法，具有肝膽，請求光緒皇帝親自召見，破格委以重任。

上告光緒，又推薦康有爲才堪大用。但恭親王奕訢再度出面阻撓，他建議光緒可先令康有爲條列變法內容，若有可採用者，屆時再召見也不遲。於是光緒命康有爲將建議上呈，並進呈日、俄變政考二書。

正月初七日，康氏上第六書，〔註38〕此即著名的〈應詔統籌全局摺〉。此摺提出了「全變」的要求：

> 臣聞方今大地守舊之國，未有不分割危亡也，……觀大地諸國，皆
> 以變法而強，守舊而亡。然則守舊開新之效，已斷可睹矣。以皇上
> 之明，觀萬國之勢，能變則全，不變則亡；全變則強，小變仍亡。

他建議推行新政，最好仿效日本明治維新。日本明治維新的變法綱領要義有三：「一曰大誓群臣以定國是；二曰立對策所以徵賢才；三曰開制度局而定憲法。」有鑑於此，康氏建議光緒皇帝比照日本，採取三大對策：

一、大集群臣於天壇、太廟或乾清門，宣布變法維新，「詔定國是」，藉皇權以行新政。

二、設「上書所」於午門，日輪派御史二人監收。許天下士民上書，咸許自達，不得由堂官代遞，以致阻撓。有稱旨者，召見察問，量才擢用。

三、設制度局於內廷。設立一個新行政機構以推行新政。選天下通才數十人，入直其中，皇上每日親臨商榷，訂立各種新章。

在此摺中，康氏建議「置制度局於內廷」，「選公卿、諸侯、大夫及草茅才士二十人充總裁議定，參預之任，商榷新政，草定憲法。」並於制度局之下分設法律局、度支局、學校局、農局、商局、工局、礦務、鐵路、郵信、會社、海軍、陸軍等十二局，分管其事，以推行新政的主張。制度局爲一「議政」單位。奏摺中說：

> 近者新政，多下總署。總署但任外交，豈能兼營商務。……若御史
> 爲耳目之官，刑曹當司法之寄，百官皆備，而獨無左右謀議人，專
> 任論思之寄，……無專司爲之討論，……是猶範人之形，有頭目手
> 足口舌身體，而獨無心思，必至冥行躓埴，顛倒狂瞀而後已。以此
> 而求新政之能行，豈可得哉？故制度局之設，尤爲變法之原也。

可見在康氏的構想當中，希望在現有官制編制之外，另設一最高立法議政單

〔註38〕按《自編年譜》記此書上於正月初七日，而《戊戌政變記》、《光緒朝東華錄》、《皇朝蓄艾文編》、《光緒政要》、《戊戌變法人物傳稿》等，皆言此書上於正月初八日。今暫從《自編年譜》。

位，以全權討論謀劃新政。

第六次上書的內容，表達了維新的改革綱領與施政方針，光緒十分重視，馬上發下總署討論。翁同龢首先贊成開制度局，並打算推舉康有爲入主其事。同月，康氏上第七書，並呈《俄大彼得變政記》。主旨在希望光緒效法俄國以君權變法：

> 職竊考之地球，富樂莫如美，而民主之制與中國不同；強盛莫如英、德，而君民共主之制，仍與中國少異。惟俄國其君權最尊，體制崇嚴，與中國同。其始爲瑞典削弱，爲泰西擯鄙，亦與中國同。然其以君權變法，轉弱爲強，化衰爲盛之速者，莫如俄前主大彼得。故中國變法，莫如法俄；以君權變法，莫如採法彼得。

康氏認爲俄國的國情與外交處境，與我相似，所以可作爲借鏡，以君權領導變法。然而不久，卻傳來俄人強索旅順、大連的噩耗。三月初一日，康氏上摺陳三策以拒之：「若出於戰，則敗而復割未遲；否則用西人蒲盧爹士之例，聽俄人佔據，非吾所願，猶可取也；三則請盡開沿海口岸以利益各國，俄人當無如何。」初五日，上摺遞都察院，然於前一日朝廷已在條約上畫押，割地之勢已成，無可挽回。此例一開，列強隨即效尤，不可收拾，「於是法索廣州灣，英索九龍、威海衛，無不唯命是聽。」

康氏眼見清廷無能爲力，於是希望鼓動民間力量，得到御史李盛鐸的贊同，於是由他們兩人發起，組織了「保國會」。三月二十二日，在粵東會館召開第一次會議，草定章程，「士夫集者數百」，康氏登台演說，歷數兩個月來失地、失權之事，號召大家團結奮起，挽救危亡。不少人被他的演講所感動、流淚。後來保國會又集會兩次，分別是二十五日在崧雲草堂、二十九日於貴州會館，「人皆逾百數」。各省愛國人士也陸續組織「保滇會」、「保浙會」等。

保國會是愛國團體，但卻遭到部分人士的敵視與破壞。吏部主事洪嘉與慫恿孫灝出面攻擊，〔註39〕洪代孫做〈駁保國會章程〉，謂康氏「將欲爲民主教皇」，並將此文到處散發。於是謗言四起。李盛鐸見勢不對，竟然「參保國會以求自免」。四月七日，御史潘慶瀾（安濤）上疏彈劾康有爲「聚眾不道」，

〔註39〕《自編年譜》記載康氏與洪嘉與的關隙云：「吏部主事洪嘉與者，守舊之有心力，能樹一細黨者。三來拜，不得遇，閽者忘其居址，又不答拜，洪以爲輕己，乃大造謠，於是謗言益作。浙人孫灝者，欲得舉經濟特科，洪紿之謂某公惡康，若能攻之，必可舉特科也。孫故無賴，喜從之。」

軍機大臣剛毅準備乘機查禁，幸得光緒皇帝祖護云：「會爲保國，豈不甚善！」才倖免於難。然而經此打擊，「賓客至交，皆避不敢來，門可羅雀，與三月時成兩世界矣！」保國會終不免名存實亡。

四月，光緒決心變法。他透過慶親王對西太后云：「我不能爲亡國之君，如不與我權，我寧遜位。」這時又適逢恭親王奕訢病死，變法運動無形中少了一大障礙。康有爲寫信給翁同龢，希望他抓住時機，敦促皇帝變法；十八日，又擬〈請定國是而明賞罰〉，建議光緒「大明賞罰，定國是而後能行新政。」二十三日光緒召集軍機全堂，下詔定國是，宣布變法。維新變法開始後，光緒皇採取的重大行動之一，就是與維新派領袖康有爲直接會面。在光緒正式宣佈變法的五天之後，也就二十八日。光緒打破清朝皇帝不得召見小臣的「祖家家法」，特旨召見於頤和園仁壽殿。在這次會面中，二人暢談對變法的基本看法、阻力、以及步驟等。時間「逾十刻」而相談融洽。光緒準備要重用康有爲，但因榮祿、剛毅等的反對，只暫時給他一個在總理衙門章京上行走的小職位。五月初三日，總理大臣代遞謝恩摺，光緒云：「何必代遞，後此康有爲摺，可令其直遞來。」於是朝廷予以專摺奏事的特權。

康氏充分利用專摺奏事的特權。在百日維新期間，寫了許多奏摺。據初步統計，他自署名及代人草擬的奏摺有三、四十件。〔註40〕幾乎是每二、三天就有一件。奏摺的內容遍及政治、經濟、軍事、文化教育等。

（一）政治方面：尊孔教爲國教、選才議政、許民上書、裁冗官、斷髮、易服、改元、開懋勤殿議制度、開制度局等。希望破格用維新人才並設立變法機構。

（二）經濟方面：勸勵工藝、獎募創新、立商政、開農學堂、地質局、築鐵路、廢漕運、裁厘金等。要求保護工商業，發展新式農業。

（三）軍事方面：停弓刀石武試、裁綠營、放旗兵、廣設武備學堂、大練海陸軍以強中國。文化教育方面有：廢八股試帖楷法取士、辦學校、譯新書。以培養新的人才。

以上這些新政的建議，在過去歷次上書中大多涉及。茲製成表格如下：〔註41〕

〔註40〕可參考《康南海先生遺著彙刊》，第十二冊，其中收錄「補錄代草奏議」，共三十三篇。
〔註41〕此表轉引自馬洪林著：《康有爲傳》，頁172～175。

類別	除舊方面的建議	佈新方面的建議	時間（西元）
政治方面		大誓群臣，統籌全局，開制度局，推行新政。	6月19日
	頒明詔，廢止八股。	成立孔教會。	6月19日
	降斥阻撓新政許應騤。		6月20日
	嚴懲造謠惑眾，攻訐新政者。	御門誓眾，雷厲風行地推行新法。	6月28日
	指斥湖南阻撓新政的舊黨。	獎勵陳寶箴。	8月10日
	廢纏足惡習。	禁止婦女裹足，獎勵各省不纏足會。	8月13日
		學習西方制度，設立議院。	8月19日
		令各局皆別設局差，選通才行走。	8月29日
	懲辦阻撓新政的譚鍾麟。	議開懋勤殿以議制度。	9月13日
經濟方面		獎勵新藝、新法、新書、新器、新學，以勵人才而開民智。	6月26日
		開商務局、立商學，振興商務。	7月19日
		刊新政詔書，停止昭信股票。	8月13日
		開農學堂、地質局以興農民而富國本	8月18日
		仿西法修治京師街道，行銷銀元，酌定價值。	9月13日
軍事方面	停止弓、刀、石武試。	仿照德、日制，廣設武備學堂。	6月17、18
	裁綠營，放旗兵。	改營勇爲巡警，仿德、日練兵。	
		統計全局，大籌巨款，以行新政，練海、陸軍而強中國。	7月15日後9月15日前
文教方面		分別舉辦經濟特科。	6月14日
	廢八股試帖楷法取士。	改試策論，將鐵路官本歲息繳充學校經費。	6月17日
		各省歲科一律改試策論，將經濟歲科歸並正科。	6月30日
		酌定各項考試文體。	7月6日
	改書院，廢淫祠。	省會之大書院改爲高等學；府、州、縣之書院改爲中等學；義學、社學改爲小學。令兒童六歲皆入學。	7月10日
		酌採外國通行之法，參照中國情形，定中國報律。	7月31日
		京師開編書局，編輯各國強盛弱亡及制度風俗之事。	8月14日

　　此外，「自召見後，無數日不進書者。」他以大量時間、精力，編纂了列國變政考。先後呈上《法國變政考》、《突厥守舊削弱記》、《波蘭分滅記》、《英國變政記》、《德國變政記》、《列國政要比較表》等書，各書都附有序文和按語，引證本國之事，斟酌損益，促進變法。介紹各國變法的情況，並總結歷史經驗教訓，以供中國變法維新作爲借鏡。

　　雖然維新運動如火如荼地展開，但由於光緒並無實權，上扼於西后，下扼於頑臣，所以儘管詔書頒下，各省督撫大都敷衍觀望，眞正照辦的事情並不多，所謂「言新政皆小臣，無大臣言之者。」然而，就算已經實施的新政，也多變相施行。例如：

> 所云誓群臣定國是一條，以爲詔書兩下，國是已定，此條無庸議。所請選天下通才二十人置左右議制度一條，乃改爲選翰詹科道十二人，輪日召見，備顧問，於是制度局一條了矣；我所請令臣民咸得上書一條，改爲職官遞本衙門，士民遞都察院。

造成這種現象，一來固然由於「大官了事」，任意敷衍；二來由於官員並未有足夠的相關知識以執行新政：

> 先是上摺請開農工局，並進呈農學圖。奉旨派端方、吳懋鼎、徐建寅辦理。端方者，剛毅之私人，但爲骨董之學者也；徐建寅者，裕祿之人也；吳懋鼎者，王文韶之私人也。惟徐建寅頗游外國，餘皆非能辦事者。是以各督撫皆藐上無權，抗不遵辦，於是心力稍倦，吾亦決意出京矣。

這眞令人無奈！「雖奉旨允行，而所陳改革各事，皆成虛文矣。」雖有良法美意，但所託非人，又能如何？

　　新政的執行，勢必剝奪既得利益者，如六月十七日，朝廷正式宣佈廢除八股取士，而改考策論。這使得當時已準備八股應試的讀書人，突然無所適從，遂懷恨在心，甚至想計劃暗殺康有爲。又如康氏建議開制度局、京師開十二局、外省開民政局，這又引起了更大的騷動：

> 於是流言紛紜，咸謂我盡廢内閣六部及督撫、藩臬司道矣。……於是京朝震動，外省悚驚，謠謗不可聽聞矣。軍機大臣曰：「開制度局是廢我軍機也，我寧忤旨而已，必不可開。」王文韶曰：「上意已定，必從康言，我全駁之，則明發上諭，我等無權矣，不如略敷衍而行之。」

所以舊黨如榮祿等每日造謠，希望將康氏排擠出京，然後加害。當時很多人

都爲他擔心，力勸勿干政事。弟廣仁更建議：

> 自廢八股後，民智大開，中國必不亡。上既無權，必不能舉行新政，
> 不如歸去，選通中、西文學者，教以大道，三年當必有成，然後議
> 變政，救中國，未晚也。

但康氏卻執意甚堅，不願出京。「死生有命也，……有聖主在上，以救中國，
豈忍言去哉？」

除了造謠中傷康有爲之外，反對的勢力，漸漸地轉向光緒皇帝。「是時榮
祿日攻新政，而太監內務府等謗攻皇上無所不至。」榮祿甚至造謠，謊稱光
緒已得重病，朝中連衣衾棺槨皆已備妥。當時被罷黜的幾個大臣，如懷塔布、
李鴻章、敬信等，聯合內務府，一起環跪於西太后前，指控光緒「妄變祖法」，
請太后訓政。其後立山、楊崇伊、榮祿、慶親王、李聯英等也加入行列，「皆
跪請西后訓政」。立山甚至不惜造謠光緒派太監至各大使館，密謀除去太后。
太后聽到後大怒，決定於九月借天津閱兵之際，廢除光緒帝位。

在此危難之際，維新派希望借重袁世凱小站的軍隊，進行勤王。故七月
二十九日，降旨召見袁於頤和園，並於八月初一日，降旨嘉獎，賞予侍郎。
同日。光緒以密詔交由楊銳帶出，敦促康氏等維新人士出京以圖保全。八月
初三日，譚嗣同夜訪袁世凱，勸其清君側以護聖躬後，袁佯諾；初四，太后
還宮；初五，袁世凱出天津，向榮祿告密；初六，政變爆發。西太后頒諭訓
政，光緒被囚，維新派六君子遭捕殺。朝廷下令逮捕康、梁師生們，及其家
屬，並銷毀著作，查抄家產。榮祿派軍艦追捕康有爲。康氏歷盡驚險，先逃
到香港，後轉往日本，過著逃亡的生活。於是維新變法運動宣告終結，同時
康有爲也結束了政治生涯的顛峰期。

第三章 論思想啓發 ——《孔子改制考》與廖平《知聖篇》的關係

　　光緒十六年（1890，三三），四川經學家廖平應張之洞之邀，來到廣州羊城，並以《知聖篇》、《辟劉篇》兩書稿本贈予康有爲。隔年，七月，《新學僞經考》著成刊行；又光緒二十三年（1897），《孔子改制考》亦相繼刊行。康氏二書一出，學界震動，朝野譁然。〔註1〕數年之後，廖平兩書始相繼刊刻問世。〔註2〕康、廖的四部之間有雷同之處，由於廖作在先，康氏諱言受其影響，故知情者斥康氏「剽竊」；不知情者認爲廖書後出，遂以康氏二書爲獨造。孰先孰後？孰創孰襲？便成了迷案。於是「羊城之會」成了學術界爭論一時的公案。這個公案所涉及的是思想啓發的問題。亦即是康有爲變法思想是否受到廖平的影響。本文的主旨，在於探討思想啓發的現象，以及《孔子改制考》與《知聖篇》的關係。

第一節　廖平生平與思想簡介

　　廖平，清咸豐二年（1852）生，四川井研人。原名登廷，字旭陔，光緒五年（1855），改名平，字季平，號「六譯老人」。幼時鈍而好學，困而求知，苦思強記。張之洞任四川學政時，拔爲府學第一名。光緒二年（1876）補廩

〔註1〕 如梁啓超說：「若以《新學僞經考》比颶風，那麼《孔子改制考》就是火山大噴火、大地震了。」（《清代學術概論》，頁129）
〔註2〕 《辟劉篇》改編而爲《古學考》與《知聖篇》分別刊於光緒二十三年（1897）、二十八年（1902）。

生，選入尊經書院學習，從王闓運習公羊學。撰《今古學考》二卷，以《王制》爲今文經學之本，漢代今文博士言禮，俱出於《王制》；《周禮》爲古文經學之宗主，古文經學皆本之。光緒十二年（1886），《今古學考》由尊經書院刊行。

廖氏於光緒十五年（1889）中進士，以知縣用，因親老不仕，改龍安府教授。民國建立後，出任成都國學專門學校校長。五四運動前夕患中風，右手痙攣不能作書，隨即退居鄉里，民國二十一年（1932）病卒。生平著述甚豐，計一百一十八種，已刻九十七種，未刻二十一種，其中有關經學最多，醫學次之。

廖氏爲中國近代史上著名的經學家與思想家，其在學術上之重大成就，爲「經學六變」思想。六變中的前三變主要講「今古之學」，後三變則談論「天人之學」。前三變分別爲：

一、一變「平分今古」

中國從漢代以來，經學發展史上有所謂「今古文之爭」。「今」是指今文經；「古」則指古文經。今文經與古文經本乃經學上兩個不同的派別，各自有其經典與治經方法。西漢首重今文經，東漢則偏重古文經。然東漢末鄭玄開「以今注古」之風，就成了「混合今古」的局面，並延續至清代。

光緒九年（1883），廖平於赴京會試來往途中潛心冥想，提出「平分今古」的說法，並於三年後著《今古學考》。他以「制度」爲標準，分辨今、古文經。廖氏認爲今文經與古文經都是孔學，一樣重要。不同的是古文經爲孔子「壯年」之學；今文經則爲孔子「晚年」之學。〔註3〕雖言「平分今古」，但以今文經出現的時間，晚於古文經，這實際上隱含有抬高今文經的地位。

二、二變「尊今抑古」

自光緒十三年至二十三年（1887～1897），前後經歷了十年的時間。轉入

〔註3〕 今古學禮制雖各有偏重，然「實孔子一人之言前後不同」。「孔子初年問禮，有『從周』之言」；「至於晚年，哀道不行，不得不假手自行其意，以挽弊補偏」，「書之《王制》，寓之《春秋》」，「所謂『因革繼周』之事也」。據此，他得出結論說：「予謂『從周』（按：指《周禮》、古文經）爲孔子少壯之學，『因革』（按：指《王制》、今文經）爲孔子晚年之意者此也。」（以上均引自廖平《今古學考》）既然如此，後人對今古文經，就應該給予平等的待遇。

經學二變時期,即所謂「尊今抑古」說。此說乃繼承前期「平分今古」的發展。「尊今抑古」即推崇今文經而貶抑古文經。廖氏作《知聖篇》「尊今」,認爲只有今文經才是孔子之道,作《辟劉篇》「抑古」,以古文經非孔學,乃西漢劉歆所僞作。光緒十六年,廖平至廣州羊城,並與康有爲會面。因此有學者認爲,康氏受到廖平二變「尊今抑古」思想的影響。

三、三變「古大今小」

光緒二十四年至光緒三十年(1898～1904),經歷了七年。廖平著《地球新義》,開始其經學思想的第三變,即「古大今小」說。

何謂「古大今小」?「古大」者,以古文經之《周禮》爲「大統」;「今小」者,以今文經之《王制》爲「小統」。《周禮》講皇帝,疆域大,故爲「大統」;《王制》講王伯,疆域小,故爲「小統」。不同於前一期,前說今古文經的分辨,乃就「制度」或「眞僞」而言;本期「古大今小」,今古文經的「大統」、「小統」之分,乃就疆域而言。

經學三變「古大今小」乃反前二變「平分今古」、「尊今抑古」的態度。這個改變或許是因爲受到張之洞的「賄逼」。梁啓超《清代學術概論》云:「(廖平)晚年受張之洞賄逼,復著書自駁。」由於康有爲《孔子改制考》,引起學界的震撼,而且維新運動遭到舊黨的反彈。湖廣總督張之洞善窺政治風向,恐其弟子廖平與康有爲思想關係太密,遂託宋育仁轉告,要求廖改變說經方向。故廖遂草《地球新義》,以自劾其說。也因此一改變,故戊戌變法失敗後,廖平卒免於禍。

光緒三十一年(1905),爲經學四變的開始,同時轉入「後三變」。廖平經學思想的前三變,「平分今古」、「尊今抑古」、而「古大今小」,儘管主張一再變換,但是思想活動一直在今古經學之內。到了「後三變」則轉入「天人之學」。「天人之學」即「天學」與「人學」的概稱。廖平認爲孔子所作六經,包括天學與人學兩部份。人學只明六合之內;天學則言六合之外。前者是屬倫理學(如《禮經》)、政治學(如《春秋》、《尚書》);後者則屬宇宙論(如《易經》)的範疇。然實際上,「四變」、「五變」中的「神遊」、「形遊」,乃屬神仙之學的內容,只有「六變」中,提到「五運」、「六氣」,才具有宇宙論的意義。可見廖平後三變思想主題,由實轉虛而漸蹈空冥。

第二節 學界對「康廖之會」的看法

康有爲在光緒十四年第一次上書不達後，受到了重大挫折，心灰意冷。於是在隔年十二月，回到廣東準備「專意著述」。光緒十六年春天，四川經學家廖平，應兩廣總督張之洞之邀，來到了廣州，住進羊城的廣雅書院。康氏由沈子培（曾植）得見廖的著作，於是就約朋友黃季度（紹憲）一同前往拜會。

在今古文經的態度上，康有爲早年酷好《周禮》，尊崇周公，原本偏重古文經典的，「吾鄉亦受古文經說」（〈僞經考後〉）。十九歲時，從學朱次琦，主要攻讀《周禮》、《爾雅》、《說文》等古文經典，後來寫作《何氏糾謬》、《政學通議》等書，大都站在古文經學的立場。所以當康氏遇上「尊今抑古」的廖平時，由於經學立場的不同，故談論學術見解時，論點必然多不相同，甚至對立。故康氏斥責廖平「好名驚外，輕變前說。」應當將其著作自行焚毀。

但是不久之後，康有爲以一個政治改革家特有的敏銳與靈活，領悟到：今文經學，尤其是公羊思想，可作爲變法思想的利器。因爲如果發揮廖平《知聖篇》的觀點，「神格化」孔子，並將改制思想「託古」於孔子，那麼自己的變法的思想上，不就有了歷史依據和權威嗎？又清代古文經學盛行，舊黨人士的學問思想，多以古文經爲主，因此如果能發揮《辟劉篇》的觀點，批評古文經皆爲劉歆所僞作，非儒家眞傳，如此一來，守舊派在學術立場上，不就站不住腳了？因此，在會見廖平之後的八年（光緒十七～二十四年）當中，康有爲將所有的精力投注到今文經學上，大講今文經學。並模仿廖平《辟劉篇》而爲《新學僞經考》，刊於光緒十七年七月；又依《知聖篇》的主旨，而編撰《孔子改制考》，刊於光緒二十三年冬（次年即發生戊戌變法），這兩本書乃康氏變法思想的理論依據與權威。

由於康氏絕無一言，提到廖平及其著作，而廖則屢道其事，且貽書以爭之。如光緒十七年，《新學僞經考》刊出時，廖譏其「倚馬成書，眞絕倫也。」隱然認爲康氏抄襲。於是這就成了學界爭議的話題。有學者認爲康氏確實受到啓發，但是也有執反對意見者。

一、認爲《孔子改制考》受《知聖篇》啓發者

認爲康有爲受到廖平影響的學者。如廖平本人。在《新學僞經考》刊出時，廖氏即諷刺地說：「倚馬成書，眞絕倫也」。並明言康氏抄襲：

> 廣州康長素，奇才博識，精力絕人，平生專以制度說經。戊己（按：

光緒十四年，1888）間，從沈君子豐處得《學考》，謬引爲知己。及
還羊城，同黃季度過廣雅書局相訪，余以《知聖篇》示之。馳書相戒，
近萬餘言，斥爲好名驚外，輕變前說，急當焚毀。當時答以面談再決。
後訪之城南安徽會館，兩心相協，談論移晷。明年。……而《新學僞
經考》成矣。（轉引自錢穆《中國近三百年學術史》，頁 715）

又如錢穆云：「長素辨新學僞經，實啓始自季平。此爲長素所深諱，而季平則
力揭之。」（《中國近三百年學術史》，頁 715）湯志鈞《戊戌變法人物傳稿》
云：

公車上書，視〈上清帝第一書〉爲進，一曰公車上書首援「公羊」
之義，謂「公羊之義，臣子之例，用敢竭盡其愚，惟皇上采擇焉。」
於敎民之法，復重道學一科，講明孔子之道。知先生明今學之正，
於第一次上書不達之後。

〈公車上書〉即〈上清帝第二書〉作於光緒二十一年。此書中首引公羊之義，
此乃光緒十四年〈上清帝第一書〉中所無者，據此，湯氏認爲康氏注意公羊
思想當於光緒十四年之後。然而，這只能說是一條「間接證據」。首先，引文
中，並不見湯氏評斷康廖改制思想的關係；其次，光緒十四年的上書中，未
提到公羊思想，並不能視同康氏在當時沒有公羊思想，這恐怕需要更多的證
據。不能單憑一篇文章，進而斷定某人思想的內容與特性。

在眾多意見當中，以弟子梁啓超的看法，最值得注意。梁氏云：

有爲早年，酷好《周禮》，嘗貫穴之著《政學通議》，後見廖平所著
書，乃盡棄其舊說。……平……知守今文家法，晚年以張之洞故，
復著書自駁，固不足法。然有爲之思想，受其影響，不可誣也。（《清
代學術概論》，頁 126）

梁啓超以舉人的身分，於光緒十六年（1890）八月，入康有爲門下。雖爲康
氏弟子，然而就二人思想言論而言，大抵康較爲主觀、浪漫、而富有創意；
而梁則多客觀而重實際，茲舉三例說明二人特質的不同：

其一，築桂林馬路。光緒二十三年（1897）正月十日，康氏到桂林之後，
致書梁啓超，擬築桂林馬路。然梁氏於三月三日覆書反對，理由是：

馬路之股需十萬，若一旦桂中大吏果一切聽受，立即舉行，而以此
權全委諸我，將何處得此巨股？……且即使有富商達於利病，而慨
然肯信此，我猶不當任之，何也？其事必不成，徒失桂吏之望，而

招股東之怨。曷何其事必不成？無辦此事之人也。〔註4〕

康氏有見桂林交通不便，於是興起築馬路的念頭，而希望梁啓超擬辦。但他並未考量經費來源，以及辦事的專門人才，這也是梁反對的主因。其二，康氏欲刊行《孟子公羊同義證傳》，託弟子龍積之攜交梁氏校刻，然梁不以爲然，同書云：

> 超以爲先生之著書，與吾黨之著書有異。先生之著書，以博大莊嚴爲主，其當著者則《僞經考》、《改制考》、《大義記》、《微言記》，及其他言教精焉之書，如是微止矣。其零篇碎章，則萬不可著，徒失人望。……今若頻出此種零碎之書，將愈爲人所輕，而教益不可傳。

（同上）

因此，梁氏建議，書可以照刊，但改掛弟子如積之、孺博的名義，如此一來，不但可以助長門人的聲名，間接壯大康氏改制思想的聲勢。

其三，在提倡孔子運動上，康梁也不同見解，尤其是在「保教」的主張方面。光緒二十八年（1902）正月，梁啓超發表〈保教非所以尊孔論〉：

> ……先生謂各國皆以保教，而教強國強，以弟子觀之，則正相反。保教而教強，固有之矣，然教強非國之利也。歐洲拉丁民族，保教力最強，而人皆退化，國皆日衰，西班牙、葡萄牙、意大利是也；條頓民族如英、美、德各國，皆政教分離，而國乃強，……且弟子實見夫歐洲所以有今日者，皆脫教主之拘軛得來，蓋非是則思想不自由，而民智終不得開也。倍根、笛卡兒、赫胥黎、達爾文、斯賓塞等，轟轟大名，皆以攻耶穌教著也，而其大有造於歐洲，實亦不可誣也。

梁氏認爲救中國之道，當務之急，乃破舊立新以開民智。康氏保教的主張，只會讓人民思想更加依傍於傳統，而不求新變進步。何況孔教無滅亡之理，既不必保，亦非人力所能保。由後來的歷史發展而言，在孔教的態度上，梁氏的見解似乎高過康氏。然而姑且不論高下，梁氏能將「保教」與「尊孔」、「孔教」與「救國」，區分開來，可見他的思路相當清楚，而且具有細膩的分析能力，同時也較爲接近事實。相對地，在康氏的觀念中，如「尊孔」、「孔教」、「變法」、「救國」的主題，乃是不分的。所以基於弟子的身分，以及對老師的了解，再加上具有客觀的分析能力，梁氏認爲廖平對康氏的影響，雖不見得「盡棄其舊說」，「然有爲之思想，受其影響，不可誣也。」這個結論

〔註4〕 轉引自吳天任撰：《康有爲先生年譜》，上，頁一三三。

是可信的。除此之外，也可以從以下幾方面，探討廖著對康氏的影響：

（一）就二者的作品內容而言

要探討康氏是否受到廖平啓發，最直接的方法，就是將二者的作品內容加以比較。《新學僞經考》與《孔子改制考》的主旨與廖平《辟劉篇》、《知聖篇》相似。所謂「知聖」之「聖」，乃指孔子而言，宣揚孔子具「素王改制」的思想，以下略述《知聖篇》主旨，並與《孔子改制考》卷次相比附爲：

1. 古制簡陋，古史多神怪不經，至孔子力絕神怪，但用文教以端人心而正治法。康氏採納這個意見，著〈上古茫昧無稽考第一〉，置於《孔子改制考》首篇。

2. 孔子受命改制，爲「素王」。康有爲接受這個主張，於《孔子改制考》中，特撰〈孔子爲制法之王考第八〉、〈孔子創儒教改制考第九〉。

3. 六經爲孔子改制之作。此爲廖平作《知聖篇》的旨趣。《孔子改制考》中有〈六經皆孔子改制所作考第十〉。

4. 孔子改制託古。上列的第 2、3 點，即「孔子受命改制」、「六經爲孔子改制之作」，乃西漢今文家的舊說，廖平加以承繼發揮，相較之下，較具創意者，乃「孔子改制託古」。也就是孔子運用「託古」的技巧，將改制思想假託於古聖先王。在《孔子改制考》中，有〈諸子改制託古考第四〉、〈孔子改制託古考第十一〉、〈孔子改制法堯舜文王考第十二〉等三卷。

至於廖氏另一著作《辟劉篇》，所謂「辟劉」之「劉」者，乃指漢新莽劉歆而言。以其作僞、提倡古文經，進而替代今文經學在當時學界的主導權，使得孔子改制之義湮沒，故應加以辟之。本篇要點如下：

1. 古文經學始於劉歆，成於東漢。

2. 一切古經皆有作僞跡象。

3. 古文經祖周公，不祖孔子；又古文經主訓詁，無師法。

4. 古文經學以《周禮》爲主。然而本書乃劉歆取《佚禮・官職篇》刪補羼改而成。至於僞造《周禮》的目的，純爲媚莽篡漢而作。爲求相助，其弟子遂推《周禮》之意以說《書》、《詩》、《論語》、《孝經》，故其他古文「僞經」相繼問世。

5. 古文經學雖始於劉歆，但與王莽政治勢力有密切關係。平帝時，王莽秉政，歆遂藉莽權勢，蓄意創立古學，以與博士所傳今學相對。

6. 《史記》中，亦有劉歆纂僞之處；又《漢書》的〈藝文志〉、〈歆傳〉、《經典釋文》、《隋書‧經籍志》等言經學傳授，有後人臆造，不可盡信。

以上六要點，與康氏的《新學僞經考》皆相當契合雷同。其中1、2、3、4點與《僞經考》基本上是完全相同的。兩書主旨的雷同，太過明顯，很難令人忽略它們的關係。

（二）就康氏的思想歷程而言

康氏早年讀書，並未特別挑選，當然主要的原因，在於年紀尙小，不知自己爲學方向；同時，在長輩的壓力下，學習八股，準備應試，所以也無太多的自主權。光緒四年（1878，二一）從學朱九江先生，漸漸找到自己爲學的方向，康氏云：「未明而起，夜分而寢，日讀宋儒書及經說、小學、史學、掌故詞章，兼綜而並騖，日讀書以寸記。」在禮山草堂從老師的導引下，大力攻讀古典書籍，如《周禮》、《爾雅》、《說文》、《儀禮》、《水經》、《楚辭》、《漢書》、《文選》、《杜詩》、《徐庾文》等。其中前三部，屬古文經的範疇。光緒五年，有「經營天下」之志，然而治學的方向還是不變，「時時取《周禮》、《王制》」等，俛讀仰思。」然而不久之後，他開始將注意力由中國古籍轉移到西學上。由光緒五年的「漸收西學之書，爲講西學之基。」直到光緒十二年（1886），八年間，西學爲其主要的治學方向。其間在光緒十年（1884）冬，第一次在思想上有了重大的突破。這是受到西學的啓發，與中國古籍無關，更談不上今文經學。此時他突破對事物二元的對立觀點，進而認識事物、空間、宇宙、乃至於時間，皆可無限延展。相對地，人類文明的發展，亦可以無限推衍。在這種狀況底下，更應該把握現在的自己，爲人類的文明發展，作一規劃，即所謂「統物之理」。這一套理想藍圖的學說來源，在於「合經子之奧言，探儒佛之微旨，參中西之新理，窮天地之蹟變，搜合諸教，披析大地，剖析今故，窮察後來。」在此還是未提到任何今文經學，或孔子改制的相關思想。

直到光緒十六年（1890、三三），三月。陳千秋來見，康氏「乃告之以孔子改制之意，仁道合群之原，破棄攷據舊學之無用，禮吉恍然悟，首來受學。」這是《自編年譜》中，第一次提到「孔子改制之意」，同年，康氏的著作甚多，計有《婆羅門教考》、《王制義證》、《毛詩僞證》、《周禮僞證》、《說文僞證》、《爾雅僞證》。考證《毛詩》、《周禮》、《說文》、《爾雅》等書爲「僞證」，目的在於這四部經典，或屬於古文經，或與古文經有關。所以康氏的經典立場，就相當明顯，乃站在今文經的立場批駁古文經。

可見在光緒十六年，康氏在思想觀點上，起了很大的改變，而這個轉變的關鍵何在？從《自編年譜》中並無法得知。所以如果將康廖之會加入《年譜》中，將廖氏著作視為一啟發的關鍵力量，那麼康氏在光緒十六年的思想觀點，以及經學立場的轉變，則不再顯得突兀而難解。

（三）就康氏對周公與孔子的態度而言

由康氏歷年的著作中，對周公與孔子的評價與態度來看。光緒十二年（1886）《民功篇》，〔註5〕首言「太昊帝庖犧氏」云：

> 三朝六紀，民人但知其母，不知其父，能覆前，而不能覆後，……
> 饑即求食，飽即棄餘，茹毛飲血，而衣皮羽。于是，伏羲仰觀象於
> 天，俯察法於地，因夫婦，正五行，始定人道，畫八卦，以治天下。
> 天下伏而化之，故謂之伏羲也。

在此，康氏以伏犧為中國文化的創始者「始定人道」，又「伏犧以前，皆野合野生，無宗教之敘；伏犧以後，則宗族立而禮起矣。」這是較為傳統一般的說法，與《孔子改制考》中，以孔子為「人道之始」不同。同年《教學通義》中，〈六經第八〉，以六經為周公所作，「周公之制，有『六德』、『六行』、『六藝』」而且對周公備極推崇，「此周公所位天地，育萬物，盡人性，智周天下，道濟生民，範圍而不能過，曲成而無有道。」「集諸聖之成，遭遇其事，得位行道，故能創制顯庸，極其美備也。」相對地，又云：

> 孔子以布衣之賤，不得位而但行教事，所教皆英才之士，故皆授以
> 王、公、卿、士之學，而未嘗為農、工、賈、畜牧百業之民，以百
> 業之學有周公之制也。孔子未嘗不欲如周公之為萬民百業計也。……
> 此孔子朝夕欲學周公之為萬民百業計也。天命不在，僅與七十子講
> 業，則取所得於適周環遊之大業授之弟子，故所雅言《詩》、《書》、
> 執《禮》。……《詩》、《書》、《禮》、《樂》此四者，皆先王之典章，
> 孔子修之以教學者。

由引文中可見，康氏對周公、孔子學術地位的看法，尤其是二人與六經關係，

〔註5〕　《民功篇》乃康有為早期撰寫的一篇重要著作，生前未刊行，始載於蔣貴麟所編《萬木草堂遺稿外編》上，蔣氏定此稿寫於光緒十四年（1888）。然而在康氏《教學通義》手稿已提到：「黃帝至堯、舜僅百年，製作為人道之極美。余別有說。詳《民功篇》。」《教學通義》為光緒十二年之作，據此，則《民功篇》應不晚於光緒十二年才是。

觀點與古文學家相同。不同於《孔子改制考》中，孔子的身分，非「布衣之賤」而是「蒼帝降精」、「爲神明」、「爲聖王」的神格角色。同時在《教學通義》中，六經的作者也是周公，在「遭離秦火，百家並滅」之後，漢武帝獨尊孔子後，於是「周公避位，孔子獨尊，以六經出於孔子也，然自是周公百官之學滅矣。」然「而非孔子所願也」。在此，康氏似以孔子取代周公神聖的地位，而爲周公抱屈；然而在《孔子改制考》中，則周、孔易位，書中雖未批評周公，但卻以孔子取代周公的地位，包括六經的作者，不再是周公而改爲改子，如在卷十〈六經皆孔子改制所作考第十〉中，六經全爲孔子所作，以寄託改制思想。

在康氏孔子改制的思想中。孔子將改制思想寄託於六經當中，傳於七十子。其後弟子分傳其教，由魯而逐漸傳播開來，到了漢武帝儒教逐一統天下，故《孔子改制考》中，有〈魯國全儒教考第十九〉、〈儒教偏傳天下戰國秦漢時尤盛考第二十〉、〈漢武帝後儒教一統考第二十一〉。其間雖跨秦始皇的「焚書坑儒」，但康氏並不認爲這對儒學的發展，有任何負面的影響。但在《教學通義》，〈亡經第十〉中，卻明言焚坑事件對儒家經學發展，造成嚴重的傷害。〈亡經第十〉云：

> 六經出於孔子。孔子時，禮、樂雖間不具，然經孔子搜輯訂正之後，其大節細目燦然復明，此孔子憲章祖述，纘承先王，光明天業之大功也。七十弟子分傳其業，而子孫又能世其家學，當一再傳而道大明，雖世亂彌甚，而儒風彌暢。……不幸遭秦禁儒業，天下棄學，高、惠、文、景皆不好儒，中間百年，於是孔門大明之六經復成殘缺矣。今以《儒林傳》、《藝文志》考之。

在光緒十六年後，康氏認爲對儒教發展造成重大傷害的，不是「秦禁儒業」，而是劉歆的僞古文經，纂亂孔子今文經的學術正統，這也就是《新學僞經考》的主旨所在。而康氏在此所謂「高、惠、文、景皆不好儒」，在《孔子改制考·儒教偏傳天下戰國秦漢時尤盛考第二十》的考證下，結論正好相反。

在光緒十二年時，雖然認爲周公爲經學的作者，但六經之一的《春秋》，康氏認爲「惟《春秋》則孔子因魯史而筆削，則全爲孔子自著之書。」（〈六經第九〉）在〈春秋第十一〉，開頭即云：「諸經皆出於周公，惟《春秋》獨爲孔子之作，欲窺孔子之學者，必於《春秋》。」續云：

> 《春秋》者，孔子感亂賊，酌《周禮》，據策書，明制作，立王道，

> 筆則筆，削則削，所謂微言大義於是乎在。……以孔子作《春秋》，
> 繼堯、舜、周公之事業，以爲天子之事。孔子亦曰：「知我」以之，
> 「罪我」以之。良匹夫改制，無徵不信，故託之行事，而後深切著
> 明。

這與後來孔子改制思想是相通的。〔註6〕接著康氏提到三世思想，「《春秋》之學」「依變言之，凡有三世。」在此對三世的劃分爲：

> 自晉至六朝爲一世。其大臣專權，世臣在位，猶有晉六卿、魯三家
> 之遺風，其甚者爲田常、趙無卹、魏縈矣。自唐至宋爲一世。盡行
> 《春秋》譏世卿之學，朝寡世臣，陰陽分，嫡庶辨，君臣定，篡弒
> 寡，然大臣猶有專權者；自明至本朝，天子當陽，絕出於上，百官
> 靖共聽命於下，普天率士，一命之微，一錢之小，皆於天子。

以下，康氏接著敘述、誇讚本朝的盛事，以清代爲歷朝以來的「太平盛世」，「其治亂憂樂相去萬里。」此處雖然提出三世之說，但與後來的「三世進化之義」，幾乎完全不同。首先，就分期而言。三世即「據亂世」、「升平世」、及「太平世」。在此，康氏以實際的歷史分期：「自晉至六朝爲一世」即「據亂世」、「自唐至宋爲一世」即「升平世」、「自明至本朝」爲「太平世」。既然清代已進入「太平世」，那麼又何須努力與改變呢？所以顯得這時三世說並不能作爲變法改革的理論依據。相較於後來的「三世進化之義」，康氏則將清末歸入「據亂世」，而以變法維新作爲進化的關鍵與動力，使得清末中國得以由「據亂世」進化至「升平世」。

　　其次，就內容而言。在此期區分三世的標準，在於君權是否集中，也就是從明代以來，「天子當陽，絕出於上。」所以是太平世。相較於後期的觀點，三世評定的標準在於制度的沿革，而且是以西學，乃至西方制度爲進步的標準。以政治爲例，「據亂世」爲君主集權，「升平世」爲君民共主，至於「太平世」則爲民主政治，這正好與前期的看法相反。同時也符合變法改革的訴求方向。由此可見，雖然光緒十二年，康氏雖提到孔子作《春秋》，甚至是公羊的三世說，但依然在傳統的說法之中，並無新意。然而由光緒十四開始，經學的立場突然轉變，「發古文經之僞，明今學之正。」（《自編年譜》）轉變的原因爲何？如果不是廖平的影響，康氏似乎也無合理的解釋。

〔註6〕除了「以孔子作《春秋》，繼堯、舜、周公之事業。」在後來的改制思想中，
　　　　孔子乃「生民所未有」，並非如在此所謂繼周公之事業。

二、認爲《孔子改制考》乃康有爲所獨創者

誠如上文舉證，幾乎可以斷定康有爲經學態度的轉變，乃受到廖平的影響。但反對者，亦大有人在。首先，康有爲本人就否認受到廖平的影響。在《康南海自編年譜》中，隻字未提廖平、及其《知聖篇》、《闢劉篇》等著作，當然更不認爲自己受到廖平的啓發。只提到《新學僞經考》的觀點，曾受清中葉劉逢祿、魏源、龔自珍等公羊家的啓發。在《僞經考後序》云：「吾嚮亦受古文經說，然自劉申受（逢祿）、魏默深（源）、龔定菴（自珍）以來，疑攻劉歆之作僞多伏，吾蓄疑於心久矣。」

康有爲所提到的劉氏三人爲師生關係。他們是清中葉以後的公羊家，同屬於「常州學派」。不管是廖平或康有爲的思想，基本上，都可以歸於公羊思想。〔註7〕所以就思想的「淵源」或「傳承」而言，康有爲自認受到常州學派的啓發，這是可以成立的。例如康氏提倡的孔子素王改制、六經爲孔子所作、三世說等等。這些說法，不僅可以上溯至清中葉的常州學派，更可以溯源至公羊學的始祖——西漢董仲舒。〔註8〕又如上文的提到，光緒十二年《教學通義‧春秋第十一》中，康氏三世的分法，並非康氏獨創，在龔自珍《乙丙之際著議》中，已提過類似的觀念。〔註9〕然而問題是，以康氏讀書之勤，故如常州學派，乃至於何休、董仲舒等公羊思想，想必早有接觸。據《自編年譜》記載，光緒六年（1880），「是歲治經及公羊學，著何氏糾繆，專攻何劭公者。既而悟其非，焚去。」可見早年他是站在古文經立場，而反對今文經，甚至攻擊公羊學者，所以是何種機緣，使其在光緒十六年之後，突然轉換立場，大談今文經，發揚公羊思想？

其次，蕭公權先生從不同的角度爲康氏提出辯解：

〔註7〕 今文六經中，以《春秋》一經爲孔子寄託微言大義之所在。在《春秋》三傳《左傳》、《公羊》、《穀梁》中，今文經學家認爲《左傳》爲劉歆僞作，而《公羊》最能闡發孔子微言大義，所以「公羊家」與「今文經家」有時可以互稱。故康、廖二人皆推崇今文經，屬今文經家，同時也是公羊家。

〔註8〕 康有爲著有《春秋董氏學》，其中對董仲舒相當推崇，他認爲董氏的公羊學對孔子思想的發揚，功勞更甚於孟子、荀子。

〔註9〕 《乙丙之際著議》云：「吾聞深於《春秋》者，其論史者，曰：書契以降，世有三等，三等之世，皆觀其才。才之差，治世爲一等，亂世爲一等，衰世別爲一等。（《定盦文集》，頁八）龔氏的「三世」爲「治世」、「亂世」、及「衰世」這與原本公羊「三世」，「據亂」、「升平」、以及「太平」不同，而且與漢代公羊三世「世越後越治」的方向，正好相反。

相同處確甚醒目，康氏很容易襲用廖平的見解。不過，公平地說，
我們不能完全否定康有爲獨自發現同一眞理的可能性。康讀書之多
不下於廖，自能得到相同的結論。畢竟古文經的眞實性問題早已有
人提出，公羊學研究也早於廖平推演他的說法。康氏可能在見到廖
平著作前，已受到較早的公羊家，如龔自珍（1792～1841）和魏源
（1794～1856）的啓示。康氏自己的業師朱次琦，在捨鄭康成之說
時，可能已引導康對古文經傳統採取批評的態度。我們甚至可猜想，
康氏於光緒五年（1879）初識西學時，雖是一鱗半爪，但可能使康
較廖更易於對群經作不尋常的解釋。（《康有爲思想研究》，頁64）
在此，蕭公權先生雖然不否認康廖的關係，但他同時指出康有爲除了接受廖
平啓發之外的幾種可能：

（一）古書的啟發

「康讀書之多不下於廖，自能得到相同的結論。」康氏相當早慧，據《自
編年譜》記載，五歲時，即能誦唐詩數百首。六歲起，「從番禺簡侶琴先生鳳
儀讀《大學》、《中庸》、《論語》、並朱注《孝經》。」在十一歲時，父親去世
後，他更發奮讀書，「於時神鋒開豁，好學敏銳，日昃室闇，執卷倚簷柱，就
光而讀，夜或申旦，務盡卷帙。先祖聞之，戒令就寢，猶籌燈如豆於帳中，
隱而讀書焉。」這種出於自發性的閱讀，再加上家中有澹如樓及二萬卷書樓
的豐富藏書，「竟日雜覽群書」，使得他在學識上，培養出過人的自信，甚至
到了傲視群倫的地步，「與州中諸生接，論文談事，禮容猶然。」「俛接州中
諸生，大有霸視之氣。」十九歲時，從學朱九江時，更發下宏願——以群書
爲三十歲前必可盡讀。〔註10〕三十歲正值光緒十三年（1887）。所以，基本上，
所謂的「康讀書之多不下於廖」的說法是可以成立的。

然而「康讀書之多不下於廖」的前提，在理論上是可以成立的，但「自
能得到相同的結論」則不必然的。因爲讀同一本書，不見得必得相同的結論，
尤其是對於迫切尋找解答的思想家而言，往往會（有意或無意地）附會、變
更書中的本意，這是對富於創意的康有爲而言，更是如此。更何況康氏的變
法理論，基本上，可說是一種「創意」，這是無法從古籍「直接」獲得的。

〔註10〕甚至在光緒七年（1881，二四），竟因讀書久坐而生病。「是年讀書最多，久坐
積勞，至七月臀起核刺，割之不效，十月出城就醫焉，後再割不愈，至今流水，
吾精力之虧自此始矣。」由此，可見康氏讀書之勤，已到了傷身的地步！

（二）前人的啟發

「畢竟古文經的眞實性問題早已有人提出，公羊學研究也早於廖平推演他的說法。康氏可能在見到廖平著作前，已受到較早的公羊家，如龔自珍（1792～1841）和魏源（1794～1856）的啓示。」早在漢代即有今古文經之爭，所以古文經眞實性的探討，並非始廖平。在光緒十六之前，康氏是否受到其他的公羊學家，如常州學派的影響。這個問題，在上文中，已約略探討過了。康氏的「創意」，在於提出孔子改制的時機、改制的內容與方向、以及提倡孔教運動等。至於孔子改制的學說主旨，如素王改制、三世說、六經爲孔子所作、《春秋》寓含孔子改制的微言大義等，這些不僅可以略過廖平，而上推清中葉的魏源、龔自珍等常州學派，甚至放在漢初董仲舒《春秋繁露》中，亦不顯得突兀。

（三）師說的啟發

「康氏自己的業師朱次琦，在捨鄭康成之說時，可能已引導康對古文經傳統採取批評的態度。」康氏在《自編年譜》中，描述其師的學識云：

> 先生壁立萬仞，而其學平實敦大，皆出躬行之餘，以末世俗汙，特重氣節，而主濟人經世，不爲無用之高談空論。……先生動止有法，進退有度，強記博聞，每議一事，論一學，貫串今古，能舉其詞，發先聖大道之本，舉修己愛人之義，掃去漢宋之門戶，而歸宗於孔子。

朱次琦先生本重古文經，後捨鄭玄古文之說。這個爲學的歷程，可能啓發康有爲，「引導康對古文經傳統採取批評的態度」。這當然是有可能，雖然光緒二年入門，兩年後即告辭，相處的時間相當短暫，但由於康氏對朱師的極力推崇，其影響還是有可能的，只是這無法從康氏的自述中得見，又何況在光緒四年，康氏即離開朱門，這與光緒十六年經學立場的轉變，相隔了十二之久年。所以師說的啓發，只算是一合理但薄弱的推測罷了！

（四）西學的啟發

「康氏於光緒五年（1879）初識西學時，雖是一鱗半爪，但可能使康較廖更易於對群經作不尋常的解釋。」康氏於光緒五年即接觸西學。從《自編年譜》中，可以看出他對西學很有興趣，下了很大的工夫，而且頗有心得。他的思想受到西學很大的影響，如光緒十年，即在西學的啓發下，思想有了重大的突破。又光緒十一年，在中醫束手無策的窘狀下，西醫對他有救命之恩，這必然使得他相信，西學既然能救他一命，必然也能拯救清末的中國。然而在當時西方社

會雖是康氏追求的目標，他還欠缺宣揚這個目標的方法，「孔子改制」則可滿足這個需求。以康氏的創意與敏銳，如果西學可以啓發，或許在光緒十年之前，時間已相當足夠，不致等到光緒十六年後。同時在光緒十年之後，西學漸漸融入他的思想，甚至他的「遺作」──《人類公理》，即以「幾何」作爲結構。從光緒十三年後，則無閱讀西學的記錄，所以西學如果對康氏「孔子改制」有所啓發，不致晚到光緒十六年，何況康氏並未明言西學在這方面的作用。所以西學啓發康氏孔子改制的思想，只能說是合理的推測而已。

第三節　從思想啓發的角度看「康廖之會」

思想啓發的現象，本文擬分爲「思想家」、「啓發者」、以及「啓發事件」三項。如以康氏「孔子改制」的思想啓發而言：康有爲是「思想家」、廖平爲「啓發者」、而康廖的羊城之會則屬「啓發事件」。茲就此三者加以探討如下：

一、就「思想家」而言

（一）思想啓發的前提

如果假設思想的產生，乃是思想家面對問題，進而思索解決之道，經過了不斷嘗試、驗證，確定了方法的有效性之後，於是就形成了所謂的「思想」。整個流程如下圖所示：

思想產生流程圖

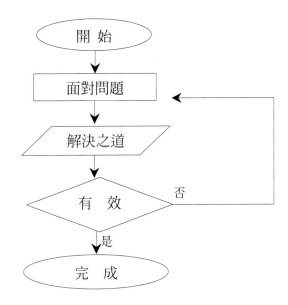

在思想產生的各要素中，以「面對問題」一項，最爲重要。要面對問題則需要無比的勇氣、熱忱與耐力。這是一項「前提」，缺少這個前提，那麼思想就無由產生了，思想啓發的現象也就不會發生了。

就康氏而言，他所要面對的問題，是如何讓處於內憂外患的中國，得以振衰起蔽。解決之道在於變法改革。但是要變法必須要有所依據，同時還要有具體的方法和步驟。這些都需要一套變法的理論思想來架構與實現。就《上清帝第一書》中的內容而言，其中除了強調變法改革的急迫性之外，並沒有進一步的具體內容或辦法。因此，康氏有必需思索一套理論，同時提出一宣揚的辦法。

（二）思想家接受啟發的契機

在決定「面對問題」之後，接著爲思考「解決之道」。人通常不可能預知自己，將遭到什麼樣的境遇或挫折，因此解決之道不會是「現成的」，必須先面臨困境之後再加以思考。所以在思索解決之道時，就需要受到「啓示」、「啓發」。在面對問題之後與找到解決之道的中間，可以視爲「醞釀期」。就康氏而言，從光緒十四年第一次上書不達，到光緒十六年，這一年多的時間，乃孔子改制思想形成的「醞釀期」。康氏在思索變法的理論時，原有的古文經學背景，並不能提供任何助力，並作爲變法的理論依據。因此，他有必要重新尋找新的學術立場，以及立論的方向。

光緒十六年，康氏的著作計有《婆羅門教考》、《王制義證》、《毛詩僞證》、《周禮僞證》、《說文僞證》、《爾雅僞證》等六部書，主旨皆在明今文經之正，辨古文經之僞。單單這一年，就有這麼多主旨相同的作品，可見在這之前必然有豐富的醞釀使然。由於這段豐富的醞釀，使他思想的方向，由混沌而漸趨明朗，正如黎明前的黑暗，一切只有等待，於是廖平帶來的第一道曙光，劃破了黑夜，一輪火球冉冉升起，勢不可擋，孔子改制的學說方向於焉成形。

二、就「啓發者」而言

（一）啟發者的來源有很多

思想啓發的來源，不外「人」、「事」、「物」等，但這已經提供了相當多的可能來源。如在上節所引蕭公權先生爲康氏的辯解中，他提到「古書」、「前人」、「師說」、「西學」等，都可以對康氏孔子改制的思想，產生啓發的作用。

（二）啟發者所扮演的是「刺激者」的角色

　　對康氏改制思想的建構而言，廖平所扮演的是一「啟發者」的角色。由於廖氏的啟發，使康氏由古文學轉向今文學。這個啟發可以說是一個「轉捩點」，使他在思想找到一個「新」的方向與突破。但公羊學對康氏而言，並不陌生。所以啟發者，在思想的形成過程當中，扮演的只是一個「刺激者」的角色，它使得蘊釀期結束，而新的思想誕生。也就是廖氏使得康氏有「靈感」，重新面對、整理舊有的公羊思想。

　　將啟發者視為一「刺激者」的角色，似乎有貶低其重要性的意味，但事實或許正是如此。在光緒十四年之後，康氏積極、主動地思索變法的理論依據。如果沒有這個先決條件，廖平也不可能啟發康有為。〔註11〕否則曾見過《知聖篇》與《闢劉篇》者，應不只康有為一人，而為什麼只有康有為能發展出「三世進化」的思想理論？並以此作為維新變法的依據。

　　康有為《新學偽經考》與《孔子改制考》中的主要觀念，如尊孔、以孔子為素王並負有改制的使命、三世思想、古文經為劉歆所篡偽，甚至於建議清廷變法等，這些議題在廖平之前的公羊家都曾提過。〔註12〕所以廖氏所扮演的角色，充其量只是「刺激者」的角色，提醒康氏公羊學的存在。至於公羊學的內容，康氏是可以直接上溯清中葉的常州學派，而略過廖平的。這或許是康氏不承認受到廖氏啟發的原因吧。

　　《新學偽經考》其主張、內容與廖平思想《闢劉篇》有雷有之處，但是後來的《孔子改制考》與傳統公羊學相較，差異加大。如以儒家（諸子）為宗教，孔子為「教主」。這麼一來，不但提升孔子原本「素王」的地位，加強變法改制的權威，同時也為清末「孔教運動」提出了理論依據。可見康氏並

────────────────

〔註11〕在此要區分「啟蒙」與「啟發」的不同。前者以啟蒙者為主，啟蒙者「主動」去「教導」對象；後者以思想家為主，思想家主動尋找啟發者的「刺激」。也就是說：在思想啟發的過程中，思想家是主動的、主動尋找解答；相對地，啟發者只是「客觀地」存在，它並不能「主動」地去啟發思想家。

〔註12〕尊孔、以孔子為素王並賦有改制的使命，這是西漢以來的公羊家所共同遵守的。公羊思想的主旨，即所謂「三科九旨」，「三科」為「通三統」、「張三世」、「異內外」（「九旨」為「三科」的細目）康有為的三世思想，基本上是屬於「張三世」的範疇。至於劉歆篡偽古文經典，常州學派的劉逢祿在其《公羊何氏釋例》、《左氏春秋考證》、《箴膏肓評》中即已懷疑《左傳》真偽並攻擊劉歆。而公羊家提倡清廷應變法，可上推至魏源，如《古微堂外集》中云：「天下無數百年不弊之法，無窮極不變之法，無不除弊而能興利之法，無不易簡而能變通之法。」

不完全抄襲廖平或公羊家的觀點，他有自己的創意以及思想建構的方向。廖平對康有爲思想的發展是一「刺激者」而非「主導者」。二人之間的差異隨著時間而加大。最大的不同是康氏將思想與現實需要，也就是維新運動相結合，這使《孔子改制考》聲名大噪並影響深遠。相較之下，《知聖篇》就顯得沒沒無聞了。〔註13〕

三、就「啓發事件」而言

所謂「啓發事件」，乃指「思想家」與「啓發者」的相遇。雖然思想家主動、積極尋找思想的出路，但這並不意味著，他能決定於何時受到啓發。故「啓發事件」通常是「偶發性」的。

「羊城之會」是康氏孔子改制思想形成的「啓發事件」。廖平之所以到羊城，乃是應張之洞之邀，與康有爲相會論學，純屬「偶然」，這並不是張之洞、廖平或康有爲任何一人所能預期的。由於這時康氏正處於改制思想的「蘊釀期」，所以「羊城之會」才會成爲學術事件。廖平並非刻意主動安排要啓發康氏，二人的會面，純屬偶然，既然如此，廖平何功之有？

當思想家處於思想「蘊釀期」的臨界點上時，巧遇「啓發者」，就成了「啓發事件」，於是新的思想於焉誕生。在上節中，蕭公權先生爲康氏辯解，認爲除了廖平之外，康氏可以接受啓發的來源，也就是「啓發者」有許多。但這些啓發者爲何，不像「羊城之會」一樣，成爲「啓發事件」？這是因爲接觸的時機不對。它們與康氏接觸時，康氏並不處維新思想的蘊釀臨界點上，所以皆不發生「啓發事件」，故蕭氏所提到「古書」、「前人」、「師說」、「西學」等，只能說他指出了思想發展的多元性與不確定性，但這些因素，似乎不能直接作爲康氏孔子改制思想的「啓發者」。

由以上的探討我們可以得到初步的結論：

1. 在思想啓發的三個要素當中，以「思想家」一項最爲重要，當思想家擁有「面對問題」的勇氣、熱忱與耐力時，他就能夠建構屬於自己的思想理論。可見思想的形成，主觀詮釋的力量，大於客觀的外來影響。

〔註13〕除了這個主因之外，還有次要的原因，如（1）《辟劉篇》剛完成時並未刊行，其後易名爲《古學考》刊行時，已在《新學僞經考》刊出之後了；（2）康有爲引證了大量的證據，使用了嚴格的邏輯推理，使人容易被說服而接受其論點；（3）《古學考》的語言形式採用經語式的，比較無法給人留下深刻的影響。

所以思想的建構過程當中，思想家是「主角」，而「面對問題」則是形成思想的「動力」。

2. 思想啓發的來源很多，而且只是客觀地存在。「啓發」不同於「啓蒙」，它對思想家在建構思想時，充其量只是一個「刺激者」的角色，並沒有主導權。

3. 「啓發事件」屬「偶發性」的。發生的時機並不是思想家，更不是啓發者所能預期的。

由於在思想形成的過程中，思想家「面對問題」的努力，乃是建構思想學說的主要因素與動力，至於啓發者爲何？啓發事件何時發生？都不是思想家，更不是啓發者所能預期的。同時，當思想家不處於思想蘊釀的臨界點時，就無須啓發者，當然也就沒有啓發事件的火花。所以相較之下，啓發者就顯得不重要了。由以上的觀點，來看康氏孔子改制思想的產生，顯然，不能因爲廖平的啓發，而忽略了康氏的努力。假設如果少了廖平，康有爲是否就無力建構變法理論，同時不提倡維新運動；少了《知聖篇》就看不到《孔子改制考》？應該不至於吧！因爲康有爲「面對問題」，救世的動機很強，所以即使少了廖平的刺激，我們相信他還是會找到思想上的出路，來支持清末的變法運動。

所以理論上，廖平不是唯一的「啓發者」，但事實上，若沒有羊城之會的刺激，康有爲變法理論建構的時間可能延遲，或者轉向。所以不知康氏何以諱言廖著的影響？是否「貴遠賤近」的心態作遂？或許是自負的個性，不想承認受到一位無名平輩的影響？又或許康氏認爲若不承認《知聖篇》的存在，那麼《孔子改制考》就更具有獨創性？又或者是廖平對康有爲孔子改制思想的建構，不過是「靈光一閃」，指出了公羊思想的方向，而這個方向可以直接上溯清中葉的常州學派，原本就可以略過廖氏的？

不管真相爲何，很明顯地，康氏的「諱言」使得事情變得複雜而富有爭議性。原本有意忽略廖平，也因此反而使廖平「啓發者」的角色，因成爲公案議題而誇大了重要性。

第四章　先秦諸子思想的崛起

在《孔子改制考》中，首先提到先秦諸子思想的崛起，亦即是前四卷：〈上古茫昧無稽考第一〉，為諸子思想興起的背景；〈周末諸子並起創教考第二〉，考證諸子的崛起；〈諸子創教改制考第三〉，諸子立說 —— 創教，主要的目的在於改制；〈諸子改制託古考第四〉，諸子立說的技巧，也就是將自己學說理論假託於古聖先賢，使其思想學說具有權威，易於說服他人。

第一節　「上古茫昧無稽考第一」述評

《孔子改制考》的首卷為「上古茫昧無稽考」。所謂「上古」的界限，包含夏、商、周三代之前。上古因時間的久遠故茫昧無稽。卷一「緒論」云：

> 人生六七齡以前，事跡茫昧，不可得記也。開國之始，方略缺如，不可得詳也。況太古開闢，為萌為芽，漫漫長夜，舟車不通，書契難削，疇能稽哉？

上古既然茫昧無徵，那麼就無從、也無必要考證，因此，對於前人的考古，康氏頗不以為然，「而譙周、蘇轍、胡宏、羅泌之流，乃敢於考古，實其荒誕；崔東壁乃為《考信錄》以傳信之，豈不謬哉！」在此，康氏批評了前人不知上古茫昧的現象，而敢於考古。

中國在上古時代，處於混沌狀態之中，到了秦、漢之後，才得到詳細的記載。可是由史料的記載中，三代的文明不是已經相當興盛了嗎？康氏認為那都是孔子「假設」、「推托」的，並非真有其事。「緒論」云：

> 吾中國號稱古名國，文明最先矣。然六經以前，無復書記，夏、殷

　　無徵，周籍已去，共和以前，不可年識，秦、漢以後，乃得詳記；……
　　夫三代文教之盛，實由孔子推託之故。……然夷考舊文，實猶茫昧，
　　雖有美盛，不盡可考焉。

康氏認爲中國雖然號稱文明古國，但在春秋時代、孔子之前，也就是所謂的
「上古」時期，根本沒有任何文獻記載。眞正有文獻記錄者，乃從孔子與其
所著的六經開始。所以孔子是中國文化的「創造者」，「故得一孔子而日月光
華，山川焜耀。」這是康氏的結論，也是本卷的主旨。

　　接著康氏引證《論語》、《禮記》、《孟子》、《列子》等文獻，共二十三條，
作爲「上古茫昧無稽」的證明。〔註1〕由這些作爲證據的引文，以及康氏的註
文當中，可以歸納出上古之所以茫昧的主要原因有三：

一、時間久遠

　　康氏引《荀子·非相》：「五帝之外無傳人，非無賢人也，久故也；五帝
之中無傳政，非無善政也，久故也。」註云：「後世一代之興，名賢名士傳述
充棟，功績典章志略彌滿，而五帝時人與政無一傳者，可見茫昧極矣。」這
是一種必然的現象，誠如《荀子·非相》云：「文久而息，節族久而絕。」康
氏又引《列子·楊朱》：

　　楊子曰：「太古之事滅矣，孰誌之哉？三皇之事若存若亡，五帝之
　　事若覺若夢，三王之事或隱或顯，億不識一。當身之事或聞或見，
　　萬不識一；目前之事或存或廢，千不識一。太古至于今日，年數固
　　不可勝紀，伏羲已來三十餘萬歲，賢愚、好醜、成敗、是非無不消
　　滅。」

中國人的始祖爲三皇五帝，但因時間的久遠，使得後人有若存若亡、若覺若
夢的混沌茫然之感。康氏引用此文，證明因時間的久遠，「太古之事已滅，若
存若亡，若覺若夢，可爲三古茫昧之據。」這些中國開國的帝王，只是神話
般的傳說人物，是不可能深究的：

　　伏羲實無可稽考，《五帝德》不敢詳焉。《列子》謂「伏羲以來三十
　　餘萬歲，」其傳聞之謬俱同。大約開闢之始，傳聞有伏羲其人，如

〔註1〕　《孔子改制考》的引文共 2060 條，本卷引文二十三條，佔全書百分比的 1.12。
　　　　是二十一卷當中比例最小的，詳見本書第一章第四節。從這個數據，可以看
　　　　出由於上古茫昧，所以能找到的相關論述不多。

泰西之稱亞當。……而亞當於埃及古音，即爲「人」之稱。則伏羲
之究爲何如，亦不得而知也。

不僅「三古茫昧」，三皇五帝皆不可信，康氏認爲就連夏、殷二代也因時間久
遠，使得「禮制全亡無徵」。如《論語・八佾》：

子曰：「夏禮，吾能言之，杞不足徵也；殷禮，吾能言之，宋不足徵
也。文獻不足故也，足則吾能徵之矣。」

又如《禮記・中庸》：

子曰：「吾說夏禮，杞不足徵也；吾學殷禮，有宋存焉；吾學周禮，
今用之。吾從周。」

再如《禮記・禮運》：

子曰：「我欲觀夏道，是故之杞，而不足徵也，吾得《夏時》焉；我
欲觀殷道，是故之宋，而不足徵；吾得《坤乾》焉。」

在這三條引文之後，康氏註云：

杞、宋無徵，說凡三見。且著於《論語》、《中庸》，引於《史記・世
說》、《白虎通》，並非僻書。則孔子時夏、殷之道，夏、殷之禮，不
可得考至明。孔子謂「足則吾能徵之」，則二代之不足，孔子之不徵；
可徵者僅有《夏時》、《坤乾》二書，自此外皆無存，此可爲夏、殷
禮制全亡無徵之據。

所以由《論語》、《禮記》等的記載，康氏斷定夏、商二代禮制，已全亡無徵。
雖然引文只說明了夏、殷二代「禮制」方面的無徵，但康氏似乎有意以此加
以「推衍」，推斷其他的文明也是茫昧無徵的。

二、典籍喪失

上古因爲時間的久遠，就有可能造成歷史典籍的喪失。康氏引《孟子・
萬章》：

北宮錡問曰：「周室班爵祿也，如之何？」孟子曰：「其詳不可得聞
也！諸侯惡其害己也，而皆去其籍。」

康氏以北宮錡在周代時，能前來問學於孟子，必是士大夫一類的人物。可是
爲何連「本朝班爵祿」，這種最基本的制度都不知道？「即無大周會典，亦
有縉紳可考，且亦耳目習聞，何待問於孟子？」然而，何以博學如孟子，亦

不聞其詳？〔註2〕「孟子爲當時大賢巨儒，自應博聞強記，熟諳本朝掌故，乃亦不聞其詳。」「可知成周之書籍亦不傳」。〔註3〕又《孟子·滕文公》云：「詩云：『雨我公田，遂及我私。』惟助爲有公田。由此觀之，雖周亦助也。」這是孟子與滕文公言取民制產之法。康氏認爲孟子引《詩》爲證，而不直引用如《大周會典》、《大周會要》之類直接的證據，主要的原因在於「無可引據」：

> 又與滕文公言田制，自當徵引會典、會要乃足爲據，乃一字不能引
> 出，僅引一《詩》言爲證，則當時絕無掌故之書，無可引據，與去
> 籍之說正合。此可存爲周籍已去不可聞之據。

由此，可見康氏相當具有推理的能力。他認爲除非「孟子爲空疏譾陋之村學究」，那麼對於周代的官制、稅制等可以一無所悉；「若孟子爲通博大儒，則是周籍之已去而無徵可信也。」孟子對於周制的不詳，實由於周代典籍早已喪失的緣故。

三、削簡艱難

　　古代書寫工具的不便，所謂「書契難削」，也是造成上古之所以茫昧的主因之一。古代以竹片作爲書寫的工具，相較於後代帛、紙尤其顯得笨重，而且能夠記載的容量也相當有限，故不易攜帶、流傳。「要太古削簡艱難，難傳久遠，況結繩之後，草昧荒荒？」用竹片已相當不便，更何況之前的「結繩記事」。這使得太古之事，難傳久遠而茫昧無稽！

　　由於以上的原因，造成夏、商、周三代之前的歷史失傳。所以後代在引用這一時期的歷史時，往往出現說法互異，如「黃帝紀年各不相合」等「取舍不同」的現象：

> 孔子謂堯、舜明堂五采，服喪三年；墨子謂堯、舜茅茨蒦衣，服喪

〔註2〕 孟子雖云：「不可得聞也。諸侯惡其害己也，而皆去其籍。」可是接著表示「然而軻也，嘗聞其略也：天子一位、公一位、侯一位、伯一位、子男同一位，凡五等也。……」雖然周室班爵之制相關的典籍已不傳，但孟子還是略知的，只是康氏並不加以引用罷了。

〔註3〕 在此，康氏又加以「推衍」。因爲從引文僅能證明周代「班爵祿」一類的典籍已經亡佚，但他卻進一步說成「成周之書籍亦不傳」，似有「以偏蓋全」的武斷之嫌。「班爵祿」一類的典籍是不能全等、代表「成周之書籍」，所以他的證據並無法充分證明結論。

> 三月：所謂「取舍不同」。……韓非又謂堯、舜在三千年前，虞、夏
> 在二千年前，殷亦七百歲，則與今《五帝德》、《帝繫》、《世本》、《史
> 記》所傳絕異，與楊朱稱伏羲以來三十餘萬歲，張壽王述《黃帝曆》
> 稱黃帝以來六千餘歲，各傳異說正同。

所以凡後人提到春秋之前的歷史，不管是人物或事件，當然不是真有其人、
其事，而是後人「假託」的：

> 黃帝之言，皆百家所託。……東西南朔言黃帝、堯、舜風教皆殊，
> 蓋事跡已遠，皆百家所託，故言人人殊。韓非所謂堯、舜不可復生，
> 誰使定堯、舜之真也。見於他說皆百家所託。其實黃帝、堯、舜之
> 事，書缺有間，茫昧無稽也。

所以凡先秦諸子，所提到三代之前的人事，都是「託古」的運用，「假託」前
人而立說，並非真有其事。他們為了使自己發明的思想、學說可以成立並流
傳久遠，於是紛紛假託前代名人以立論。

> 秦前尚略，其詳靡記，……。惟其不詳，故諸子得以紛紛假託，或
> 為神農之言，或多稱黃帝，或法夏，或法周，或稱三代；皆由於書
> 缺籍去，混混茫茫，然後諸子可以隨意假託。

不僅諸子可以隨意假託，甚至連孔子也很擅長「託古」、「杜撰」，所謂「夫三
代文教之盛，實由孔子推託之故。」「三代文明，皆藉孔子發揚之。」「太古
茫昧，孔子無從杜撰，儒生安得而知？」

在光緒十三年（1887）時，《自編年譜》記云：「推明太古洪水折木之事，
中國始於夏禹之理，諸侯猶今土司，帝霸乘權，皆有天下，三代舊事制，猶
未文明之故。」可見早在光緒十三年，即有「上古茫昧無稽」的想法。而「中
國始於夏禹之理」與本卷「緒論」中，所謂「大地人道皆蕰專於洪水之後」
觀念相同。這可能受到《聖經》的啟發，因為在《聖經》中，記載上帝降下
大雨，造成洪水，促使人類面臨「第一次世界末日」。此外，在本卷註文當中，
康氏提到三次「亞當」，並且將他比擬為中國的伏羲，「大約開闢之始，傳聞
有伏羲其人，如泰西之稱亞當。」康氏提倡「孔教」的主要目的之一，就是
與西方基督教互別苗頭。《聖經‧舊約全書‧創世紀》第一章「神創造天地」：

> 起初神創造天地。地是空虛混沌，淵面黑暗。神的靈運行在水上。
> 神說要有光，就有了光。神看光是好的，就把黑暗分開了。神稱光
> 為晝，稱暗為夜。有晚上、有早晨，這是頭一日。

在基督教中，上帝創造了天地；而在孔教當中，當然由孔子來創造中國的文明。所以在《孔子改制考》的首卷，康氏營造出「上古茫昧無稽」的混沌中國，其主要的目的，或許在於提供一個「背景」，讓孔子有機會創造中國的文明。

第二節　「周末諸子並起創教考第二」述評

《孔子改制考》卷二爲〈周末諸子並起創教考〉。本卷在形式上，與卷一最明顯不同的是卷首列有目次。列出康氏所謂「周末諸子並起創教」，依序爲：

諸子並起創教總義

子桑伯子創教

原壤創教

棘子成創教

管子創教

晏子創教

少正卯創教

許行創教

（子莫創教）〔註4〕

白圭創教

陳仲子創教

墨家創教

道家創教

法家創教

名家創教

陰陽家創教

縱橫家創教

兵家創教

在目次之後，接著爲「緒論」，說明本卷的主旨。在「緒論」中，最特別

〔註4〕 蓋後文中有一引文爲「子莫執中，執中爲近之。執中無權，猶執一也。所惡執一者，爲其賊道也，舉一而廢百也。」（《孟子·盡心》）引文後並加標題「右子莫創教」。但在目次中卻遺漏，所以卷首的目次在「許行創教」與「白圭創教」間，應插入「子莫創教」爲宜。

之處，在於康氏提出「積」這一概念，以此作為物種演化，以及人類誕生、進步的原動力：

> 凡物積粗而後精生焉，積賤而後貴生焉，積愚而後智生焉，積土石
> 而草木生，積蟲介而禽獸生，人為萬物之靈，其生尤後者也。

就康氏的觀點而言，物種演化的動力來自於「積」。「積」土石而草木生，「積」蟲介而禽獸生。在此，雖提到「人為萬物之靈」，但並未言及人是由何物所「積」？然據《自編年譜》記載，光緒十六年（1890）三月，陳千秋來見，康氏暢談自己的學術見解時，其中曾提到「人自猿猴變出」。由此可推：「積禽獸（猿猴）而人類生」。人類誕生之後，就成為世界舞台的主角。

康氏認為中國在大禹治水之後，人口蓬勃發展，經過兩千年的累「積」，於是到了周末出現了諸子百家。

> 洪水者，大地所共也。人類之生皆在洪水之後，故大地民眾皆蘆萌
> 於夏禹之時。積人積智，二千年而事理咸備。於是才智之尤秀傑者，
> 蜂出挺立，不可遏靡；各因其受天之質，生人之遇，樹論語，聚徒
> 眾，改制立度，思易天下。

康氏認為諸子的出現，乃中國二千年來智性累積的結果。〔註5〕這是進化的必然結果，「不可遏靡」。智性的傑出發展，使得諸子創造出「精深奧瑋之論」，再加上「堅苦獨行」的意志，「毅然自行其志」，進而「樹論語，聚徒眾。」甚至「改制立度，思易天下。」「思立教以範圍天下者也」。這種經由智性的累積而蓬勃發展的現象，不僅出現在周末的中國，甚至世界其他的文明古國也有類似的現象。

> 外國諸教亦不能外是矣。當是時，印度則有佛婆羅門及九十六外道
> 並創術學，波斯則有祚樂阿士對創開新教，泰西則希臘文教極盛，
> 彼國號稱同時七賢並出，而索格底集其成。故大地諸教之出，尤盛
> 於春秋戰國時哉！

特別之處在於印度、波斯和希臘等國，雖地點不同，但卻在同一時間，出現「諸子蜂出」的現象。所以康氏歸納地說：「故大地諸教之出，尤盛於春秋戰國時哉！」

〔註5〕　康氏解釋到了周末，諸子之所以並起蜂出，乃是因為已累積了二千多年智性
　　　　的結果。但這似乎又與前一卷的主旨 ── 上古茫昧無稽，有所矛盾。因為
　　　　周末之前，既然是茫昧混沌，如何累積智性？

　　雖然周末諸子在智性有良好發展，但也有所局限，康氏所謂：「各因其受天之質」，「惟其質毗於陰陽，故其說亦多偏蔽，各明一義，如耳目鼻口不能相通。」可見他們的局限不是後天努力、或智性累積不夠，而是來自先天「秉氣」的不全，既然是先天的，也就意味著無法克服的宿命。這個局限所造成的結果，那就思想理論的「偏蔽」。然而諸子當中，只有一人，可以同時具有先天和後天的優勢，那就是孔子。

> 積諸子之盛，其尤神聖者，眾人歸之，集大一統，遂範萬世。《論衡》
> 稱孔子爲諸子之卓，豈不然哉？天下咸歸依孔子，大道遂合，故自
> 漢以後無諸子。

孔子在後天方面，「積諸子之盛」；〔註6〕在先天方面乃「蒼帝降精」，爲神人轉世，故可以爲「諸子之卓」，「其尤神聖者」。在這樣的優勢下，使得天下咸歸依孔子，在「優勝劣敗」的競爭淘汰下，自漢代以後，儒教獨尊而諸子也隨著消失了。

　　《孔子改制考》的重點，主角當然是孔子，但何以要提到孔子之外的其他諸子，並獨立爲一卷呢？主要的目的在於：

> 孔子改制之説，自今學廢沒，古學盛行後，迷惑人心，人多疑之。
> 吾今不與言孔子，請攷諸子，諸子何一不改制哉？……今揭諸子改
> 制之説。諸子之改制明，況大聖制作之孔子，坐睹亂世，忍不損益，
> 撥而反之正乎？（〈諸子創教改制考第三・緒論〉）

可見康氏只是將諸子作爲配角，證明「創教」、「改制」在周末是一普遍的現象，並不足爲奇。既然諸子皆可創教改制，那麼大聖制作之孔子，坐睹亂坐，怎能不創教改制以救世呢？本卷「緒論」末云：

> 今考春秋戰國諸子有門戶者，舉其宗旨，明其時會，其立一説，樹
> 一行，索隱行怪，後世無述者，亦附及之。雖不能盡，抑可考萬年
> 古今之會，大地學術之變矣。

這指出了本卷考證的範圍與內容。範圍涵蓋春秋戰國諸子共十七家，以墨家、道家、法家、名家、陰陽家、縱橫家、兵家等「有門戶者」爲主，而以子桑

〔註6〕在上文中提到，諸子乃「積」二千多年的智性而成，而孔子又「積諸子之盛」，亦即是「積中國二千多年來，智學之盛。」又康氏認爲，泰西國家之所強盛，乃「智學之大興」，換言之，西學即智學。由此可見，康氏有意將原本傾向道德修養的儒家學說，轉換成重視智性的發展，如此一來，則可以藉孔子以提倡西學。

伯子、原壤、棘子成、管子、晏子、少正卯、許行、子莫、白圭、陳仲子等，「立一說，樹一行，索隱行怪」為副。〔註7〕

　　在徵引文獻上，開頭即引《荀子・非十二子》、《莊子・天下》、《史記・太史公自序》等。主要證明先秦時諸子蜂出的現象。其後則根據卷首目次，徵引漢代之前的典籍，以明「周末諸子並起創教」。徵引的條文，數量不一。大抵而言，「有門戶者」在人數、相關記載、以及可徵引的文獻較多；至於「立一說，樹一行，索隱行怪，後世無述者。」徵引文獻的條數，相對較少，如「子莫創教」，只引《孟子・盡心》：「子莫執中，執中為近之」一條。

　　本卷徵引的文獻共七十二條，不可謂少，但康氏的註文是二十一卷中最少的，只有一條。那就是在「道家創教」的最後一條引文「或曰：『以德報怨，何如？』子曰：『何以報德？以直報怨，以德報德。』（《論語・憲問》）」之後，康氏註云：「以德報怨，其學出於老子。」可見康氏並不想花心思在評註孔子之外的先秦諸子，因為他們在《孔子改制考》中的地位只襯托而已，並不重要。

　　康氏將「立一說」、「樹一行」，甚至「索隱行怪」的諸子都包含在「創教」之列，如「棘子成曰：『君子質而已矣，何以文為？』（《論語・顏淵》）」康氏以這一引文證明「棘子成創教」！如果此說成立，那麼不禁令人懷疑，何謂「宗教」？這樣的引證太薄弱、太簡化，甚至形同虛設，引文根本不能證明其「創教」的結論。但康氏之所以這麼作，主要的目的，在於廣為徵引，製作周末諸子並起創教的「盛況」，使人以為創教改制是一普遍現象，不足為奇。如此一來，到了卷七〈儒教為孔子所創考〉時，提出孔子創教改制的說法時，它所帶來的震撼與反彈，勢必減弱許多。

第三節　「諸子創教改制考第三」述評

　　誠如上卷所言，《孔子改制考》的主角為孔子，至於其他諸子只是配角，先提諸子創教、改制，再提孔子創教改制時，就不致於顯得突兀。〔註8〕康氏

────────────

〔註7〕　雖說以子桑伯子等十家為副，但在目次的排行上，卻在墨家等「有門戶者」
　　　　之前。至於徵引文獻的先後，大致以時間先後為序。

〔註8〕　康氏本書的重點在孔子，故孔子創教不夾雜於諸子之中，而是另立一卷，為「儒
　　　　教為孔子所創考第七」，當然這也有說明孔子高於諸子，抬高孔子身分的作用。
　　　　所以要探討康氏所謂「創教」？「改制」？由卷七至卷十二將比較完整。

在清末提出「孔子改制之說」，「人多疑之」，爲了解除一般人的迷惑，於是他考證諸子，證明不僅是孔子，先秦諸子皆有創教「改制」的行爲。如此一來，孔子改制之說，即不足怪哉！在「緒論」中，說明了本卷的主旨：

> 孔子改制之說，自今學廢沒，古學盛行後，迷惑人心，人多疑之。吾今不與言孔子，請攷諸子，諸子何一不改制哉？……今揭諸子改制之說。諸子之改制明，況大聖制作之孔子，坐睹亂世，忍不損益，撥而反之正乎？

康氏認爲「改制」的現象不只是諸子與孔子，甚至先秦之後依然陸續出現：

> 後世風俗，法密如網，天下皆俛首奉法，無敢妄作者。然江充之見武帝，紗縠禪衣，禪纏步搖，飛翮之英。雋不疑之見暴勝之，冠進賢冠，襃衣博帶。宋世司馬公、朱子尚自製深衣。明張鳳翼尚以菊花繡衣謁巡撫。則儒服之創何異哉？

爲了減低時人對於孔子改制說的反彈，康氏以考證的「客觀」方式，證明「眞有其事」，且不只孔子，乃至於諸子，以及先秦之後，各朝代也陸續有改制的現象。

康氏將諸子創教的目的設定在「改制」，故卷二爲「周末諸子並起創教」，本卷則繼以「諸子創教改制」。可見「創教」與「改制」有密切的關係。大抵而言，上卷多言諸子的生平、言論、行爲等；而本卷則偏重於諸子的主張、行爲，兩卷之間重複之處甚多。以棘子成爲例，在卷二〈周末諸子並起創教考〉，徵引兩條引文，作爲棘子成創教的證據。分別是《論語·顏淵》：「棘子成曰：『君子質而已矣，何以文爲？』」《論衡·書解》：「棘子成欲彌文，子貢譏之。謂文不足奇者，子成之徒也。」旨在說明棘子成重質輕文，屬於道家型人物。在卷三〈諸子創教改制考〉中，康氏將棘子成與原壤、老子合併爲一，而爲「棘子成、原壤、老子改制」。其中又重引卷二的《論語·顏淵》棘子成曰：「君子質而已矣！何以文爲？」作爲「改制」的依據，則「創教」與「改制」無別矣！如果創教的「證據」也可以作爲「改制」的內容，那麼在卷二出現的人物，理應重複出現在卷三當中！甚至可合爲一卷。可見諸子「創教」，甚至「改制」的說法，康氏有時不免因無直接證據，而顯得過於牽強！

雖說「諸子創教改制」，但諸子中有「創教」者，是否皆有「改制」之舉？反之如何？茲將此二卷中提到的諸子「創教」與「改制」作一比較，製成表格如下：

表 4-1 周末諸子「創教」與「改制」比較表

序	創　　　　教	改　　　制
1	子桑伯子創教	
2	原壤創教	（原壤改制）〔註9〕
3	棘子成創教	棘子成、原壤、老子改制
4	管子創教	管子改制
5	晏子創教	晏子改制
6	少正卯創教	
7	許行創教	許子改制
8	子莫創教	
9	白圭創教	白圭改制
10	陳仲子創教	
11	墨家創教	墨子改制
12	道家創教（老子、楊朱、莊子、列子、單豹）	老子改制、楊子〔註10〕改制
13	法家創教	商君、申子、韓非子改制
14	名家創教	公孫龍改制
15	陰陽家（騶衍、季咸）創教	騶子改制
16	縱橫家創教	
17	兵家創教	
18		宋鈃、尹文、愼到改制
19		惠子改制
20		鄧析改制
21		林旣改制

　　由上表可知，諸子創教者有十七家，而改制者只有十六家。創教而無改制者，有子桑伯子、少正卯、子莫、陳仲子、縱橫家、兵家等六家；反之，無創教而改制者，計有宋鈃、尹文、愼到、惠子、鄧析、林旣等六家。如創

〔註 9〕 在卷二原壤獨立一家創教，但在本卷則爲「棘子成、原壤、老子改制」，原壤與棘子成、老子三人合併改制。

〔註 10〕康氏引《列子·仲尼》：「季梁之死，楊朱望其門而歌；隨梧之死，楊朱撫其尸而哭。」註云：「若楊朱、原壤同出老子，望門登木，後先一轍。」前將棘子成、原壤、老子合併爲「棘子成、原壤、老子改制」既然楊朱、原壤同出老子，何不將楊朱與棘子成、原壤、老子三人合併爲一呢？

教與改制的引文可以重複，那麼兩卷中提到的諸子應爲全等才是。所以兩卷人物的不全等，不知是疏漏？還是文獻不足？亦或康氏別有用意？

康氏將其「改制」思想，上推溯源至西漢的董仲舒。他表示「孔子改制之說」，並非獨創，乃是得自於「今學」，即今文經學中的「公羊學」。公羊學的始祖，首推董仲舒。董氏吸收了鄒衍「五德終始說」的循環史觀，創立了「三統說」（又稱「通三統」）。所謂「三統」就是黑、白、赤三統。若將三統與三代相配，則夏爲黑統、商爲白統、周爲赤統；三代之後，也就是繼周而起的朝代，又從黑統開始。如此周而復始，循環往復。基本上，「通三統」是一個循環的史觀，說明朝代的更迭是正常而必然的，它可以說爲漢朝的建立，提供了理論依據。

朝代更替是必然的，出自於天意，所謂「王者必受命而後王」。王者得「天命」之後，則建立「新統」、新的王朝，並配合「三統」而改制。董仲舒認爲「《春秋》應天作新王之事，時正黑統。」「繼周而起」的不是秦代，而是作《春秋》的孔子，故孔子爲黑統。〔註11〕《春秋繁露·三代改制質文》云：

> 王者必受命而後王，王者必改正朔、易服色、制禮作樂，一統於天
>
> 下，所以明易姓非繼人，通以己受之於天也。

改制內容的主要有三項，那就是「改正朔」、「易服色」、和「制禮作樂」。

如果以董仲舒的改制內容，來比對本卷諸子的「改制」，是否相同？茲將本卷諸子改制的內容加以整理，製成表格如下：

表 4-2　周末諸子改制內容簡表

序	創 教 改 制 者	改 制 內 容
1	墨子改制	節葬、非樂、祭祀
2	管子改制	禮、刑罰、法、服色
3	晏子改制	禮、祭祀
4	棘子成、原壤、老子改制	禮、喪禮
5	楊子改制	喪禮
6	宋鈃、尹文、慎到改制	服色、法、官制、君主治術
7	惠子改制	法

〔註11〕孔子既然繼黑統，故一切制度尚黑，「黑」爲改制的主要色調，例如：「三正以黑統初，正日月朔於營室，斗建寅，天統氣始通化物，物見萌達，其色黑，故朝正服黑、首服藻黑、正路輿質黑、馬黑、……祭牲黑牡，薦尚肝，樂器黑質，……」（《春秋繁露·三代改制質文》）

8	許子改制	君主治術
9	白圭改制	稅制
10	驪子改制	陰陽五行
11	公孫龍改制	法
12	鄧析改制	刑罰
13	林既改制	服色
14	商君、申子、韓非子改制	君主治術、法

　　上表所謂「改制內容」只是就本卷的引文粗略歸納而已。然亦有不能勉強者，如「棘子成、原壤、老子改制」條中，康氏引《論語・顏淵》：「棘子成曰：『君子質而已矣，何以文爲？』」一條作爲棘子成「改制」的證據，《論語》中並未提到「質」、「文」是爲何而發？故可以是禮節、服色、或其他制度等。又引《論語・憲問》：「或曰：『以德報怨，何如？』子曰：『何以報德？以直報怨，以德報德。』」以此作爲老子改制的證據。並註云：「《說苑》謂以德報怨爲老子說，則與孔子並時改制之人也，其道不近人情，自難行。」雖說「以德報怨」一語，《老子》中亦可見。但這並不能證明「或曰」的「或」即指老子。而「以德報怨」是指道德修養，與制度無涉，更談不上「改制」。就上表而言，雖然並非全然與「制度」有關，或根本無「改制」之舉，但大致上還是可以包含在「易服色」、「制禮作樂」的範疇之內。

　　康氏雖然遍引文獻，證明改制是一件不足爲奇的現象，但實際上他依然知道這是一驚世駭俗的說法，因此，內心仍感受到強大的壓力。所以卷首「緒論」的最後，康氏感慨地說：「知我罪我，惟義所在，固非曲士夏蟲所能知矣。」可見康氏是有自覺的。他可預見這種說法所造成的震撼，他是有心裡準備的。

第四節　「諸子改制託古考第四」述評

　　卷二爲諸子「創教」、卷三則爲創教「改制」，改制爲創教的目的；至於卷四的改制「託古」，主旨在於說明諸子改制之說的「淵源」，也就是建立學說時的「權威引用」。所以卷二、三、四的主題是緊密相關的。然而誠如「創教」與「改制」的人數不全等，「改制」與「託古」的人數，亦不全等。茲就諸子「創教」、「改制」與「託古」的關係，製表如下：

表 4-3　周末諸子「創教」「改制」「託古」比較表

序	創　教	改　制	託　古（託古對象）
1	子桑伯子創教		
2	原壤創教	（原壤改制）	
3	棘子成創教	棘子成、原壤、老子改制	
4	管子創教	管子改制	管子託古（燧人、共工、黃帝、伯高、堯、舜、禹、湯、文、武、處戲）
5	晏子創教	晏子改制	
6	少正卯創教		
7	許行創教	許子改制	
8	子莫創教		
9	白圭創教	白圭改制	
10	陳仲子創教		
11	墨家創教	墨子改制	墨子託古（堯、舜、禹、湯、文、武）
12	道家創教（老子、楊朱、莊子、列子、單豹）	老子改制楊子改制	老子託古（黃帝〔註12〕、古人） 楊子託古（太古之人、伯成子高） 莊子託古〔註13〕（神農、黃帝） 列子託古（黃帝、粥熊、長盧子、舜、丞、夏革、湯等）
13	法家創教	商君、申子、韓非子改制	商君託古（伏犧、神農、黃帝、堯、舜、文、武、昊英） 韓非託古（黃帝、堯、舜、禹）
14	名家創教	公孫龍改制	

〔註12〕 在「老子托古」中，引文共八條。其中標明「老聃曰」（《莊子‧天運》）只有一條。出自於《老子》的有二條，分別爲「古之善爲士者，微妙元通，深不可識。」與「古之善爲道者，非以明民，將以愚之。」其餘五條，分別引自《管子‧侈靡》、《呂氏春秋‧去私》、《呂氏春秋‧圜道》、《淮南子‧繆稱訓》、《呂氏春秋‧上德》。這五條引文不出自《老子》，而且未有「老子曰」或「老聃曰」等字眼，既然無此，何不各歸入「管子託古」、「呂氏託古」、「淮南子託古」等項，而歸於「老子託古」？康氏的理由爲：「凡言黃帝，皆老氏所託古者。」然而，「託古要旨」云：「百家多稱黃帝，可見託古之盛。」所以託古於黃帝不是老子的專利！

〔註13〕 在托古的十五家中，以「莊子托古」中提到人物最多，計有神農、黃帝、老聃、孔子、顏淵、狶韋氏、伏戲、馮夷、肩吾、顓頊、禺強、西王母、彭祖、齧缺、王倪、蒲衣子、堯、舜、許由、廣成子、赫胥氏、門無鬼、赤張滿稽、北人無擇、卞隨、瞀光等。所以康氏註云：「《莊子》寓言，無人不托。」「蓋隨意假托，非眞有其人。」

15	陰陽家創教 （騶衍、李咸）	騶子改制	騶子託古（黃帝）
16	縱橫家創教		
17	兵家創教		
18		宋鈃、尹文、慎到改制	
19		惠子改制	
20		鄧析改制	
21		林既改制	
22			尸子託古（堯、禹、湯、武、文王）
23			呂氏託古（神農氏、舜、夏后相、堯、舜、禹、伯成子高、文王）
24			內經託古（黃帝、雷公）
25			鶡冠子託古（成鳩氏、泰皇、泰一）
26			淮南子託古（神農、伏戲、女媧、黃帝、堯、舜、禹、鉗且、大丙、皋陶、東戶季子）
27			方士〔註14〕託古（黃帝、泰一、公玉帶）

由上表可知，託古之諸子，計有十五家。〔註15〕其中列子、尸子、呂氏、內經、鶡冠子、淮南子、方士等七家，只有託古無創教、改制；至於創教、改制、託古三者皆具者，計有管子、墨子、老子、楊子、商君、韓非、騶子等七家。

「創教」、「改制」與「託古」三者的關係為何？以騶子為例：

1. 創　教

在卷二〈周末諸子並起創教考·陰陽家創教〉中，共有六條引文，其中只有一條，直接稱「鄒衍」者，其他五條，主要與陰陽家有關。前四條皆引自《漢書·藝文志》，如「陰陽家者流，蓋出於羲和之官。……」。鄒衍〔註16〕為第五條，即《五經通義》：「鄒衍大言天事，謂之談天。」康氏以此為騶衍

〔註14〕康氏提到的方士，全引自《史記·孝武本紀》，計有少君、薄誘忌、公孫卿、公玉帶等四人。且四人皆活躍於西漢，已非本卷標題所設定的「周末諸子」。
〔註15〕「十五」是籠統的稱法。蓋十五家中，《內經》為書名，而非諸子之名。
〔註16〕《史記·孟子荀卿列傳》作「騶衍」，而在《孔子改制考》中「騶」、「鄒」雜用。

創教的證據。末條則引《莊子‧應帝王》:「鄭有神巫曰季咸,知人之死生、存亡、禍福、期以歲月旬日若神。鄭人見之,皆棄而走。……」將季咸與鄒衍並列爲陰陽家。此六條引文康氏只引而未註。

2. 改 制

卷三〈諸子創教改制考‧騶子改制〉,在此,不言「陰陽家改制」而改以「騶子改制」。在此項中,引文只有一條,即《史記‧孟子荀卿列傳》:

> 騶衍睹有國者益淫侈,不能尚德,若大雅整之於身,施及黎庶矣。
> 乃深觀陰陽消息而作〈怪迂之變〉、〈終始〉、〈大聖〉之篇十餘萬言。
> 其語閎大不經,必先驗小物,推而大之,至於無垠。先序今,以上
> 至黃帝,學者所共術,大並世盛衰;因載其禨祥、度制,推而遠之,
> 至天地未生,窈冥不可考而原也。……稱引天地剖判以來,五德轉
> 移,治各有宜,而符應若茲。以爲儒者所謂中國者,於天下乃八十
> 一分居其一耳。……其術,皆此類也。

康氏以此爲「騶子改制」的證據,然引文中並未見董仲舒所謂的改制項目,如「改正朔」、「易服色」、「制禮作樂」等。而且此條引而未註,所以康氏爲何以此作爲騶衍「改制」的證據?則不可知!

3. 託 古

卷四〈諸子改制託古考‧騶子託古〉,重複卷三〈諸子創教改制考‧騶子改制〉的《史記‧孟子荀卿列傳》:「騶衍睹有國者益淫侈,……。先序今,以上至黃帝。」以騶衍將其學說託古於黃帝。康氏註云:「騶衍書,史公及劉向時皆見之,惜其不傳。其言仁義六親猶是儒術,蓋託之黃帝,不從孔子也。」

由以上的例子得知,「創教」、「改制」與「託古」不但定義不明確,引文多重複,且不能完全證明主旨,而康氏的註解更是缺乏。之所以如此,可能的主要原因有二:首先,諸子「創教」、「改制」與「託古」這三者,尤其是前二者,本來就有所牽強,更何況要將三者串連起來,其中的關係更是渺茫,不易說明;其次,康氏考證諸子的用意,只是將諸子作爲配角、背景的功效,主要目的在於說明先秦諸子皆有創教等行爲,這在當時是一種「普遍」的現象。所以孔子「創教」、「改制」、「託古」等,實不足爲奇!

改制爲何要「託古」?爲何將自己辛苦建立的學說,託於在古人的名下呢?歸納本卷的註文,主要的原因有三:

一、貴古賤今

在卷首「託古要旨」中，康氏云：

> 榮古而虐今，賤近而貴遠，人之情哉！耳目所聞睹，則遺忽之；耳
> 目所不睹聞，則敬異之，人之情哉！

凡人情皆有「榮古虐今」、「貴遠賤近」的心態，日常所見則不足爲奇；反之，少見則敬畏之。所以學說若要受到時人的重視，就有必要將其假託遙遠的古人。康氏又加以舉例：

> 慧能之直指本心也，發之於己，則捻道人、徐遵明耳；託之於達摩之
> 五傳迦葉之衣缽，而人敬異矣，敬異則傳矣。袁了凡之創功過格也，
> 發之於己，則石奮、鄧訓、柳玭耳；託之於老子、文昌，而人敬異矣，
> 敬異則傳矣。漢高之神叢狐鳴，摩訶末西奈之天使，莫不然。

「託古」的效用，在於將自己的學說，披上歷史的外衣，具有「神秘化」、「神聖化」的效果。所以不僅先秦諸子要託古；其後的慧能、袁了凡等，也將自己的思想分別託於達摩、老子；甚至漢高祖、基督教的摩西（摩訶末）也同樣運用託古的技術。所以在「託古要旨」的最後，康氏云：

> 莊子曰：其言雖教，謫之實也。古之有也，非吾有也。古之言莫如
> 先王，故百家多言黃帝，尚矣。一時之俗也。當周末，諸子振教，
> 尤尚寓言哉！

雖然學說出於思想家的獨創，卻說成「古之有也，非吾有也。」「託古」成爲思想界的普遍現象，「然此實戰國諸子之風」，「凡諸子皆然」，「一時之俗也」。它是先秦思想家建構、宣傳學說的重要技巧。

提出前人學說「託古」現象者，並非康氏的發明。如《莊子・寓言》：「寓言十九，藉外論之，親父不爲其子媒，親父譽之，不若非其父者也。」到了漢代託古的運用，已經相當普遍，如《史記・日者列傳》：「然不能以一言說人主意，故言必稱王，語必道上古。慮事定計，飾先王之成功，語其敗害以恐喜人主之志，以求其欲。多言誇嚴，莫大於此矣。」《淮南子・脩務訓》亦云：「世俗之人，多尊古而賤今，故爲道者必託之於神農、黃帝而後能入說。」康氏註云：「《淮南子》尚知諸子託古之風俗，此條最爲明確。蓋當時諸子紛紛創教，競標宗旨，非託之古，無以說人。」可見託古乃利用人情「貴古賤

今」的心態，來宣揚自己的學說，「非託之古，無以說人。」〔註17〕

二、上古茫昧

　　諸子之所以可任意託古，其客觀環境的因素，在於卷一所謂的「上古茫昧」。蓋因上古茫昧，無法徵實，所以後人可以任意假造。〈上古茫昧無稽考〉云：

> 黃帝之言，皆百家所託。……東西南朔言黃帝、堯、舜風教皆殊，蓋事跡已遠，皆百家所託，故言人人殊。韓非所謂堯、舜不可復生，誰使定堯、舜之真也。……其實黃帝、堯、舜之事，書缺有間，茫昧無稽也。

司馬遷在《史記》中也提到「秦以前尚略矣，其詳靡得而記焉！」康氏引此條，並加註云：

> 秦前尚略，其詳靡記，……惟其不詳，故諸子得以紛紛假託，或爲神農之言，或多稱黃帝，或法夏，或法周，或稱三代；皆由於書缺籍去，混混茫茫，然後諸子可以隨意假託。惟秦之後，乃得其詳，故漢志〈藝文〉事跡日著。……降自晉、唐，書冊日盛。孟蜀刻書，刊傳益易。近世事跡，乃如日中，雖有王肅、劉炫、楊慎、豐坊之流，祇能間僞逸書，不復能亂史事。（卷一〈上古茫昧無稽考〉）

由於上古茫昧無從稽考，既然無從徵實，故人人得以假託。甚至出現假託人物相同，而學說主旨卻不同，乃至於相互矛盾的現象。例如孔子、墨子俱託古堯、舜，但墨子學說的主旨之一即在非儒，故《韓非子・顯學》云：「孔子、墨子俱道堯、舜，而取舍不同，皆自謂真堯、舜。堯、舜不復生，將誰使定儒、墨之誠乎？」康氏認爲這種託古的矛盾，正可證明上古茫昧無稽：

> 孔子謂堯、舜明堂五采，服喪三年；墨子謂堯、舜茅茨葛衣，服喪三月：所謂「取舍不同。」韓非當時已謂儒、墨近稱殷、周、虞、夏，不能定其真；至稱堯、舜尤無參驗，不可信據。則堯、舜事跡，必已茫昧，故孔子，墨子得各託其義。若有古書可參驗，如今之漢、晉、唐、宋之史，則引用者豈能相反乎？（卷一〈上古茫昧無稽考〉）

〔註17〕「非託之古，無以說人。」雖然康氏說得如此肯定，但是在卷五〈諸子爭教互攻考〉中，列有「名法家交攻」、「名家攻縱橫家」，名家在本卷中並未「託古」，那麼其學說主張如何「說人」？並攻擊法家、縱橫家呢？可見託古只能說是學說「說人」的重要技巧，而非唯一的技巧。

在周末諸子託古技巧的運用當中，康氏以孔子最為擅場，假託的學說最大，範圍也最廣，所謂「夫三代文教之盛，實由孔子推託之故。」「三代文明，皆藉孔子發揚之，實則茫昧也。」「太古茫昧，孔子無從杜撰，儒生安得而知？」

三、託古避禍

諸子學說的內容多涉及政治主張，所以如果將自己的學說託古，說成是古人的主張，可以減少一般人，乃至朝廷的反彈與施壓。在卷九〈孔子創儒教改制考〉：「但世多是古而非今，故不得不託先王以明權，且以遠禍矣。」又卷十一〈孔子改制託古考〉云：「布衣改制，事大駭人，故不如與之先王，既不驚人，自可避禍。」所以託古具有避禍的效果。

本卷提到諸子託古的對象，已見於上表。既然託古乃出自於貴古賤今的心態，那麼諸子在假託古人時，在時間上當然是「越古越好」。如《墨子‧三辯》即云：「周成王之治天下也不若武王，武王之治天下也不若成湯；成湯之治天下也不若堯、舜。」就時間而言，越古越神秘、越神聖、也越有想像的空間。在這個原則之下，黃帝、堯、舜等先王，遂成了諸子託古對象的第一優選。康氏云：

> （《莊子》）所謂親父不為其子媒，親父譽之，不若非其父者也。故必託之他人而為寓言。寓言於誰？則少年不如耆艾，今人不如古人，耆古之言則見重矣。耆艾莫如黃帝、堯、舜，故託於古人以為重，所謂重言也。凡諸子託古皆同此。

「古之言莫如先王，故百家多言黃帝，尚矣！」所以騶子「其言仁義六親猶是儒術，蓋託之黃帝，不從孔子也。」

既然上古茫昧無稽，那麼託古可說是相當具有主觀性的，也就是思想家可以重新任意塑造古人，令其為自己的代言。以墨子為例。墨子提倡「非樂」的主張，並加以託古云：

> 昔者堯、舜有茅茨者且以為禮，且以為樂。湯放桀於大水，環天下自立以為王，事成功立，無大後患，因先王之樂，又自作樂，命曰「護」，又脩「九招」。武王……，因先王之樂，又自作樂，命曰「象」。周成王因先王之樂，命曰「騶虞」。周成王之治天下也不若武王，武王之治天下也不若成湯；成湯之治天下也不若堯、舜。自此觀之，樂非所以治天下也。《墨子‧三辯》

康氏引此而提出反駁說：「六代之樂，豈非先王者乎？墨子何不引之？故知託古以申其說。」所以就康氏而言，先王是好樂的，至於墨子「非樂」的先王，乃「託古以申其說」，並非全是事實。〔註18〕又墨子提「非命」說，並託古於先王云：「嘗尙觀於先王之書。先王之書所以出國家、希施百姓者，憲也。先王之憲亦嘗有日：『福不可請而禍不可諱，敬無益、暴無傷者乎？』」康氏不同意墨子非命之說，並提出反駁云：

> 「福不可請，禍不可諱，」此墨子自申其無命之說。其言先王之誓亦皆有此說，則此誓蓋墨子之書託先王以明之者。孔子之書〈書誓〉有日：「天命殛之。」〈甘誓〉曰：「天用勦絕其命。」此何嘗非言命者哉？

墨子又託古云：

> 今夫有命者言曰：「我非作之後世也，自昔三代有若言以傳流矣，今故先生〔註19〕對之？」曰：「夫有命者，不志昔者也三代之聖善人與，意亡昔三代之暴不肖人也？何以知之！」（《墨子・非命》）

據此條，康氏提出反證云：

> 墨子謂三代先王不言命。夫先王，禹、湯、文、武耳，而《書・般庚》有日：「恪謹天命。」《金縢》又曰：「無墜天之降寶命。」皆顯明言命者。〔註20〕今書中不可縷指。然則墨子之言非命，非託之先王而何？墨子託先王以非命，孔子之言命，亦何莫非託先王以明斯義哉？

所以託古並非對古人作一客觀的事實呈現，而是主觀的運用，是有選擇性，思想家可以任意塑造、修飾古人的形象，以利代言自己的學說。

學說「非託之古，無以說人。」所以基本上，託古即尋找學說的「代言人」，在貴古賤今的人情心態上，黃帝、堯、舜等先王，成爲先秦思想家託古的理想對象。然而，隨著時間的延後，先秦時代的孔子，成爲後人新的理想託古對象，所以清末的康有爲，也就藉由孔子來託古改制。

〔註18〕康氏以先王爲「好樂」，批評墨子「非樂」是「託古」之說，並非眞有其事。然而康氏何以知先王好樂？既然「上古茫昧無稽」，何由得知？可見康氏亦不過是「託古」。以下康氏反駁墨子亦然。

〔註19〕按：「生」，當爲「王」。

〔註20〕除此之外，康氏又提到：「《書・大誥》曰：「予惟小子不敢替上帝命。」〈康誥〉：「天乃大命文王。」固知墨翟非命而言禹、湯、文、武者，託古也。」

第五章　先秦諸子思想的發展

　　前一章探討先秦諸子的崛起，包括「創教」、「改制」、「託古」等，本章則接著探討諸子建立學說之後的「互攻」，彼此攻擊、互相批評。在經過此一互攻之後，由於墨、老二家學說的優異，最後終於脫穎而出，壯大學派並得以流傳。

第一節　「諸子爭教互攻考第五」述評

　　所謂「諸子爭教互攻」是指「教主」（先秦諸子）或「門徒」（後學）等，為自己的學說派別辯護。如孟孫陽為楊朱「世固非一毛之所濟」辯護；或批評其他學派的學說。如墨子批評吳慮，「專尚躬行，獨善其身，自尚其力。」等。康氏認為諸子之所以「互攻」，乃是一種「本能」的反映，所謂「人莫不尊知而火馳，自是而人非。」不僅中國諸子有「爭教互攻」的現象，外國宗教也有類似的現象，如「佛與婆羅門九十六外道，立壇騰辨。」

　　關於造成思想互攻的原因，康氏並未明說，只隱約散見註文當中。茲整理互攻原因如下：

一、學說的偏蔽

　　在卷二〈周末諸子並起創教考〉中，康氏曾提到諸子「各因其受天之質」，「惟其質毗於陰陽，故其說亦多偏蔽，各明一義，如耳目鼻口不能相通。」在這種有所局限的先天條件之下，發展出來的學說，必然有所「偏蔽」、「缺陷」，因此，理所當然會互相批評。本卷「緒論」重複這個概念。康氏云：

　　　　夫天之道圓，圓則無宗無相，人能之哉！足趺若圓，不能自立。有

形體則礙，有牆壁則蔽，奈之何哉！於是堅壁樹壘，立溝營冢，紛
而封哉！自信而攻人，自大而滅人。爭政者以兵，爭教者以舌，樹
頭立說，徒黨角立，衍而彌溢。……然則諸子互攻，固宜然哉！編
其諸說，考古今之故焉。

康氏認爲「諸子互攻，固宜然哉」，互攻的現象是必然的；而造成互攻的原因，
也是必然的，因爲人一旦誕生就有形體，「有形體則礙」。而「毗於陰陽」的
形體，就會造成「各明一義」的偏蔽學說，因此容易因學說偏重不同，而彼
此互相抨擊。

二、衛道的心理

在卷三〈諸子創教改制考〉，康氏徵引《墨子・節用》、〈非樂〉、〈明鬼〉
諸條引文後，註云：

按此《墨子》諸篇，皆墨子特創之義，即墨子所改之制也。……但
總諸篇之旨，〈節葬〉、〈非命〉、〈非樂〉、〈非儒〉，皆顯與孔子之學
爲敵，又其聲名徒眾與孔子相比，故述孔子者必力攻之。非獨孔子
義理之粹，亦所謂子不私其父則不成爲子，臣不私其君則不成爲臣
也。

學說派別之間的互攻，不單只是理論本身，單純理智思辯的批駁，還是有衛
道的感情的成分，尤其是後學弟子，爲了維護自己的學說派別，不得不批駁
其他學派，「亦所謂子不私其父則不成爲子，臣不私其君則不成爲臣也」。

三、宗旨的不同

不同的宗旨，造就出不同的學派。所以學派之間的互相攻擊，最直間的
原因，乃在於宗旨的不同。如本卷引《呂氏春秋・聽言》云：「解在乎白圭之
非惠子也，公孫龍之說燕昭王以偃兵及應空洛之遇也，孔穿之議公孫龍，翟
煎之難惠子之法。此四士者之議皆多故矣，不可不獨論。」作爲「名、法交
攻」的證據之一。康氏註云：

孔穿爲孔子六世孫，亦儒家者。然而白圭、惠子相攻甚力，以其一文
一質，宗旨不同，所以交譏。此皆不該不偏一曲之士也。孔子云：「文
質彬彬，然後君子。」二子不知孔子改制文質相因之義，故交攻如是。

「宗旨不同，所以交譏。」宗旨的不同，成爲彼此互相批評的主因。

　　在本卷「緒論」後，康氏列舉《淮南子・氾論訓》、〈齊俗訓〉、《尸子・廣澤》、《墨子・耕柱》、《荀子・解蔽》、《法言・吾子》等六條引文，作為「諸子互攻總義」。主旨在於說明對於先秦諸子百家並起，莫衷一是的困擾，如「今諸侯異政，百家異說，則必或是或非，或理或亂。」（《荀子・解蔽》）、「或曰，人各是其所是而非其所非，將誰使正之？」（《法言・吾子》）

　　本卷的目次，依序為：

　　　　諸子互攻總義
　　　　墨攻諸子
　　　　墨攻楊朱
　　　　墨攻吳慮
　　　　老攻儒墨
　　　　老攻墨學
　　　　老攻名家
　　　　老攻法術家
　　　　老攻刑名法術縱橫家
　　　　老攻諸子
　　　　儒道攻法術家
　　　　儒道攻諸子
　　　　名法家交攻
　　　　名家攻縱橫家
　　　　法家攻楊學

　　可以歸納為為「墨攻」、「老攻」、「儒道攻」、「名攻」、「法攻」等五個部分。茲與卷二「創故」、卷三「改制」、卷四「託古」、以及本卷「互攻」四者的關係，製表如下：

表 5-1　諸子「創故」「改制」「託古」「互攻」比較表

序	創　　　教	改　　　制	託　　　古	互　　　攻
1	子桑伯子創教			
2	原壞創教	（原壞改制）		
3	棘子成創教	棘子成、原壞、老子改制		
4	管子創教	管子改制	管子託古	

5	晏子創教	晏子改制		
6	少正卯創教			
7	許行創教	許子改制		
8	子莫創教			
9	白圭創教	白圭改制		
10	陳仲子創教			
11	墨家創教	墨子改制	墨子託古	墨攻諸子、楊朱、吳慮
12	道家創教 （老子、楊朱、莊子、列子、單豹）	老子改制 楊子改制	老子託古 楊子託古 莊子託古 列子託古	老攻諸子〔註1〕、儒、墨、名家、法術家、刑名、縱橫家
13	法家創教	商君、申子、韓非子改制	商君託古 韓非託古	法家攻楊學、名家
14	名家創教	公孫龍改制		名攻法家、縱橫家〔註2〕
15	陰陽家創教 （騶衍、季咸）	騶子改制	騶子託古	
16	縱橫家創教			
17	兵家創教			
18		宋鈃、尹文、慎到改制		
19		惠子改制		
20		鄧析改制		
21		林旣改制		
22			尸子託古	
23			呂氏託古	
24			內經託古	
25			鶡冠子託古	
26			淮南子託古	儒道攻法術家、諸子
27			方士託古	

〔註1〕 在此，值得注意的是康氏將韓非歸入老學、道家。理由爲：「韓非學於荀子，本爲儒家。然〈解老〉、〈喻老〉，專言刑名法術，歸宿在老學。」既然「專言刑名法術」，何以不歸法家？又在卷六〈墨老弟子後學考〉「老子弟子後學表一（戰國）」中，康氏又將申不害，列入老學之中。這也有矛盾之處。

〔註2〕 在卷六〈墨老弟子後學考〉「老子弟子後學表一（戰國）」中，康氏云：「戰國游說之士皆縱橫家，皆老子後學。」故將《戰國策》中所見寒泉子等三十四人，歸入老學。且在同一處，又將鶡冠子以及弟子龐煖、龐煥等二人，亦歸入老學，理由是「鶡冠子語雜黃、老」。這顯然夾雜、矛盾。

在互攻的五家中，以「儒道攻法術家」、「儒道攻諸子」最不明所以。康氏將「儒道」並列，不同於其他四家在名目上皆是單一的。「儒道」究道何所指？儒乎？道乎？在「儒道攻法術家」中，只有一條引文，引《淮南子·覽冥訓》：

> 《周書》曰：「掩雉不得，更順其風。」今若夫申、韓、商鞅之爲治也，捽拔其根，蕪棄其本，而不窮究其所由生何以至此也。鑿五刑爲刻削，乃背道德之本，而爭於錐刀之末。斬艾百姓，彈盡大半，而忻忻然常自以爲治。是猶抱薪而救火，鑿竇而出水。

其中是批評了「申、韓、商鞅」等法術家，但未言明批評者爲何？只能說是本書作者淮南王的看法。至於作爲「儒道攻諸子」的引文，則出自《淮南子·原道訓》：

> 百家異說，各有所出。若夫墨、楊、申、商之於治道，猶蓋之無一橑而輪之無一幅，有之可以備數，無之未有害於用也。己自以爲獨擅之，不通之於天地之情也。

與上條引文相同，康氏亦未加註，且亦未言明批評者是誰？因此，也只能說是本書作者的看法。在「老攻儒墨」八條引文中，有二條出自《淮南子》〈俶真訓〉〔註3〕與〈齊俗訓〉，〔註4〕可見康氏亦以淮南子爲道家，〔註5〕而由引文也具道家傾向，因此所謂「儒道攻法術家」、「儒道攻諸子」，不知康氏據何而云？

至於其他四家的思想批評，主要來自學派之間宗旨的不同。例如「老攻刑名、法術、縱橫家」，引《淮南子·泰族訓》：

> 今商鞅之〈啓塞〉、申子之〈三符〉、韓非之〈孤憤〉，張儀、蘇秦之從橫，皆掇取之權，一切之術也，非治大本，事之恆常，可博聞而世傳者也。

康氏註云：

〔註3〕 〈俶真訓〉：「孔、墨之弟子，皆以仁義之術教導於世，然而不免於僑身，猶不能行也，又況所教乎？是何則？其道外也。」

〔註4〕 〈齊俗訓〉：「夫三年之喪，是強人所不及也，而以僞輔情也。三月之服，是絕哀而迫切之性也。夫儒、墨不原人情之終始，而務以行相反之制，五縗之服。」

〔註5〕 如卷六〈墨老弟子後學考〉云：「淮南子以老學爲宗。且老學養魄，本與神仙長生學相近也。」又卷十四〈諸子攻儒考〉明言：「淮南是老學」（頁339）。可見康氏以淮南子爲道家（老學）。

> 刑名、法術、縱橫之術，施之於一時，而不能行於後世者，以其權
> 術逐末，如烏喙、天雄，非可常服。治天下之大本，事之恆常，可
> 博聞而世傳者，儒道也。

大部分的「互攻」多類此，主要在於學派宗旨不同所造成的。而其中以道、
墨、儒三家相攻最多。如引《淮南子‧氾論訓》：

> 夫弦歌鼓舞以爲樂，盤旋揖讓以修禮，厚葬久喪以送死，孔子之所
> 立也，而墨子非之。兼愛、尚賢、右鬼、非命，墨子之所立也，而
> 楊子非之。全性保眞，不以物累形，楊子之所立也，而孟子非之。

康氏註云：

> 墨子本孔子後學，楊子爲老子弟子。戰國時，諸子雖並爭，而兼愛
> 以救人，爲我以自私，皆切於人情，故徒屬極眾，與孔子並。故當
> 時楊、墨與儒相攻最多。

儒、道、墨等三家相攻最多，也代表其學說最具有競爭力，所以在本卷「諸
子爭教互攻」之後，最後僅存儒、道、墨三家。故卷六名爲「墨老弟子後學
考」；卷七「儒教爲孔子所創考」，儒教興起；到了卷十五「墨老攻儒尤盛考」，
三家互攻的結果，道家消失了，只剩儒、墨二家；卷十六「儒墨爭教交攻考」，
於是墨家被打敗，儒教最終脫穎而出，一統天下，而爲卷二十一「漢武帝後
儒教一統考」。

在上條引文中，康氏還提到一個說法，那就是諸子學說中，墨家「兼愛
以救人」、道家「爲我以自私」，「皆切於人情，故徒屬極眾，與孔子並。」這
說明康氏認爲一個學說派別的興盛，重要原因之一，在於學說「切於人情」。
這是儒、道、墨三家之所興盛的原因。康氏徵引《淮南子‧齊俗訓》：

> 故萇弘、師曠先知禍福，言無遺策，而不可與眾同職也；公孫龍折
> 辯抗辭，別同異，離堅白，不可與眾同道也；北人無擇非舜而自投
> 清冷之淵，不可以爲世儀；魯般、墨子以木爲鳶而飛之，三日不集，
> 而不可使爲工也。故高不可及者，不可以爲人量；行不可逮者，不
> 可以爲國俗。

註云：「至理精言，凡不可乎人情者，必不能大行。佛說微妙而不能盡人從之，
儒術以人治人，故人人可從。」可見學說大行的前題，乃在於「切於人情」。

學派大行除了其本身的學說本於人情之外，還必仰賴有力的後學加以傳
佈。在「墨攻楊朱」中，康氏引《列子‧楊朱》：

　　禽子問楊朱曰：「去子體之一毛以濟一世，汝爲之乎？」楊子曰：「世
　　固非一毛之所濟。」禽子曰：「假濟，爲之乎？」楊子弗應。禽子出，
　　語孟孫陽。孟孫陽曰：「子不達夫子之心，吾請言之。有使若肌膚獲
　　萬金者，若爲之乎？」曰：「爲之。」孟孫陽曰：「有斷若一節，得
　　一國，子爲之乎？」禽子默然有間。……

康氏註云：「拔一毛以濟天下，不爲。儒攻之，墨亦攻之，而孟孫陽竟能張其
宗旨以紬人。楊朱得此後勁，老學所由偏天下哉！」可見學派若要大行，則
有賴強而有力的後學加以「互攻」、辯護與推廣。

第二節　「墨老弟子後學考第六」述評

　　由本書卷二到卷六，可以發現周末諸子經過「創教」、「互攻」之後，學
派能流傳者，越來越少；卷二「周末諸子並起創教」有十八家，〔註6〕到了卷
三，十八家創教者，有改制的剩十一家；到了卷四，改制的十一家中，將學
說託古者還有六家；至卷五爲爭教而互攻者有四家，〔註7〕經過競爭、互攻，
最後只有墨、老、儒三家。茲製表如下：

表 5-2　周末諸子創教發展比較表

序	創　教	改　制	託　古	互　攻	有後學者
1	子桑伯子創教				
2	原壤創教	（原壤改制）			
3	棘子成創教	棘子成、原壤、老子改制			
4	管子創教	管子改制	管子託古		
5	晏子創教	晏子改制			
6	少正卯創教				
7	許行創教	許子改制			
8	子莫創教				

〔註6〕　所謂十八「家」，乃是將卷七之後的儒家也算在內。在此，以「家」而不以個
　　　　別的「子」爲單位，如老子、楊朱、莊子、列子、單豹等五子，合爲一「道
　　　　家創教」。「改制」、「託古」、「互攻」的算法亦同。
〔註7〕　原本應有五家，卷五〈諸子爭教互攻考〉尚有「名法家交攻」、「名家攻縱橫
　　　　家」等名目，但是名家並無「託古」之舉，所以不計入。

9	白圭創教	白圭改制			
10	陳仲子創教				
11	墨家創教	墨子改制	墨子託古	墨攻諸子	墨學力競於戰國，傳至漢代（如游俠）
12	道家創教（老子、楊朱、莊子、列子、單豹）	老子改制楊子改制	老子、楊子、莊子、列子託古	老攻諸子	漢初老學熾焰
13	法家創教	商君、申子、韓非子改制	商君託古韓非託古	法攻楊學	
14	名家創教	公孫龍改制		名攻法家	
15	陰陽家創教（騶衍、季咸）	騶子改制	騶子託古		
16	縱橫家創教				
17	兵家創教				
18	孔子創教	儒教改制	孔子改制託古	儒攻諸子	戰國後孔教大行

　　儒、道、墨三家的「競爭」最為激烈；其後，道家被淘汰出局，剩下二強爭霸的局面，即卷十六〈儒墨爭教交攻考〉、卷十八〈儒墨最盛並稱考〉；到了漢武帝時，儒教脫穎而出，一統天下。即卷二十一〈漢武帝後儒教一統考〉。於是自周末已來，諸子之間的「爭教互攻」，終告結束。

　　在本卷的「緒論」中，首先康氏強調在學派的傳承中，門徒角色的重要。所謂「大教之行，各有龍象。其教力之所噓吸，皆有聰敏堅強之士為之先後、疏附、奔走、禦侮焉。」其次，他反過來，強調門徒要慎擇其主，才得以名垂萬世。以歷史人物為例：

> 雖然，讀遼、金、大理、南詔之書，其人才光誦於口、膾炙於時者寡矣。若王猛、慕容恪、王朴之流，才略冠古今，獨不能與蕭、張、房、魏爭功臣之享，況范增、荀彧者哉！嗟夫！仕非其主，功名夭枉，況事師從教，垂於萬世者！

雖然學派、教主需要強而有力的門徒後學加以傳播，才可以大行；但相反地，後學如果「仕非其主」，功名亦將夭枉！所以師事從教而欲名垂萬世，則要投對師門，找對「教主」，如孔子的弟子顏回、冉由、子由、端木賜等，就是最好的例子：

> 顏、冉、由、賜之徒，俎豆莘莘，樂舞鏗鏘，烹牛宰羊，既苾既芬，
> 翼翼膺宗，萬方嚴宏，龍袞縫掖，訇訇振振，若諸子後世可述者，其
> 有幾人哉？拾遺補墜，索附於後。此皆當時之誤於攀龍鱗、附鳳翼者，
> 蓋湮沒闇汶於草土不齒數者久矣。士青雲之附，豈可不善擇耶？

相較孔子門人可以名垂萬世，其他諸子的後學，則顯得凋零無名，主要原因在於「誤於攀龍鱗、附鳳翼」，以致於「湮沒闇汶於草土」之中，所以最後康氏感慨地說：「士青雲之附，豈可不善擇耶？」

　　本卷名為「墨老弟子後學考」，主角是墨家與道家，探討其後學的發展狀況。在卷五〈諸子爭教互攻考〉中，康氏曾提到學派的大行，除了本身的學說要「切於人情」外，還必仰賴有力的後學加以傳佈。墨、老二家即具有以上這兩點特質。在本卷對於墨、老學派成功的要素，有更詳細的分析。

一、墨　家

　　依康氏註釋中所提到關於墨家的特色，可以歸納為四個方面，即學說、門徒、傳承、以及教規等。

（一）學說方面

　　關於墨子學說的特色，在本卷的引文與註文當中，康氏只有一處提及。即《墨子·備梯》：「禽滑釐子事子墨子三年，手足胼胝，面目黧黑，役身給使，不敢問欲。」康氏註云：「禽滑釐之事墨子如此，與邵子之事李之才，黃勉齋之見朱子，皆備極真實刻苦，宜其冠墨門也。」在卷四〈諸子改制託古考〉中，康氏亦云：「墨子多託於禹，以尚儉之故。」可見「尚儉」、「刻苦」乃墨子學說的一大特色。這個特色所帶來正面意義，那就是能夠約束教徒，並且對學派產生更大的向心力。

（二）門徒方面

　　墨子弟子人數眾多。《淮南子·泰族訓》云：「墨子服役者百八十人，皆可使赴火、蹈刃、死不還踵，化之所致也。」康氏註云：「則墨子以死為教，確乎其為任俠之傳哉！耶穌及摩訶末徒眾僅十二，猶能大成，況此百八十乎？」康氏認為耶穌與穆罕默德創教時，門徒皆只有十二人，終為世界性的大教，何況墨子有百八十人，焉有不盛的道理，故《呂氏春秋·當染》云：「孔、墨之後學顯榮於天下者眾矣，不可勝數。」《孟子·滕文》云：「楊朱、墨翟

之言盈天下，天下之言不歸楊則歸墨。」康氏徵引後註云：「孟子去墨子、楊子爲時不遠，而其徒盈天下，其道亦可謂盛矣。」

墨子後學弟子人數不但多，而且還有一共同的特色，那就是「赴火、蹈刃、死不還踵」，質勝於文。《墨子‧貴義》云：

> 子墨子南遊使衛，關中載書甚多。弦唐子見而怪子，曰：「吾夫子教公尚過曰：『揣曲直而已。』今夫子載書甚多，何有也？」

康氏註云：

> 朱子謂陸梭山，言其弟子靜竟夜不寢讀書，而教人束書不觀古今。六祖自謂不識字。教主多此類，墨子有焉。

所以墨子的後學給人一種剽悍的感覺。康氏云：

> 墨道尚俠，以友失國之故而爲之死，弟子以其師故而爲死者至百餘人，輕身尚氣，與西教之十三傳弟子皆喪身獅口略同。蓋專以悍勝，不必其精義也。然悍則可畏矣。

這樣的門徒性格，到了漢代則化身爲「遊俠」。「游俠之風開於墨氏，故所載游俠諸人，皆列爲墨子後學。」

此外，康氏認爲墨學之盛，朝廷利祿的助長，亦是助力之一。如《墨子‧魯問》：

> 子墨子游公尚過於越。公尚過說越王。越王大說，謂公尚過曰：「先生苟能使子墨子於越而教寡人，請裂故吳之地方五百里以封子墨子。」公尚過許諾。遂爲公尚過束車五十乘以迎子墨子於魯，曰：「吾以夫子之道說越王，越王大說，謂過曰：『苟能使子墨子至於越而教寡人，請裂故吳之地方五百里以封子。』」

康氏註云：

> 墨子極能薦其徒屬弟子於時王，如游耕柱於楚，使管黔游游高石子於衛，游公尚過於越，使勝綽事項子牛。而其弟子得祿，待其師友極厚，故其徒屬甚盛。

康氏認爲墨子擅於推薦其徒屬於朝廷，受到重用，可見利祿對於墨學傳佈有正面的效用。

（三）傳承方面

墨家學派的首領稱爲「巨子」（或作「鉅子」），在《莊子‧天下》中，曾記載墨家後學爭爲巨子的現象：

> 南方之墨者苦獲、已齒、鄧陵子之屬，俱誦墨經，而倍譎不同，相
> 謂別墨。以堅白同異之辯相訾，以觭偶不仵之辭相應。以巨子爲聖
> 人，皆願爲之尸，冀得爲其後世，至今不決。

康氏註云：

> 相里、鄧陵、相夫三家，見於《韓非》，誠爲當時大宗矣。而倍譎不
> 同，爭爲後世，如儒之孟、荀、朱、陸然。一師之門，其闠如市，
> 諸教皆然，爭爲之尸，如宋人之論道統然。墨氏有巨子，如天主之
> 有教皇，故其爭尤甚哉！

由此可見，一來墨學在當時極盛，故影響力很大，所以門人爭爲巨子；二來
說明墨者的組織帶有宗教意味，有教主的傳承。關於傳承方面，在《呂氏春
秋・離俗覽・上德》記載墨學鉅子孟勝，與陽城君交好。當陽城君兵敗逃亡
時，孟勝得知後，及時將鉅子傳於宋的田襄子，並與弟子徐弱等百八十多人，
同時自殺殉情。康氏徵引這段記載後云：「墨子巨子有傳授，有齎送，則必有
衣缽印綬之類矣。死而後傳，則不並立。」孟勝臨死前，既然能託二弟子到
宋傳位予田襄子，則必「有齎送」，有象徵首領的憑證，如「衣缽印綬之類」。
這與宗教的傳承類似，「此如佛之有達賴、班禪，天主之有教皇矣。」「墨氏
有巨子，如天主之有教皇。」所以康氏認爲就傳承方面而言，墨家比儒家更
像宗教，「此所以異於孔子之道乎？」「儒者無自命爲大賢者，亦無人齎送之
者。」他將中國的墨家比爲西方的天主教，所謂「中國墨學若行，必有教皇
出焉。」有傳承的好處，在於使墨家後學，更有向心力，可凝聚門徒的力量，
這有助於墨學的傳佈。

（四）教規方面

在《墨子・魯問》中記載，墨子推薦勝綽事項子牛。項子牛三次侵略魯
國，在這三次戰役中，勝綽皆有參與，墨子得知後，於是派遣高孫子請項子
牛斥退勝綽，不再錄用。主要的原因，在於勝綽不遵守「非攻」的墨子思想。
可見墨家教規嚴格。故康氏註云：「墨子以非攻立義，勝綽犯戒，故退之。亦
可見墨子行道之嚴。」但最嚴格的案例，莫如「腹䵍亨殺子」：

> 墨者有鉅子腹䵍亨，居秦，其子殺人。秦惠王曰：「先生之年長矣，
> 非有他子也，寡人已令吏弗誅矣。先生之以此聽寡人矣。」腹䵍亨
> 對曰：「墨者之法曰：『殺人者死，傷人者刑。』此所以禁殺傷人也。
> 夫禁殺傷人者，天下之大義也。王雖爲之賜，而令吏弗誅，腹䵍亨

不可不行墨子之法。」不許惠王，而遂殺之。子，人之所私也，忍
所私以行大義，鉅子可謂公矣。(《呂氏春秋‧去私》)

康氏註云：「墨之鉅子皆有高義，如孟勝之死友，腹黃享之殺子，宜其能風動
當世也。」腹黃享爲了執墨者之法，可以不給秦惠王面子，也可以枉顧父子
之情，可以說毫無私心、亦不符於人情，可見墨家鉅子執法之嚴。教規嚴格，
對於學派發展有何裨益？韋政通先生在《中國思想史》中，提到道安爲當時
僧團確立戒規的貢獻云：

道安建立教規之後，使僧徒有嚴格的生活戒律，同時也爲佛教加進
了一股凝聚的力量。嚴格的生活令人起敬，凝聚的力量，往往能使
一個僧團傳之久遠。(《中國思想史》，下冊，頁 741)

所以墨子嚴格的教規，以及鉅子確實執法的魄力，當然它可以產生強烈的示
範，令外人起敬；並起了強大警戒的效果，使門徒更加遵守教規，進而產生
學派的凝聚力。這對於墨學的傳佈，有正面的作用。

二、道　家

在道家方面，康氏提到的特色有三點，即學說、門徒與環境等。

（一）學說方面

康氏在卷五〈諸子爭教互攻考〉中提到「戰國時，諸子雖並爭，而（墨
子）兼愛以救人，（老子）爲我以自私，皆切於人情，〔註8〕故徒屬極眾，與
孔子並。」本卷亦云：「蓋老學尚陰，清靜自私，有合乎人之性者，且自然易
行。」可見他認爲老子與墨子相同，興盛的原因之一，在於學說「切於人情
且自然易行」。老子學說的這個優勢，使得在先秦之後，諸子學說陸續衰落，
但老子學說可謂歷代不衰。康氏云：

安丘先生當前漢末，老學尚有大師，如此時雖儒學一統，而老學亦
終不能減。至桓帝頻遣使祀之，晉時益盛，唐、宋後另立爲一教，
於一代制度、風俗、科舉之外，力亦大矣。

到了漢武帝時，雖然罷黜百家，獨尊儒術，但老子學說並未消失，到了唐代
而達到頂峰，所謂「老至唐極尊，奉爲玄元皇帝。」

〔註8〕　雖然說老墨皆因學說合於人情而大盛，但有時康氏又以又謂墨學太苦，人難
從之，顯然矛盾。如本卷云「墨學太苦，莊生所謂天下不堪，其去王遠，人
所難從，故一微即滅也。」

（二）門徒方面

在本卷末，「老子弟子後學表一（戰國）」列有關尹、楊朱、莊子等三十人以上；「老子弟子後學表二（秦、楚之際）」列有河上丈人、安期生等八人；「老子弟子後學表三（西漢）」列有黃石公、張良等五十多人；「老子弟子後學表四（東漢）」列有安丘先生等二十一人。可見老子後學的發展，可以說是枝繁葉茂。康氏引《史記·樂毅傳贊》，說明老學的傳承：

> 樂臣公〔註9〕學黃帝、老子，其本師號曰河上丈人，不知其所出。河上丈人教安期生，〔註10〕安期生教毛翕公，毛翕公教樂瑕公，樂瑕公教樂臣公，樂臣公教蓋公，蓋公教於齊高密、膠西，爲曹相師。

註云：

> 上一條敘老學名家巨子宗派最詳，其大盛於漢，尚於文、景者，當即此脈。河上丈人五傳至蓋公，河上丈人於老子當去不遠矣。然蒯通尚及見安期生，安期生嘗干項羽，或壽過人歟？稱蓋公教於齊，則當時老學亦開門授徒如儒者矣。

可見老學的部分門徒，相當傑出，並紛紛走入宮廷。至文、景「黃老之治」而大盛。這對於老學的傳播相當有益。

老學到了漢代，旁衍爲道教。康氏敘述道教的緣起與發展云：

> 角祖張道陵者也，爲老學一變。有跪拜，有符咒，有療病，變老子之虛而爲實，遂大盛於晉世，號爲五斗米道。名臣如謝安、王獻之、郗愔輩皆事之，盜賊如盧循、孫恩輩皆事之，遂爲一大宗。元世尚封爲天師，明時位仗在衍聖公之上。雍正時雖降爲五品，然人間盛尊之，但有符咒而不療病耳。

所以在本卷康氏將道教人物，張角、張陵、（子）衡、（孫）魯等四人，附錄於「老子弟子後學表四（東漢）」之末。

康氏認爲道教之所以只能流行於民間，主在原因在於學說「粗而不精」。「蓋言術而不言道，故不光大，否則爲中國之天主矣。」在此，他提出學說有「精粗」之分。老子學說爲「精」，道教之術爲「粗」。但「精」不見得盡

〔註9〕　康氏又引《史記·樂毅傳》：「樂臣公善修黃帝、老子之言，顯聞於齊，稱賢師。」

〔註10〕　康氏又引《史記·田儋列傳》：「蒯通者，善爲長短說，論戰國之權變，爲八十一首。通善齊人安期生。安期生嘗干項羽，項羽不能用其策。已而項羽欲封此兩人，兩人終不肯受，亡去。」

佔優勢，傳佈效果上，「粗」勝於於「精」。康氏云：

> 張角於老學化精爲粗，而老學強；慧能於佛學撤粗歸精，而佛學衰。
> 何哉？蓋人爲血氣之軀，本不能與於精絕之道，故諸教之大行者莫
> 不精粗並舉，而粗者乃最盛行，亦可推其故矣。

「粗者乃最盛行」，「粗」大於「精」的原因，還是在於「粗」的學說，相較
之下，較切於人情；蓋太過精細、高妙的學說，在實踐上，困難度較高，一
般人是無法體驗的。所以宗教若要盛行，學說方法則要「精粗並舉」。老學有
精妙的學說，又衍生出道教，可謂「精粗並舉」，故至清代而不絕。

除了道教歸入老子學派之外，康氏亦將法家歸爲老子的支脈。在卷五〈諸
子爭教互攻考〉中，康氏云：「韓非學於荀子，本爲儒家。然〈解老〉、〈喻老〉，
專言刑名法術，歸宿在老學。」又卷十五〈墨老攻儒尤盛考〉云：「韓非者，
出儒學，兼墨學、法術，而實同於老學。」可見法家的主要人物韓非，在康
氏的分類中，不歸法而歸於老學。故本卷引《史記‧儒林列傳》：「然孝文帝
本好刑名之言。」康氏註云：「刑名本於老子，則文帝亦老子後學也。」所以
刑名之學也屬於老學範疇，「酷吏傳所載諸人，深文刻酷，皆刑名家也，故列
爲申、韓後學，即爲老子後學。」〔註11〕於是他將《史記‧酷吏傳》中所記
載的人物，全數列入老子後學之列。

（三）環境方面

漢初天下初立，經過了戰爭動亂，國家需要休養生息，這樣的環境正適
用於老子的無爲而治，於是老學大盛。康氏云：「乘秦苛法後，以清靜爲治，
久亂思休，未嘗無補。」但這只是暫時，「乃苟且之治也」。若欲國家長治久
安，還是需要儒術，需要「興禮立制」。

除了墨、老二家之外，到了漢初，其他諸子並未完全消失，還是有活動
的跡象。如：「漢初時，申、商之學尚大行，以承秦舊俗故。」又如：

> 漢初時，人多兼治百家，守道不篤者。然如賈誼則幾於醇儒，如〈治
> 安策〉皆孔子大義，《戴記》採之爲〈禮察〉、〈保傅〉，吐辭爲經矣，
> 不得以申、商黜之。

再如：

〔註11〕 如「郅都嚴酷，致行法不避貴戚，是申、韓後學。」「甯成亦申、韓後學，故
其治近郅都。然觀其本傳有云：『致產數千金，爲任俠。』則甯成亦墨氏流派
也。」郅都、甯成等主刑名的申、韓後學，名字皆在本卷之列。

　　　　淮南時，五經博士弟子未立，孔學未一，老、墨並立，諸子相爭。

　　　　淮南好學，廣爲搜羅，至今猶可考當時雜教也。

但漸漸地，儒、道、墨三家變得興盛特出，康氏云：「當戰國、秦、漢之世孔道大行，徒屬彌滿天下；然墨學力競於戰國，老學熾燄於漢初當漢武以前，幾於鼎立哉！」但接著墨學因學說「太苦」，「人所難從，故一微即滅也」。康氏云：

　　　　墨子當時與孔子爭教兼行，號稱儒、墨，而儒學一統之後，爝火不

　　　　然。蓋老學尚陰，清靜自私，有合乎人之性者，且自然易行；墨學

　　　　太苦，莊生所謂天下不堪，其去王遠，人所難從，故一微即滅也。

道家失之於精，墨家失之於苦，皆不符人性。〔註12〕但相較之下，道家又似乎較切合人性，而且又旁衍爲道教，所以儒教興盛後，墨家即逐漸消失，而道家卻能殘存下來。

〔註12〕卷五〈諸子爭教互攻考〉云：「而兼愛以救人，（老子）爲我以自私，皆切於
　　　　人情，故徒屬極眾，與孔子並。」前卷言墨學「切於人情」故「徒屬極眾」
　　　　而興盛，但在本卷，卻相反地認爲墨學「太苦」，「人所難從」，「故一微即滅
　　　　也」。這顯然矛盾。但至少可以看出，康氏認爲學說「切於人情」，乃一學派
　　　　興盛與否的重要原因之一。

第六章　孔子的創教

　　由本章，亦即是《孔子改制考》卷七〈儒教爲孔子所創考〉起，康氏不再考證諸子，而專論孔子。康氏將孔子獨立於諸子之外，本書前五卷先提諸子，卷七之後，共十五卷則專言孔子。先談諸子，再提孔子，可能原因有三：一則，說明諸子皆有創教改制之舉，何況大聖如孔子，坐睹亂世，焉能不創教改制以救世人；再則，顯示儒家的重要性，遠超過諸子；三則，安排孔子在諸子之後，故其「教義」（思想）「積仁積智」，乃集諸子之大成，故能取代諸子，而盛行於漢代。

　　本章探討「孔教的崛起」，這個主題包含四卷，即〈儒教爲孔子所創考第七〉、〈孔子爲制法之王考第八〉、〈孔子創儒教改制考第九〉、以及〈六經皆孔子改制所作考第十〉。

第一節　「儒教爲孔子所創考第七」述評

　　在本卷的「緒論」中，康氏以爲漢代在王充之前，「皆知孔子爲儒教之主，皆知儒爲孔子所創。」但自從劉歆的僞古文經說一出，遂掩蓋了今文經的光芒，使後人不知儒義、儒教，並將孔子貶低、誤會爲「脩述六經」、「博雅高行」的經師。如「唐貞觀時，以周公爲先聖，而黜孔子爲先師。」「章學誠直以集大成爲周公，非孔子。」這根本就是「愚橫狂悖」的說法。如果孔子只不過是一「抱殘守闕之經師」，那麼就好比鄭玄、朱子一類的人物，「安得爲大聖哉！」爲了糾正這一歷史錯誤，康氏認爲有必要大聲疾呼，出面澄清，「發明儒爲孔子教號，以著孔子爲萬世教主。」

本卷內容可以分爲兩部分，首先，徵引文獻證明「儒教爲孔子所創」，如：

「孔子創儒顯證」

「孔子自明創儒大義」

「孔子弟子後學發明創儒大義」

「異教非儒專攻孔子知儒爲孔子所特創」

其次，說明孔子創儒教的基本架構與內容，即「儒服」、「儒書」、「儒說」、「儒生」：

「孔子創儒後其服謂之儒服」

「孔子創儒後其書謂之儒書」

「孔子創儒後諸弟子傳其口說謂之儒說」

「孔子創儒後從其教者謂之儒生」

一、儒教爲孔子所創

（一）孔子創儒顯證

本項徵引文獻只有五則，而且簡短，茲錄原文與康註如下：

1. 《鹽鐵論・論儒》：「禮義由孔氏出。」

    註云：「儒教禮制義理，皆孔子所制，此條最可據，蓋漢諸儒皆知之。」

2. 《論衡・案書》：「儒家之宗孔子也，墨家之祖墨翟也。且案儒道傳而墨法廢者，儒之道義可爲，而墨之法議難從也。」

    註云：「王仲任時，尚知孔子爲儒者之宗，《周禮》「儒以道得民」之說，蓋未行也。又知儒道傳而墨法廢，又知儒之道義可爲，墨之法議難行，兩兩對校，合《韓非》、《論衡》觀之，可見二家興廢之由，亦知儒於先王無與矣。」

3. 《韓非子・顯學》：「世之顯學，儒、墨也。儒之所至，孔丘也；墨之所至，墨翟也。」

    （此條無註）

4. 《孔子集語》引《淮南子・要略》〔註1〕：「孔子修成、康之道，述周公之訓，以教七十子。使服其衣冠，修其篇籍，故儒者之學生焉。」

    註云：「『儒者之學生焉』一語，爲孔子創儒教之確據。今幸得此微言，

〔註1〕 此條出處爲「《孔子集語》引《淮南子・要略》」。今察《淮南子・要略》文字相同。

以考見吾教所自出。然則劉歆抑儒爲九流，其罪直上通於天矣！或者惑於修成、康、述周公，以爲孔子之道皆本諸此；不知此即劉歆所據作僞經以奪孔子者。然改制託古，當時諸子皆然。韓非謂儒、墨皆稱先王，〈五蠹〉又謂儒、墨俱道堯、舜而取舍不同。〈顯學〉夫稱先王而不同，非託而何？通乎此，儒爲孔子所創，益明矣。」

5. 《淮南子‧齊俗訓》：「魯國服儒者之禮，行孔子之術。」

　　註云：「儒爲孔子所創，故服其禮而行其術，所謂魯人皆以儒教也。」

　　在以上五條引文當中，康氏將《鹽鐵論‧論儒》：「禮義由孔氏出。」排在第一，並認爲「儒教禮制義理，皆孔子所制，此條最可據。」《鹽鐵論‧論儒》的主旨，主要是「御史」與「文學」雙方在爭論儒家學派的價值。〔註2〕御史抨擊孔、孟學說，並無法達到「安國尊君」的效果。〔註3〕且言行不一，「有是言而行不足從也」，自違禮義。例如：

　　（御史曰：）孔子適衛，因嬖臣彌子瑕以見衛夫人，子路不說。子瑕，佞臣也，夫子因之，非正也：男女不交，孔子見南子，非禮也。

　　禮義由孔氏出，且貶道以求容，惡在其釋事而退也？

御史指出，以孔子爲代表的儒家人士宣揚禮義，但自己卻不按禮義行事。可見如果由上下文來看，康氏極力推崇「禮義由孔氏出」一語，在原典中，其目的乃在諷刺孔子言行不一。但是康氏只截取自己需要的重點，認爲據此可斷定孔子定禮樂制義理而創儒教。

　　第四條引《淮南子‧要略》：「孔子修成、康之道，述周公之訓，以教七十子。」就引文而言，孔子修成、康之道，述周公之訓，意指孔子學說乃有所本；但康氏認爲所謂「成康之道」、「周公之訓」不過是托古技巧的運用，非眞有其事，所以儒家應是孔子「獨創」，孔子出而「儒者之學生焉」。

　　其他三條引文的主旨相同，康氏徵引作爲「孔子創儒顯證」。當然由這

〔註2〕《鹽鐵論》一書是西漢中期鹽鐵會議的紀錄。參加會議的人員，民間方面乃從全國各地薦舉的賢良、文學，共六十餘人；朝廷方面則有丞相田千秋、御史大夫桑弘羊及其屬員。會上，形成對立的雙方，展開論戰。主要討論事項爲鹽鐵國營等經濟政策，但亦廣泛涉及軍事、政治、學術、生活等各方面。

〔註3〕相對地，文學則極力爲孔、孟辯護，認爲儒家之所以缺乏實效，主要是因爲無權勢地位，所以「聖德仁義」無從施行，而事實上，當時齊國起用儒士，也曾收到「國家富強」的績效。

五條引文，可以看出孔子與儒家深厚的關係，甚至可以說孔子創立「儒家」，但並非「儒教」。不過由前幾卷，康氏不斷將「諸子」說成「諸教」，已具「積非成是」的麻醉效用，所以至此，又將「儒家」說成「儒教」，亦「似無不可」！

（二）孔子自明創儒大義

　　此項的引文只有兩條。首先，徵引《禮記・儒行》，孔子向魯哀公說明何謂「儒服」與「儒行」。康氏註云：

> 此篇是孔子爲其教所定之行，如佛之有百法明門，禪之有百文法規。考後漢人行誼，皆與之合，而程子譏爲漢儒之説，此不知孔子教術之大者也。……吾有《儒行傳》，編漢人爲之。

在此，康氏將《禮記・儒行》視爲儒教之「法」，如佛教之有佛法。其次，徵引《論語・雍也》：「子謂子夏曰：『女爲君子儒，無爲小人儒。』」註云：

> 儒爲孔子時創教名，孔子且口自述之，著於《論語》。但儒爲教名，雖爲儒教中人，而或爲大儒，或爲小儒，或爲雅儒，或爲俗儒，或爲通儒，或爲愚儒，或爲迂儒、陋儒，此君子小人之別也。如轅固、公孫弘皆學六經，則皆儒也；而轅爲君子，弘爲小人，以轅正學直言，弘曲學阿世也。

以上這兩條引文，被康氏視爲「孔子自明創儒大義」的證據。雖然這兩引文皆爲孔子所言，而其內容也都與「儒」有關，但似乎不能作爲孔子「創儒」的證據，更談不上「明證」，果眞是「明證」，那麼引文就足以充分證明，何必康氏大量加註？

（三）孔子弟子後學發明創儒大義

　　此項引文有十二條。由於主題「孔子弟子後學」，故首列《孟子・盡心》，次列《荀子・儒效》、〈王霸〉、〈彊國〉等五則。其中，康氏視爲重點、註釋最多的有三則，依序是《孟子・盡心》、《荀子・儒效》、以及《荀子・彊國》。

　　首先，《孟子・盡心》：「孟子曰：『逃墨必歸於楊，逃楊必歸於儒。歸斯受之而已。』」註云：

> 孟子爲儒教大宗，楊、墨門下多有逃而歸之者，孟子道廣，歸則受之，如後世之自佛還俗者，不必追其既往。……以其爲孔子創立之教，楊、墨鼎立，故其門下有逃有歸耳。若陳良之徒陳相，學於許

　　行，是逃儒而歸於墨者也。

康氏認為孟子為當時儒教教主，故如有從楊、墨逃至於儒教者，孟子皆加以招徠，不咎既往，這就好比後世佛教教徒的還俗通例一樣。由此證明，儒教為孔子所創，在當時與楊、墨鼎立，「若儒是先王之教，則墨子日述禹、湯、文、武，何所逃而何所歸哉？」如果儒教是先王所創，那麼墨子也常提及禹、湯、文、武等先王，其門徒後學又何必逃墨歸儒。

　　其次，《荀子‧儒效》：「大儒者，善調一天下者也，無百里之地，則無所見其功。……仲尼、子弓是也。」接著，荀子區別何謂「俗儒」、「雅儒」、以及「大儒」。康氏註云：

> 儒創自孔子，見於《論語》，此條亦最詳明。然儒者，但服儒服，從儒禮者，便得有此名，如為墨、為道、為僧之類。《莊子》鄭人緩也為儒。儒以《詩》、《禮》發冢。既已為儒，尚有君子小人之別也。

在《論語‧雍也》中，孔子有「君子儒」、「小人儒」之別。到了荀子，又細分為「俗儒」、「雅儒」、「大儒」三等，故康氏云：「儒創自孔子，見於《論語》。此條亦最詳明。」

　　當然這種證據與結論的關係是相當間接的。「分類者」不能等同於「創立者」。孔子有「君子儒」、「小人儒」之分，即證明孔子創立儒教，果真如此，荀子也將儒者分類，那是否亦可證明儒教為荀子所創？且就事實而言，大致上，「歸納分類」的動作，通常在蓬勃發展之後，而非在創立之初。否則孔子在創立儒教之初，即設有「君子儒」、「小人儒」兩大部門。這似乎又說不通。

　　再次，《荀子‧彊國》主旨在談論國家之所以強盛的條件，荀子認為「國之命在禮，人君者，隆禮尊賢而王。」國祚的長短，在於國君是否隆禮尊賢。故當秦相范雎問其：「入秦何見？」，荀子答曰：

> 佚而治，約而詳，不煩而功，治之至也。秦類之矣。雖然，則有其諰矣。兼是數具者而盡有之，然而縣之以王者之功名，則倜倜然其不及遠矣。是何也？則其殆無儒耶。

可見荀子認為秦雖強，但無儒治國，無法「隆禮」，「此亦秦之所短也」。康氏引之而註云：

> 孔子創儒教，齊、魯之間先行之。太史公謂魯人以儒教是也。儒者傳道，不為其國，但以教為主。如佛氏及今耶、回諸教皆然，務欲入國之行其教也。自魯至秦相去二千里，當時各國自為風氣，自為

> 政教，譏察甚嚴，山河阻絕，舟輿不接，……故孔子西行不到秦。
>
> 秦奉儒甚遲，荀子謂秦無儒者，欲秦之從儒。

孔子創儒教後，傳教的重點在魯國當地，以及相近的齊國，至於秦國，因山河阻絕，交通不便，所以「孔子西行不到秦，秦奉儒甚遲。」到了孔子後學荀子，才到秦國，希望秦王能重用儒生。「而秦立博士七十人，諸生皆誦說《詩》、《書》，法孔子，則孔教大行於秦矣。」然而，這亦只能說明儒學在當時發展的狀況，而非康氏所謂「孔子弟子後學發明創儒大義」。

（四）異教非儒專攻孔子知儒為孔子所特創

上二項或由孔子自明、或由弟子後學發明孔子創儒大義，皆徵引正面的證據，但在本項中，康氏由反面，「異教非儒」「知儒為孔子所特創」，所謂「異教」，主要是指墨者。由墨者批評儒家之口，間接證明孔子創儒，這種角度可說相當具有創意。本項只有三條引文，即《墨子‧非儒》、〈公孟〉、以及《孟子‧滕文》等。

康氏徵引〈非儒〉全文。《墨子‧非儒》：「儒者曰：『親親有術，尊賢有等，言親疏尊卑之異也。』其禮曰：喪父母三年，……取妻身迎，……」註云：

> 親親、尊賢、喪服、親迎，皆六經禮義之大者，所謂三代同之。而墨子一則曰儒者曰，再則曰其禮曰，三則曰儒者迎妻；攻之為逆、為偽、為誣、為大奸。然則親親、尊賢、喪服、親迎，皆孔子所創，而非先王之舊，最為明據矣。墨子固動引禹、湯、文、武者，若是先王之舊，墨子豈敢肆口慢罵。……然今幸得此篇，從仇家親供大題，考見孔子創教名目義旨，儒之為孔教，遂成鐵証矣。

康氏認為親親、尊賢、喪服、親迎等禮制，如果是「先王之舊」，墨子如何敢放肆批駁，可見這些制度乃孔子新創，所以墨子才以此非儒。於是墨子以喪服等批評儒家，可見這些制度為孔子所創。

《墨子‧公孟》：「子墨子與程子辯，稱於孔子。程子曰：『非儒，何故稱於孔子也。』」墨子與程子辯論當中，墨子稱讚孔子。於是程子反問，既然立場是非儒，為何要讚美孔子？其主旨在說明墨子非儒的立場，既然非儒，則不能稱讚孔子。可見孔子即等同於儒，亦即「儒為孔子所特創」。此條康氏只徵引而無註。

《孟子‧滕文》：「夷子曰：『儒者之道，古之人若保赤子，此言何謂也？

之則以爲愛無差等，施由親始。』康氏註云：

> 「古之人若保赤子，」是《書・康誥》之言。墨子亦稱說《詩》、《書》，
> 何夷之以屬之儒者，於墨無關，何哉？此亦絕異之論。……蓋《詩》、
> 《書》是舊典，孔、墨改制皆託先王，并用其名。其徒俱尊爲經，
> 而實各行其道，各成其書，故夷之以《康誥》爲儒者之道，則爲孔
> 子之書，非先王之書可見。

在此，康氏提出一個問題。那就是「古之人若保赤子」一語，出自《書・康誥》，
而儒、墨皆稱說《書》，爲何夷子專稱此語爲儒者之道，不言墨子？康氏自解爲
儒、墨皆將學說託古於先王的《詩》、《書》，而內容實不相同。康氏云：

> 蓋六經爲孔子所定，以爲儒書。墨子所稱之《詩》、《書》，乃墨子自
> 定，別是一書。《莊子・天下篇》所謂苦獲、已齒、鄧陵子之屬，俱
> 誦《墨經》是也。

可見儒、墨皆託《詩》、《書》，而各自定其內容。因此，「古之人若保赤子」
一語，見於儒家之《書》，而未見於墨經，「故夷之以《康誥》爲儒者之道」。
「若眞是《康誥》，則墨子日稱文、武，豈肯獨讓儒者哉？藉異端之口以證六
經爲孔子之作。」由此，康氏「舉一反三」，由「古之人若保赤子」一語，進
而斷定〈康誥〉，乃至於《書》，乃至於六經皆孔子所作，「藉異端之口」可以
證之。雖然由《孟子・滕文》：「儒者之道，古之人若保赤子」一語，可以「誇
張地」證明「六經爲孔子所定」，但是卻不能證明本項的標題 —— 儒爲孔子
所特創。引文與結論之間，似乎有很明顯的差距。

二、儒教的主要內容

（一）孔子創儒後其服謂之儒服

　　「改正朔」、「易服色」等乃改制的主要象徵。孔子既然創教改制，當然
要易服色。康氏認爲創立一新宗教，要有屬於自己的服色，如僧徒必去髮、
衣袈裟。康氏云：

> 儒者創爲儒服，時人多有議之，否亦以爲行道自行道，無須變服之
> 詭異。豈知易其衣服而不從其禮樂喪服，人得攻之；若不易其服，
> 人得遁於禮樂喪服之外，人不得議之。此聖人不得已之苦心，故立
> 改正朔、易服色之制。佛亦必令去髮，衣袈裟而後爲皈依也。

可見服色有其象徵意義，所謂「當時凡入儒教者，必易其服，乃號爲儒，可望

而識，略如今僧道衣服之殊異矣。」它代表皈依、約束、與改變。希望藉由外在服色的不同，引發內在的變化，所謂：「制其外以養其內，故外之冠服亦甚巨矣。」變其服則行其道，可見就創立儒教而言，儒服具有重要象徵意義。

《禮記‧儒行》記載：「魯哀公問於孔子曰：『夫子之服，其儒服與？』孔子對曰：『丘少居魯，衣縫掖之衣，長居宋，冠章甫之冠。丘聞之也，君子之學也博，其服也鄉，丘不知儒服。』」康氏註云：

> 儒服，衣因魯制，冠因宋制，可考見儒服所自來。亦如殷輅周冕，合集而成。哀公蓋聞人有儒服之名而問之，孔子託於鄉服而答之。然衣朝鮮之衣，冠本朝之冠，雖生長異地，而裝束雜遝，苟非枌制，亦覺不倫矣。

由此可見儒服的來源，衣則因魯制，冠則因宋制，孔子將魯衣宋冠合集而成。又《大戴記‧哀公》：「哀公曰：「然則今夫章甫、句屨、紳帶而搢笏者，此皆賢乎？」據此，康氏註云：「章甫、句屨、紳帶、搢笏，蓋孔子所改定之儒服也。」「凡儒服者百數條，皆章甫、句屨、逢掖、搢笏。」《史記‧劉敬叔孫通列傳》：「叔孫通儒服，漢王憎之。迺變其服，服短衣楚製。」康氏註云：

> 漢高是楚人，叔孫通媚說取容，故服楚製。……今人讀經既熟，忘忽其故，以爲長衣乃從古皆然，豈知孔子創儒服，制爲衣裳，褒衣逢掖，乃有長衣耳。《鶡冠子》：「齊、魯薦紳之徒，皆肆長衣。」《孔叢子》：「子高振長裾。」然則自齊、魯之外，多短衣矣。……今泰西短衣，不過如吾楚製之舊。然彼教士猶尚長衣。則凡有教之人，莫不以長衣爲貴矣。

康氏認爲「長衣」是文明的象徵。[註4] 而有教之人，更以長衣爲貴。綜合以上之引文，可以得知儒服並非全爲新創，而是有所依據的，即合魯衣、宋冠而成，且必爲長衣。細目爲章甫、句屨、紳帶、搢笏，褒衣逢掖。

儒服成爲儒生的重要象徵，甚至重要場合，必衣儒服。《莊子‧說劍》：「今夫子必儒服而見王，事必大逆。」康氏註云：「爲儒見王，必衣儒服，如今僧見君上及貴人，亦衣袈裟也。」所以凡是儒者必衣儒服；反之，不穿儒服則不得爲儒：

〔註4〕 長衣爲文明的象徵。楚衣短製，代象楚文化不若齊、魯。康氏云：「楚自若敖蚡冒始啓山林，開闢不過數百年，去野番舊俗不遠。吳、越尚斷髮文身，取衣蔽體，豈能爲長衣廣裳以自文飾？」

　　　　當時讀儒書，必言服儒服，則儒者之辨，不僅在其書，並在其服矣。

　　　　今衣袈裟而誦佛書，是僧也。若不剃髮，不衣袈裟，而僅讀佛典，

　　　　天下斷無有目爲僧者。

當然在教徒眾多的情況下，必有不守清規者，也就是雖穿儒服而不守儒道者，
「從者既多，雖從其教，服其服，而不行其道者固多。如今僧穿衲衣而不守
戒法。當時議之，故以爲非眞儒也。」

　　到了漢代，儒服依然流傳，如「漢高尚有溺儒冠事，蓋儒者衣冠殊異，
一望可知。」武帝獨尊儒術之後，士大夫衣儒服的風氣，亦隨之大盛。「漢世
用孔子之制。緇布冠即玄，即章甫。孔子所創之儒冠，至是行於天下。」「漢
武之後，儒既一統爲國教，賢良文學，褒衣博帶，以儒服爲章服矣。」

（二）孔子創儒後其書謂之儒書

　　佛教有佛典、道教有道藏、基督教有聖經，所以孔教當然也要有專屬的
經典，那就是六經。康氏云：「至《論衡》時，尚以六經傳記爲儒書，猶今稱
二教書爲佛典、道藏，皆以其教名。」在本項二十一條引文中，《論衡》就佔
十六條。其中又以〈儒增〉份量最重，蓋該篇中有「儒書」一詞。〈儒增〉與
〈語增〉〔註5〕、〈藝增〉〔註6〕合稱《論衡》「三增」。「增」者「誇」也。「儒
增」旨在駁斥儒家經書中誇大其辭，歪曲事實的現象。對於漢儒鼓吹尊經讀
經，「好增巧美」的學風表示不滿。王充由「儒書」摘取十六個事例，一一加
以辨析，澄清事實眞象。但康氏並不在意王充對儒書的批駁，只在意《論衡》
中有「儒書」一語。

　　與儒服相同，長爲貴，短爲賤，「孔子傳五經，皆用二尺四寸簡。漢時猶
然。」「當時錄五經文尚長二尺四寸，其餘尺籍謂之短書，以長短爲貴賤，猶
今之分大字本、小字本也。」

（三）孔子創儒後諸弟子傳其口說謂之儒說

　　孔子雖創有儒書六經，但大義主要還是以「口說」的方式，代代相傳，
又稱爲「儒說」。《論衡・定賢》云：「儒者學，學儒矣。傳先師之業，習口說
以教。」康氏註云：「傳先師之業，習口說以教，是漢時傳孔學大法。劉歆攻

〔註5〕　〈語增〉乃對當時流行的七種「虛增之語」予以批駁，故謂之「語增」。

〔註6〕　〈藝增〉「藝」指六經、六藝。所謂「藝增」，就是指經藝之增。作者舉八個
　　　　事例來揭露六藝中誇大之弊。

博士，謂信口說而背傳記，於是今學亡矣。」這種口說的方式，乃儒教傳承孔學的大法，直到劉歆出現，提倡古文經學，竄亂今文經學，於是口說的傳承被迫中斷。

本項的引文，多以「儒者論」、「儒者曰」、「儒者說」開頭，直接稱「儒說」者，首見《漢書·五行志》，如「京房《易傳》曰：『上不儉，下不節，盛火數起，燔宮室。』儒說火以明爲德，而主禮。」「儒說：諸侯專權，則其應多在日所宿之國。」康氏註云：「五行之學出於〈洪範〉，爲孔門一說。今《五行志》多出於《尙書》家歐陽、夏侯氏，故爲儒說。」將陰陽五行的觀念納入儒說，這麼一來，將使儒家更具宗教色彩。

（四）孔子創儒後從其教者謂之儒生

「儒生」又稱「儒術之士」〔註7〕、「儒士」。〔註8〕康氏認爲「儒生」的條件有三，即「從孔子教」、「衣儒衣冠」、「讀儒書者」。儒生又有等級的不同，依序爲「聖儒」、「大儒」〔註9〕、「通儒」、「名儒」等。

儒生的數量，到了漢代有快速增加的傾向。康氏引《史記·太史公自序》云：「自孔子卒，京師莫崇庠序。唯建元、元狩〔註10〕之間，文辭粲如也。」註云：

> 太學之制，自古未立，故謂自孔子卒後，未崇庠序。至武帝始立，故謂粲如。《史記》時，儒未一統，故史公創作此傳，如後世之考教派，創之宜也。後世儒學一統，無人不在儒中，尚何專傳之立者？後漢之後，經新歆之亂制，蓋已不知此義矣。

儒家至武帝時大盛，故儒生眾多，已到了「無人不在儒中」的空前盛況。又《後漢·左雄傳》：「鄉部親民之吏，皆用儒生。」康氏註云：「前此蓋選吏人及百家者，自是，小吏皆儒生爲之，儒道大行。」

然而在儒道大行、儒生眾多的盛況當中，弊病亦悄然而生。《漢書·儒林傳》云：

> 自武帝立五經博士，〔註11〕開弟子員，設科射策，勸以官祿。迄於

〔註7〕如《戰國策·劉向序》：「孟子、孫卿，儒術之士。」

〔註8〕如《戰國策·劉向序》：「始皇並有天下，燔燒《詩》、《書》，坑殺儒士。」

〔註9〕四等之中，康氏只提到大儒的定義，「若夫通天、地、人，則大儒之列也。」

〔註10〕「建元」（西元前140～135）、「元狩」（西元前122～117）皆漢武帝年號。

〔註11〕經學博士的設立，並不始於漢武帝，早在戰國時期，齊之稷下先生就是博士之流。到了秦朝，更有博士七十人。不過此一時期的博士，各家並雜。到了

元始，百有餘年，〔註12〕傳世者寖盛，枝葉蕃滋。一經說至百餘萬言，大師眾至千餘人，蓋利祿之路然也。

以利祿爲導向，過度重視經學，其弊病也隨之而來。這個現象，康氏也注意到了：「經義僅供帖括文章之用，無關治事。則通學大儒，與筆帖式同矣。」「本朝幾世幾年，漢之儒生猶多不識，陋亦極矣。與今鄉曲之士專窮舉業者同。」又：

儒是以教任職，如外國教士之入議院者。其後雜用武夫，世爵高門，詩賦帖括，皆非儒矣。而詩賦帖括託於儒門，而以僞亂眞。至於今日，身爲儒而口不談道，若與俗人同。則教之盡失，而仍以教託之，悲夫！

經學考試成爲利祿之門後，「經義僅供帖括文章之用，無關治事。」於是乎儒家的精神不得不有所喪失，「身爲儒而口不談道，若與俗人同。則教之盡失，而仍以教託之，悲夫！」所以康氏雖認爲孔教發展的中輟，主要是受到劉歆的從中破壞。但事實上，他也意識到問題決不會如此單純。

第二節 「孔子爲制法之王考第八」述評

本卷的主旨，在於考證孔子爲「改制教主」的王號，計有「新王」、「素王」、「文王」、「聖王」、「先王」、「後王」、「王者」等七個王號。諸子創教之後，隨後改制，而孔子創教（卷七）與改制（卷九）之間，插入「孔子爲制法之王」一卷，專封孔子爲「王」，這是康氏對孔子特別的禮遇。

康氏封予孔子的王號，何以多至七個呢，可能的理由有三：

（一）託古的運用

因爲根據「上古茫昧無稽」的說法，三代之前皆處混沌的狀態，故在此一時期中的歷史人物，皆非眞有其人、其事，乃爲後代思想家所託，故如「文王」、「聖王」、「先王」、「後王」等，都是孔子、及其後學弟子託古的對象，而實際上皆就孔子而言。

漢武帝的設立五經博士，才使博士變爲儒家所專用。五經博士中，在文景時，已有《詩》、《春秋》兩家博士，到了漢武帝增立了《書》，以歐陽生爲博士、《易》以田何爲博士、《禮》以后倉爲博士。

〔註12〕「元始」（西元1～5年）爲漢平帝年號，距武帝建元元年（西元前140～135年），計百四十五年。

（二）「多則不怪」的心理

孔子王號何須七個之多？康氏的用意與「周末諸子並起創教」的手法相同，乃是希望造成「多則不怪」、「習以爲常」的錯覺。孔子封號既然超過七個，那麼屈屈一個「素王」何足怪哉！

（三）角度的不同

同一人、事、物，可能因角度與功用的不同，而有不同的稱謂。在下卷，即卷九〈孔子創儒教改制考〉云：

> 莊子以孔子爲神明聖王，孟子稱先王，荀子法後王，當時多有以孔子爲王者。即祕緯亦以素王稱之。……蓋孔子改制，文質三統。素者，質也。質家則稱之素王，文家稱爲文王。《春秋》改周之文，從殷之質，故《春秋緯》多言素王。而《公羊》首言文王者，則又見文質可以周而復之義也。

可見孔子爲王者是可以確定的，其他的封號，不過是依「文」、「質」、「先」、「後」等的不同，故有不同的稱號。

本卷的「緒論」，乃前八卷之中，篇幅最大的。主旨與本書的〈敘〉相近。它相當具有「宗教意味」。可分爲三部分。

（一）救世主誕生

首先，康氏提到孔子誕生的背景，「迺上古昔，尚勇競力，亂萌慘黷。」上古之時，人獸競爭，尚勇競力。上天爲了解救人類，乃「蒼帝降精」，而救世主孔子於焉誕生。〔註13〕「不救一世而救百世，乃生神明聖王，不爲人主，而爲制法主。」「然大聖不得已而行權，猶謙遜曰假其位號，託之先王，託之魯君，爲寓王爲素王云爾。」孔子將自己的學說託古於先王，並藉由魯國國君加以實踐，因無實際國君之名，故稱爲「寓王」、「素王」。在素王的號召之下，「天下從之，民萌歸之。」由戰國時期到東漢八百年，「天下學者，無不以孔子爲王者，靡有異論也。」

（二）劉歆的破壞

原本人們可以在孔教主的帶領之下，過著幸福快樂的生活，可是到了西

〔註13〕康氏又云：「故夫孔子以元統天，天猶在孔子所統之內，於無量數天之中而有一地，於地上無量國中而爲一王，其於孔子曾何足數！」前云天乃生神明聖王孔子，後云孔子統天「天猶在孔子所統之內」，似有矛盾。

漢劉歆的出現，打破了人們的美夢。劉歆僞造了以《左傳》爲首的古文經，取代了孔子公羊學說等今文經。康氏云：

> 自劉歆以《左氏》破《公羊》，以古文僞傳記攻今學之口說，以周公易孔子，以述易作，於是孔子遂僅爲後世博學高行之人，而非復爲改制立法之教主聖王，祇爲師統而不爲君統，誣素王爲怪謬，或且以爲僭竊，盡以其權歸之人主。

周公取代了孔子原本「教主」、「聖王」的地位，孔子淪爲「先師」，爲一博學高行之人。經劉歆的破壞，孔子的地位下降，不再是「素王」，「於是天下議事者，引律而不引經，尊勢而不尊道，其道不尊，其威不重，而教主微。」

（三）孔教的提倡

教主既然衰微，使人民不再受孔教的教化，「生民不嚴不化，益頑益愚。」這是因爲不信孔子爲素王的緣故。所以現在（即清末）有必要將孔子的身分加以「正名」。康氏在此重新對「王」字加以定義：

> 異哉！王義之誤惑不明數千載也！夫王者之正名出於孔氏。何謂之王？一畫貫三才謂之王，天下歸往謂之王。天下不歸往，民皆散而去之，謂之匹夫。以勢力把持其民謂之霸。殘賊民者謂之民賊。夫王不王，專視民之聚散向背名之，非謂其黃屋左纛，威權無上也。

王的定義爲「天下歸往謂之王」。可是後人不知，而且往往加以濫用、僭越：

> 後世有天下者稱帝，以王封其臣子，則有親王、郡王等名。六朝則濫及善書，瀆及奴隸，皆爲王。若將就世俗通達之論識言之，則王者人臣之一爵，更何足以重孔子，亦何足以爲僭異哉？

所謂的「帝王」、「親王」、「郡王」等，皆不符於王者的定義，亦即是「天下歸往謂之王」。因爲這些人並非天下人心所歸往的對象。二十餘朝以來，人心眞正嚮往的乃是孔子：

> 然今中國圓顱方趾者四萬萬，其執民權者二十餘朝，問人歸往孔子乎？抑歸往嬴政、楊廣乎？既天下義理制度皆從孔子，天下執經釋菜俎豆莘莘皆不歸往嬴政、楊廣而歸往大成之殿、闕里之堂，共尊孔子。

既然孔子有「歸往之實」，因此，孔子宜有王者之名，「有王之實而有王之名，乃其固然。」那麼現今就應該重新正名，還孔子「素王」的稱號。康氏云：

> 但考其當時，則事實同稱，徵以後世，則文宣有號，察其實義，則天下歸往，審其通名，則人臣之爵，而上昧神聖行權偶託之文法，

下忘天下歸往同上之徽稱，於素王則攻以僭悖之義，於民賊私其牙
爪，則許以貫三才之名，何其舛哉！

因此，康氏認為當務之急，有必要遍考秦、漢時代文獻，「證明素王之義」，
以振孔教，「庶幾改制教主，尊號威力，日光復熒，而教亦再明云爾。」

在「孔子為制法之王顯證」一項中，康氏首先引用三則文獻，分別為《春
秋緯・援神契》：「丘為制法之主，黑綠不代蒼黃。」；《春秋緯・演孔圖》：「聖
人不空生，必有所制以顯天心。丘為木鐸，制天下法。」；《春秋緯・演孔圖》：
「孔胸文曰：制作定，世符運。」康氏註云：

> 孔子為制法之王，所謂素王也。《論語》曰：「天生德於予」，「天之
> 未喪斯文也，匡人其如予何！」所謂不空生，必有所制也。《左傳》：
> 「仲子有文在手曰：『為魯夫人』」；《十六國春秋》：「劉淵左手有文
> 曰『淵』」；「彭神符有文在手曰『神符』」；《東觀漢記》：「公孫述自
> 言手文有奇瑞，數移書中國。」上賜述書曰：「瑞應手掌成文，亦非
> 吾所知。」僭偽之人尚應符瑞，況制作之聖治萬世者乎！

由此，可見康氏是相信「緯書」的。在光緒十七年（1891）左右，康氏作〈鄭
康成篤信讖緯辨〉一文中，認同緯書而反對讖書。康氏認為讖書，乃劉歆、
王莽所偽作，目的在於「盜天下，易聖經。」它的內容與緯書、今文經學，
乃互相悖離。至於緯書主旨與西漢大儒伏生《尚書大傳》、董仲舒《春秋繁露》、
劉向的說法相合，又與今文學家，尤其是公羊家之說相合，所以緯書的作者，
雖然不必孔子本人，但「亦必孔門弟子支流餘裔所傳也。」至於其中「怪瑋
之說者」，是屬於一種不得已的手段運用，所謂「蓋時主不信儒，儒生欲行其
道，故緣飾其怪異之說。」所以像《春秋緯・演孔圖》：「孔胸文曰：制作定，
世符運。」的說法，康氏是可以接受的，並且引仲子、劉淵、彭神符、公孫
述等，證明凡有所作為者，身體上皆有異於常人的徵兆，〔註 14〕「所謂不空
生，必有所制也。」緯書和公羊學一樣，增加了孔子的「宗教性」與「神祕

〔註14〕這是康氏慣用的方法，就是以多數來表示不稀奇，不足為怪。如果其他歷史
人物也有相同的特徵，那麼「孔胸文」何足為奇。正如先說先秦諸子皆創教
改制，其後再言孔子創教改制。如此一來，孔子改制的行為，就不足以為奇。
又「僭偽之人尚應符瑞，況制作之聖治萬世者乎！」也就是「既然其他人有，
孔子怎能沒有。」這種說法是建立在「孔子包含萬有」的理想化前提之下，
就像基督徒稱上帝無所不在、無所不能一樣。可見康氏考證的目的，不在真
象的追尋，而在附會式的美化。

性」，爲康氏「神化」孔子提供了學說來源。

康氏認爲「考孔子道至可信據，莫若孟子。」因此，考證「孔子爲制法之王顯證」時，在《春秋緯》之後，即引《孟子‧離婁》：「孟子曰：『王者之跡熄而《詩》亡，《詩》亡然後《春秋》作。』」《孟子‧滕文》：「《春秋》，天子之事。是故孔子曰：『知我者其惟《春秋》乎！罪我者其惟《春秋》乎！』」註云：「《春秋》，天子之事作，劉向、淮南、董生所謂《春秋》繼周也。」就公羊學者而言，孔子地位的建立，《春秋》一經具有相當重要的代表意義。《史記‧太史公自序》云：「孔子之時，上無明君，下不得任用。故作《春秋》，垂空文以斷禮義，當一王之法。」「『當一王之法』即董子所謂『以《春秋》當新王』。」

象徵孔子爲繼周新王，除了作《春秋》之外，還有「西狩獲麟」事件。《春秋繁露‧符瑞》云：

> 有非力之所能致而自致者，西狩獲麟受命之符是也。然後託乎《春秋》正不正之間而明改制之義，一統乎天子而加憂於天下之憂也，務除天下所患而欲以上通五帝，下極三王，以通百王之道。

「西狩獲麟」是「非力之所能致而自致者」，這是天意，是孔子受天命的符瑞，應爲繼周爲新王，於是孔子將改制之微言大義全寄託於《春秋》之中。這也就是所謂「孔門相傳之非常異義也」。就「西狩獲麟」與「《春秋》改制」的觀點而言，康有爲與董仲舒是完全契合的，所以在「孔子爲制法之王顯證」的最後，他稱讚地說：「董子醇儒，發改周受命之說，昭晰如是。」

在「孔子爲制法之王顯證」後，康氏陸續徵引文獻，證明孔子具有「新王」、「素王」、「文王」、「聖王」、「先王」、「後王」、「王者」等封號，這麼多稱號的目的，還是在於「多則不足爲奇」的作用，從各個角度證明孔子確實爲「王」，同時孔子既然有那麼多王號，那麼「制法之王」不過是其中之一而已，何足爲奇？

（一）新 王

所謂「新」是指新的朝代，「新王」乃指孔子當繼周而爲王者。以孔子爲「新王」的證據，主要來自公羊學說，尤其是董仲舒《春秋繁露》，如「孔子立新王之道」（〈玉杯〉）、「《春秋》作新王之事，變周之制，當正黑統。」（〈三代改制〉）、「《春秋》應天作新王之事。」（同上）等。康氏註云：「《春秋》爲新王，凡五見；親周，故宋，王魯，凡再見；新王受命改制，數數見；孔子爲繼周之王，至明。」又云：

《詩》云:「赫赫宗周,褒姒滅之。」周道亡於幽、厲,自是孔子以
《春秋》繼周,改周之制,以周與宋同爲二王後。故《詩》之三〈頌〉,
託王魯、新周、故宋之義,運之三代,傳之口說,著之《公羊》、《穀
梁》,大發明於董子。太史公、劉向、何休皆無異辭。示周不興,孔
子乃作,何邵公所謂非常異義,太史公所謂不可書見,口授弟子者也。

康氏認爲孔子爲新王改制之義,「蓋孔門口說之傳也」,而大發於董子。所以
盛讚董仲舒爲「醇儒」,「孔子爲改制教主,賴董生大明。」

(二)素　王

本項引文共十四條,計有《漢書》、《六藝論》、《春秋緯》等十二種文獻。
在資料中,皆直接言明孔子爲「素王」,如《中論・貴驗》:「仲尼爲匹夫而稱
素王」、《論衡・定賢》:「孔子不王,素王之業在於《春秋》」等。康氏首引《漢
書・董仲舒傳》:「孔子作《春秋》,先正王而繫萬事,見素王之文焉。」註云:
「董生爲漢醇儒,《漢書》亦錄其素王之說,見空王之文。」這是傳統的說法,
康氏對於「素王」一辭的定義,有其新意,如「素王,空王也。」乃是指「理
論上」,而非「實際上」的王。又:「佛亦號空王,又號法王。」在此,康氏
又進一步將「素王」的意義與佛教比附,使儒家披上宗教的色彩,於是孔子
「素王」等同於「教主尊稱」。

(三)文　王

傳統以「文王」爲周文王,但康氏將「文王」視爲孔子的王號之一。如
引《禮緯・稽命徵》:「文王見禮壞樂崩,道孤無主,故《禮經》三百,威儀
三千。」註云:「周文王時,無禮壞樂崩之說。《禮經》威儀,皆孔子所制,
此文王非孔子而何?」又引《公羊・隱元年》:

王者孰謂?謂文王也。注:文王,周始命之王。天之所命,故上繫
天端。方陳受命,制正月,故假以爲王法。不言諡者,法其生不法
其死,與後王共之,人道之始也。

康氏註云:

孔子質統爲素王,文統則爲文王。孔子道致太平,實爲文王。法生
不法死,則此文王是孔子,非周文王易見矣。王愆期謂文王即孔子,
蓋有傳授也。

康氏認爲孔子的「王號群」,有「質統」、「文統」之分,這是「一質一文」、「質

文互換」史觀的運用。「文統則爲文王」，那麼「質統」是否即爲「武王」呢？在此康氏並未詳答，但在卷十二〈孔子改制法堯舜文王考〉中有答案，即「其實孔子之心但法文王。武未盡善，孔子有不滿意焉。」所以在本卷孔子的七個王號中，未見「武王」，而是以「素王」作爲「質統」的王號。

康氏認爲孔子亦曾自任爲「文王」，證據見於《論語・子罕》：「子畏於匡，曰：『文王既沒，文不在茲乎？天將喪斯文也，後死者不得與於斯文也；天之未喪斯文也，匡人其如予何？』」孔子既言「文王既沒」，自己還活著，當然不會是文王。但康氏還是堅持孔子自稱文王，「文王既沒而文在茲，孔子之爲文王，蓋可據。此出《論語》，非僻書〔註15〕也。」所以，康氏結論爲：

> 《論語》：「文王既沒，文不在茲？」孔子已自任之。王愆期謂文王者孔子也，最得其本。人只知孔子爲素王，不知孔子爲文王也。或文或質，孔子兼之。王者天下歸往之謂，聖人天下所歸往，非王而何？猶佛稱爲法王云爾。

在康氏的定義中，孔子是神聖而全面，亦文亦質，所以任何的王號，都只是孔子的「分身」之一，何況「王者天下歸往之謂，聖人天下所歸往。」的主觀定義之下，孔子「非王而何」？

（四）聖　王

在聖王方面，康氏引《孟子・滕文》：「聖王不作，諸侯放恣，處士橫議，楊朱、墨翟之言盈天下。」註云：「孔子作《春秋》而世一治。孔子沒而楊、墨起，聖王不作即指孔子，與堯、舜既沒一例。」又《荀子・王霸》：「聖王之道，儒之所謹守也。」註云：「聖王之道即孔子之道，故儒之所謹守也。」

（五）先　王

傳統所謂「先王」乃指三代而言，但康氏云：「凡孔子後學……所稱先王皆孔子，非三代先王也。」這種說法難免牽強，故由康氏所徵引的資料也看得出來。在「素王」項中，康氏徵引的文獻，每條皆明言孔子即素王；相較之下，在「先王」項中，所徵引的十三條引文中，只有兩條同時提到孔子與先王，但皆並未明言「先王」即指孔子。如本項首引《荀子・解蔽》：「孔子仁知且不蔽，故學亂術，足以爲先王者也。一家得周道，舉而用之，不蔽於

〔註15〕　由此，康氏亦知僻書不足據，但《孔子改制考》中，又大量徵引緯書！或許他認爲緯書非僻書也。

成積也。」註云：

> 稱孔子足爲先王，即莊生謂墨子離於天下，其去王也遠矣，謂墨子
> 不能爲王也，語可反勘。一家得周道，舉用之，墨子謂孔子法周未
> 法夏，則上先王爲孔子尤明。

在引文中，康氏突然提到墨子，顯得夾雜不清。荀子所謂「足以爲先王」，表示並非眞先王，又「一家得周道」，其中「周道」或作「周遍之道」，乃相對於一曲之蔽。孔子得周遍之道，故仁知且不蔽。〈解蔽〉接著云：「故（孔子）德與周公齊，名與三王並。」可見荀子認爲孔子由於仁知且不蔽，故足以比美先王、周公與三王。所以康氏認爲前人所謂的「先王」皆就孔子而言，這只能說是康氏個人的「創見」，不容易由歷史文獻得到證明。不過他有另一種解釋，即「儒者尊孔子爲先王，……此孔門相傳之微言也。」既然是儒生口傳微言，文獻當然是看不到的，所以康氏以孔子爲先王的說法，還是正確的，即使缺乏直接的文獻證據。

（六）後　王

本項徵引文獻共十條，全數來自《荀子》。荀子有「法後王」的說法，但「後王」究竟何所指，《荀子》一書並未明言，後人只能猜測而已。《荀子·正名》云：「後王之成名：刑名從商，爵名從周，文名從禮，散名之加於萬物者，則從諸夏之成俗曲期。」康氏註云：

> 當荀子之時，周德雖衰，天命未改，秦又未帝，而立爵名從周，與
> 商並舉，則所謂後王者，上非周王，後非秦帝，非素王之孔子而何？
> 孟子稱孔子爲先王，荀子稱孔子爲後王，其實一也。

在「先王」中，康氏曾引《孟子》五則引文，如《孟子·公孫丑》：「先王有不忍人之心，斯有不忍人之政矣。」〈滕文下〉：「守先王之道以待後之學者。」〈離婁上〉：「事君無義，進退無禮，言則非王之道者，猶沓沓也。」等，孟子並未明言「先王」即孔子，但康氏卻斷言「孟子稱孔子爲先王」；在《荀子》的十條引文中，荀子也未明言其所謂「後王」爲何？但康氏同樣肯定地認爲：「荀子稱孔子爲後王」，「凡荀子稱後王者，皆孔子也。」由孟子、荀子對孔子的推崇而言，康氏的說法，也有可能是對的，只是武斷了些。

（七）王　者

《春秋繁露·三代改制》云：「王者必受命而後王」，康氏認爲「孔子受

端門之命，非王者而何？」所以孔子受命而爲王者。根據《史記‧孔子世家》的記載，孔子曾擔任過的官職依序是「嘗爲季氏史」，「嘗爲司職吏」，魯定公八年，「以孔子爲中都宰」，一年之後，「由中都宰爲司空」、「由司空爲大司寇」，到了定公十四年，孔子五十六歲，「由大司寇行攝相事」。此後，孔子週遊列國十四年，最後回到魯國，「然魯終不能用孔子，孔子亦不求仕。」故就史實而言，孔子最高的職位爲「大司寇行攝相事」，終爲人臣，並沒有爲「王」的事實。然而，這是史實，也是史學家的看法，公羊學家並不這樣認爲。康有爲認爲孔子爲「王者」，而且有管轄之地，那就是魯國，即所謂「孔子託王於魯」。可見史實與公羊學者的理想並不盡相同。

　　就史實而言，孔子不爲王者，但康氏認爲在客觀的史實之外，應有更高的義理標準，爲了達到這個標準，甚至可以忽略、超越史實，即所謂「在義不在事」，不重史實而重義理。所以雖然就史實而言，孔子終爲魯臣，但就義理而言，則孔子爲王者，「託王於魯」。所以在閱讀《春秋》時，更應把握這個原則，否則「孔子之微言沒，而《春秋》不可通矣。」康氏云：

> 緣魯以言王義，孔子之意專明王者之義，不過言託于魯以立文字。即如隱、桓不過託爲王者之遠祖，定、哀爲王者之考妣，齊、宋但爲大國之譬，邾婁、滕侯亦不過爲小國先朝之影，所謂其義則丘取之也。自僞《左》出，後人乃以事說經，于是周、魯、隱、桓、定、哀、邾、滕皆用考據求之，痴人說夢，轉增疑惑。知有事而不知有義，于是孔子之微言沒，而《春秋》不可通矣。

可見康氏認爲《春秋》中所提到的人物或事件，都是孔子「假託」的，所以事件本身不重要，應把重點放在人事背後的「義」上，「蓋《春秋》之作，在義不在事，故一切皆託。」如果不懂這個道理，「知有事而不知有義」，重史「事」而不重大「義」，那麼就難深通《春秋》了。

　　本卷的主旨在於證明孔子爲「制法之王」。康氏以「天下歸往謂之王」作爲王的定義。而中國四萬萬人，歷二十餘朝，皆歸往孔子，所以孔子可以實至名歸地稱王。既然這是一個「事實」，當然可以加以考證，得到的結果是孔子有「新王」、「素王」、「文王」、「聖王」、「先王」、「後王」、「王者」等七個王號。可見「孔子爲制法之王」並不足爲奇。

　　在考證的過程中，當資料不能充分證明（預定的）假設時，也就是歷史文獻不能充分證明孔子爲制法之王時，康氏解釋有兩種，首先，孔子爲王一

事，乃孔門口說相傳之微言，故一般文獻當然不可能明言記載。所以考獻一般的古籍，得不到充分的證據，似乎是理所當然的。除了公羊學家的著作，如董仲舒、何休等。尤其是《春秋繁露》，它記載了孔門「師說相傳」、「口說傳授」，使得「孔門相傳之微言」得以留傳後世。所以孔子改制之義，「尙賴有董子之說得以明之」，何休「頻發此義」。使孔子爲王，改制之微言大義，不致於湮沒；其次，「在義不在事」。當事實發生過之後，最重要的是對事實的看法，也就是如何詮釋歷史。故如果能夠轉化孔子的角色，進而幫助清末中國維新變法。這比起客觀考據孔子的資料與史實，更具有時代意義。所以康氏認爲過度重視文獻資料，不過是「痴人說夢，轉增疑惑」罷了。

第三節　「孔子創儒教改制考第九」述評

卷七爲〈儒教爲孔子所創考〉，本卷爲〈孔子創儒教改制考〉，標題相近，最大的不同是本卷突出「改制」。創教的目的在於改制，所以卷七是手段，本卷則爲目的；又上卷〈孔子爲制法之王考〉，既然已考證孔子制法之王的角色，所以接著有必要說明孔子制法的內容，也就是改制的內容。可見卷七、八、九三卷是緊密聯貫的。

卷七的內容分爲兩部分。首先，徵引文獻，證明「儒教爲孔子所創」；其次，說明孔子創儒教的基本架構與內容，即「儒服」、「儒書」、「儒說」、「儒生」等四者。本卷亦然。首先，徵引文獻證明「孔子改制」；其次，說明改制的項目，計有儒服、親迎、立嗣、喪葬、大一統、授時、田籍、選舉、刑罰、姓氏、禮樂等十一項。

一、孔子改制

在卷七〈儒教爲孔子所創考〉證明孔子創儒教，分爲四部分，即「孔子創儒顯證」、「孔子自明創儒大義」、「孔子弟子後學發明創儒大義」、「異教非儒專攻孔子知儒爲孔子所特創」。本卷的安排方式類似，分別爲「孔子改制總義」、「孔子與弟子商定改制大義」、「孔子弟子後學發明改制大義」、「據異教攻儒，專攻制度，知制爲孔子所改」等四部分。相較之下，略有增減，在「增」的部分，多一「孔子與弟子商定改制大義」，在這項中，引文有四條，皆是由弟子發問，孔子回答，如顏淵問爲邦，子曰：「行夏之時，乘殷之輅，服周之

冕，樂則韶舞。」(《論語・衛靈公》)，故所謂「孔子與弟子商定」云云，實際上還是孔子「獨創」；在「減」的部分，缺一「孔子自明改制大義」。不知康氏無意遺漏？亦或有意省略？因為只要重複借用卷七「孔子自明創儒大義」的引文即可。蓋卷七只有兩條引文，其一為《禮記・儒行》，孔子向魯哀公說明何謂「儒服」與「儒行」；其二為《論語・雍也》：「子謂子夏曰：『女為君子儒，無為小人儒。』」以二條作為「孔子自明創儒大義」，很顯然地，這與孔子創立儒教毫無關係，但康氏還是很豪邁地稱其為「顯證」，既然如此，何不重複徵引，再次成為本卷「孔子自明改制大義」的「顯證」？

(一) 孔子改制總義

本項引文共十三條，而且與在前八卷，多有重複。甚至註文，亦相同。如本卷引《淮南子・氾論訓》：「夫殷變夏，周變殷，春秋變周。三代之禮不同，何古之從？」註云：「以春秋為變周，可為孔子改制之證。且以春秋為一代，當淮南子時已如此，蓋莫不知孔子為改制素王矣。」它同時完全相同地出現於卷八〈孔子為制法之王考〉「孔子為制法之王總義」中。發生這種重複現象的可能原因：首先，因為如果以康氏的說法，創教是手段，改制是目的，兩者的關係密切。所以作為孔子創教證據的引文，當然也可以作為改制的明證；其次重複有一重要的效用，那就是可以達到加強印象的效果；再次，可能由於「《孔子改制考》體裁博大」而又選同學高才助編纂焉，非作於一人一時，所以有可能重複而不自知。

本項中，首引《春秋繁露・符瑞》：「有非力之所能致而自致者，西狩獲麟受命之符是也。然託乎《春秋》正不正之間，而明改制之義。」〔註16〕這再次說明孔子的「神性」，以及「祂」所做的一切都是「天意」，也就是不能被違背的。只是既然如此，康氏又何須考證，努力嘗試說服他人相信。可見所謂的天意，就是最堅持的「人意」。

又康氏引《春秋繁露・三代改制質文》全文，這是本書所有徵引的文獻中，篇幅最大的一條。康氏稱許地說：「孔子作《春秋》改制之說，雖雜見他書，而最精詳可信據者，莫如此篇。」故一字不漏地徵引全篇，可見此篇與本卷主旨相當契合。康氏註云：

〔註16〕此條引文在本書一共出現三次，即卷八、卷九（本卷）、以及卷十一〈孔子改制託古考〉，這說明了孔子為「制法之王」、「創教改制」、「改制託古」，皆為「非力之所能致而自致者」，全都是天意。

> 稱《春秋》當新王者凡五，稱變周之制，……至於親周、故宋、
> 王魯，三統之說亦著焉，皆為公羊大義。其他紂虞、紂夏、五帝、
> 九皇、六十四民，皆聽孔子所推。姓姚、姓姒、姓子、姓姬，皆
> 聽孔子所象。白黑、方圓、異同、世及，皆為孔子所制。雖名三
> 代，實出一家，特廣為條理以待後人之行，故有再、三、四、五、
> 九之復。

由此可見，孔子改制的範圍相當宏富，已到了無所不包的境界。故康氏接著
稱頌孔子：

> 博厚配地，高明配天，遊入其中，乃知宗廟之美，百官之富，別有
> 世界，推之不窮。邵子謂：「日、月、星、辰齊照耀，皇、王、帝、
> 霸大鋪舒。」惟孔子乃有之。

孔子改制的思想，「蓋孔門口說相傳非常異義，不敢筆之於書，故雖公羊未敢
驟著其說。」直至西漢董仲舒《春秋繁露》，「乃敢著於竹帛」。於是康氏充滿
感激地說：「幸董生此篇猶傳，足以證明孔子改制大義。」在此，康氏有意無
意地犯了「循環論證」的缺失，他認為董仲舒為「第一醇儒，安能妄述無稽
之謬說？」「苟非出自醇實如董生者，雖有此說，亦不敢信之矣。」故其言孔
子改制之事可信；但董氏之所以為醇儒的原因，在於他提出孔子素王改制的
說法。

　　在《春秋繁露‧三代改制質文》中，提到：「王者必受命而後王，王者必改
正朔，易服色，制禮作樂，一統天下，所以明易姓非繼人，通以己受之於天也。」
改制的具體措施為「改正朔」、「易服色」、「制禮作樂」三項。然而康氏又引《禮
記‧大傳》：「立權度量、考文章、改正朔、易服色、殊徽號、異器械、別衣服，
此其所得與民變革者也。」此處共列舉改制措施七項，據此二引文，可見改制
的具體措施計有「改正朔」、「易服色」、「制禮作樂」〔註17〕、「立權度量」、「考
文章」、「殊徽號」、「異器械」等七項。〔註18〕

　　本項末引《淮南子‧泰俗訓》：「故聖人事窮而更為，法弊而改制，非樂

〔註17〕如果禮、樂可併為「制禮作樂」一項，那麼《禮記‧大傳》中之「別衣服」
　　　　似可併入「易服色」項中。
〔註18〕在「孔子弟子後學發明改制大義」中，康氏註《說苑‧建本》云：「耕鑿、醫
　　　　藥、宮室、五倫，劉向以為出於儒者。非知孔子改制，豈能為是言？」可見
　　　　除了以上七項外，或許可以再加上「耕鑿」、「醫藥」、「宮室」、「五倫」等四
　　　　項。

變古易常也；將以救弊扶衰，黜淫濟非，以調天地之氣，順萬物之宜也。」康氏註云：「《春秋》有改制之說，蓋初漢先師所共傳共知；故淮南猶有是說，不止董子矣。」關於《淮南子》的思想派別，卷六〈墨老弟子後學考〉：「淮南子以老學爲宗」、卷八〈孔子爲制法之王考〉：「《淮南》出自伍被之流，爲雜家。」卷十四〈諸子攻儒考〉「淮南是老學」，所以就康氏的分類而言，《淮南子》應屬於「老學」、道家，既然如此，該書中所提到的「聖人」，應是指道家型人物，所以淮南與董子的聖人類型是不同的，可是康氏卻以爲皆是孔子。不知是一時的疏失，或刻意的扭曲，又或者是由於康氏對孔子寄予厚望，所以凡文獻中提到「聖人」，都會使其近乎直覺地認爲就是指孔子而言。

（二）孔子與弟子商定改制大義

本項引文共有四條，皆是由弟子發問，孔子回答，所以並非如標題所云「孔子與弟子商定改制大義」。首引「顏淵問爲邦，子曰：『行夏之時，乘殷之輅，服周之冕，樂則韶舞。』」（《論語·衛靈公》）顏淵問治國之道，孔子答以要沿用前代良好的制度與禮樂，並杜絕撥弄淫欲的樂曲和小人。〔註19〕沿用前代良好的制度，這是朝代更替中，正常的現象。康氏以此條作爲「改制之確證」，並且舉例云：「譬如今日言用元朝之曆，乘明朝車，戴國朝朝帽，聽宋朝戲曲，豈非大異聞乎？」所以結論是「非聖人豈能定之？」可是就《論語》的原文而言，只能說是制度的「沿用」並非「改變」、「改制」，孔子認同「夏時」、「殷輅」、「周冕」、「韶舞」等前代制度，〔註20〕故雖然朝代不同，仍宜加以「沿用」，並未改變前代制度，也未以此改變當時（魯國）的制度。所以如果要牽強地說成「改制」，那麼只能說是「理想上」想改，而「實際上」未改。

改制的前置作業爲「改名」。《論語·子路》：

> 子路曰：「衛君待子而爲政，子將奚先？」子曰：「必也正名乎！」
> 子路曰：「有是哉！子之迂也！奚其正？」子曰：「野哉由也！君子於其所不知，蓋闕如也。名不正則言不順，言不順則事不成，事不成則禮樂不興，禮樂不興則刑罰不中，刑罰不中則無所措手足。故君子名之必可言也，言之必可行也。君子於其言，無所苟而已矣。」

〔註19〕原文爲「顏淵問爲邦，子曰：『行夏之時，乘殷之輅，服周之冕，樂則韶舞。放鄭聲，遠佞人。鄭聲淫，佞人殆。』」（《論語·衛靈公》）

〔註20〕由此亦可知，卷一〈上古茫昧無稽考〉康氏謂「三代茫昧無稽」，一切皆孔子所假託，似不可信。否則焉有「夏時」、「殷輅」、「周冕」、「韶舞」等前代制度。

康氏註云：

> 荀子有〈正名篇〉，董子有〈深察名號篇〉，皆孔學大義。荀子謂後王之成名刑名從商，爵名從周，文名從禮，散名之加於萬物者，則從諸夏之成俗曲期。既云從商從周，則後王非商、周可知，非孔子而何？刑名、爵名、文名、散名，非改制而何？此條爲《論語》微言，孔子改制明義也。蓋改制必改名而制乃定。

可見康氏的「改名」即孔子的「正名」。他認爲《荀子・正名》、董仲舒《春秋繁露・深察名號》都是孔學大義，尤其是荀子所謂「後王之成名」，其中「後王」乃指孔子，而「成名」即「改名」，「改名而制乃定」。

（三）孔子弟子後學發明改制大義

此項引文有六條。由於主題爲「孔子弟子後學」，所以當然以孟子、荀子爲主。首列《孟子・公孫丑》一則：

> 宰我曰：「以予觀於夫子，賢於堯舜遠矣！」子貢曰：「見其禮而知其政，聞其樂而知其德，由百世之後，等百世之王，莫之能違也。自生民以來，未有夫子也！」

註云：

> 孔子、堯、舜，後世疑其差等。王陽明有「堯、舜萬鎰，孔子九千鎰」說，固爲大謬。朱子謂孔子賢於堯、舜，在事功似矣；然不知孔子改制，治定百世，乃爲功德無量。不然，區區刪述，僅比老彭，宰我不誠阿好哉？

關於孔子與堯舜孰賢的看法，康氏直斥陽明而讚同朱子，認爲孔子賢於堯、舜。但不是只有「事功」而已，孔子之所以賢能如此，主要在於「改制」，「孔子改制，治定百世，乃爲功德無量。」

在《荀子》方面，共有〈王霸〉、〈禮論〉、〈不苟〉、〈非相〉等四則。《荀子・不苟》：「百王之道，後王是也。君子審後王之道而論於百王之前，若端拜而議。」、〈非相〉：「故曰：『欲觀聖王之跡，則於其粲然者矣，後王是也。』」

註云：

> 當荀子之前，則有禹、湯、文、武謂之先王，可爲百王之法論於百王之前。後王之道，如此舍孔子其誰當之？世之治古文者，若猶以《春秋》王正月之王爲周王者，其謬可見。

在此，康氏認爲荀子所稱的「後王」即指孔子，「聖王之跡」粲然者矣，乃指

改制而言，故以此作為「孔子弟子後學發明改制大義」的證據。

除了法後王之外，康氏也相當認同荀子對欲與禮的見解。荀子認為人皆生而有欲，有欲則求，求則爭，爭則亂，亂則窮，所以必須要有「禮」加以節制，如此則可達到足欲制亂之效。《荀子·禮論》云：

> 禮起於何也？曰：人生而有欲，欲而不得則不能無求，求而無度量分界則不能不爭，爭則亂，亂則窮。先王惡其亂也，故制禮義以分之，以養人之欲，給人之求，使欲必不窮乎物，物必不屈於欲，兩者相持而長，是禮之所起也。故禮者，養也。……故人一之於禮義，則兩得之矣；一之於情性，則兩喪之矣。故儒者將使人兩得之者也，墨者將使人兩喪之也，是儒、墨之分也。

康氏非常贊同荀子的說法，他也認為「塞人之情，蔽人之欲，是亂天下也。」所以禮的存在是有其必要：

> 《論語》：「有子曰：『禮之用，和為貴。先王之道，斯為美。』」《莊子》謂：「墨子不與先王同，毀古之禮樂。」先王即孔子，託以制禮者也。墨子以繩墨自矯，以自苦為極，無以養人之欲，無以給人之求。乖戾不和，使人憂悲，故其道大觳，其行難為，不可以為聖王之道也。《老子》謂：「五色令人目盲，五音令人耳聾，五味令人口爽，馳騁畋獵令人心狂，難得之貨令人行妨。」塞人之情，蔽人之欲，是亂天下也。……老、墨皆攻孔子之禮制者也。

相較於傳統儒家提倡寡欲、節欲，康氏正好相反，他非常重視情欲的舒發，〔註21〕而反對墨子、老子的節欲觀念。他認為荀子提倡足欲而有禮，這是儒家學說符合人性的優勢。老、墨對儒家禮制的攻擊，足見禮制為儒家所創，而弟子後學荀子發明之。〔註22〕

由以上引文可以看出孟子、荀子對孔子、後王等的推崇，但與所謂「孔子改制」似無直接的關聯，除非經康氏的重新詮釋，否則根本無法見此一「孔門相傳之微言」。

〔註21〕不僅是口腹之欲、男女情欲，甚至男色的同性之欲，康氏也認為不應加以禁止。康氏預言人類只要進入到大同的太平盛世，則完全無「絕欲」之事，《大同書》云：「故大同之世，交合之事，人人各適其欲而給求……固又有好男色者，雖索格拉底已有之矣……人情既許自由，苟非由強合者則無由禁之。」
〔註22〕《荀子·禮論》引文與康註，應後移至下一項「據異教攻儒，專攻制度，知制為孔子所改」，更適宜。

（四）據異教攻儒，專攻制度，知制爲孔子所改

　　康氏所謂「異教」，主要是指老子與墨子而言，尤其是墨子。在卷七「異教非儒專攻孔子知儒爲孔子所特創」其中的「異教」，主要是以墨家爲代表。所以卷七與本卷「異教攻儒」的引文、註文是可以通用的。如卷七引《墨子‧非儒》：「儒者曰：『親親有術，尊賢有等，言親疏尊卑之異也。』其禮曰：喪父母三年，……取妻身迎。」康氏註云：

> 親親、尊賢、喪服、親迎，皆六經禮義之大者，所謂三代同之。而墨子一則曰儒者曰，再則曰其禮曰，三則曰儒者迎妻；攻之爲逆、爲偏、爲誣、爲大奸。然則親親、尊賢、喪服、親迎，皆孔子所創，而非先王之舊，最爲明據矣。……若是先王之舊，墨子豈敢肆口慢罵。……然今幸得此篇，從仇家親供大題，考見孔子創教名目義旨，儒之爲孔教，遂成鐵証矣。

引文與註文皆相似。可見如果將卷七〈非儒〉引文與註文，移至本卷也是相當契合的。

　　「異教攻儒」，首先，在墨子攻儒方面。本項首引《墨子‧非儒》二則和〈公孟〉，內容主要是墨子批評儒家禮樂、厚葬、久喪等觀念。註云：

> 墨子尚質，貴用，故力攻孔子之禮樂、厚葬、久喪最甚。他篇攻三年喪皆不明，此謂以三年攻三日，[註23] 猶果爲撅者不恭。以同非王之制，並是創造。若是三代舊教，大周定禮，墨子豈敢肆口詆訶。且又舉與自己所制之三月喪同比哉？

康氏由此認爲「禮樂」、「厚葬」、「久喪」等制度，由墨子的批評中，更可以證明這些制度乃孔子所創的。康氏續云：「樂以爲樂，乃懽樂之樂，孔子因人之情而文之，乃制度至精處。」以「禮樂」之「樂」，乃與「懽樂」之「樂」同義。再次反對「塞人之情，蔽人之欲」，強調禮樂等制度的目的在於「足欲制亂」、盡興懽樂的欲望舒發。而且這說明了孔制符合人情，也是「制度至精處」。

　　其次，在老子攻儒的方面，只有兩條引文，一是《莊子‧天下》：

> 爲圃者曰：「子奚爲者邪？」曰：「孔丘之徒也。」爲圃者曰：「子非夫博學以擬聖，於于以蓋眾，獨弦哀歌以賣名聲於天下者乎？汝方將忘汝神氣，墮汝形骸，而庶幾乎！而身之不能治，何暇治天下乎！」

〔註23〕「三日」應爲「三月」之誤。

引文中並未見任何「制」，所以康註亦不得有所發揮，但云：「孔子爲創教之人，儒服周遊，人皆得別識之。此爲圉是老學者，故譏孔子。」作爲老子攻儒制證據的另一引文爲《淮南子・齊俗訓》：

> 古者非不知繁升降槃還之禮也，蹀〈采齊〉、〈肆夏〉之容也，以爲曠日煩民而無所用，故制禮足以佐實喻意而已矣。古者非不能陳鐘鼓，盛筦簫，揚干戚，奮羽旄，以爲費財亂政，制樂足以合歡宣意而已，喜不羨於音。非不能竭國糜民，虛府殫財，含珠鱗施，綸組節束，追送死也，以爲窮民絕業而無益於槁骨腐肉也。

〈齊俗訓〉主旨在於反對違背人情的繁文縟節，所謂「禮者，實之文也；仁者，恩之效也。故禮因人情而爲之節文，而仁發怦以見容。禮不過實，仁不溢恩也，治世之道也。」但不因此而要完全廢棄禮法，而是主張「禮因人情」。職是之故，書中既反對儒家的三年之喪，也不贊同墨子的三月之服，蓋前者「是強人所不及也，而以僞輔情也」；後者「是絕哀而迫切之性也。」〈齊俗訓〉稱讚「孔子知其本也」，所以上引文所提到的「繁升降槃還之禮也，蹀〈采齊〉、〈肆夏〉之容。」過度奢華的繁文縟節並非就儒家而言，何況孔子也無權「竭國糜民，虛府殫財。」但康氏卻誤以爲《淮南子》乃是在攻擊孔子，[註24]康氏註云：「此道家攻儒之說，益知〈采齊〉、〈肆夏〉、羽旄、干戚、綸組、節束爲孔子所定之禮矣。」

二、改制項目

在本卷康氏列爲孔子改制的項目計有「儒服」、「親迎之制」、「立嗣之制」、「削封建大一統之制」、「授時」、「制土籍田」、「選舉」、「刑罰」、「定姓」、「禮樂」等十項。這與上文曾提到的「改正朔」、「易服色」、「制禮作樂」、「立權度量」、「考文章」、「殊徽號」、「異器械」等七項，有所出入。

（一）儒服為孔子創制

在卷七中，有「孔子創儒後其服謂之儒服」一項。在本卷「儒服爲孔子所創制」項中，內容與卷七多所重複。對於「易服色」在儒教建立當中的重要性，康氏相當重視，所以言之甚詳。

〔註24〕 〈齊俗訓〉有直接批評儒家者，如：「故魯國服儒者之禮，行孔子之術，地削名卑，不能親近來遠。」康氏如果徵引此段，似乎更符合「據異教攻儒，專攻制度，知制爲孔子所改」的本項主旨。

1. 儒服的意義

「易服色」所代表的意義，所謂「制其外以養其內」、「變其服則行其道」。「當時凡入儒教者，必易其服，乃號爲儒，可望而識，略如今僧道衣服之殊異矣。」它代表皈依、約束、與改變。本卷與卷七同引《荀子‧哀公問》〔註25〕：

> 魯哀公問於孔子曰：「紳委章甫有益於仁乎？」孔子蹴然曰：「君號然也！資衰苴杖者不聽樂，非耳不能聞也，服使然也。黼衣黻裳者不茹葷，非口不能味也，服使然也。且丘聞之，好肆不守折，長者不爲市，竊其有益與其無益，君其知之矣。」

在此，孔子認爲「服」，具有超越個人欲望的約束作用。康氏對於此引文的註解完全與卷七相同：

> 儒者創爲儒服，時人多有議之，否亦以爲行道自行道，無須變服之詭異。豈知易其衣服而不從其禮樂喪服，人得攻之；若不易其服，人得遁於禮樂喪服之外，人不得議之。此聖人不得已之苦心，故立改正朔、易服色之制。佛亦必令去髮，衣袈裟而後爲皈依也。

儒服的創制，一方面說明孔子有意建立宗教 —— 儒教；另一方面，凡入儒教者，必衣儒服，象徵皈依儒教。

2. 儒服的由來

在儒服的由來方面，卷七與本卷的引文與康註亦完全相同。同引《禮記‧儒行》：

> 魯哀公問於孔子曰：「夫子之服，其儒服與？」孔子對曰：「丘少居魯，衣縫掖之衣，長居宋，冠章甫之冠。丘聞之也，君子之學也博，其服也鄉，丘不知儒服。」

註云：

> 儒服，衣因魯制，冠因宋制，可考見儒服所自來。亦如殷輅周冕，合集而成。哀公蓋聞人有儒服之名而問之，孔子託於鄉服而答之。然衣朝鮮之衣，冠本朝之冠，雖生長異地，而裝束雜遝，苟非刱制，亦覺不倫矣。

儒服的來源，衣則因魯制，冠則因宋制，孔子將魯衣、宋冠合集而成。卷七對於儒服有更詳細的描述，即「章甫」、「句屨」、「紳帶」、「搢笏」，「褒衣逢

〔註25〕〈哀公問〉應爲〈哀公篇〉。

袚」，而爲「長衣」。本卷則無。

3. 儒服的流行

凡是儒者必衣儒服，否則將不得爲儒。孔子最先傳教之處爲魯國，所以魯國也是儒服最先流行的國家。康氏引《莊子·田子方》爲證：「莊子見魯哀公。哀公曰：『魯多儒士，少爲先生方者。』莊子曰：『魯少儒。』哀公曰：『舉魯國而儒服，何謂少乎？』」註云：「莊子固多寓言，而魯人化孔子之教，舉魯國皆儒服，則當時實事矣。」

4. 儒服的流傳

《史記·仲尼弟子列傳》云：「子路性鄙，好勇力，志伉直，冠雄雞，佩豭豚，陵暴孔子。孔子設禮稍誘子路。子路後儒服，委質，因門人請爲弟子。」康氏據此云：「冠雄雞，佩豭豚，可見春秋衣服甚詭，聽人所爲。」康氏認爲孔子之前，衣著的樣式，乃「聽人所爲」，其後孔子創爲儒服，隨著儒教的傳播，儒服首先流行於魯國，「舉魯國皆儒服」；到了漢代，由於漢武帝獨尊儒術，儒教大盛，儒服也隨之「行於天下」。關於漢代儒服大盛的證據，康氏引《後漢書·輿服志》云：「進賢冠，古緇布冠也，文儒者之服也。」註云：「漢世用孔子之制。緇布冠即玄，即章甫。孔子所創之儒冠，至是行於天下。」

（二）孔子親迎之制

「親迎之制」即「親迎之禮」，乃禮制的一種。康氏認爲「古未嘗有親迎之禮，尊男卑女，從古已然。孔子始發君聘於臣，男先下女，創爲親迎之義。」證據在《公羊·隱·二年》：

> 「九月，紀履緰逆女。」《傳》曰：「外逆女不書，此何以書？譏。何譏爾？譏始不親迎也。始不親迎昉於此乎？前此矣。前此，則曷爲始乎此？託始焉爾。曷爲託始焉爾？《春秋》之始也。」

康氏據此而認爲孔子「創爲親迎之義」。又《穀梁·桓公·三年》：

> 夫人姜氏至自齊，其不言翚之以來何也？公親受之于齊侯也。子貢曰：「冕而親迎，不已重乎？」孔子曰：「合二姓之好，以繼萬世之後，何謂已重乎？」

康氏認爲由此可見親迎之禮，始創於孔子，「故當時陳於哀公，公訝其重。」康氏云：

> 蓋爲孔子空言也，託於紀履緰逆女之事，譏其非禮，以著《春秋》

一王之大義。後世行親迎之禮，是用此制。通於此制而後敬之如賓，夫婦之道乃不苦。《穀梁》同義。僞《左》以卿爲君逆女，則是巡撫委道員往直隸迎婦，何足勞孔子之筆削哉？

又《大戴禮記・哀公問》云：

> 公曰：「寡人願有言，然冕而親迎，不已重乎？」孔子愀然作色而對曰：「合二姓之好，以繼先聖之後，以爲天地宗廟社稷之主，君何謂已重乎？」

康氏註云：「孔子最重父子。然夫婦不重，則父子不親，故特制親迎之禮以重其事，至於服冕。以事非先王，故哀公疑之。」此制的作用在於「夫婦之道乃不苦」，使雙方「敬之如賓」，充分發揮男女平等的精神。又引《鹽鐵論・散不足》云：「古者夫婦之好，一男一女而成家室之道。及後士一妾，大夫二，諸侯有姪娣九女而已。」康氏註云：「此條猶可考舊制男女平等，自後世尊陽抑陰，乃廣備妾媵以繁子姓。泰西一男一女，猶中國古法也。」在現實的世界中，雖然康氏亦娶妾；但在理想的世界，他反對中國娶妾的傳統，主張如西方，重視男女平等精神的一夫一妻制。

（三）孔子立嗣之制

「立嗣」主要談論帝王傳位人選的問題。此項中，只有兩則引文。一爲《禮記・檀弓》：

> 公儀仲子之喪，檀弓免焉。仲子舍其孫而立其子。檀弓曰：「何居，我未之前聞也。」趨而就子服伯子於門右，曰：「仲子舍其孫而立其子，何也？」伯子曰：「仲子亦猶行古之道也。昔者文王舍伯邑考而立武王，微子舍其孫腯而立衍也。夫仲子，亦猶行古之道也。」子游問諸孔子。孔子曰：「否，立孫。」

孔子認爲公儀仲子不應捨嫡孫而立庶子。原文中，並未提及孔子主張立孫的原因。康氏註云：

> 孔子三統，雖有世有及，而《春秋》之制，尊尊多義節，法夏法文，篤世子，立嗣予孫。《公羊》明大居正之義，《儀禮》有承重之服，與《檀弓》此條，皆明世嫡，至今制襲爵猶行之，名分既定，民無爭心。立子，舊制也。立孫，孔子所改之制也。

在此，康氏認爲在立嗣制度方面，孔子改立子的舊制而爲立孫。另一則引文爲《春秋繁露・三代改制質文》：「主天法商而王，其道佚陽，親親而多仁樸。

故立嗣予子，篤母弟，妾以子貴。」此條康氏只引無註。故康氏何以得知，孔子提倡立孫而不立子的原因，無從得知。

（四）喪葬之制為孔子改定者

「喪葬之制」主要是指「三年之喪」，也就是爲父母守喪三年。此項中的引文，乃十一項中最多者。首引《論語・陽貨》中，孔子與宰我辯三年之喪。康氏註云：

> 宰我爲孔門高弟，盛德大賢。後世不肖之人，猶能勉而行三年之喪，豈有宰我反欲短喪者？證以滕國父兄百官之不欲，滕、魯先君莫之行，可知大周通禮，本無此制。孔子厚於父子，故特加隆爲三年。……古制父母期年。……三月之喪，墨子改制。墨子非儒，故攻三年之喪。以均非時制，皆是創義，故謂同爲不恭也。

「古制父母期年」，世俗舊制爲父母守喪期爲一年，孔子改爲三年。理由是「子生三年，然後免於父母之懷。」出於「愛」的情感因素。「孔子最本孝」，「厚於父子」，「故特加隆爲三年」，「以爲天經地義」。但此舉卻遭宰我、墨子等的反對。宰我的理由是「三年之喪，期已久矣。君子三年不爲禮，禮必壞；三年不爲樂，樂必崩。舊穀既沒，新穀既升，鑽燧改火，期可已矣。」墨家「宗旨貴用」，故認爲三年之喪，爲期過長，「無補死者，深害生事。」但康氏認爲由於他們的反對，更證明三年之喪，「爲孔子改定者」。〔註26〕

孔子一旦將父母喪期由原本的一年延長爲三年，於是三年之喪就成「儒律」之一，也是辨別是否爲孔教門徒的主要方法。所謂「從儒教守儒律者，喪服最其大別，時人得而辨之。」「惟儒者喪親乃服三年，然則非儒者不爲三年喪可知，此最明矣。」同時服三年喪也是孔子傳教的第一義，「孔子傳教，蓋以三年喪爲第一義。父子天性，人心同具，故易於感動。」

孔子改定的喪葬制度，除了三年喪之外，康氏還提到兩項，其一爲改「別葬」爲「合葬」。《禮記・檀弓》云：「季武子成寢。杜氏之葬在西階之下，請合葬焉。許之。入宮而不敢哭。武子曰：『合葬，非古也。自周公以來，未之有改也。』」註云：

> 《繁露・三代改制質文》雖有別葬、合葬，而質家別葬，文家合葬。

〔註26〕康氏認爲中國傳統服期的制度與日本、歐洲各國相同。至於三年之喪，只有羅馬舊制同之。其云：「今日本及歐洲各國皆服期，亦用穀沒火改之義。羅馬舊制則三年，與孔子同。」

《白虎通》曰：「合葬所以固夫婦之道。」《春秋》定制，蓋以合葬。

故《詩》云：「死則同穴。」孔子合葬於防，與此互證。舊制蓋別葬，

故檀弓以爲非古歟？

又引《禮記・檀弓》：「孔子既得合葬於防，曰：『吾聞之，古也墓而不墳。今丘也，東西南北之人也，不可以弗識也。』於是封之，崇四尺。」康氏註云：「孔子尙魂貴精，〔註27〕送形而往，迎精而返，故尙廟而不尙墓。以周遊，故識以四尺之墳，否則不墳矣。墳是權制，墓是經制，合葬是孔子定制。」孔子將其父母合葬於防，「合葬所以固夫婦之道」，爲孔子定制。

其二，改「遣車視牢具」爲「喪奠脯醢」。《禮記・雜記》云：「遣車視牢具，疏布輤，四面有章，置於四隅，載粻。有子曰：『非禮也，喪奠，脯醢而已。』」註云：「喪奠脯醢，蓋孔子所改之制，而有子述之。遣車視牢具，蓋舊制也。」雖然引文未提到孔子，但康氏還是有能力斷定「孔子所改之制，而有子述之」，於是孔子改「遣車視牢具」而爲「喪奠脯醢」。

（五）孔子定削封建、大一統之制

此項的主旨於考證孔子削封建之制，而主張中國應爲大一統的局勢。《孝經緯・附錄》云：「周有千八國諸侯，盡京師之地不足以容，不合事理。」註云：「《王制》有一千八百國之說，此云不合事理，則周時必無此制而爲孔子所改者明矣。百里亦孔子之制。此發明孔子建國之義。」在公羊學說中，孔子既受天命而爲王者，那麼孔子建國、大一統，也是必然的。

孔子之後，中國最早的統一朝代爲秦朝。因此，康氏將大一統的說法，與秦搭上關係，《史記・秦始皇本紀》：

李斯議曰：「周文、武所封子弟同姓甚眾，然後屬疏遠，相攻擊如仇讎，諸侯相誅伐，周天子弗能禁止。今海內賴陛下神靈一統，皆爲郡縣，諸子弟功臣以公賦稅重賞賜之，甚足，易制，天下無異意，則安寧之術也。置諸侯不便。」

註云：「《春秋》開端發大一統之義，孟、荀並傳之。李斯預聞斯義，故請始

〔註27〕康氏在人性論方面有其獨到的見解，即提出「魂魄說」。主要的特色有三：首先，他認爲之所「人性萬端，人品萬彙」，主要原因在於「魂魄之清濁、明闇、強弱、偏全」比例的不同；其次，比例不同的原因，來自於魂魄有轉世積累的特性；再次，魂具有「知」的能力。所以孔子重魂貴精，亦即是重「知」。（詳見拙著：「康有爲《孟子微》研究」，第七章「《孟子微》的人性論」）

皇罷侯爲郡縣，固《春秋》義也。有列侯則有相爭，故封建誠非聖人意也。」孔子傳荀子，荀子傳李斯。所以孔子《春秋》大一統之義，亦爲李斯所聞，進而建議秦始皇廢封建，行郡縣之制。雖然這種說法很「間接」，甚至牽強，但是康有爲畢竟辦到了。

（六）授時乃孔子之制

「授時」即「改正朔」。爲改制的重要項目之一。《公羊・哀公・十四年・何注》：「河陽多言狩，獲麟春言狩者，蓋据魯變周之春以爲冬，去周之正而行夏之時。」註云：

> 何氏言春言狩者，變周之春以爲冬，去周之正而行夏之時，此說與
> 《論語》顏淵問爲邦〔註28〕之說同。苟非改制以爲百王法，不幾聖
> 人爲悖理之尤哉！然則曆學亦孔子所改定者。

關於孔子改正朔一事，康氏又引《白虎通・三正》加以證明：

> 孔子承周之弊，行夏之時，知繼十一月正者當用十三月也。天道左
> 旋，改正者右行，何也？改正者非改天道也，但改日月耳。日月右
> 行，故改正亦右行也。

康氏認爲孔子不僅改正朔，同時「曆學亦孔子所改定者」。

（七）孔子制土籍田之制

「制土籍田之制」乃指朝廷的土地政策，主要爲土地分配和田地賦稅兩部分。康氏引《公羊・宣公・十五年・何注》：

> 聖人制井田之法而口分之，一夫一婦受田百畝，以養父母妻子，五
> 口爲一家。公田十畝，即所謂什一而稅也，廬舍二畝半，凡爲田一
> 頃十二畝半。八家而九頃，共爲一井，故曰井田。廬舍在內，貴人
> 也；公田次之，重公也；私田在外，賤私也。

本條引文並未加註，雖然如此，但是既然加以引證，原則是認同的。本引文的「聖人」不知何所指？但康氏必然認爲即指孔子而言。所以康氏認爲孔子在土地分配方面，主張井田制度，在田地賦稅方面，贊同「什一而稅」。又引《國語》：

> 季康子欲以田賦，使冉有訪諸仲尼，仲尼不對，私於冉有曰：「求來，

〔註28〕《論語・衛靈公》：「顏淵問爲邦。子曰：『行夏之時，乘殷之輅，服周之冕，
　　　　樂則韶舞，放鄭聲，遠佞人。鄭聲淫，佞人殆。』」

汝不聞乎？先王制土，籍田以力而砥其遠邇，賦里以入而量其有無，任力以夫而議其老幼；於是乎有鰥寡孤疾，有軍旅之出則徵之，無則已。其歲收，田一井，出稯禾、秉芻、缶米，不是過也，先王以爲足。若子季孫欲其法也，則有周公之籍矣；若欲犯法，則苟而賦，又何訪焉？

由此引文可見，孔子堅持井田制度，並量入爲出，不宜冒然加稅。孔子認爲這是先王、周公之法。但康氏揭穿孔子託古的伎倆，以爲「制土籍田，實爲孔子定制。」而託古於先王、周公。「世多是古而非今，故不得不託先王以明權，且以遠禍矣。井田，孔子之制也。」

（八）選舉爲孔子之制

本項只有兩條引文。其一爲《公羊‧隱公‧元年‧何注》：

當春秋時，廢選舉之務，置不肖於位，輒退絕之以生過失，至於君臣忿爭出奔，國家之所以昏亂，社稷之所以危亡，故皆錄之。錄所奔者，爲受義者明當受賢者，不當受惡人也。

另一爲《公羊‧隱公‧三年》：「『夏四月辛卯，尹氏卒。』《傳》曰：『其稱尹氏何？貶。曷爲貶？譏世卿。世卿，非禮也。』」以上二則引文主旨皆在痛斥賢者不在其位。康氏註云：

世卿之制，自古爲然，蓋由封建來者也。孔子患列侯之爭，封建可削，世卿安得不譏。讀《王制》選士、造士、俊士之法，則世卿之制爲孔子所削，而選舉之制爲孔子所創，昭昭然矣。選舉者，孔子之制也。

官位世襲使得賢者不參與其政，這就是「世卿之制」的弊病。康氏認爲傳統世卿之制，乃由封建而來，孔子既然「定削封建、大一統之制」，安能不譏削世卿，而創建「《王制》選士、造士、俊士」的選舉之制。

（九）孔子定刑罰之制

此項只引證《荀子‧正論》：「殺人者死，傷人者刑，是百王之所同，未有知其所由來者也。」荀子認爲「殺人者死，傷人者刑」的刑制，幾乎是百王不變定律，但未言此一刑制由誰所定，但康氏認爲乃孔子所定。註云：

舜命皋陶，明於五刑，宥過無大，刑故無小，《虞書》詳言之。成王命康叔，敬明乃罰，殺越人于貨，暋不畏死，罔不憝，《康誥》詳言之。而〈議兵篇〉引帝堯之治天下也，蓋殺一人刑二人而天下治。〈正

論篇〉引《書》曰：「刑罰世輕世重。」惡得謂未有知其所由來者哉？

況說者謂治古者無肉刑，有象刑，以爲治古如是，又惡得謂是百王之同哉？此實爲孔子託先王以明改制之證也。

可見康氏認爲荀子並非眞不知「殺人者死，傷人者刑」的由來，同時刑罰之制也並非「百王所同」。康氏更進一步，由「殺人者死，傷人者刑」之刑，「引申」、「推斷」一切刑罰之制，皆爲孔子所定，而託之先王也。

（十）孔子定姓之義

「定姓」之「姓」不知康氏何所指？本項有註引文兩則皆出於《論衡》，一爲〈奇怪〉：「孔子吹律，自知殷後。」；另一爲〈實知〉：「孔子生不知其父，若母匿之。吹律自知殷宋大夫子氏之世也。不按圖書，不聞人言，吹律精思，自知其世，聖人前知千歲之驗也。」康氏註云：

《繁露‧三代改制質文篇》知殷德爲陽德，以子爲姓；周德爲陰德，以姬爲姓。又曰：「非聖人其誰知之？」然則姓者，孔子所定也。不然，吹律而定，雖師曠之聰所不能，蓋聖人託言之耳。姓者，孔子之制也。

王充認爲「孔子吹律，自知殷後。」表面上是稱讚孔子的神奇，但事實上，此乃儒生傳說，並且質疑其眞實性。因爲王充認爲孔子果眞具有「前知」的神力，那麼又何必「吹律」才能自知其世。《論衡‧實知》云：「則其自爲殷後子氏之世，亦當默而知之，無爲吹律以自定也。」但康氏只引一半，並加以誇大解釋，原本是指孔子從小不知其父，其後通過吹律方知是殷貴族之後，並確定自己的姓氏，但康氏卻將它說成「孔子創姓，故託於吹律耳。〔註29〕豈有吹律能定世乎？」於是天下人之姓，皆由孔子所創！

（十一）孔子定禮樂之義

依照前幾項的標題慣例，皆爲「孔子改定某某之制」，然此項標題爲「孔子定禮樂之義」，而非「禮樂之制」。不知是出於疏忽？還是別有其深意？不過在註文當中，康氏並未區分兩者的不同。首先，在「禮」方面。《禮記‧雜記》：「恤由之喪，哀公使孺悲之孔子學士喪禮。士喪禮於是乎書。」註云：「劉

〔註29〕在卷四〈諸子改制託古考〉，其中「託古」之「古」，皆就「古人」而言。但由此處「孔子創姓，故託於吹律耳。」可見假託的對象不但可以是「人」，亦可以假託於「事」。

歆變亂後，咸以禮爲周公之制。然恤由喪之前未有士喪禮，士喪禮由此出。則禮爲孔子之所制作，此條可爲證據。」〔註30〕可見康氏認爲禮非周公之制，而是孔子所制作；其次，在「樂」方面。《論語・子罕》云：「吾自衛反魯，然後樂正，雅、頌各得其所。」註云：「《詩》樂皆作於歸魯之後，時孔子六十二歲矣。」由此，則禮樂之制非周公而是孔子所作。孔子制禮作樂的目的在於「治人魂魄」。〔註31〕康氏云：「禮者所以治人之魄也，樂者所以治人之魂也，魂魄治則內外修，而聖人之能事畢矣。」

在本卷的最後，尚有一項，即「孔子作經以改制」，徵引文獻，考證六經爲孔子所制作，此與卷七〈儒教爲孔子所創考〉「孔子創儒後其書謂之儒書」有所重複。故不贅述。茲將以上康氏所謂孔子改制的項目，製成簡表如下：

表6-1　孔子改制內容簡表

序	改制項目	世俗舊制	孔 子 新 制
1	儒　　服	聽人所爲	衣因魯制，冠因宋制
2	親迎之制	尊陽抑陰	男女平等
3	立嗣之制	立子	立孫
4	喪葬之制	服期（一週年） 別葬 遣車視牢具	三年之喪 合喪、喪奠脯醢
5	削封建 大一統	諸侯封建	郡縣大一統
6	授　　時		去周之正而行夏之時
7	制土籍田		井田之制、什一而稅
8	選　　舉	世卿之制	選舉之制
9	刑罰之制		「殺人者死，傷人者刑」等刑罰之制
10	定姓之義		吹律創姓
11	禮樂之義		定士喪禮等禮制六十二歲作《詩》樂

本卷康氏所列舉的十一項改制當中，以「儒服」、「喪葬之制」、「禮樂之義」三項徵引的文獻最多，也最具有說服力，其餘八項，相關的資料太少，

〔註30〕此則引文與註文，並不在本項「孔子定禮樂之義」，而是在下一項「孔子作經以改制」中。然而若移至此項，反而更爲適當。
〔註31〕康氏「魂魄說」，請參見註27。

有的甚至只有一則，如「孔子定刑罰之制」，而且引文語焉不詳，往往不能證明標題與結論，這時就有賴康氏「引伸觸長」、「以偏蓋全」式地詮釋。如「殺人者死，傷人者刑。」不過是兩種刑制，卻說成孔子定「所有」刑罰之制；又如以「孔子吹律，自知殷後。」而擴大成「孔子創姓」；再如，以孔子教授士喪禮，而說成孔子制定所有的禮制。儘管考證方法上有缺失，但更值得探討的是這十一項改制項目的選擇，只是文獻蒐集歸納的結果？還是為了暗示清末政治改革的方向？或者兩者可能都有？本章所提的孔子改制項目，與清末改革的方向，即向西學學習的方向，有很大的差距，且這些項目並未見於戊戌變法的內容之中。如此一來，如何縮短孔子改制內容與清末維新方向的距離，將是康氏所必須面臨的一大挑戰。

第四節　「六經皆孔子改制所作考第十」述評

　　卷七〈儒教為孔子所創考〉中，有「孔子創儒後其書謂之儒書」一項。康氏認為孔子創儒教而有「儒書」，正如佛教有佛典、道教有道藏、基督教有聖經一樣。儒書乃指六經而言。卷九〈孔子創儒教改制考〉引《論衡・對作》：「孔子作法五經，運之天地，稽之圖象，質於三王，施於四海。」〔註32〕康氏註云：「此為孔子作六經之明證」，又卷九末有「孔子作經以改制」一項，徵引《春秋緯》等文獻，證明「秦、漢諸子，無不以六經為孔子所作」，而作經的目的則在於「改制」。至卷十（即本卷），由標題〈六經皆孔子改制所作考〉可知，乃接續上卷卷末「孔子作經以改制」而來的。

　　本卷「緒論」篇幅很長。開頭即誇讚孔子的偉大，所謂：「孔子為教主，為神明聖王，配天地，育萬物，無人、無事、無義不圍範于孔子大道中，乃所以為生民未有之大成至聖也！」此乃將孔子完全「神格化」，成為「無所不在」的上帝，幾乎沒有任何一部古籍，可以描述孔子的神聖，記載孔子事蹟的《論語》，以及史作《春秋》，兩者與孔子「神格」的角色，並不能相映。康氏云：

　　　　（孔子）乃所以為生民未有之大成至聖也！而求孔子之大道乃無一
　　　　字，僅有弟子所記之語錄曰《論語》，據赴告策書鈔謄之斷爛朝報曰
　　　　《春秋》耳。若《詩》、《書》、《禮》、《樂》、《易》皆伏羲、夏、商、

〔註32〕除了這條引文之外，又引「五經之興，可謂作矣。」兩者皆謂出自《論衡・對作》，然而實際察閱〈對作〉篇，並不見此二條引文，不知其出自何處？

文王、周公之舊典，于孔子無與，則孔子僅爲後世之賢士大夫，比

之康成、朱子尚未及也，豈足爲生民未有範圍萬世之至聖哉？

傳統認爲《論語》記錄孔子的言行，《春秋》則爲孔子制作，這兩部經典與孔子關係最爲密切，至於《詩》、《書》、《禮》、《樂》、《易》等五經，皆爲先人的舊典。康氏反對這種觀點，他認爲孔子既然是「生民未有之大成至聖」，那麼只有語錄式的《論語》與「斷爛朝報」的《春秋》，如何能彰顯、匹配孔子的偉大。

「然如舊說，《詩》、《書》、《禮》、《樂》、《易》皆周公作，孔子僅在刪贊之列，孔子之僅爲先師而不爲先聖，比于伏生、申公，豈不宜哉？」孔子果眞「述而不作」，那只能說是伏生、申公一類的「經師」，屬於於「賢士大夫」的層次，甚至連鄭康成、朱子等都比不上，如何能夠說是「生民未有範圍萬世之至聖」？他接著批評云：

章實齋謂集大成者周公也，非孔子也，其說可謂背謬極矣。然如舊

說《詩》、《書》、《禮》、《樂》、《易》皆周公作，孔子僅在明者述之

之列，則是說豈非實錄哉？

章氏以周公爲集其大成的「先聖」，而以孔子爲「刪贊」的「先師」，周公遠遠凌駕在孔子之上，康氏以爲這是「背謬極矣」的說法。但這種說法並非章氏的所創，早在唐代已經出現，「唐貞觀乃以周公爲先聖，而黜孔子爲先師。孔子以聖被黜，可謂極背謬矣。」然而，始作俑者即爲漢代的劉歆：

然以《詩》、《書》、《禮》、《樂》、《易》爲先王周公舊典，《春秋》爲

赴告策書，乃劉歆創僞古文後之說也。歆欲奪孔子之聖而改其聖法，

故以周公易孔子也，漢以前無是說也。

由此可見，在劉歆之前皆以孔子爲「先聖」，「漢以來皆祀孔子爲先聖也」，在漢代之前，孔子的地位是相當高的：

漢以前咸知孔子爲改制教主，知孔子爲神明聖王。莊生曰：「《春秋》

經世先王之志。」荀子曰：「孔子明智且不蔽，故其術足以爲先王也。」

故宰我以爲賢于堯、舜，子貢以爲生民未有也。

康氏認爲孔子地位之所以崇高，主要的原因在於制作六經：

孔子之爲教主，爲神明聖王，何在？曰：在六經。六經皆孔子所作

也，漢以前之說莫不然也。學者知六經爲孔子所作，然後孔子之爲

大聖，爲教主，範圍萬世而獨稱尊者，乃可明也。知孔子爲教主、

> 六經爲孔子所作，然後知孔子撥亂世致太平之功，凡有血氣者，皆
> 日被其殊功大德，而不可忘也。漢前舊說猶有存者，披錄而發明之，
> 拯墜日于虞淵，洗茅霧于千載，庶幾大道復明，聖文益昭焉。

在此，康氏又不自覺地陷入循環論證之中。他先假設孔子是生民未有之至聖，如此偉大的角色，必有偉大的創舉，那就是六經的制作與論定；同時又因爲六經制作的偉大創舉，所以證明孔子是偉大的。

在「緒論」中，康氏重新定義「經」、「傳」、「記」、「說」：

> 孔子所作謂之經，弟子所述謂之傳，又謂之記，弟子後學展轉所口
> 傳謂之說，凡漢前傳經者無異論。故惟《詩》、《書》、《禮》、《樂》、
> 《易》、《春秋》六藝爲孔子所手作，故得謂之經。如釋家佛所說爲
> 經，禪師所說爲論也。弟子所作，無敢僭稱者。

凡孔子所作謂之「經」；弟子所述謂之「傳」或「記」；而弟子後學展轉口傳謂之「說」，康氏以爲這些定義，乃漢以前傳經者的通識。〔註33〕所以《詩》、《書》、《禮》、《樂》、《易》、《春秋》既稱爲六「經」而非「傳」、「記」、「說」等，可見爲孔子所作，非弟子所敢僭稱者。〔註34〕

依照康氏的說法，凡孔子所作謂之「經」，即《詩》、《書》、《禮》、《樂》、《易》、《春秋》等六經。〔註35〕故傳統所謂「十三經」中，除了孔子所作《詩》、《書》、《禮》、《易》等四經外、其他皆爲「僭僞紛乘，經名謬甚。」「皆由不知孔子所作乃得爲經之義」。康氏云：

> 後世亂以僞古，增以傳記。樂本無文，于是南朝增《周禮》、《禮記》
> 謂之七經，唐又不稱《春秋》，增三傳謂之九經，宋明道時增《孟子》，
> 甚至增僞訓詁之《爾雅》，亦冒經名爲十三經，又增《大戴記》爲十
> 四經，僭僞紛乘，經名謬甚。朱子又分《禮記》、《大學》首章爲經，
> 餘章爲傳，則又以一記文分經傳，益更異矣。皆由不知孔子所作乃
> 得爲經之義。

康氏認爲五經當中，以《春秋》最能保留孔子改制的「微言大義」，可是現存的

〔註33〕王充也認爲「經」、「傳」的作者是有層次不同的。如《論衡·對作》云：「聖
　　　　人作經，賢者傳記，匡濟薄俗，驅民使之歸實誠也。」
〔註34〕六經雖皆孔子所作，但有先後之別。康氏云：「六經皆孔子所作。《詩》、《書》、
　　　　《禮》、《樂》少年所作；《易》、《春秋》，晚年所作。」（《萬木草堂口說·孔
　　　　子改制》）
〔註35〕六經當中，「樂本無文」，所以實則爲五經。

「十三經」中，竟然缺《春秋》一經，且「經」、「傳」不分，「皆由不知孔子所作乃得爲經之義」。因此，他認爲有重新「正名」，導正世人錯誤觀念的必要：

> 今正定舊名，惟《詩》、《書》、《禮》、《樂》、《易》、《春秋》爲六經，而于經中雖《繫辭》之粹懿，《喪服》之敦愨，亦皆復其爲傳，如《論語》、《孟子》、《大》、《小戴記》之精粹，亦不得不復其爲傳，以爲經佐，而《爾雅》、僞《左》咸黜落矣，今正明（名）于此。

因此，康氏認爲只有《詩》、《書》、《禮》、《樂》、《易》、《春秋》等六部，可以稱之「經」。作者全爲孔子，至於作經的目的則爲了改制。

康氏認爲六經雖爲孔子所作，但並非全爲創作，亦有沿襲之處。例如書名以及部分篇章。首先，在書名沿用方面。卷九〈孔子創儒教改制考〉「孔子作經以改制」：

> 可知《康誥》爲孔子之《書》，而二十八篇之《書》，亦皆出孔子矣。若墨子所引之《書》，乃墨子所定，與孔子之經各別。其或辭亦略同，而義必相反。……其《書》之同者，當亦採之先王，而附以己意，各定其《書》以行其教。《墨子》中所引《書》篇如〈相年〉，皆二十八篇之所無，蓋墨子之誦《墨經》指此，與吾孔子之經不相關。
> 其他經亦類此，故謂六經皆孔子所作。

可見《書》之名，早已存在，故孔、墨皆得延用，但書名雖同，「其或辭亦略同，而義必相反。」孔、墨何以不另立新的書名，原因在於託古的運用，「六經文辭雖孔子新作，而書名實沿舊俗之名，蓋無徵不信，不信民弗從，欲國人所共尊而易信從也。」其次，在篇章沿用方面，如《書》之〈盤庚〉、〈周誥〉等，實際上是早有的，孔子加以改定，並非全然地創新，〔註36〕但「既經聖學陶鑄，亦爲聖作」。

以下依《詩》、《書》、《禮》、《樂》、《易》、《春秋》的次序，分析康氏所謂「六經皆孔子改制所作」的理由：

（一）詩

康氏云：「舊名。有三千餘篇，今三百五篇，爲孔子作，齊、魯、韓三家

〔註36〕孔子作六經，有沿襲、改定者，這也是孔子不自稱爲「作者」的原因之一。如卷九〈孔子創儒教改制考〉「孔子作經以改制」：「五經皆出於孔子，所以不云作者，以〈盤庚〉、〈周誥〉諸篇之類實有舊文，故云定也。」然而如此一來，則與卷一〈上古茫昧無稽考〉的主旨相矛盾。

所傳是也。」《詩》的書名為「舊名」，亦即早已存在。康氏採用司馬遷的說法，古詩三千餘篇，經孔子刪定為三百五篇。康氏云：

> 《詩》作于文、武、周公、成、康之盛，又有商湯、伊尹、高宗，而以為衰世之造，非三代之盛，故以為非古，非孔子所作而何？

又：

> 《詩》皆孔子作也。古詩三千，孔子間有採取之者，然〈清廟〉、〈生民〉皆經塗改，〈堯典〉、〈舜典〉僅備點竄，既經聖學陶鑄，亦為聖作。

可見孔子對於《詩》的篇章，除了「刪定」之外，還作了「塗改」、「點竄」等修改的工作。只是康氏在此並未說明，孔子如何塗改〈清廟〉、〈生民〉？如何點竄〈堯典〉、〈舜典〉？又除了以上四篇之外，《詩經》中還有哪些篇章也經過「聖學陶鑄」？

此外，康氏還特別標出《詩經》與《春秋》的密切關係，所謂「《春秋》之為孔子作，人皆知之；《詩》亦為孔子作，人不知也。儒者多以二學為教，蓋《詩》與《春秋》尤為表裏也。儒者乃循之以教導于世。」孔子以《詩》作教材，只能說他對《詩經》的重視，並不能以此證明孔子即為作者！又謂「《詩》、《春秋》表裏，一字一義，皆大道所託。」但二者如何「互為表裏」？在此康氏並未說明，在《春秋》一項的引文與註文中亦未提及，故不得而知矣！

（二）書

康氏云：「舊名。舊有三千餘篇，百二十國。今二十八篇，孔子作，伏生所傳本是也。」《書》為「舊名」，可見在孔子之前早已存在。所以不僅孔子，墨子也可以引用《書》名、甚至將自己的學說「託古」於《書》中。康氏云：

> 考墨子動稱三代聖王文武，動引《書》，……若夫墨子所引之《書》，乃墨子所刪定，與孔子雖同名而選本各殊：即有篇章辭句取材偶同，而各明其道，亦自大相反。……要孔、墨之各因舊文剪裁為《書》可見矣。……可知孔、墨之引《書》雖同，其各自選材成篇絕不相同。知墨子之自作定一書，則知孔子之自作定一書矣，對勘可明。

可見康氏認為孔、墨同樣引用《書》名、刪定篇章，甚至「偽作」、「假託」大部分的內容。

如同刪《詩》一樣，古《書》原有三千餘篇，孔子刪為二十八篇。其中〈堯典〉、〈皋陶謨〉、〈棄稷謨〉、〈禹貢〉、〈洪範〉等五篇，尤為「孔子大經

大法所存」。康氏云：

> 〈堯典〉光被四表，格于上下；九族既睦，平章百姓，協和萬邦；暘
> 谷、幽都；南訛、朔易。〈禹貢〉之既修太原，至于岳陽，覃懷底績，
> 至于衡、漳；九山刊旅，九川滌源，九澤既陂，四海會同，六府孔修，
> 四事交正，皆整麗諧雅，與《易・乾・坤》卦辭「雲行雨施，品物流
> 形，大明終始，六位時乘，」「雲從龍，風從虎，聖人作，萬物睹，
> 本乎天者親上，本乎地者親下。」略同，皆純乎孔子之文也。

在下文《易》經項中，康氏云：「孔子卜得陽〈豫〉，又得坤、乾，是今上下
二篇孔子作。」因此，康氏認爲〈堯典〉和〈禹貢〉部分文辭與主旨，與《易・
乾・坤》卦辭略同，於是《易》、《書》二經，「皆純乎孔子之文也」。「況〈堯
典〉制度巡狩語辭與〈王制〉全同，〈洪範〉五行與《春秋》災異全同，故爲
孔子作也。」〔註37〕康氏更進一步就制度、語法，以及五行觀念，證明《尚
書》的作者必爲孔子。至於《尚書》中文辭詰屈聱牙的篇章，也經過了孔子
的「點竄」，康氏云：「其殷〈盤〉、周〈誥〉、〈呂刑〉聱牙之字句，容據舊文
爲底草，而大道皆同，全經孔子點竄，故亦爲孔子之作。」此外，《商書》〈盤
庚〉上、中、下三篇；《周書》〈大誥〉、〈康誥〉、〈酒誥〉、〈呂刑〉等，孔子
皆據舊文點竄，所以也都算是孔子的作品。

接著康氏引《論衡・須頌》，作爲孔子作《書》的另一證據：

> 問說《書》者：「『欽明文思』以下，誰所言也？」曰：「篇家也。」
> 「篇家誰也？」「孔子也。」然則孔子鴻筆之人也。「自衛反魯，然
> 後樂正，〈雅〉、〈頌〉各得其所也。」鴻筆之奮，蓋斯時也。

註云：

> 說《書》自「欽明文思」以下，則自〈堯典〉直至〈秦誓〉，言全書
> 也。直指爲孔子，稱爲鴻筆，著作于自衛反魯之時，言之鑿鑿如
> 此。……今以考知《書》全爲孔子所作，賴有此條，仲任亦可謂有
> 非常之大功也。存此，可謂《尚書》爲孔子所作之鐵案。

就引文與康註之間，有幾個值得探討之處：

首先，《論衡・須頌》一篇的主旨，在於說明帝王的鴻德，要靠臣子的頌

〔註37〕《尚書》有二十八篇，只選其中兩篇的部分引文作爲證據，就算證明無誤，
　　　　還是有「以偏蓋全」的弊病。不過這已是本書，康氏考證方法上的最大弊病
　　　　之一，原不足爲奇，只是令人懷疑，康氏是否有此一自覺！

揚才能彰顯。故篇名謂之〈須頌〉。王充認爲漢代帝王的名聲平平，原因就在於當時的儒生「好長古而短今」的心態，故不能如實頌揚漢朝的功德。在上引文之後，王充續云：「（……鴻筆之奮，蓋斯時也。）或說《尚書》曰：『尚者，上也；上所爲，下所書也。』『下者誰也？』曰：『臣子也。』然則臣子書上所爲矣。」這才是王氏的重點所在。可見康氏的引文，以及對王充的稱讚，「仲任亦可謂有非常之大功也。」就〈須頌〉主旨是不盡相應的。

其次，〈須頌〉提問：「『欽明文思』以下，誰所言也？」說《書》者答曰：「篇家也。」此乃就《尚書‧堯典》而言，說《書》者亦答「篇」家。可是康氏卻「說《書》自「欽明文思」以下，則自〈堯典〉直至〈秦誓〉，言全書也。」王充原指孔子作〈堯典〉篇，康氏卻據此而加以「擴大」，認爲孔子作了《尚書》。

再次，王充認爲孔子作〈堯典〉的時間，應在「自衛反魯」之時，王充的證據出自《論語‧子罕》：「子曰：『吾自衛反魯，然後樂正，雅頌各得其所。』」這只能說與《詩經》有關，與〈堯典〉乃至於《尚書》根本毫無關係。因此，王充的說法，只能說是「推測」；但康氏引用之後，卻認爲王充的說法爲「言之鑿鑿」的「鐵案」。可見康氏所引用的「鐵案」，事實上，並不能充分證明《書》爲孔子所作。

（三）禮

「舊名。三代列國舊制，見予所著《舊制考》。今十七篇，孔子作，高堂生傳本是也，即今《儀禮》。」《禮》原本是指《儀禮》十七篇而言。康氏更強調《禮》的「正名」與「專用」：

> 今文十七篇皆完好，爲孔子完文，漢前皆名爲《禮》，無名《儀禮》，
> 亦無名《士禮》者。自劉歆僞作《周官》，自以爲《經禮》，而抑孔
> 子十七篇爲《儀禮》，又僞天子巡狩等禮三十九篇，今目爲《逸禮》，
> 而抑《儀禮》爲《士禮》。

康氏認爲漢以前所謂的《禮》即指《儀禮》，自從劉歆僞作《周官》（即《周禮》），〔註38〕遂將孔子所作的《禮》稱之爲《儀禮》，在地位與重要性上，置於《周禮》之下。之後，再「僞作」三十九篇，稱爲《逸禮》，〔註39〕而將《儀

〔註38〕「周禮」之名，始於荀悅《漢紀》：「劉歆以《周官》十六篇爲「周禮」。」自唐賈公彥作疏稱《周禮》，其後多用此名。在此，康氏稱「周官」而不稱「周禮」，顯然有否定的意味。

〔註39〕《漢書‧儒林傳贊》：「平帝時，又立《左氏春秋》、《毛詩》、《逸禮》、古文《尚

禮》降爲「士大夫之禮」即《士禮》。

關於《禮》（即指《儀禮》，以下皆同）的作者考證，康氏首先徵引《禮記・雜記》：「恤由之喪，哀公使孺悲之孔子學士喪禮。士喪禮於是乎書。」〔註40〕康氏據此提出孔子作《儀禮》的證據：

> 〈士喪禮〉在儀禮中，後世皆以爲周公舊禮。然既是大周通禮，魯爲秉禮之邦，哀公爲周藩侯，恤由之喪，哀公命禮官開具典禮儀注可矣，何待問之孔子？何待專人詣孔子受學？……又何爲至此于是乎書也。〈士喪禮〉出于孔子，至孺悲而後學，恤由之喪而後書，非孔子所作而何？

向孔子學〈士喪禮〉，並不等於〈士喪禮〉即爲孔子所制作。蓋孔子爲一重禮的學者，當然可以教授〈士喪禮〉。但如果《禮記・雜記》的記載屬實，康氏的說法還是具有一定的說服力，雖然不能「以偏蓋全」地證明《儀禮》爲孔子所制作，但至少指出了〈士喪禮〉與孔子的密切關係。

其次，康氏引用《論語・陽貨》中，宰我與孔子辯論「三年之喪」，〔註41〕康氏的說辭也相當具有力量：

> 宰我爲聖門高弟大賢，若三年之喪是當時國制，天下人人皆已服從，今日雖極不肖之人，不能守禮，亦必勉強素服，從未聞有發言吐論以爲應改短爲期喪者，豈有聖門高弟大賢而背謬惡薄若此？即使背謬惡薄，亦不過私居失禮而已，奚有公然與師長辨攻時王之制，以爲只可服期不應三年之久者？且此事既是時王之制，與孔子辨亦無益。……蓋三年喪爲孔子所改，故宰我據舊俗服期以與孔子商略，謂孔子何必增多爲三年。蓋當創改之時，故弟子得以質疑問難也。《論語》此條，古今皆疑不能明，非通當時改制之故，宜其不能明也。

書》。」劉歆〈移書讓太常博士書〉：「及魯恭王壞孔之宅，欲以爲宮，而得古文於壞壁之中，《逸禮》有三十九篇」。鄭玄《六藝論》：「後得孔子壁中古文禮，凡五十六篇，其十七篇與高堂生所傳同，而字多異，其十七篇外，則《逸禮》是也。」可見《逸禮》乃《儀禮》十七篇以外之古文禮經也。

〔註40〕 此則引文亦出現於卷九〈孔子創儒教改制考〉「孔子作經以改制」項中，康氏註云：「劉歆變亂後，咸以禮爲周公之制。然恤由喪之前未有士喪禮，士喪禮由此出。則禮爲孔子之所制作，此條可爲證據。」可見康氏認爲禮非周公之制，而是孔子所制作。

〔註41〕 此引文於卷九〈孔子創儒教改制考〉「喪葬之制爲孔子改定者」中，已曾引用；至於註文部分，意義大致相同。

孔子主張三年之喪的理由，乃是「子生三年，然後免於父母之懷。」有主張以及背後的理由，所以康氏以孔子創三年之喪的說法，相當具有說服力。

除此之外，康氏徵引《孟子・滕文》、《墨子・節葬》、《晏子外篇》等，皆在證明三年之喪爲孔子所創。如此一來，就有不妥之處：首先，就算三年之喪，眞爲孔子創制，但不能證明「《禮》爲孔子所作」；其次，如果本項的主旨在於證明《士喪禮》與「三年之喪」爲孔子所作，那麼與卷九〈孔子創儒教改制考〉「喪葬之制爲孔子改定者」，則有重複的弊病；且無法與本卷的標題「六經皆孔子改制所作」的主題完全契合。

（四）樂

「舊名。鄭、衛之聲，倡優侏儒，獶雜子女。是今六代之樂。黃帝《咸池》、堯《大章》、舜《大韶》、禹《大夏》、湯《大濩》、文王《象》、武王《武》皆孔子作，制氏所傳是也。」康氏將樂分爲「雅樂」與「鄭聲」。「鄭聲」以鄭、衛之聲爲代表，猶如「六代之樂」，原爲「一國之樂」，地方的音樂，「如今崑曲弋陽腔之以地得名也」，其後則風行天下，「鄭聲」並非孔子之作。「雅樂」以《咸池》、《大章》、《大韶》、《大夏》、《大濩》、《象》、《武》等爲代表，雅樂爲孔子新作。孔子新作雅樂，「故放鄭聲」。〔註42〕

康氏證明《樂》爲孔子所作的證據，主要來自「異教」《墨子》「非樂」的主張。故首引《墨子・公孟》、《墨子・非樂》：

> 子墨子曰：「問於儒者何故爲樂？」曰：「樂以爲樂也。」子墨子曰：
> 「子未我應也。今我問曰：『何故爲室？』曰：『冬避寒焉，夏避暑
> 焉。』室爲男女之別也，則子告我爲室之故矣。……室以爲室也。」
> （〈公孟〉）

註云：

> 墨子問儒者何故爲樂？然則非儒者不爲樂矣。儒爲孔子所創，故知
> 樂爲孔子所制，墨子乃敢肆其輕薄詆誹也。「樂所以爲樂」，懂樂之
> 義，乃眞爲樂之故也。墨子乃云：『猶室以爲室』，戲侮之甚，可見
> 異教相攻，無所不至。

由墨子反對「儒者何故爲樂」，證明樂爲孔子所制。康氏將「樂」，本爲音「樂」，解爲懂「樂」，這是康氏獨特的解法，強調欲望的解放，以及享樂的合理性。

〔註42〕《論語・衛靈公》：「顏淵問爲邦，子曰：『行夏之時，乘殷之輅，服周之冕，
　　　　樂則韶舞。放鄭聲，遠佞人。鄭聲淫，佞人殆。』」

這在前一章已提及，故不贅述。

由於音樂呈現的主要媒介爲口耳，「寄之于聲」，缺乏文字的記載，故不易保存而易於流失：

> 樂聲要眇，其傳最難，以其音節鏗鏘，寄之于聲，易于變失，三百篇之古樂存于漢者，《大戴・投壺》僅存〈關雎〉、〈卷耳〉、〈葛覃〉、〈鵲巢〉、〈騶虞〉、〈鹿鳴〉、〈白駒〉、〈伐檀〉等八篇。

康氏舉例，古樂本來有三百篇之多，到了漢代只剩八篇。這種流失，歷代皆有，例如：

> 漢人樂府，至六朝僅存〈上之回〉、〈艾如張〉、〈將進酒〉、廿四曲；六朝樂府，至唐僅存〈清波〉、〈白鳩〉、〈烏棲〉、〈子夜〉等六十四曲；唐之〈黃河遠上〉見于宋吳曾《龍改齋漫錄》，尚有音節，餘則亡矣；……元《九宮曲譜・北曲》亦至今亡矣。……通計古今樂無能久存者。

又卷十一〈孔子改制託古考〉亦云：「曲樂之音節要眇，宮商分析，尤易舛錯，苟失傳人，即不可考。由此推之，樂無能傳至五百年者。」由歷代樂曲流失的現象，可見樂曲皆「無能久存」，「無能傳至五百年者」，故「安有黃帝、堯、舜至章帝將三千年，而〈咸池〉、〈韶樂〉乃能存乎？」所以所謂的「黃帝《咸池》、堯《大章》、舜《大韶》、禹《大夏》」等古樂，皆是「墨子之所攻」，「故知孔子制作明矣」。〔註43〕孔子將自己的思想，寄託於樂曲，而假託於古人，「《韶樂》託之於舜，有揖讓之盛德，民主之大公，尤孔子所願望，故《春秋》錄之，制氏傳其鏗鏘鼓舞是也。」

康氏由墨者非樂攻儒的批評，以及樂曲易於流失的特性，證明孔子作樂。但作樂與制作《樂》經似乎不能全等；又本項中，康氏並未指出作《樂》與本卷標題「六經皆孔子改制所作」中「改制」的關係，何以別於卷九《孔子創儒教改制考》「孔子定禮樂之義」？這可說是本項考證最明顯的弊病。

（五）易

「舊名。孔子卜得陽〈豫〉，又得〈坤〉、〈乾〉，是今上下二篇孔子作。楊何、施、孟、梁丘、京所傳本是也。」在此，「孔子卜得陽〈豫〉」不知何

〔註43〕除了上述古樂之外，康氏認爲《雅琴》五種、《周歌聲曲折》七十篇，作者可能也是孔子。康氏云：「《漢・藝文志・雅琴》五種，孔子之樂聲哉？又有《周歌聲曲折》七十篇，久佚矣。」

謂？又「得〈豫〉」與「又得〈坤〉、〈乾〉」以及前二者與「今上下二篇」，即
《易》上、下經共六十四卦有何關係？顯得康氏只是「推演」，結果是孔子作
六十四卦卦辭。康氏云：

> 據《史記・周本紀》、〈日者傳〉、《法言・問神篇》、《漢書・藝文志》、
> 〈揚雄傳〉、《論衡・對作篇》皆謂文王重卦爲六十四卦三百八十四
> 爻，無有以爲作卦辭者，是自漢以前，皆以爲孔子作，無異辭。

六十四卦爲文王所作，〔註44〕但卦辭爲孔子所作。至於爻辭的作者，康氏反
對前人的說法，認爲既不是周公，〔註45〕也非文王，〔註46〕而是孔子：

> 《漢書・藝文志》云：「人更三聖。」韋昭注曰：「伏羲、文王、孔
> 子。」即《正義》所引《乾鑿度》云：「垂皇策者羲，卦道演德者文，
> 成命者孔。」通卦驗又云：「蒼牙通靈昌之成，孔演命明道經。」晉
> 紀瞻曰：「昔庖羲畫八卦，陰陽之理盡矣。文王、仲尼係其遺業，三
> 聖相承，共同一致，稱《易》準天，無復其餘也。」……三聖無周
> 公，然則舍孔子誰作之哉？故《易》之卦爻始畫于羲、文，《易》之
> 辭全出于孔子。

可見康氏認爲《易》之「卦辭」和「爻辭」皆出於孔子。至於論及「十翼」
的作者時，康氏突然變得知足，含蓄地認爲孔子只作其中五者：

> 卦象爻象之辭皆散附本卦，僞古本分之，抑爲十翼，亂孔子篇數之
> 次第者也。《繫辭》，〈太史公自序〉稱爲「大傳」，則傳而非經。《說

〔註44〕然而孔子爲「制法之王」的七個王號當中，「文王」則居其一，據此，「六十
　　　　四卦爲文王所作」是否等同於「六十四卦爲孔子所作」。

〔註45〕周公作爻辭之說，乃出於劉歆僞作竄亂。康氏云：「至周公作爻辭之說，西漢
　　　　前無之。……唯《左傳・昭・二年》韓宣子來聘，見《易》象與魯《春秋》，
　　　　曰：『吾乃今知周公德』，涉及周公。此蓋劉歆竄亂之條，與今學家不同。歆
　　　　《周官》、《爾雅》、《月令》，無事不託於周公，《易》爻辭之託于周公，亦此
　　　　類。唯馬融學出于歆，故以爲爻辭周公所作。」

〔註46〕康氏認爲爻辭非文王所作，理由爲：「或以爻辭並是文王作，《周易正義・論
　　　　卦辭爻辭誰作》云：『以爲驗爻多是文王後』。升卦六四：『王用享于岐山』。
　　　　武王克殷之後，始追號文王爲王，若爻辭是文王所制，不應云『王用享于岐
　　　　山。』又明夷六五：『箕子之明夷』。武王觀兵之後，箕子始被囚奴，文王不
　　　　宜豫言箕子之明夷。又既濟九五：『東鄰殺牛，不如西鄰之禴祭。』說者皆云：
　　　　西鄰謂文王，東鄰謂紂。文王之時，紂尚南面，豈容自言己德受福勝殷，又
　　　　欲抗君之國，遂言東西相鄰而已。如《正義》言，爻辭又不得爲文王作，則
　　　　《藝文志》謂文王重《易》六爻作上下篇者謬矣。」

卦》出宣帝河内老屋，與《序卦》、《雜卦》皆僞書，非孔子作。

首先，《繫辭》方面。本卷「緒論」中，康氏定義「孔子所作謂之經，弟子所述謂之傳。」而《易》《繫辭》上、下，「則傳而非經」，故爲弟子而非孔子所作。康氏云：「《繫辭》，歐陽永叔、葉水心以爲非孔子作。考其辭頻稱『子曰』，蓋孔子弟子所推補者，故史遷以爲大傳也。」其次，《說卦》方面。所謂「《說卦》後出」，康氏云：

> 《論衡・正説》：孝宣皇帝之時，河内女子發老屋，得逸《易》、《禮》、《尚書》各一篇，奏之宣帝，下示博士，然後《易》、《禮》、《尚書》各益一篇，此說《易》益一篇，蓋《說卦》也。……《論衡》以《說卦》出于孝宣帝時，則史遷所未睹，其爲後出之僞書。

由於〈說卦〉「後出」，始見於漢宣帝時，康氏據此斷定爲「後出之僞書」，當然不是孔子所作。再次，《序卦》、《雜卦》方面。二者皆爲劉歆僞作，非孔子所作。康氏云：

> 按《史記・孔子世家》有《文言》、《說卦》而無《序卦》、《雜卦》；《漢・藝文志》亦無《雜卦》。……及秦焚書，《周易》獨以卜筮得存，……《易》旣以卜筮得存，自商瞿傳至楊何以至史遷，未嘗云亡失，又未嘗有《序卦》、《雜卦》……是《序卦》、《雜卦》爲劉歆僞作，可見三篇非孔子作明矣。

扣除以上五者，「十翼」當中，《象》上、下、《象》上、下、以及《文言》等五者爲孔子所作。

（六）春　秋

「舊名。墨子云：『百國春秋』、公羊云：『不脩春秋』、楚語：『教之春秋』是今十一篇孔子作，公羊、穀梁所傳，胡母生、董子所傳本是也。」康氏認爲在六經作者的爭議當中，以《春秋》最無異議，可確定爲孔子所作。但這還是遭到劉歆的破壞：

> 《春秋》爲孔子作，古今更無異論。但僞古學出，力攻改制，并剷削筆削之義，以爲赴告策書，孔子據而書之而善惡自見。杜預倡之，朱子尤主之。若此，則聖人爲一謄錄手，何得謂之作乎？今特辨此。

劉歆認爲《春秋》原是一部「赴告策書」，孔子不過「據而書之」，並無太多個人的意見。康氏認爲果眞如此，孔子不過是一「謄錄手」而已，如何彰顯、配合孔子聖人角色？

　　康氏認爲孔子作《春秋》的證據非常多，「言作《春秋》不勝錄，略引數以成例爾。」如《孟子・盡心》：「孔子懼，作《春秋》。《春秋》，天子之事也。」〈滕文〉：「孔子成《春秋》而亂臣賊子懼。」〈離婁〉：「王者之跡熄而《詩》亡，《詩》亡然後《春秋》作。」等二十四條。在這二十四條引文當中，康氏認爲最爲詳細的證據來自《論衡・謝短》：

　　　　孔子作《春秋》，周何王時也？自衛反魯，然後樂正，《春秋》作矣。
　　　　自衛反魯，哀公時也。自衛，何君也？俟孔子以何禮，而孔子反魯
　　　　作《春秋》乎？孔子錄史記以作《春秋》，史記本名《春秋》乎？制
　　　　作以爲經乃歸《春秋》也。

在上文曾提到，王充認爲孔子作〈堯典〉的時間，應在「自衛反魯」之時，在此，他又認爲孔子作《春秋》的時間也在同一時段。在《論衡・書解》中，有所謂「使孔子得王，《春秋》不作。」原因在於「使著作之人，總眾事之凡，典國境之職，汲汲忙忙，何暇著作？」這是一常理的判斷，也就當有職守、政事時，由於「太忙」的緣故，所以沒有時間著作。〔註47〕所以他認爲孔子〈堯典〉、《春秋》等著作，皆在「自衛反魯」之後。康氏接受了王充的說法，以爲孔子「自衛反魯」之後，約七十二歲，乃作《春秋》。〔註48〕

　　在本卷的最後，康氏「總論六經爲孔子所作」。在本項引文當中，有一特別值得注意之處，那就是徵引《莊子・天下》，康氏加註千字之多。〈天下〉云：

　　　　古之人其備！配神明，醇天地，育萬物，和天下，澤及百姓，明于
　　　　本數，係于末度，六通四辟，小大精粗，其運無乎不在。其明而在
　　　　數度者，舊法世傳之史尚多有之。其在於《詩》、《書》、《禮》、《樂》
　　　　者，鄒、魯之士，縉紳先生多能明之。

康氏認爲「古之人」即指孔子。註云：

　　　　縉紳是儒衣，鄒、魯皆孔子後學，則古人非孔子而何？所以尊孔子

〔註47〕除了孔子如果「太忙」，則不可能有時間作《春秋》外，王充又舉了一些例子，
　　　　如：「司馬長卿不預公卿之事，故能作〈子虛〉之賦，楊子雲存中郎之官，故
　　　　能成《太玄經》，就《法言》。」這是說如果忙於政事，將無暇於著作，「文王
　　　　日昃不暇食，周公一沐三握髮，何暇優游爲麗美之文於筆札。」反之，無職
　　　　務纏身，則可全力置身創作當中，「試使庸人積閒暇之思，亦能成篇八十數。」
　　　　不過，這未免將著作看得太容易了！
〔註48〕康氏認爲孔子作《春秋》的年紀當爲七十二歲。《萬木草堂口說・孔子改制》
　　　　云：「據《史記》，孔子年七十二作《春秋》。」

者云配神明，醇天地，育萬物，和天下，澤及百姓，明于本數，繫
于末度，六通四闢，小大精粗，其運無乎不在。又開篇稱爲「神明
聖王」。自古尊孔子、論孔子，未有若莊生。

康氏認爲子思雖然曾形容孔子：「洋洋乎發育萬物，峻極于天，上律天時，下
襲水土。」但「不若莊子之該舉」。在「衛道」的努力上，莊子甚至超過孟、
荀，「歎後學者不見之不幸，而疾呼道術之將裂，衛道之深，雖孟、荀之放淫
辭而衛大道，豈有過哉？」康氏認爲莊子對孔子的深度了解，一方面「固由
莊生之聰辨，故一言而能舉其大。」另一方面，「亦由莊生曾爲後學，能知其
深也。」

　　關於莊子的師承、思想，屬於道家？亦或儒家？在此書中出現了矛盾。
如卷二〈周末諸子並起創教考〉「道家創教」中，老、莊同爲道家；卷三〈諸
子創教改制考〉「棘子成原壤老子改制」老子與棘子成、原壤合併，而莊子並
不在改制的諸子當中；卷四〈諸子改制託古考〉有「老子託古」、「莊子託古」
兩項，老、莊分爲二家；卷五〈諸子爭教互攻考〉皆言「老攻某」，而不言道
攻某，亦不見莊子；卷六〈墨老弟子後學考〉正文與附表皆列有莊子，可見
在此，莊子爲老子弟子後學。附表註云：「莊周雖從田子方，而歸本老子，故
列老學。」但本卷康氏註云：「莊子學出田子方，田子方爲子夏弟子，故莊生
爲子夏再傳，實爲孔子後學。」可見莊子到底是歸儒？歸道？康氏實有矛盾！

　　康氏盛讚莊子的主要原因，在於〈天下〉的敘述。在本書中，康氏多次
徵引，以此作爲形容孔子的「純體」與學說的「全備」。康氏云：

　　後世以《論語》見孔子，僅見其庸行；以《春秋》見孔子，僅見其
　　據亂之制；以心學家論孔子，僅見其本數之端倪；以考據家論孔子，
　　僅見末度之一二。有莊生之說，乃知孔子本數、末度、小大精粗無
　　乎不在。信乎惟天爲大，固與後儒井牕之見異也。

由此可見，《莊子・天下》對「古之人」的描述，滿足了康氏對孔子的憧憬。
這種契合，使得康氏對莊子大爲讚賞。康氏最後總結地說：

　　故知古之人非三代先王也。時非三代先王，則古之人爲孔子尤確，
　　而古之人所爲《詩》、《書》、《禮》、《樂》非孔子而何？能明《莊子》
　　此篇，可明當時諸子紛紛創教，益可明孔子創儒，其道最大，而六
　　經爲孔子所作，可爲鐵案。

由以上的探討，可以明顯地發現，本卷的題目與徵引文獻之間，甚至是康氏

的註文之間，並非完全契合。「六經皆孔子改制所作考」，重點應放在六經與改制之間的關係，徵引文獻考據之後，理應得出六經中蘊含改制的思想與內容，可是康氏不論在徵引資料或註文方面，似乎都在證明孔子作六經，最後一項即名爲「總論六經爲孔子所作」，可見已與本卷「改制」主題，有所偏離！

第七章　孔子改制託古

　　本章的主旨在於說明孔子將其改制的學說內容,「假託」於古人。這是一種「廣告」、「宣傳」的作法,希望藉由古人的「權威」,來宣導改制的思想。「託古」乃中國傳統思想的一重要技巧,以及普遍現象。故本書二十一卷當中,就有三卷提及,分別爲卷四〈諸子改制託古考〉、卷十一〈孔子改制託古考〉、卷十二〈孔子改制法堯舜文王考〉。在卷四,康氏先言諸子託古,到卷十一、十二,再提孔子亦有託古,目的則在「多則不足爲奇」,「託古之風,沿襲已久。」諸子改制皆託古,何況大聖如孔子,焉有不託古。

第一節　「孔子改制託古考第十一」述評

一、託古的原因

　　諸子託古與孔子託古,主要的差別是主角的不同,至於託古的基本道理是相同的。首先,在託古原因方面。主要有三,即「上古茫昧」、「貴古賤今」、「託古避禍」三者。

(一)上古茫昧

　　「上古茫昧」乃託古的「背景」。它說明了託古的背景,以及託古的可能性。康引《論語·泰伯》:「子曰:『大哉堯之爲君也。巍巍乎惟天爲大,唯堯則之;蕩蕩乎民無能名焉。』」註云:「『民無能名』固見堯之大,然亦可考見堯無事實流傳,凡孔、墨所稱同爲託古也。」又引《史記·伯夷列傳》:「夫學者載籍極博,猶考信於六藝。《詩》、《書》雖缺,然虞、夏之文可知也。」

註云：

> 按三代以上茫昧無稽，《列子》所謂若覺若夢若存若亡也。虞、夏之
> 文，舍六經無從考信，韓非言堯、舜不復生，將誰使定儒、墨之誠？
> 可見六經中先王之行事，皆孔子託之以明其改作之義。

由於上古茫昧，故神話傳說甚多，如「安有上世之遺書，黃白之帝冠，黃帝
觀鳳凰銜圖，伏羲之龍身牛首，瑰璃詭瑣，如此之實蹟耶？其爲稱託何疑。」
這些當然都是後人編造神話。但也由於上古茫昧無可稽考，「由於書缺籍去，
混混茫茫，然後諸子可以隨意假託。」同時孔子亦得以任意假託。

（二）貴古賤今

在「貴古賤今」方面，康氏徵引《孟子・梁惠王》後，註云：

> 公劉、太王皆非好貨好色之君，而孟子乃託之以勉宣王。蓋當時人
> 情皆厚古而薄今，儒者之說，又邈遠而難於信，故必借古人以爲據，
> 然後使其無疑而易於入，此雖孟子引導時君之法，而儒家之善於託
> 古，亦可見矣。《淮南子》所謂故爲道者必託之神農、黃帝而後能入
> 說，此類是也。

據此可知，「託古」之所以可以達到宣傳效果，主要的原因，在於它滿足了「厚
古而薄今」的人情需要。同時重要的道理或新說，易令人起疑不信，故「邈
遠難信」的學說，更需要託古。否則易陷入「無徵不信」的窘況。所以託古
基本上是一種「不得已」的做法：

> 聖人但求有濟於天下，則言不必信，惟義所在。無徵不信，不信民
> 不從，故一切制度託之三代先王以行之。若謂聖人行事不可依託，
> 則是以硜硜之小人律神化之孔子矣。

又：

> 慈母之養子也，託之鬼神古昔以聳善戒惡。聖人愛民如子，其智豈
> 不若慈母乎？子思曰：「無徵不信，不信民弗從。」欲徵信莫如先王。

將自己的學說假託於古人，乃是「作假」的行爲，但這麼做是有「苦衷的」，
所以知道這個道理，對於孔子，乃至於其他諸子的託古，應有「同情式」的
理解，體諒它只不過是一技巧的運用，要「重義不重事」，而不應就事論事、
實事求是地加以考證，並以此質疑聖人救世的理論與努力。同時如果以「貴
古賤今」的人情心態來看，越古當然是越好，因此最佳的託古對象，「莫如先
王」。所以諸子，乃至於孔子，皆將「一切制度託之三代先王」。

（三）託古避禍

就「託古避禍」而言。孔子託古作假有另一苦衷的，那就是所謂「布衣改制，事大駭人，故不如與之先王，既不驚人，自可避禍。」因爲學說如不託古，下不足以取信於民，上則可能得罪於君。康氏云：

> 《春秋》以新王受命，而文王爲受命之王，故假之以爲王法，一切制度皆從此出，必託之文王者，董子《繁露》所謂「時詭其實以有所諱也」。必如是而後可以避禍，而後可以託王。

又卷九〈孔子創儒教改制考〉云：「但世多是古而非今，故不得不託先王以明權，〔註1〕且以遠禍矣。」可見託古在學說的宣傳上雖然重要，但卻是不得已的做法，因爲唯有藉重古人的權威，一來可以滿足貴古賤今的人情，同時又可達到避禍的效果。

二、託古的辨識

孔子將其學說、改制思想皆託之於先王。先王當然無法駁斥，如此一來，難道不會「久假成眞」嗎？後人如何「拆穿」託古技巧，將改制思想「歸還」孔子？在本卷中，康氏提到辨識託古的方法，主要有三：

（一）就弟子後學而言

康氏認爲將孔子託古的改制思想歸還孔子，主要依賴孔門弟子後學的發明。在本卷中提到的主要人物，有董仲舒、司馬遷、何休等三人。

首先，在董仲舒方面。康氏主要徵引《繁露・符瑞》：

> 有非力之所能致而自至者，西狩獲麟受命之符是也。然後託乎《春秋》正不正之間，而明改制之義，一統乎天子而加憂於天下之憂也，務除天下之所患而欲上通五帝，下極三王，以通百王之道。

註云：「孔子受天命，改亂制，通三統，法後王，託古改制之義，此條最爲顯磚，可無疑矣。」此言孔子受命於天而爲素王，改制之義，皆託於《春秋》。《春秋董氏學卷之四・春秋口說第四》云：

〔註1〕康氏對「權」有特別的定義。康氏云：「傳曰：『可與立，未可與權。』《易》：『巽以行權。』權者知輕重之謂。撥亂救民，硜硜必信，義孰重輕？巽辭託先王，俾民信從，以行權救患，孔子乎，將爲硜硜必信之小人乎？抑爲唯義所在之大人乎？況寓言尤諸子之俗哉。」可見所謂的「權」，乃指「知輕重之謂」，亦即指救民患而言。此乃康氏所謂孔子之「權」。

《春秋》文成數萬，其恉數千。今《春秋》經文萬九千字，皆會盟
征伐之言，誅亂臣賊子，黜諸侯，貶大夫，尊王攘夷。寥寥數恉外，
安所得數千之恉哉？

因此，康氏認爲「《春秋》重義，不重經文矣。」而所謂的「義」，即改制思
想的「微言大義」，它的傳承不在經文，〔註2〕而在「七十子後學，師師相傳
之口說也。」《春秋》三傳當中，以《公羊》最能發改制之微言大義，所以口
說傳承的重任主要由後代公羊學家擔任。「公羊家早出於戰國，猶有諱避，不
敢宣露，至董子乃敢盡發之。」「董子爲《春秋》宗，所發新王改制之非常異
義及諸微言大義，皆出經文外，又出《公羊》外，然而以孟、荀命世亞聖，
猶未傳之，而董子乃知之。」單憑這一點，在康氏的心目中，董子的地位是
高於孟、荀的。「孔子以布衣而改亂制，加王心，達王事，不得不託諸行事以
明其義。當時人猶惑之，況門外者乎？此孔子之微言，董子能發明之。」所
以發揚孔子改制託古的微言大義，以董仲舒功勞最大。

其次，在司馬遷方面。康氏引《史記‧太史公自序》：

太史公曰：「余聞董生曰：周道衰廢。孔子爲魯司寇，諸侯害之，大
夫壅之。孔子知言之不用，道之不行也，是非二百四十二年之中，
以爲天下儀表，貶天子，退諸侯，討大夫，以達王事而已矣。子曰：
『我欲載之空言，不如見之於行事之深切著明也。』」

引文中，司馬遷的這段話，主要在回答壺遂問孔子作《春秋》的動機，即「昔
孔子何爲而作《春秋》哉？」司馬遷的回答，不過借用董仲舒的說法。但康
氏卻藉此而認爲：「太史公，董生嫡傳。《春秋》之學，皆有口說相傳，故深
知孔子託古改制之義。」以司馬遷爲董仲舒嫡傳弟子，亦爲孔門後學，故有
口說相傳，深知孔子託古改制之微言大義。

再次，在何休方面。康引《公羊‧隱‧元年‧何注》：「文王，周始受命
之王，天之所命，故上繫天端。方陳受命，制正月，故假以爲王法。」註云：

《春秋》以新王受命，而文王爲受命之王，故假之以爲王法，一切
制度皆從此出，必託之文王者，……必如是而後可以避禍，而後可

<hr>

〔註2〕 《春秋董氏學卷之四‧春秋口說第四》云：「《春秋》重義，不重經文矣。凡
傳記偁引《詩》、《書》，皆引經文，獨至《春秋》，則漢人所偁引《春秋》之
義，不引經文，此是古今學者一非常怪事。……而欲求通經，以得孔子大道，
豈非南轅而北其轍。」

以託王。《論語》:「文王既沒,文不在茲乎?」孔子明以自謂矣。何
邵公非嫡傳口說,何敢謂爲假乎?

康氏認爲何休爲孔門嫡傳,故「邵公蓋深知口說者」,因此深知孔子作「假」、
託古。

(二)就常理而言

首先,制度具有延續性。因此如果該制度在先王時代早已實施,就不可
能憑空消失,而到了孔子時代又突然出現。以「三年之喪」爲例:

三年之喪爲孔子增改之制,託於三代聖王以行之。……若本是三代舊
制,則魯自周公、伯禽至平公,滕自叔繡至定公,中間非無賢君,豈
敢悖當王定制,何至絕無一人行之?魯爲秉禮,亦無人行之,何也?

康氏認爲三年的喪期,乃孔子所定,而假託於古代聖王。如果眞是古代聖王
的定制,最重禮制的魯國,從周公之後,何以皆不見有君主推行、遵守?又
三年之喪如果眞是古代定制,那麼如《大周會典》、《大周通禮》之類的文獻,
何以毫無記載:

若《大周會典》、《大周通禮》顯有此條,且上溯夏、殷會要皆有之,
百官議奏能引志曰,觀瞻具在,有不知而公然違悖者乎?

由此可見,三年之喪乃孔子所改之制,雖然孔子辯稱「古之人皆然」(《論語·
憲問》),而事實上,乃「孔子託古定制,故推之爲古之人皆然。」

其次,制度具有統一性。制度可以隨時而損益修訂,但同一時間,不可
能出現兩種版本。如《韓非子·顯學》:「孔子、墨子俱道堯、舜而取舍不同,
皆自謂眞堯、舜。堯、舜不復生,將誰使定儒、墨之誠乎?」康氏註云:

孔子稱堯、舜五服五章,山龍藻火,大章《韶樂》;而墨子稱堯、舜
土階茅茨,夏葛冬裘:所謂取舍不同也,皆自謂眞堯、舜。可見當
時託古於王之風,韓非猶及知之。

孔、墨所形容的堯、舜形象正好相反,這不符於常理,可見必有一方,甚至
雙方皆爲「假託」。

(三)就異教相攻而言

如果孔子所言乃三代定制,那麼宰我將不會懷疑孔子所提的三年之喪,
而墨子也不需要批評儒家厚葬、久喪。康引《墨子·節葬》:

昔者三代聖王既沒,天下失義。後世之君子或以厚葬久喪以爲仁也、

> 義也，孝子之事也；或以厚葬久喪以爲非仁義，非孝子之事也。曰：
> 二子者言則相非，行即相反，皆曰吾上祖述堯、舜、禹、湯、文、
> 武之道者，而言即相非，行即相反，於此乎後世之君子皆疑惑乎二
> 子者言也。

註云：「厚葬、久喪，孔子之制，當時未有定論。墨子攻之爲言相非，行相反，則儒教託古之義不待辨。」可見「厚葬久喪」如果眞是古制，那麼墨子何以將矛頭轉向孔子？所以「厚葬久喪」乃孔子新制，而假託於古人者。

三、託古的制度

孔子改制託古，將自己所定的新制假託於古人。那麼假託的成分有多少？是全部？或部分假託？康氏認爲應是全部託古。所謂「《春秋》以新王受命，而文王爲受命之王，故假之以爲王法，一切制度皆從此出。」關於孔子改制的內容，在卷九〈孔子創儒教改制考〉共有十一項。在本卷中，康氏提到孔子改制的項目共有十三項，其中「三統之義」、「諸侯歸命、新王蒙褒之制」、「禹之法度典章」、「事生、送死、祭祀、師旅」、「百里之制」等五者，爲卷九所無。然卷九改制項目中，「立嗣之制」、「削封建大一統」、「刑罰之制」、「選舉」等四項，本卷並未提到。茲將二卷中，提到改制的項目，製成比較表如下：

表 7-1　孔子改制託古簡表

序	託 古 對 象	卷九改制項目	卷十一改制項目
1	先王、周公	儒服	儒服
2	夏、殷、商〔註3〕	親迎之制	親迎之禮
3		立嗣之制	
4	三代聖王、古之人	喪葬之制	三年之葬
5		削封建大一統	
6	三正（正月）	授時	三正（正月）
7	古者	制土籍田	稅法（什一）
8		選舉	
9		刑罰之制	

〔註3〕 此本爲何休之語，但康氏認爲孔子託古，而何氏發明之。康氏引《公羊·隱·三年·傳》：「禮所以必親迎者，所以示男先女也。於廟者，告本也。夏后氏逆於庭，殷人逆於堂，周人逆於戶。」註云：「何邵公所云夏、殷、商，蓋皆儒者假託以爲説。……蓋孔子創制託古。」

10	五帝	定姓之義	定姓
11	夏、殷	禮樂之義	禮
12	黃帝等		樂制
13	魯隱公		諸侯歸命、新王蒙褒之制
14	禹		禹之法度典章
15	古者百王		百里之制（諸侯封地大小）
16	百王		事生、送死、祭祀、師旅
17	殷		三統之義

　　兩卷中，提到的改制項目，去除重複，計有「儒服」、「親迎之制」、「立嗣之制」、「喪葬之制」、「削封建大一統」、「授時」、「制土籍田」、「選舉」、「刑罰之制」、「定姓之義」、「禮樂之義」、「三統之義」、「諸侯歸命、新王蒙褒之制」、「禹之法度典章」、「事生、送死、祭祀、師旅」、「百里之制」等十六項。

四、假託的對象

　　託古的對象當然是古人，但思想家是否有所選擇，或隨機任意呢？歸納卷四的諸子，以及本卷的孔子託古，所假託的對象，有幾個選擇的特色：

（一）就身分而言

　　就身分而言，多爲古代帝王。諸子的託古對象，如神農氏、黃帝、堯、舜、夏后相、禹、湯、文王等，其身分多爲古代的帝王，不論在政績，或人格修養方面，都是相當傑出的「聖王」。這樣的身分，才能引起後人的嚮往，也最容易獲得思想家的青睞，成爲託古的對象。

　　在眾多的古代聖王當中，思想家也會有「情有獨鍾」的現象。如墨子偏愛大禹，卷四〈諸子改制託古考〉云：「墨子多託於禹，以尚儉之故。禹卑宮室以開闢洪荒，未善制作之故，當是實事。」由於墨子尚儉的個性，與傳說中大禹的形象相契，故墨子多將思想假託於禹。這種現象，又如孔、孟「言必稱堯、舜」，蓋堯、舜的傳說，完全符合儒家「內聖外王」的精神。所以雖然只要是古代聖王，即可成爲後代思想家託古的對象，但如果聖王的人格特質與自己學說特色相契合者，將會成爲「優選」，即「最佳代言人」。

（二）就時間而言

　　就時間而言，越古地位越高。在古代的農業社會中，相當倚賴經驗，所以長者可以視爲經驗與智慧的象徵。職是之故，託古的對象，越古經驗、智

慧以及地位就越高。故堯、舜、禹、湯、文、武、周公乃依時間排序，而地位也是由上而下的。所以託武王，不如託文王；託文王則不如託堯、舜。而堯則不如黃帝。故卷四〈諸子改制託古考〉康引《淮南子・脩務訓》云：「世俗之人，多尊古而賤今，故爲道者必託之於神農、黃帝而後能入說。」

（三）就人數而言

就人數而言，同一位思想家，託古的對象可以一人以上。就卷四託古的諸子有十五家，再加上本卷的孔子，共十六家，在十六家當中，只有鶡子只託黃帝一人，其餘的託古對象都在一人以上，其中管子與淮南子假託的對象，多達十一人，然而本卷的孔子，託古又超過十一人。可見託古只是一象徵性的思想宣傳技巧，只要假託古人即可，不一定非得要鎖定某一古人。

在孔子之時，先王象徵著模範、權威，所以孔子將改制思想加以託古；然而後代的康有爲，如何不繼續延用，而要拆穿孔子呢？因爲就康有爲的時代而言，孔子在中國人的心目中，地位早已高過先王，所以如果將改制思想「回歸」孔子，反而更具有宣傳效果。

孔子託古的著作爲《春秋》，但「《春秋》詭辭詭實」，又《春秋》的精神「在義不在文」，只能由孔門相傳口說獲知孔子改制之「隱志」。可見要深知孔子改制之義是相當不容易，也因爲如此，所以詮釋孔子就更無規範，更爲自由，且具彈性。這使得康氏輕易將自己改制的思想託古於孔子。

「託古」是思想家宣傳自己的學說、說服他人的重要技巧。蓋思想往往具有改革，或異當時風潮的成分，在這種狀況底下，將思想假託於古人，請先王「代言」，說服力必然大於思想家本人出面宣傳。所以託古也就成了中國思想中，常見的技巧。康氏將託古現象與技巧，提出來徵引、考證、以及評論，這對於中國思想方法的探討上，相當具有功勞！

第二節　「孔子改制法堯舜文王考第十二」述評

本卷名爲「孔子改制法堯舜文王考」，其中「法」宜改爲「託」。蓋卷一言「上古茫昧無稽」，「夫三代文教之盛，實由孔子推托之故。」堯、舜、文王等先王皆是孔子推托虛擬的人、事，既然如此，孔子改制如何「法」之？本卷「緒論」云：

　　蓋古者大朝，惟有夏、殷而已，故開口輒引以爲鑒。堯、舜在洪水

> 未治之前，中國未闢，故《周書》不稱之。惟《周官》「唐、虞稽古，
> 建官惟百」之言，然是偽書，不足稱也。

堯、舜生年在大禹之前，當時中國洪水未治、大地人道未萌、中國未闢。可
見堯、舜事蹟根本茫昧不可稽考，故無從「法」之。就卷十一〈孔子改制託
古考〉，堯、舜乃孔子託古的主要對象之一，故孔子改制思想與堯舜的關係
是「託」而非「法」；卷八〈孔子為制法之王考〉列述孔子的「王號」，其中
之一即為「孔子為文王」，既然如此，孔子改制如何「法」文王？所以如果
以卷四、卷八、以及卷十一康氏的觀點來看本卷標題，就有矛盾而顯得不甚
妥當。

然而，如果不「以子之矛，攻子之盾」，不管卷四、卷八、以及卷十一
康氏的說法，只就一般人的說法，反而容易。「孔子改制法堯舜文王」，就是
孔子改制取法堯、舜、文王。三王最大的政治特質，在於禪讓。因此本卷的
主旨在於考證孔子改制具有西方的「民主精神」。本卷「緒論」開頭即點出
這個主旨。所謂「堯、舜為民主，為太平世，為人道之至，儒者舉以為極者
也。」

康氏認為堯、舜雖然為民主精神、太平盛世的象徵，但二者所建立的朝
代唐、虞並不存在：

> 然吾讀書，自《虞書》外未嘗有言堯、舜。〈召誥〉曰：「我不可不
> 監於有夏，亦不可不監於有殷。」……〈多方〉曰：「非天庸釋有夏，
> 非天庸釋有殷。」〈立政〉曰：「古之人迪惟有夏，亦越成湯，陟丕
> 釐上帝之耿命。」皆夏殷並舉，無及唐、虞。

康氏認為「古者大朝，惟有夏、殷而已。」唐、虞二朝並不存在，所以不見
於古代典籍，只有《周官》與《虞書》例外。《周官》有：「唐、虞稽古，建
官惟百」之言，但此為偽書，不足稱也；至於《虞書》則為孔子所作：

> 若《虞書·堯典》之盛，為孔手作，觀《論衡》所述「欽明文思」
> 以下為孔子作。皋陶有「蠻夷猾夏」之辭，堯、舜時安得有夏？其
> 為孔子所作至明矣。

堯、舜的記載，最早見於《虞書》，而該書既為孔子所作，那麼堯、舜就是孔
子所塑造出來的，孔子託古，將堯舜理想化之後，使其成為自己改制思想的
代言人。

由斯以推，堯、舜自讓位盛德，然太平之盛，蓋孔子之七佛〔註4〕也。《孝經緯》所謂「託先王以明權。」孔子撥亂升平，託文王以行君主之仁政，尤注意太平，託堯、舜以行民主之太平。

孔子藉由堯、舜的禪讓行爲，象徵改制思想的民主精神。康氏認爲人類文明的進化有三個層次，即「據亂世」、「升平世」、「太平世」，這也就是所謂的「三世說」。這是文明，也是制度進化的必然過程。三世的當中，各有其相應的制度與之搭配。在政治制度方面。據亂世爲君主集權、升平世爲君民共主、到了太平世則爲民主政治。這就是所謂「孔子撥亂升平」，以文王爲「升平世」象徵，而以堯、舜爲「太平世」民主政治的象徵。

三世的進化，必須依序而行，由據亂、升平、最後到達太平盛世：

特施行有序，始於麤糲而後致精華，《詩》託始文王，《書》託始堯、舜，《春秋》始文王終堯、舜，《易》曰：「言不盡意，」聖人之意，其猶可推見乎？後儒一孔之見，限於亂世之識，大鵬翔於寥廓，而羅者猶守其藪澤，悲夫！

六經雖然都是孔子所作，但還是有「三世」的順序。「《詩》託始文王」爲升平世的寄託，作於孔子早年；「《書》託始堯、舜」，爲太平世所託；至於《春秋》則爲孔子最後的代表作，乃改制大義之所在，「始文王終堯、舜」，最爲完整，包含了三世的政治制度。所謂「言不盡意」，「聖人之意」是爲「隱志」，不見於經文，所以後學必須善於推求。然而後人不懂發明《春秋》改制精神，尚停留在「據亂世」，這使康氏深深地感嘆。

本卷共分五部分，目次爲：

孔子法堯舜文王總義

孔子法堯舜

孔子法文王

孔子改制後弟子後學皆稱堯舜

孔子改制後弟子後學皆稱文王

以上五項，除了第一項之外，其他的四項，與卷八〈孔子爲制法之王考〉多所重複。

〔註4〕七佛者，佛教名詞也。部派佛教以後，認爲過去有七佛。據《長阿含經》卷一載，釋迦牟尼前有六佛：毗婆尸佛、尸棄佛、毗舍婆佛、拘樓孫佛、拘那含佛、迦葉佛，加上釋迦牟尼佛，通稱「過去七佛」。

　　茲將「孔子改制法堯舜文王」大意，分論如下：

（一）堯舜實不存在

　　首先，康氏證明「堯舜實不存在」：

> 孔子厚葬久喪，墨子薄葬短喪，相非相反，而皆自謂堯、舜、禹、湯、
> 文、武之道。此與《韓非・顯學篇》謂孔子、墨翟俱道堯、舜，而取
> 舍不同，皆自謂眞堯、舜。堯、舜不可復生，誰使定堯、舜之眞全合。

《韓非子・顯學》在本書徵引的次數相當多，主要皆在證明堯、舜等先聖哲人
實際上並不存在，或事蹟遙遠無從稽考，「荀子、列子皆謂五帝不傳政，堯無政
傳，安能名之？」也因此堯、舜二人成爲先秦諸子，乃至於後代思想家，理想
的託古對象。至於文王，由於在大禹之後，「人道已萌」，人物的「眞實性」遠
高於堯、舜。因此在本卷中，康氏對於文王本人的考證「不得不」較少，因爲
徵引的資料一多，則文王本人的眞實性則相對提高，如此一來，則不容易假託。

　　傳統將文王、武王並稱，但不知基於何種理由，康氏不喜歡武王，當然
孔子也就跟著「不滿意」。《論語》稱孔子從周，故兼稱武王。其實孔子之心
但法文王，武未盡善，孔子有不滿意焉。」至於孔子相當推崇的周公，康氏
反而有貶低的意味，主要在於周公乃古文學家推崇的對象。周公在古文學家
的心目中，乃居「先聖」地位，高於孔子；職是之故，身爲今文學家的康氏，
反其道而行，推尊孔子而貶抑周公。所以在本卷，乃至於本書當中，除了批
評劉歆時順便提到之外，不管徵引資料或註文當中，絕少提及周公。

（二）堯舜事蹟皆孔子所假託

　　其次，堯、舜既然不存在，那麼關於他們的事蹟，都是孔子「假造」的。
康氏認爲最早提到堯、舜的是《虞書・堯典》，此爲孔子所作，「〈堯典〉一字
皆孔子作」，證據有四：

證一：

> 〈堯典〉一字皆孔子作，凡有四證：王充《論衡》：「《尚書》『欽明
> 文思』以下何人所作也？曰：『篇家也。』篇家者誰也？鴻筆之人也。
> 鴻筆之人何人也？曰：『孔子也。』」則仲任尚知此説，其證一。

證二：

> 〈堯典〉制度與〈王制〉全同，巡狩一章文章亦全同。〈王制〉爲素
> 王之制，其證二。

證三：

> 文辭若「光被四表，格于上下，克明峻德，以親九族」等，調諧詞
> 整，與〈乾卦〉象辭肴辭「雲行雨施，品物流行，大明終始，六位
> 時乘」同，並爲孔子文筆，其證三。

證四：

> 夏爲禹年號，堯、舜時禹未改號，安有夏？而不云蠻夷猾唐猾虞，
> 而云猾夏，蓋夏爲大朝，中國一統，實自禹平水土後，乃通西域，
> 故周時人動稱夷夏、華夏，如近代之稱漢、唐。故雖以孔子之聖，
> 便文稱之，亦曰猾夏。證四。

在卷十〈六經皆孔子改制所作考〉中，康氏證明六經爲孔子所作，在此，又再度從四方面證明《尙書》爲孔子所作。姑且不論證據的強度和有效性，康氏主要目的在說明堯、舜的形象，乃是孔子塑造的。

至於文王即孔子的考證，在卷八〈孔子爲制法之主考〉中，康氏即引據文獻，證明文王乃孔子王號之一。在本卷又再考證文王即孔子。「文王所以爲文，即孔子也。」〔註5〕如何證明？康氏引《禮緯‧稽命徵》：「文王見禮壞樂崩，道孤無主，故《禮經》三百，威儀三千，正經三百五，動儀三千四。」註云：「周文王之時，無禮壞樂崩，然則此文王非孔子而何？」此外，康氏徵引了一則「至可信據」的證據，那就是《論語‧子罕》：

> 子畏於匡。曰：「文王既沒，文不在茲乎？天之將喪斯文也，後死者
> 不得與於斯文也；天之未喪斯文也，匡人其如予何！」

註云：「孔子以文自任，直繼文王，絕不辭讓，反覆言之，號爲斯文，並不以爲諡法。事出《論語》，此爲孔門微言，至可信據。」康氏認爲此條出於《論語》，所以可視爲「鐵證」。然而，事實上，康氏認爲《論語》爲曾子弟子所爲，並不能作爲認識孔子的主要經典！但此處又認爲「事出《論語》」，「至可信據」，似乎有矛盾。但如果不管此一矛盾，也不要仔細分析《論語‧子罕》的原意，蓋「不必其爲堯、舜、文王之事實。」那麼康氏就證明了「文王即孔子」。「生文王爲誰？非孔子而何？」文王的形象就是孔子所塑造出來的。

〔註5〕正如《春秋》重義不重文，「周文王即孔子」的說法，也是就「義」而言，不就「事實」而言，即「不必其爲堯、舜、文王之事實也。」所以就史實而言，康氏也承認有一周文王存在，如云：「周文王爲周制，孔子之文王爲漢制。」但就「義」而言，文王即孔子。

（三）孔子假託堯舜的目的在於寄託民主精神

再次，孔子將堯、舜、文王塑造成何種形象？康氏引《論語・泰伯》：「三分天下有其二，以服事殷、周之德，其可謂至德也已矣！」註云：

> 孔子之道，惡爭奪而貴讓，堯、舜、文王、隱公、泰伯、伯夷皆貴其讓也。……然孔子慮殺一不辜而不爲，其道在春秋末亦幾三分有二，有類文王，故孔子最樂記之，以至德相近也。

可見孔子「貴讓」，而將此至德加諸堯、舜、文王的形象，「堯、舜自讓位盛德」，「孔子最尊文王之讓德」。於是三者成爲孔子「讓德」的代言人。

將孔子堯、舜、文王三者塑造成具有「讓德」的聖人，其目的何在？主要是爲了寄託改制的「三世之義」，尤其是其中的政治制度。三世的政治制度，由「據亂世」君主集權，到「升平世」的君民共主；最後終至「太平世」的民主政治。整個「進化」的過程，也可以說是在君民的對立當中，政權由君主不斷下放到人民的手中。「孔子之道，務民義爲先，親賢爲大，堯、舜之道也。」政治進化乃是政權的消長，就人民而言乃「長」，而君主則「消」，這也是堯、舜、文王等先王「讓德」的表現。康氏云：

> 《春秋》始於文王，終於堯、舜。蓋撥亂之治爲文王，太平之治爲堯、舜，孔子之聖意，改制之大義，《公羊》所傳微言之第一義也。

「《春秋》始於文王，終於堯、舜。」文王代表由據亂世的君主集權，「進化」至升平世的君民共主，君權開始下放。進而往堯、舜的民主政治前進，「《春秋》據亂，未足爲堯、舜之道；至終致太平，乃爲堯、舜之道。」到了太平世，則政權完全操控在人民的手裏，這就是堯、舜禪讓精神的充分呈現：

> 《春秋》、《詩》皆言君主，惟《堯典》特發民主義。自「欽若昊天」後，即舍嗣而異位，或四岳共和，或師錫在下，格文祖而集明堂，闢四門以開議院，六宗以祀，變生萬物，象刑以期刑措，若斯之類，皆非常異義託焉，故《堯典》爲孔子之微言，素王之鉅制，莫過於此。

君主發揚堯、舜、文王的「讓德」，促使民主政治精神發揚，此乃孔子改制託古、《春秋》大義、以及《公羊》微言的所在，同時也是本卷〈孔子改制法堯舜文王考〉的主旨所在。

本卷探討的內容，雖然多與前幾卷重複，但是重點在於康氏點出了孔子改制的政治方向，在於發揚堯、舜、文王「讓德」，讓權於民，使得民主精神

漸漸展現，最終走入西方的民主政治。所以本卷隱約開始接觸到本書寫作的
主旨，也就是清末維新變法的方向，先是進入君民共主的升平世，最終則到
達民主政治的太平世。

第八章　孔教與諸子的互攻

　　在上章中，康康氏揭示了孔子改制的主要方向，即民主精神的發揚。於孔子改制有了內容與方向。接下來，則是實踐的問題。康氏認為孔子創教改制之後，以布衣身分而行變法之事，必然在付諸實踐的推動程中，將遭遇到不少的阻力，主要包括「弟子時人據舊制問難」（卷十三）、以及「諸子攻儒」（卷十四），諸子（教）教主、弟子後學等對孔教的批評與攻擊，其中又以「墨老攻儒尤盛」（卷十五）。然而正因如此，更加證明孔子有創教改制之舉；同時藉由諸子的批駁，「明仲尼之不可毀也。」

第一節　「孔子改制弟子時人據舊制問難考第十三」述評

　　本卷標題為「孔子改制弟子時人據舊制問難」，[註1] 康氏「煞有其事」地認為孔子改制並不只是理論，而且開始進入到實踐階段。在此一階段當中，最大的阻力之一，來自於弟子、時人的反對，並據舊制加以問難。本卷的主旨同時指出了改革的困難。改革的對象是針對舊有存在，而行之有年的制度，要改變此一習慣乃至於風俗、制度，必定會遭到不少阻力：

> 孔子以布衣改周之制，本天論、因人情、順時變、裁自聖心，雖游、夏不能贊一辭。然人情多安舊習，難與圖始，驟予更革，鮮不驚疑；
> [註2] 雖以帝王之力，變法之初，固莫不銜撅驚慮者，況以一士之

〔註1〕　「孔子改制弟子時人據舊制問難考」然而卷一明言「上古茫昧無稽」，既然如此，何來的「舊制」？
〔註2〕　前云孔子改制內容，乃「因人情」，可是又云「然人情多安舊習」，似有矛盾。

力，依託古先，創立新法者哉？

康氏認爲孔子改制的內容，一方面「本天論、因人情、順時變。」表示改制的內容乃有所本，且平易又能變通，相當具有「可行性」；另一方面「裁自聖心，雖游、夏不能贊一辭。」說明改制是相當具有崇高的「理想性」。但是改變現實總是困難的，人們常希望保有既得的利益，而安於舊習。況且，理想實踐的過程中，必有未知與阻礙，故易引人疑懼，而缺乏安全感。就算以帝王之力實施變法，都將遭受重大阻力，何況孔子以一介士大夫，假託先王的名號，倡導新法，故其困難的程度可想而知，首當其衝的是弟子與時人紛紛據舊制加以問難。

本卷共分爲八個項目，依序爲：

孔子改制弟子據舊制問難

孔子改制時人據舊制問難

弟子仍舊制孔子以所改之制定之

時人仍舊制弟子以孔子所改之制告之

孔子改制後弟子從之而舍舊制

孔子改制後時人從之而舍舊制

時人別創新制後學以孔子所改之制折之

這樣的次序安排，似乎有其意義。它代表孔子改制，由當初弟子、時人的質疑、問難，轉而接受，並且與舊制對立，最終取而代之的歷程。

在本卷之中，所提到孔子改制的項目，共十項，二十一次。喪禮之制共九次，其中三年之喪有五次；[註3] 什一稅制三次；親迎之禮兩次；此外「重女學」、「男女遠別之制」、「正名」、「儒服」、「娶妻需媒」、「公圍」、「立嗣之制」各一次。康氏云：「儒教至戰國既大行，而時人猶多據舊制以攻孔子之制者。三年喪、親迎尤爲數見。可見改制之難。」康氏認爲孔子改制項目中，「三年之喪」和「親迎之禮」二者最受到質疑。茲以康氏評論次數最多的「三年之喪」、「親迎之禮」、以及「什一稅制」爲例，說明「孔子改制弟子時人據舊制問難」的現象。

但如果將「本天論、因人情、順時變、裁自聖心，雖游、夏不能贊一辭。」視爲對孔子改制的宣傳、誇大、溢美之辭，則矛盾可解。否則果眞「本天論、因人情、順時變。」得「天」、「人」、「時」之助，孔子改制焉有不成之理？弟子、時人又何必，且何敢提出問難？

〔註3〕 喪禮之制共九次，其中三年之喪有五次，其餘分別爲「除服」、「喪期」、「親喪，水漿不入口者三日」、「喪出母，孔子改制，不喪出母。」等。

（一）三年之喪

此項可以說是本卷最具有代表性的範例。它是本卷最先徵引的對象。康氏引《論語‧陽貨》中，宰我與孔子辯三年之喪。註云：

> 三年之喪若是大周通禮之制，豈有聖門高弟大賢而惡薄若是，且敢攻難於聖師之前乎？……蓋三年喪爲孔子新改定之制，期喪蓋是舊俗，[註4]宰我故據舊制與孔子論之。

關於三年之喪爲孔子新制的說法，在卷九〈孔子創儒教改制考〉、卷十一〈孔子改制託古考〉等，康氏已徵引考證。此卷又再度重提，「考三年之喪，自古實無定制。」「已可知期是舊俗，三年是孔子加隆。」宰我以期年之喪與孔子辯論三年之喪，即「孔子改制弟子據制問難」的證據。

在「孔子改制後時人從之而舍舊制」一項中，只徵引資料一條，即《禮記‧檀弓》：「魯人有朝祥而莫歌者，子路笑之。夫子曰：『由，爾責於人終無已夫。三年之喪亦已久矣夫。』子路出。夫子曰：『又多乎哉，踰月則其善也。』」註云：「朝祥暮歌，義實未善。但制爲新創，魯人能從教已極難得，故孔子不復責之。」康氏認爲三年之喪，首先實施的地點爲魯國。魯人將原本一年的喪期，改用孔子喪制，而加隆爲三年；捨棄舊制，而改採孔子新制。因爲由於制度新行，所以能服滿三年之喪，可說相當難得，故即使「朝祥暮歌」，但孔子也不忍責之。康氏以此作爲「孔子改制後時人從之而舍舊制」的證據。

在「時人惑舊制後學以孔子所改之制鬭之」項中，康氏首引《孟子‧滕文》，滕定公薨，世子令然友向孟子請教喪禮，孟子答曰：「三年之喪，齊疏之服，……自天子達於庶人，三代共之。」世子遂「定爲三年之喪」，但遭到父兄百官的反對，孟子教世子以身作則，於是「弔者大悅」。又引《孟子‧盡心》，「齊宣王欲短喪」，公孫丑贊同地認爲，能穿一年的喪服，總比都不服喪來得好。當然遭到孟子的批評反對。三年之喪乃「孔子改制而孟子傳教」，孟子爲孔子「後學」，故康氏引《孟子》提倡三年之喪，作爲「時人惑舊制後學以孔子所改之制鬭之」的證據。

（二）親迎之禮

康氏引《穀梁‧桓‧二年》：「子貢曰：『冕而親迎，不已重乎？』孔子曰：『合二姓之好以繼萬世之後，何謂已重乎？』」註云：「子貢尙以親迎爲已重，

〔註4〕　康氏認爲外國期年之喪期，乃用宰我之說。「今泰西自羅馬外，各國及日本服期，用宰我之說也。」

與宰我疑三年喪為已久正同，蓋皆舉舊制以詰難孔子之新制者。」此即「孔子改制弟子據舊制問難」之例。

反對親迎之禮，不只子貢，魯哀公亦然。此即「孔子改制時人據舊制問難」。《大戴》哀公問於孔子：「公曰：『寡人願有言，然冕而親迎，不已重乎？』孔子愀然作色而對曰：『合二姓之好以繼先聖之後，以為天地社稷宗廟之主，君何謂已重乎？』」註云：

> 孔子作《春秋》，於紀履緰來逆女，發明男下女之大義，譏不親迎，
> 以為孔子所改定，故哀公疑其已重也。若大周舊制，服行有素，習
> 而安之，俟堂無譏，何有已重之疑乎？

康氏認為親迎乃孔子新制。原因有二。首先，制度有延續性，如親迎本為周代舊制，後人不應全然不知，而只有孔子知道；其次，《墨子·非儒》批評儒者「親迎之禮」，認為「娶妻親迎」，「如仰嚴親，如承祭祀。顛覆上下，悖逆父母，下則妻子，妻子上侵事親，若此可謂孝乎？」由「異教攻儒」，由墨子以此而非儒，可見親迎為孔子所制。

康氏認為孔子提倡親迎之制的用意，在於「發明男下女之大義」，反對舊制「尊男抑女」的觀念。《孔叢子·嘉言》：

> 子張曰：「女子必漸乎二十而後嫁，何也？」孔子曰：「……以為績
> 組紃織紝者，女子之所有事也，黼黻文章之義，婦人之所有大功也。
> 必十五以往，漸乎二十，然後可以通乎此事；通乎此事，然後乃能
> 上以孝於舅姑，下以事夫養子也。」

此段引文歸於「孔子改制弟子據舊制問難」項中。主要說明孔子認為女子不宜早嫁，二十歲左右最適宜，因為這樣才有足夠的時間學習女紅、文章等。然學習的目的，並不是為了出人頭地，而是比較有能力孝順舅姑、事夫養子。康氏註云：

> 孔子之道，造端夫婦。……蓋婚姻以時，所以慎乎情欲之感也。若
> 舊制尊男抑女，則有過時不及時者矣。組紃織紝，黼黻文章，二十
> 然後可通，孔子改制而重女學如此。

康氏認為女子二十而嫁，「婚姻之時」，表示「慎乎情欲之感也」，這與引文原意不同。上引文中，孔子之意仍是「尊男抑女」，因為女子學習有成的目的，不是為自己，而是為了更有能力事奉他人，「乃能上以孝於舅姑，下以事夫養子也。」正如親迎之禮，孔子之所以提倡親迎，原因在於娶妻乃人生大事，

所謂「合二姓之好以繼先聖之後，以爲天地社稷宗廟之主。」而不是爲了尊重女性。可見孔子並未有如康氏所說，提倡男女平權的主張，至少無法由以上的引文獲得證明。

此外，與兩姓關係有關的，還有所謂「男女遠別之制」。康引《論語‧雍也》：「子見南子。子路不說。夫子矢之曰：『予所否者，天厭之！天厭之！』」註云：

> 孔子立男女遠別之制，著於六經，與門人講論熟矣，而見南子。子路剛者，疑夫子言行之不合也，故夫子呼天以明之。蓋當時舊制，見國君必及其夫人，如今泰西諸國皆然。夫子雖改之，初猶未能遽行也。

這是有趣的詮釋。首先，如果康氏眞要說孔子提倡男女平等，那麼「子見南子」，可以解爲孔子見衛靈公之後，又見其夫人南子，「見國君必及其夫人」，以示不重男輕女；其次，康氏謂「孔子立男女遠別之制」，男女既然有別，往往會有高下之分。以傳統的觀念而言，當然是尊男抑女。所以此制，與「親迎之制」、「重女學」的精神，互爲矛盾；再次，將中國的舊制比爲「如今泰西諸國皆然」。言下之意，有鼓勵的作用，即如中國能採孔子新制，則成果必在西方之上；最後，康氏將「子見南子，子路不說。」作爲「孔子改制弟子據舊制問難」。可見康氏相當有「創意」。

（三）什一稅制

在「時人仍舊制弟子以孔子所改之制告之」項中，康氏徵引《論語‧顏淵》：「哀公問於有若曰：『年饑用不足，如之何？』有若對曰：『盍徹乎？』曰：『二，吾猶不足，如之何其徹也？』」註云：「徹是孔子改定之制，實皆什一。魯舊制什而取二，故哀公疑其不可行。」魯國稅制爲什二，財政出現危機。解決的辦法，不外開源與節流。可是有若卻提出什一的徹制，顯然迂腐而無濟於事，「故哀公疑其不可行」。

除了魯哀公懷疑什一之制的可行性外，戴盈之也有相同的困擾。《孟子‧滕文》：

> 戴盈之曰：「什一，去關市之征，今茲未能。請輕之，以待來年，然後已，何如？」孟子曰：「今有人日攘其鄰之雞者，或告之曰：是非君子之道。曰：請損之，月攘一雞，以待來年，然後已。如知其非義，斯速已矣，何待來年？」

宋國大夫戴盈之認爲，當時的環境恐怕不能執行，希望明年再實施什一，並

去關市之征，由於孟子主張關市譏而不征，認爲關市之征乃不義之行，故宜速去，不可等到明年。康氏註云：「什一是孔子改定之制，當時實未能行。孟子傳教發明之，戴盈之欲行此制而未能，故先稍輕，待來年乃行之也。」此即所謂「時人惑舊制後學以孔子所改之制闢之」

以上所舉二例，皆認爲什一太輕，國庫收入將會減少，進而使國家財政入不敷出。但也有人提出相反、即更輕的稅制，那就是白圭的二十取一。《孟子・告子》：「白圭曰：『吾欲二十而取一，何如？』孟子曰：『子之道，貉道也。萬室之國一人陶，則可乎？』」康氏註云：「什一是孔子改定之制，孔子託之堯、舜者，白圭更欲加而上之。」此即所謂「時人別創新制後學以孔子所改之制折之」。

以上以「三年之喪」、「親迎之禮」、以及「什一之稅」三制，說明康氏所謂「孔子改制弟子時人據舊制問難」。除此之外，在本卷中，有一些引文、註文，與孔子改制並無直接關係，但卻相當重要。例如，康氏引《論語・憲問》中，子路、子貢等批評「管仲非仁者」，孔子卻爲之辯護。康氏註云：

> 舊制論人，當如後世儒者責魏徵之於太宗，曹彬之於藝祖，薄其德而沒其功，而聖人論事，重功不重德，有能救世全民者則與之。《春秋》美齊桓存亡繼絕之功，而於管仲無貶辭，二子所由疑問歟？

這說明了，康氏認爲變法乃天下大事，所以必須要有功效，事功的重要大於德性的涵養，即「重功不重德」。可見康氏雖然提倡「孔子改制」，以孔子爲清末變法的代言人，但並不特別強調孔子德性方面的成就。又如：

> 湯、武革命，順天應人。聖人上奉天，下愛民，豈其使一人肆於民上？《春秋》義，失民則不君。孟子述其大義，故以爲誅殘賊；齊宣王駁此異義，故疑問之。

聖人愛民，「《春秋》義，失民則不君。」這點出了康氏認爲改制變法的追求方向。這也就上卷，卷十二〈孔子改制法堯舜文王考〉的主旨。指出清末中國變法的方向，在政治制度方面，必須先開議院，君民共同執政；然後最終還政於民，實施西方的民主政治。

本卷最值得商榷之處有二：首先，就改制的項目而言。禮制改革佔大多數，其中喪禮即佔所有改制項目的四分之一。如果這是孔子關心的主要事件，那麼孔子充其量不過是一個關心民生的「殯葬業者」。而「孔子改制」，實際上，乃「康子改制」，孔子乃康氏「託古」的對象。因此，本卷提到的改制項

目，理論上，應與清末維新運動內容相關。可是除了「公圍」、「重女學」兩項有間接相關之外，其他似乎毫無關係。可見孔子對康氏而言，乃是「託古」，而非「發揚」的對象，有名而無實，孔子只是「體」，其「用」則在西學。

其次，就改制的推力而言。本卷的主旨，在於說明孔子改制後，弟子與時人不斷質疑、問難，但也在這樣的阻礙之下，孔子改制突破障礙，最後終於成功。可是成功的力量為何？在本卷「緒論」中，康氏提到以帝王之力，在變法之初，都要遭遇阻力；而孔子不過是「一士之力」，改制思想的宣傳力量來自「依託古先」，但這充其量，只能說是在觀念具有「說服力」，但新制還需進一步被實現，這就需要有強大的推行力量，也就是改制的推力，這是變法最主要的前題。缺乏推行的力量，尤其是來自君主的支持力量，一切只能停留在理論與理想當中。康氏對於孔子新制推行主力的來源，直到最後一卷，即卷二十一〈漢武帝後儒教一統考〉才提到朝廷的助力。這使本卷，表面上「證據充分」；而事實上，內容顯得無力、空泛而誇大。

由於前卷提到改制的主要方向之後，本卷接著「孔子改制弟子時人據舊制問難」，揭示了改革者必然遭遇阻力與挫折，「雖以帝王之力，變法之初，固莫不銜撅驚蹙者！」康氏能將它標明出來，表示他意識到清末變法的困難，同時他也願意將困難視為必然的，因為神聖如孔子，都不能避免。所以既然主張變法，就要有心理準備，接受挫折並面對挑戰。

第二節　「諸子攻儒考第十四」述評

卷五〈諸子爭教互攻考〉，主要提到墨、道、名、法等四家攻擊批評其他諸子的學說，其中並末提到儒家。但從本卷〈諸子攻儒考〉開始，儒家始加入「諸子爭教互攻」的論戰當中，本卷是一「序幕」；到了下卷，卷十五〈墨老攻儒尤盛考〉，諸子之中，只剩墨、老、儒三家爭教；卷十六〈儒墨爭教交攻考〉時，老子所代表的道家消失了，只留儒、墨爭教互攻；到卷十七〈儒攻諸子考〉，墨家衰落了，儒家一教獨大，並開始大反攻，批評所有諸子的學說。這似乎是一種「競爭」，「生存競爭」，在「適時生存」的定律，證明了儒家學說的偉大與優勢。

在卷五〈諸子爭教互攻考〉中，曾歸納諸子互攻的原因，主要有「學說的偏蔽」、「衛道的心理」、「宗旨的不同」等。這三個原因，在本卷中也相繼

提到：

一、學說的偏蔽

在「學說的偏蔽」方面。如：

《易》曰：「龍戰于野，其血玄黃。」「陰疑於陽必戰」諸子自張其
教，陰疑於陽者也。然聖道至中，人所歸往，偏蔽之道，入焉而敗。
今藉諸子之相攻，明仲尼之不可毀也。

又如：

《韓非子・顯學篇》：儒分爲八，……。後師各分門戶，所造不同，
故多歧也。且孔子條理紛繁，無所不有，……然方其體者無轉圜之
用，得一面者無肆應之功，道烏可以執一哉？

相較於諸子學說偏於一隅，「孔子陳義甚廣，故以爲首攝多端。」如此一來，
則「範圍古今」，學說更具有彈性，便於「轉圜」、「肆應」複雜環境的需要。
然而，諸子並不見自己學說的偏蔽，反而批評首攝多端的孔教教義，當然最
終的結果是可以預料的，那就是「偏蔽之道，入焉而敗。」同時也因此而更
加證明孔教聖教至中而不可毀。

二、衛道的心理

在「衛道的心理」方面，由於本卷內容乃「諸子攻儒」，而非儒攻諸子，
所以徵引文獻，只見諸子對儒家的批評。至於站在儒家立場展開辯護，唯有
康氏的註文。康氏辯論技巧，在本卷最常用者爲：

（一）諸子以孔子之儒術不足以治國

康氏辯以「國君不專用」之故。如《淮南子》認爲儒家的禮、術，不但
無助於治國，反而有害，魯國就是一個最好的例子。《淮南子・人間訓》：「哀
公好儒而削。」康氏反駁：「戰國人多以魯好儒而削，爲儒罪。其實哀公未嘗
聽用孔子也。」由於魯國的衰落乃爲一不爭的史實，康氏亦不得不承認，「儒
不尚詐謀，不言兵，故國弱」。但同時也提出「然魯人從儒，其君實未專用儒
道也」作爲辯護。〔註5〕不僅魯國未專用孔子之道，漢代亦然。如云：「井田

〔註5〕 由於儒家不講謀略、且反對用兵，所以採用儒術的國家卑弱是必然的；接著
他又感嘆地，其實魯君並未專用儒術，所以卑弱。這似乎矛盾。因爲「不專

爲孔子所立，……漢亦未有行此制，故漢人猶攻之。」「孔子之制，不征山澤，不言錢幣，漢廷俗吏溺守舊法，豈肯用之？」然這與卷十九〈魯國全從儒教考〉、卷二十一〈漢武帝後儒教一統考〉的說法，相互矛盾。

（二）諸子批評儒家學說多為「不驗之語」

康氏辯以孔子創說、託古之故。如《鹽鐵論·相刺》：「今儒者釋耒耜而學不驗之語，曠日彌久而無益於理，往來浮游，不耕而食，不蠶而衣，巧爲良民以奪農妨政，此亦當世之所患也。」康氏辯以：「攻儒者往來浮游，亦可見傳道之勤矣。攻儒術爲不驗之語，以其創說，自古未嘗行之也。」又如《鹽鐵論·大論》中，批評孔子周遊各國不見用，「夫知時不用猶說，強也；知困而不能已，貪也；不知見欺而往，愚也；困辱不能死，恥也。」康氏辯以：「以其匹夫創說，未嘗行之也。」

（三）重新詮釋對方語意，轉負面批評為正面讚賞

如《鹽鐵論·毀學》：「儒、墨內貪外矜，往來游說栖栖然，亦未爲得也。」康氏重新詮釋「內貪」、「外矜」：

> 孔子爲行道救時計，凡有所以行吾道者則爲之，故曰「內貪」；不直則道不行，故曰「外矜」。往來游說，雖未有得，亦栖栖然而不止。
> 亦可見傳道之勤矣。

這可謂「妙解」！雖然註文與引文意義正好完全相反。但卻包含了康氏無限的「創意」！

（四）直接斥責對方言論為「悖論」

如「商君攻孝悌誠信，韓非攻堯、舜、湯、武孝弟忠順，亙古悖論，未有甚於是者！」又如「當戰國時，異學競出，故以孟子爲守舊。至孔子之饑於黎邱，亦常事耳，訾詆及此，夫亦何所不至哉！」

以上乃康氏常用的辯論技巧。但並非所有批評儒家的言論，康氏必加以反駁。如《鹽鐵論·論誹》：

> 晏子有言：「儒者華於言而寡於實，繁於樂而舒於民，久喪以害生，厚葬以傷業，禮煩而難行，道迂而難遵，稱往古而訾當世，賤所見而貴所聞。」此人本狂，以己爲式，此顏異所以誅黜，〔註6〕而狄

用」儒術已使魯國削弱，如果一旦「專用」之後，不就加速滅亡嗎？

〔註6〕顏異，漢武帝時人。曾任亭長，後升爲大司農。後經人告發，以其不滿於詔

山死於匈奴。〔註7〕

康氏雖引此文，但並不為之辯護，但云：「當時諸家賤儒，行不逮言，故來當世之譏。」

三、宗旨的不同

在「宗旨的不同」方面。這點相當容易造成學派之間的互攻。如：

> 戰國之世，儒、墨後學盛行於時，韓非目擊其所傳之道，與己之法大相刺謬，遂倡言剖擊，謂無耕之勞，有富之實；無戰之危，有貴之尊。一則曰亂人之法，再則曰亂人之國。

又如晏子批評儒者，蓋因「晏子豚肩不掩豆，澣衣以朝，與孔子盛禮樂宗旨自不同。」

除了以上三個原因之外，康氏認為諸子之所以攻儒，正因為儒學大盛，即所謂「時人忌而譏之甚至矣。」就像「樹大招風」一樣，如康氏云：「孔學以大名而見譏」，「孔子以博學知禮聞，時人已久忌之，尋隙摘瑕，時時攻難。」「當時諸子並行，而儒道至顯，故時人姤而誣之。」又如：

> 孟子將行道而有臧倉之沮，尹士之譏；程子則有孔文仲之劾；朱子則有林栗、胡宏、沈繼祖之劾，至謂喫菜事魔，挾二尼為妾，拽孔子之木象，其子盜牛。從古已然。況以孔子之聖，猶伐樹於宋，削跡於陳，微服避禍，餓至七日，奚有於區區之譏乎？

這種的現象，主要是賢者「樹大招風」、或「文人相輕」、甚至是「小人不樂成人之美」，進而造「當時貴人之難相容矣」。不過康氏也認為這種現象似乎是「必然的」，「從古已然」。可見成功、得道是不容易的，除了本身的努力之外，還要面對各種挑戰，包括旁人的造謠中傷。

在本卷「緒論」中，康氏將「諸子攻儒」比附為外族侵擾中原：

> 冒頓之寇漢，耶律之入宋，皆於大朝一統犯之。若夫稱戈並起，滎陽、成皐之戰，邯鄲之走，鄱陽之攻，高、光、明祖所固然。當戰國時，孔道未一，諸子並起，不揣德量力，咸欲篡統。

諸子就像「夷狄」等外族，而孔子為「大朝」。尤其是戰國時，儒教未一統天

令，卻不提出，只作腹中誹謗。被處死。

〔註7〕 狄山，漢武帝時博士。批評武帝出兵匈奴，使中國大困，主張和親政策。令其守邊塞，月餘，為匈奴所殺。

下，所以諸教一起「逐鹿中原」。諸子之中，以墨、老二教，最為強盛。所以如果以梟雄而言，可比附為項羽、陳友諒一類的人物：

> 其墨、老二家，駸駸乎項羽、王郎、陳友諒，故相攻尤力哉！《易》
> 曰：「龍戰于野，其血玄黃。」「陰疑於陽必戰。」諸子自張其教，
> 陰疑於陽者也。然聖道至中，人所歸往，偏蔽之道，入焉而敗。

諸子由於「先天」的缺陷，即不可避免的「偏蔽之道」，最終還是要敗給「聖道至中」的孔教。康氏云：「今藉諸子之相攻，明仲尼之不可毀也。然而儒為孔子所創，非先王所傳，益明矣。」藉由諸子攻儒，正好證明儒教所孔子新創；又諸子雖攻儒，但儒教依然存留下來，可見「仲尼之不可毀也」，儒家有優異的學說，不受「異教」攻擊的影響。〔註8〕

不同於卷五〈諸子爭教互攻考〉，以「諸子」作為單位；本卷以時間作為區分。依序為：

> 春秋時諸子攻儒
> 戰國時諸子攻儒
> 秦時諸子攻儒
> 兩漢時諸子攻儒

（一）春秋時諸子攻儒〔註9〕

以下擬將「諸子攻儒」，粗分為四個部分，即「批評者」、「批評立場」、「批評對象」、「批評內容」等，而「批評內容」又細分「人格行事」與「學說優劣」兩方面。在本項，「春秋時諸子攻儒」中，有人名者，計有十位。茲作為表格如下：

〔註8〕 藉用他人的批抨作為證據之一，也就是康氏所謂藉「異教（仇家）之口而益明」。這是康氏慣用的證明方法之一。如卷七〈儒教為孔子所創考〉：「從仇家親供大題，考見孔子創教名目義旨。」「從異教所攻，亦可攷儒家宗旨矣。」「藉異端之口以證六經為孔子之作」《孔子改制考卷十五·墨老攻儒尤盛考》：「正可藉異教攻詞，明聖人制作。」

〔註9〕 此處所謂的「諸子」，並不局限於「先秦諸子」，而是凡批評儒家，不管有詳載人名與否，康氏皆列入「諸子」中。

表 8-1 「春秋時諸子攻儒」表

序	批 評 者	批評對象	批評立場	批 評 內 容（人格行事、學說優劣）	備 註（出處）
1	叔孫武叔				《論語・子張》
2	微生畝			何爲是栖栖者與？無乃爲佞乎	《論語・憲問》
3	楚狂接輿				《論語・憲問》
4	長沮、桀溺	孔子	隱 者		《論語・憲問》
5	公伯寮				《論語・憲問》
6	晏 子			繁文縟節	《晏子春秋》外傳
7	子 西				《史記・孔子世家》
8	子桑伯子			質美而文繁	《說苑・修文》
9	少正卯				《論衡・講瑞》

春秋時期諸子攻儒的特色爲：

1. 就「批評者」而言。次數最多者爲晏子。計有五次。

2. 就「批評對象」而言。只有一次稱「儒者」，即「始吾望儒而貴之，今吾望儒而疑之。」（《晏子春秋》外篇），其餘皆點明孔子。

3. 就「批評立場」而言。在身分上，有一部分是「隱者」，或具有「明哲保身」傾向者。

4. 就「批評內容」而言。首先，在批評「人格行事」方面。「隱世者」多批評孔子的積極入世。如《論語・憲問》：「微生畝謂孔子曰：『丘！何爲是栖栖者與？無乃爲佞乎？』」又如：

長沮、桀溺耦而耕。孔子過之，使子路問津焉。長沮曰：「夫執輿者爲誰？」子路曰：「爲孔丘。」曰：「是魯孔丘與？」曰：「是也。」曰：「是知津矣。」問於桀溺。……曰：「滔滔者天下皆是也，而誰以易之？且而與其從辟人之士也，豈若從辟世之士哉！」

其次，在批評「學說優劣」方面。主要是批評儒家的「繁文縟節」、「重禮好樂」。如《史記・孔子世家》：

景公說，將欲以尼谿田封孔子。晏嬰進曰：「夫儒者滑稽而不可軌法，倨傲自順不可以爲下，崇喪遂哀，破產厚葬，不可以爲俗，游說乞貸不以爲國。……今孔子盛容飾，繁登降之禮，趨詳之節，累世不能殫其學，當年不能究其禮。」

康氏云：「晏攻儒，亦攻儒之禮樂、厚葬、久喪、立命。」「然晏子豚肩不掩豆，澣衣以朝，與孔子盛禮樂宗旨自不同。尼谿之沮，必是實事。」實際上，晏子是相當重禮的。在《晏子春秋》中，提到「以禮治國，厚德善政。」之處，有二十八章之多。如〈內篇諫下第二十五章〉：

> 君子無禮，是庶人也；庶人無禮，是禽獸也。夫勇多則弒其君，力
> 多則殺其長，然而不敢者，維禮之謂也。禮者，所以御民也。……
> 無禮而能治國家者，晏未之聞也。

可見晏子對禮治的重視。然而，卻又批評孔子的「重禮好樂」，不知原因為何？或許二人對於禮的內容，以及程度有不同的見解，故批評之！

（二）戰國時諸子攻儒

在戰國時期，諸子攻儒中，具名者，計有十位。茲製成表格如下：

表 8-2 「戰國時諸子攻儒」表

序	批評者	批評對象	批評立場	批評內容（人格行事、學說優劣）	備註（出處）
1	墨子	孔子	墨家	好樂、立命、宗喪、機服……	《墨子·非儒》
2	臧倉			後喪踰前喪	《孟子·梁惠》
3	許行	孟子		未能與民並耕而食	《孟子·滕文》
4	淳于髡			賢者（孟子、儒者）無益於國	《孟子·告子》
5	無趾			求名	《莊子·德充符》
6	老聃			仁義亂人之性	《莊子·天道》
7	太公任	孔子	道家		《莊子·山木》
8	老萊子				《莊子·外物》
9	師金				《莊子·天運》
10	楊朱	原憲、子貢		「原憲之窶損生，子貢之殖累身」	《列子·楊朱》

戰國時期諸子攻儒的特色為：

1. 就「批評者」而言：

康氏徵引次數最多的前三名，計有《墨子》、《莊子》、《商君書》。

（1）在《墨子》方面，墨子非儒的「證據」相當明顯，且前幾卷多已探討，故此不贅述。

（2）在《莊子》方面。本項共徵引十七條，乃諸子之冠。但值得注意者：

首先，十七條雖皆出自《莊子》，然具名爲「莊子曰」者，只有一條；〔註10〕其次，雖十七條之中，只有一條名爲「莊子曰」，但如老聃、太公任、老萊人等，皆是莊子「寓言」，亦即是「託古」，康氏皆視爲「莊子攻儒」的言論；〔註11〕再次，所有諸子攻儒的言論，康氏皆加以批駁，唯一例外的，只有莊子。雖然莊子透過老聃等之口，批評孔子「揭仁義」而「亂人之性」、「淫於色」、「淫於聲」、「亂於德」、「悖於理」而「亂天下」，康氏卻註云：「莊子雖攻儒而甚得儒之實」。這或許是因爲康氏認爲莊子的身分，乃「先道後儒」、「外道內儒」的緣故吧！〔註12〕

（3）在《商君書》方面。康氏共徵引〈農戰〉、〈去強〉、〈畫策〉等篇，共計九條。其中並沒有任何一條，提到儒家人物。主要攻擊《詩》、《書》、《禮》、《樂》，以及「善」、「修」、「孝」、「悌」、「廉」、「辯」等道德名目。

2. 就「批評對象」而言

不同於「春秋」，以孔子爲主；由於戰國時代，孔子已逝，所以部分的火力轉向孔子弟子，如孟子等。

3. 就「批評立場」而言

批評者的身分，主要爲墨家、道家、以及法家爲主，各站在自己學說的立場，批評儒家的仁義道德與禮樂制度。

4. 就「批評內容」而言

（1）墨家。墨者主要批評儒家的重禮，「墨子攻儒以久喪厚葬爲第一義」。康氏云：

> 婚冠喪祭，相禮必以儒者，如佛之齋醮故事。蓋禮爲孔禮，舍孔門
> 外無知之者也。亦可見諸儒行道之苦心矣。後世冠婚喪事一以巫祝
> 主之，而儒者又不知禮節，無怪孔教之日衰也。

〔註10〕即「莊子曰：『周聞之，儒者冠圜冠者知天時，履句屨者知地形，緩珮玦者事至而斷。君子有其道者未必爲其服也，爲其服者未必知其道也。』」（《莊子・田子方》）

〔註11〕在卷四〈諸子改制託古考〉中，諸子託古的人數，以莊子爲最，有十五家之多。所以康氏認爲：「《莊子》寓言，無人不托。」「蓋隨意假托，非眞有其人。」託古恐怕皆非眞有其人其事，但又不一定，如卷九〈孔子創儒教改制考〉：「莊子固多寓言，而魯人化孔子之教，舉魯國皆儒服，則當時實事矣。」所以古代「人」與「事」的眞實或假託，康氏自有其「不一定」的標準。

〔註12〕詳見第六章、第四節〈六經皆孔子改制所作考第十〉中，「關於莊子的師承」。

在此之前，康氏一直將儒教的衰落，歸咎於劉歆的破壞。但在此，康氏認爲「禮」乃儒者的專業。這個專業後爲巫祝所取代，而儒者又不知禮節，「專業之失傳」，成爲孔教日衰的另一原因。

（2）法家：法家則認爲仁義道德無益於國治，國君如重視經書與道德，則「敵至必削，不至必貧。」如《商君書・靳令》云：

> 六蝨：曰《禮》、《樂》，曰《詩》、《書》，曰修善、曰孝悌、曰誠信、曰貞廉、曰仁義、曰非兵、曰羞戰，國有十二者，上無使農戰，必貧至削；十二者成群，此謂君之治不勝其臣，官之治不勝其民，此謂六蝨勝其故也；十二者成樸，〔註13〕必削。

康氏註云：

> 《詩》、《書》、《禮》、《樂》、仁義皆棄絕，亦不復責，誠信、貞廉亦以爲蝨，則是以欺貪爲能治乎？橫議之無理至此，孟子所謂於禽獸奚擇也。然敢發此論，其心思亦不可解矣。

顯然，康氏相當不能接受這種批評。所以只能感嘆：「然敢發此論，其心思亦不可解矣。」「此眞異聞。戰國時，精論、謬論無所不有如此。」

（3）道家。道家則認爲儒家尚名，不知明哲保身，又有禮法道德以束縛人性。對於這樣的批評，康氏加以反駁云：

> 莊子述老子之學以攻孔子。……名爲孔子所特立，其攻之曰：「以儌詭幻怪之名聞。」……《詩》、《書》、《禮》、《樂》爲孔子所定，其攻之曰：「性情不離，安用禮樂？」……蓋皆祖尚老子清淨無爲之旨以相攻詆也。……只顧一時之安，不恤天下之亂，老氏之禍慘哉！

康氏認爲莊子強調明哲保身，「只顧一時之安，不恤天下之亂」。雖然如此，但是這並非莊子一貫的思想，而是老子的言論，所以應歸「老氏之禍」。可見康氏還是相當維護莊子，因爲他認爲莊子知道孔子改制之事，且〈天下篇〉對孔子「神明聖王」角色的描述，非常洽當。康氏云：「彼固知孔子之改制立教而故爲刺謬者也。迨至〈天下篇〉耶尊之爲神明聖王，且以裂天下者咎諸子之道術，然則莊子亦知言者哉！」

（三）秦時諸子攻儒

此項中，引文共三十條，其中引自《韓非子》者，有二十二條。故所謂

〔註13〕樸者，風氣也、氣候也。

「秦時諸子攻儒」者，即「秦時韓非攻儒」也。

1. 就「批評者」而言

主要是韓非。除此之外，尚有田駢、文子等。

2. 就「批評對象」而言

主要集中於孔子，但有時孔、墨合爲一組。如《韓非子・顯學》：

> 孔子、墨子俱道堯、舜，而取舍不同，皆自謂眞堯、舜；堯、舜不
> 復生，將誰使定儒、墨之誠乎？……無參驗而必之者，愚也；弗能
> 必而據之者，誣也，故明據先王，必定堯、舜者，非愚則誣也。愚
> 誣之學，雜反之行，明主弗受也。

將儒、墨合併一起批評，主要的原因，乃是因爲在當時儒、墨爲顯學，所以
如能加以批評，並指出弊病，則證明自己思想的高妙。康氏註云：

> 韓非子以孔、墨爲顯學，且明其後學之盛，儒分爲八，墨離爲三。
> 二教並行，其披倡於周、秦之際者，亦盛矣。……蓋儒、墨爭教，
> 勢力均敵，互相頡頏，而墨子以苦人之道卒敗於孔子，固由後學之
> 不及，亦其道有以致此也。

由於儒、墨在當時併爲顯學，所以一起成爲韓非批評的對象。在此，康氏同
時附帶提出，思想或學派衰落的原因。一爲「學說之缺陷」。墨子學說的實踐
過程「太苦」，不合於人情，「墨子以苦人之道卒敗於孔子」；〔註14〕另一爲「後
學之不及」。「儒分爲八，墨離爲三」，墨家在後學弟子的人數上，不及儒家，
故而漸趨失傳凋零。〔註15〕

孔子除了與墨子合併之外，亦有與後學弟子如曾子、史魚等搭配者，如
《韓非子・八說》：「博習辯智如孔、墨，孔、墨不耕耨則國何得焉？修孝寡
欲如曾、史，曾、史不戰攻則國何利焉？」

3. 就「批評立場」而言

韓非以法家的觀點批評儒家思想。法家強調賞罰分明，目的在於使君權
集中而國家強盛。這與儒家重視道德修身，國君德治、尚賢、愛民的思想主

〔註14〕關於墨子學說「太苦」，不符於人情。在卷六〈墨老弟子後學考〉亦曾探討。
〔註15〕在前項「戰國時諸子攻儒」中，康氏曾提到孔教日衰的原因在於「後世冠婚
喪事一以巫祝主之，而儒者又不知禮節，無怪孔教之日衰也。」姑名爲「專
業之失傳」。至本卷爲止，康氏認爲思想學派的衰落原因，計有「後人（如劉
歆）之破壞」、「專業之失傳」、「學說之缺陷」、「後學之不及」等。

旨，有很大的差距。《韓非子‧忠孝》：

> 天下皆以孝悌忠順之道爲是也，而莫知察孝悌忠順之道而審行之，
> 是以天下亂；皆以堯、舜之道爲是而法之，是以有亂君、有曲父。
> 堯、舜、湯、武或反君臣之義，亂後世之教者也。堯爲人君而君其
> 臣，舜爲人臣而臣其君，湯、武人臣而弒其主，刑其尸，而天下譽
> 之，此天下所以至今不治者也。

康氏認爲此乃「亙古悖論」。「韓非攻堯、舜、湯、武孝弟忠順，亙古悖論，
未有甚於是者！」

4. 就「批評內容」而言

在批評儒者「人格行事」方面較爲少見，主要是就「學說優劣」作爲批
評。如韓非批評儒家學說，乃「愚誣之學」，對於國家的富強，根本毫無用處，
《韓非子‧八說》云：

> 博習辯智如孔、墨，孔、墨不耕耨則國何得焉？修孝寡欲如曾、史，
> 曾、史不戰攻則國何利焉？匹夫有私便，人主有公利。不作而養足，
> 不仕而名顯，此私便也；息文學而明法度，塞私便而一功勞，此公利
> 也。……夫貴文學以疑法，尊行修以貳功，索國之富強，不可得也。

又云：「國平則養儒、俠，難至則用介士，所養者非所用，所用者非所養，此
所以亂也。」（《韓非子‧顯學》）可見儒者不但對國家毫無貢獻，甚至有害，
所謂「儒以文亂法，俠以武犯禁，而人主兼禮之，此所以亂也。」（同上）

（四）兩漢時諸子攻儒

此項引文共五十四條，以引文多寡排序：《鹽鐵論》三十三條、《淮南子》
十一條、《論衡》八條、《史記‧孝武本紀》與《史記‧汲鄭列傳》各一。

1. 就「批評者」而言

首先，在《鹽鐵論》方面。此書作於漢昭帝始元六（西元前八一年），作
者爲桓寬，以西漢中期鹽鐵會議爲主要內容，加以整理而成的。與會人員主
要有以御史大夫桑弘羊、丞相史、御史爲一方；以賢良、文學爲另一方，雙
方互爲對立，展開論戰。討論的核心在鹽鐵官營等經濟政策，由此出發，廣
泛涉及軍事、政治、學術、生活等各方面。本書的作者在態度上傾向賢良、
文學一方。故在大多數篇章中，以賢良或文學的發言爲結尾，並在全書最後
一篇（〈雜論第六十〉），直接歌頌賢良、文學，而貶抑御史大夫、御史、丞相

史。所康氏所徵引「攻儒」者，多爲御史大夫、御史、丞相史的言論。

其次，在《淮南子》方面。康氏徵引資料當中，並未具名批評者。故批評言論，只能說是作者淮南王的觀點。《論衡》亦然。徵引的八條資料中，皆未具名批評者，故視爲王充本人的見解。

2. 就「批評對象」而言

主要以「儒者」概括之。但有時也明指孔子、孟軻、冉求、仲由、原憲、孔伋……等。如《鹽鐵論・相刺》：

> 昔魯繆公之時，公儀爲相，子思、子原爲之卿，然北削於齊，以泗爲境，南畏楚人，西賓秦國。孟軻居梁，兵折於齊，上將軍死而太子虜，西敗於秦，地奪壤削，亡河內河外。夫仲尼之門，七十子之徒，去父母，損室家，負荷而隨孔子，不耕而學，亂乃愈滋。

康氏辯云：

> 公儀、子思原固無負於魯，孟氏子輿亦何害於梁？魯削梁亡，實由積勢。且二國究非用賢，其至此亦宜哉！七十子之徒，去父母，捐室家，負荷而隨孔子，其爲道亦至矣。亂之愈滋，安足爲諸賢害哉？

康氏認爲「魯削梁亡」的原因，不在於儒者，乃國家積弱所致，「實由積勢」；更何況魯、梁二國，並未眞正重用儒者。

除了孔子及其弟子之外，「兩漢時諸子攻儒」批評對象的觸角，延伸至漢代儒者，這是前三期所未有的現象。[註16] 如倪寬、公孫弘、趙綰、王臧、主父偃……等。[註17]《鹽鐵論・刺復》：「自千乘倪寬 [註18] 以治《尚書》位冠九卿，及所聞睹選舉之士，擢升贊憲甚顯，然未見絕倫比而爲縣官興滯立功也。」「公孫丞相 [註19] 以《春秋》說先帝，遽即三公，而無益於治。博士褚泰、徐偃等承明詔，[註20] 建節馳傳，巡省郡國，舉孝廉，勸元元，[註21] 而流俗不改。」[註22] 康氏註云：「武帝擢用儒者以不次，雖未盡得其人，而儒術之行實

〔註16〕不過這種現象，皆出自《鹽鐵論》。

〔註17〕這些儒者的活躍時代，大多是漢武帝時人。

〔註18〕倪寬，漢武帝時千乘郡人。官至御史大夫。

〔註19〕公孫丞相，即公孫弘。漢武帝時人，年四十多，始習《春秋》。初爲博士，後升爲御史大夫，再升爲丞相，封平津侯。

〔註20〕褚泰、徐偃二人皆爲武帝時，執掌經學傳授的博士。

〔註21〕「元元」者，百姓也。

〔註22〕此段引文，中間有刪省。原爲「公孫丞相以《春秋》說先帝，遽即三公，處周、邵之列，據萬里之勢，爲天下準繩，衣不重彩，食不兼味，以先天下，

賴之，桓寬何足以知此？」康氏註文有值得探討之處。首先，康氏所引以上兩則，雖出於《鹽鐵論》，但非桓寬所言，乃御史太夫一方的批儒言論。文學一方接著爲公孫弘辯護云：

> 文學曰：「當公孫弘之時，人主方設謀垂意於四夷，故權譎之謀進，荊、楚之士用，將帥或至封侯食邑，……是以奮擊之士由此興；其後，干戈不休，軍旅相望，……縣官用不足，故設險興利之臣起，……故憯急之臣進，……杜周、咸宣之屬以峻文決理貴，而王溫舒之徒以鷹隼擊殺。其欲據仁義以道事君者寡，偷合取容者眾。獨一公孫弘，如之何？」

文學一方認爲大環境不斷改變，朝廷先重武尚勇，後重利尚刑，公孫弘根本無機會施展才能。桓寬記錄御史與文學雙方的辯論，且立場偏向文學一方。就康氏的思想立場而言，御史批儒言論固然不對，但罪不在桓寬。其次，《鹽鐵論》中批儒言論皆出御史一方，而文學一方也跟著辯護，所以康氏寫註時，基本上是可以參考、引用的。就以御史批評公孫弘爲例，康氏辯護的理由，似乎並未超過文學的看法。

3. 就「批評立場」而言

首先，在《淮南子》方面，康氏認爲「淮南是老學」。所以主要是站在道家的批評立場。《淮南子·齊俗訓》：

> 故魯國服儒者之禮，行孔子之術，地削名卑，不能親近來遠。越王勾踐劗髮文身，無皮弁搢笏之服，……胡、貉、匈奴之國，縱體施髮，箕倨反言，而國不亡者，未必無禮也。楚莊王裾衣博袍，……晉文君大布之衣，……咸立於海內，豈必鄒、魯之禮之謂禮乎？

《淮南子》認爲儒家的禮、術，不但無助於治國，反而有害，魯國就是一個最好的例子。康氏反駁：「此皆攻儒之衣服禮容者。儒不尚詐謀，不言兵，故國弱；然魯人從儒，其君實未專用儒道也。」

相較於《淮南子》偏向道家的批評立場，偏向道家；而《鹽鐵論》批儒，則多爲法家立場。如所謂「禮讓不足禁邪」（〈詔聖〉）、「刑法可以止暴」；「魯好禮而有季、孟之難，燕噲好讓而有子之之亂。」吳起「以法治楚、魏」，申不害、商鞅「以法彊秦、韓」（〈申韓〉）。

而無益於治。博士褚泰、徐偃等承明詔，建節馳傳，巡省郡國，舉孝廉，勸元元，而流俗不改。」

4. 就「批評內容」而言

在《淮南子》方面，主要是就「學說優劣」，批評儒者重禮好名，有損人之本性。如《淮南子・俶眞訓》：

> 弦歌鼓舞，緣飾《詩》、《書》以買名譽於天下，繁登降之禮，飾紱冕之服，聚眾不足以極其變，積財不足以贍其費，……是故百姓曼衍於淫荒之陂，而失其大宗之本。

康氏註云：「老氏以無爲爲宗旨，墨子以尙儉爲宗旨，故買名譽、飾禮貌者，二氏皆攻之也。」

在《鹽鐵論》方面，多批評儒者的「人格行事」。如批評孔子，「儒、墨內貪外矜，往來游說栖栖然，亦未爲得也」（〈毀學〉）「孔子見南子，非禮也。禮義由孔氏出，且貶道以求容，惡在其釋事而退也？」（〈論儒〉）甚至認爲孔子比「庸民」還不如。〈大論〉云：

> 文學所稱聖者，孔子也，治魯不遂，見逐於齊，不用於衛，遇圍於匡，困於陳、蔡。夫知時不用猶說，強也；知困而不能已，貪也；不知見欺而往，愚也；困辱不能死，恥也。若此四者，庸民之所不爲也，何況君子乎？

批評孔子弟子者，如「孟軻守舊術，不知世務，故困於梁、宋；孔子能方不能圓，故饑於黎邱。」（〈論儒〉）「原憲、孔伋，當世被饑寒之患，顏回窶空於窮巷，當此之時，迫於窟穴，抱於縕袍，雖欲假財信姦佞，亦不能也。」（〈貧富〉）批漢代儒者，如「趙綰、王臧之等以儒術擢爲上卿，而有奸利殘忍之心；主父偃以口舌取大官，竊權重，欺紿宗室，受諸侯之賂，卒皆誅死。」（〈褒賢〉）就此，康氏認爲「傳教爲主，則不必擇其人，但以行教也。」〔註23〕

在批評儒家「學說優劣」方面，御史以爲儒術不足以治國，反有害焉。如「首攝多端，迂時而不要也。」（〈國病〉）「據古人以應當世，猶辰參之錯，膠柱而調，瑟固而難合矣。孔子所以不用於世，而孟軻見賤於諸侯也。」（〈相刺〉）此以儒學迂時而不能應變，不切時要。康氏亦認爲：「談治術者多攻之，即迂遠不切於事情之意也。」

在《論衡》方面，王充批評儒者不但「知古不知今」（〈謝短〉），亦「知今不知古」，只知抱守五經，「夫總問儒生以古今之義，儒生不能知，別名以

〔註23〕「不必擇其人」，可見變法改制相當急迫，故在事功、效果上的需求，遠大於個人人格的修養。

其經事問之，又不能曉。」「故世俗輕之，文吏薄之，將相賤之。」（〈程材〉）

　　本卷康氏以「春秋」、「戰國」、「秦時」、「兩漢」等四期，徵引批評儒家的言論。目的在於藉由批評者（異端）之口，證明「儒爲孔子所創」，以「明仲尼之不可毀」，由卷五的諸子（思想家）彼此互攻，到了本卷孔教漸漸脫穎而出。這種安排，相當有創意，它使思想發展變得更真實而活潑。

　　就本卷的批評與註文的辯護，似乎康氏並未有足夠的理由捍衛儒家，甚至最後還有認同批評言論的傾向，如「後漢最崇儒術，百官盡用儒生，然詆諆墮落猶如此，況後世乎？」「合上二條〔註24〕觀之，漢儒生已如今日從事八股者之陋，不通古今，不諳經義，宜劉歆得出而奪之。」再加上康氏亦承認孔子儒術使魯國削弱。果真如此，那麼儒家對於時代與政治，如何有救亡圖存的力量。而清末康氏提出孔子改制，如何成功？就算改制成功，不過使清代步入魯國日削的後塵。孔子的禮治並不能救國。又實際上，康氏提倡變法的內容，也與孔子的禮治毫無關係。可見孔子只是康氏「託古」的對象，至於清末改制的內容，康氏另有精彩而豐富的計畫。

第三節　「墨老攻儒尤盛考第十五」述評

　　本卷「墨老攻儒尤盛考」乃上一卷〈諸子攻儒考〉的延續，由「諸子攻儒」中，再抽出墨、老兩家攻儒，主旨亦在於「藉異教攻詞，明聖人制作。」由於獨爲一卷的緣故，本卷中徵引墨、道二家批評儒家思想的資料，必然多於上卷。如上卷墨子攻儒的資料，康氏只引四條，本卷則有十四條，乃有三倍之多。

　　就徵引文獻而言。在「墨學攻儒」部分。十四條引文中，除了一條出自《淮南子‧氾論訓》〔註25〕外，其餘十三條全出自《墨子》，篇名依序爲：〈非儒〉、〈耕柱〉、〈公孟〉、〈非命〉、〈節葬〉、〈三辨〉、〈非樂〉、〈墨子〉佚文等；相較於「墨學攻儒」引文出處的單純，「老學攻儒」則較爲複雜且有爭議。四十四條引文中，《莊子》二十四、《列子》六、《韓非子》九、《史記》五。〔註26〕在思

〔註24〕即《論衡‧謝短》：「然則儒生不能知漢事，世之愚蔽人也。」「夫總問儒生以古今之義，儒生不能知，別名以其經事問之，又不能曉。斯則坐守，何言師法？不顧博覽之咎也。」

〔註25〕《淮南子‧氾論訓》：「夫絃歌鼓舞以爲樂，盤旋揖讓以修禮，厚葬久喪以送死，孔子之所立也，而墨子非之。」

〔註26〕《史記》五條，分別出自《史記‧太史公自序》二、〈老子韓非列傳〉二、〈汲鄭列傳〉。

想學派的歸屬上，《莊子》、《列子》為「老學」、道家，這與傳統分類相同；有爭議者，在於康氏將《韓非子》也併入道家。卷六《墨老弟子後學考》，康氏即將申不害、韓非等法家人士，列入「秦漢間老子後學」中，並註云：

> 申、韓之學皆出老子。蓋老子為陰謀之宗，攻去仁義，自重刑名，乃勢之必然。其託為道德，乃刑名之術耳。其所謂「道」，以無為為本，故視萬物為芻狗，以天地聖人為不仁，與孔子之以仁為天心，義正相反。根本如此，枝葉安得不為刑名法術哉！

本卷觀點亦然，康引《史記・老子韓非列傳》：「韓非者，韓之諸公子也。喜刑名法術之學，而其歸本於黃、老。……以為儒者用文亂法。」註云：「韓非者，出儒學，兼墨學、法術，而實同於老學，故攻儒最甚，即以《詩》、《書》、《禮》、《樂》為蠹。儒家之蠹，未有甚於韓非者。」在此，康氏以韓非應併入老子後學。然而，康氏提到「諸子」時，如卷二、三、四、五、十四等，老子與韓非、老學與法家是分論的，但卷六、卷十五，又將法家併於道家。這就牽扯出一個值得探討的問題，那就是思想學派的分類，主要的原則為何？依師承關係？或理論異同作為分類？亦或兩者都有？或者還有其他分類的原則？

就章節項目的安排而言。上卷以「春秋」、「戰國」、「秦時」、「兩漢」四期等，依時排序。本卷主旨、內容與上卷基本上是相似的，但章節的安排上，卻以思想學派的為單位，分為「墨學攻儒」與「老學攻儒」。在「老學攻儒」方面，批評者，有老子、無趾、莊子、列子、韓非、甚至到西漢的司馬談、汲黯等道家人物，所以與上卷依「春秋」、「戰國」、「秦時」、「兩漢」四期道家人物「攻儒」幾乎是一樣；反觀「墨學攻儒」方面，只提到《墨子》，相當於上卷四期中的「戰國時諸子攻儒」的部分，「秦時」、「兩漢」墨家攻儒，本卷全無徵引。原因並非此二期墨家已消失，因為漢代的「游俠」即墨者。康氏不徵引的原因，在於他認為墨家乃儒家「爭教」的最後、最強「對手」，所以又將墨、儒的交手、互攻置於本卷之後，即卷十六〈儒墨爭教互攻考〉、卷十八〈儒墨最盛並稱考〉。故本卷只提及戰國時，墨攻儒的部分。

由於墨家、道家攻儒在前卷皆已探討過了，引文、註文多所重複，故此不贅述。僅就康註中，不同於前卷的看法，具有新意者，列舉出來：

一、墨學攻儒

康氏首先引《墨子・非儒》全篇。引文很長，康氏註文亦長。其中值得

注意者有以下幾點：

1. 康氏認爲孔子大義包含甚廣，但傳教的重點有三，即「三年喪」、「親迎」、「立命」等三者。康氏云：

> 孔子大義微言，條理萬千，皆口授弟子。若傳之於外，導引世人，大率以三年喪、親迎、立命三者。其士大夫則以禮樂輔之。故墨子力翻孔案，有意攻難，必先此數義。

孔子大義微言，分爲兩個層次，即「口授弟子」與「傳之於外」兩者。前者內容「條理萬千」；而後者主要爲「三年喪」、「親迎」、「立命」、以及禮樂等四項，這也就成了墨子等外教批評的重點。在本項當中，引文最多，篇幅最大者，爲「三年喪」。所謂「孔子立義本父子，故制三年喪，教人敦厚，故久喪爲傳教第一義」。其次，徵引墨子批評儒家「知命」有兩條。康氏引《墨子·非命》後，註云：

> 命爲孔子一大義。《論語》：「死生有命。」「賜不受命。」「不知命無以爲君子。」六經稱命尤多。故墨子攻之。藉異教之攻詞，證孔門之大義，益知罕言之非也。……孔子言命，何嘗不言禍福？「永言配命，自求多福。」

此處言「命」，又配以「禍福」，似乎有「命定」、「宿命」的意味。對於一個改革者而言，或許顯得突兀。康氏主張變法，又提倡「知命」，他意思或許是將改革變法視爲必然的「天命」，並非人力所能阻撓者，順此天命則福，否則禍至。至於「親迎」則隻字未提。

2. 墨子批評儒者不事生產，謀生的方式，乃以提倡複雜的喪禮，從中獲取利益。〈非儒〉云：

> 夫夏乞麥禾，五穀既收，大喪是隨，子姓皆從，得厭飲食，畢治數喪，足以至矣。因人之家翠以爲，[註27] 恃人之野以爲尊，富人有喪，乃大說喜曰：「此衣食之端也。」

在墨子的眼中，當時儒者彷彿是無恥的寄生蟲。針對此一攻擊，康氏註云：

> 至謂富人有喪，則大說喜，以爲飲食之道，幾類近時僧道齋醮之所爲，固爲異教攻詆之詞。然可見當時富貴之家，多從孔子之教；以父子天性，動以至仁，故莫不樂行三年之喪。

[註27]「因人之家翠以爲」或作「因人之家以爲翠」，「翠」訓「肥」也。是說藉他人之家以自肥。

在此，康氏再次施展了「藉異教攻詞，明聖人制作」的技巧。也就當對方批評儒者「事情做得不好」時，對方的重點在於「做得不好」，而康氏則將重點放在「事情」，也就是「真有其事」，否則對方如何批評「做得不好」。墨子負面的批評，也就讓康氏詮釋成正面的資訊與證據。墨子恥笑儒者「富人有喪，則大說喜，以為飲食之道。」康氏卻將其轉成「可見當時富貴之家，多從孔子之教」的證據，將孔教類比為佛教一類。並進一步推崇「以父子天性，動以至仁，故莫不樂行三年之喪。」可見孔子教義符合人性，而且可以放諸四海皆準，康氏續云：「泰西羅馬喪服亦用再期，人心之同然，故人易從也。」這樣的反駁，有點「答非所問」，雖然無法直接反駁墨子的批評，但卻符於康氏「孔子改制」的主旨。

　　3. 卷十四〈諸子攻儒考〉中，康氏提到儒者的「專業」主要在「執禮」，尤其是喪禮。在本卷中，康氏徵引《墨子・非儒》：「大喪是隨，子姓皆從，得厭飲食，畢治數喪」後，以儒者自許的他，並不以為忤，反而認同墨子的說法：

> 既從其喪服，即用其禮，其禮極繁，非孔子後學日習其禮者，莫能
> 通之，故喪家必延孔子後學，以為相禮護喪而供養焉。故墨者以是
> 為謗。然益可考孔學傳教以三年喪為得力。

由於孔子所製訂的喪禮極繁，故非孔門後學，「莫能通之」。所以凡喪家必延請孔子後學主持喪葬，而孔子弟子也因此受到「供養」，「幾類近時僧道齋醮之所為」。既然喪葬之類的禮節，「非孔子後學日習其禮者，莫能通之。」然上卷，卷十四〈諸子攻儒考〉又云：「後世冠婚喪事一以巫祝主之，而儒者又不知禮節，無怪孔教之日衰也。」豈不矛盾？除非巫祝與儒者所執的喪禮內容並不相同？又通喪禮者必為孔子後學，何以後世「儒者又不知禮節」？儒者以「相禮護喪」受到供養，既然後世「儒者又不知禮節」，那麼如何維持生計？又三年喪「其禮極繁」是缺點？或優點？與「父子天性」有何關係？這些問題在本書中，康氏皆未提供答案。

　　4. 在本書，康氏多次批評韓愈〈非儒篇〉的觀點：

> 韓愈乃謂孔子必用墨子，墨子必用孔子，兩家弟子相攻，非二師之
> 道本然，真為妄言。退之於〈非儒篇〉殆未用心乎？墨家之謬，桀
> 犬吠堯，固無足怪，而當時爭教之情狀可見矣。

韓愈認為儒、墨本源是可相通的，之所以互相批評，乃後學弟子的誤會所造

成。康氏相當反對這種觀點。堅持二家是相對立的，幾乎如「天敵」一般，不可避免。在這種狀況之下，儒家理所當然，完全是對的、有理的；相較之下，墨家則完全是錯的？然而這似乎又不成立，因爲在本書中，康氏多次稱讚墨家，並與儒家並列，如「孔子、墨子皆以學問制度勝人，諸子多空虛，非其比也。」（卷十八〈儒墨最盛並稱考〉）、「可知儒、墨所以大行者，惟稱先王則於古有徵，惟兼愛則生民並慕，此所以萬流向風而諸子不能比之也。」（同上）

　　5. 由卷十八〈儒墨最盛並稱考〉可知，康氏認爲諸子之中，墨家後學的發展，乃僅次儒家者。但康氏依然認爲墨子的批評，幾近無理取鬧，「墨子有意攻孔子，故無論何說皆生排擊。」康氏云：

　　　　墨子在孔子之後，有意爭教，故攻孔子者無所不至，……墨教詆諆
　　　　誣罔，不可聽聞，有德之人不忍出口，而墨子爲之，其人乖僻褊謬，
　　　　不論其學術之是非矣。墨翟倒戈如此，孟、荀安得不攘臂而爭之？

「其人乖僻褊謬，不論其學術之是非矣。」這已經到了「以人廢言」、全盤否定的地步。這種情緒性否定，只能說康氏「護教心切」，有時不免失去理智。

二、老學攻儒

　　這一部分與上卷多有重複，所以幾乎毫無新意。雖然徵引資料多達四十二條，但註文卻只有六條。其中最長，亦較有新意者，即引《史記‧老子韓非列傳》：「世之學老子者則黜儒學，儒學亦黜老子。道不同不相爲謀，豈爲是邪？」註云：

　　　　文、景之世尚黃、老，故老學大盛。於時墨學已衰，故與儒爭教
　　　　者惟有老學也。故在武帝博士弟子未立以前百年，爲儒、老互爭
　　　　之世。

漢初尚黃、老而有文、景的盛世，這是史實，所以可以徵引的文獻應相當多，可是康氏卻只引《史記‧太史公自序》中，司馬談對於道家的推崇，以及「（汲）黜常毀儒，面觸弘等徒懷詐飾智以阿人主取容。」（《史記‧汲鄭列傳》）兩條，令人不解。註文中，另一重要訊息，即是墨、老二教，墨先衰於老，既然如此，下卷，卷十六〈儒墨爭教交攻考〉何以不作「儒老爭教交攻考」？又漢初文景之世，墨學已衰，如何有能力與儒爭教交攻呢？

第四節 「儒墨爭教交攻考第十六」述評

　　本卷〈儒墨爭教互攻考〉相較於上卷，即卷十五〈墨老攻儒尤盛考〉，在主旨上，最大的不同有二，一爲去老學，即將老子學派淘汰出局；另一則爲，儒家對於諸子的批評開始反攻。在前十五卷中，凡提諸子互攻者，儒者皆處於被批評的立場，然由本卷開始，康氏則安排儒者反擊。到下一卷〈儒攻諸子考〉，更可視爲儒者的大反攻。

　　本卷「緒論」，首先再度對於韓愈認爲，儒、墨後學弟子互相批評，並非孔子、墨子本意的看法。〔註28〕康氏云：

> 昌黎謂孔子必用墨子，墨子必用孔子，二家相攻，非二師之道本然。
> 譽〔註29〕言哉！孔子開教在先，道無不包。墨子本其後學，乃自創新教，銳奪孔席以自立，所以攻難者無不至。所謂蠹生於木而自喙其木耶？

康氏反對韓愈的觀點，認爲孔、墨並非「平等」的地位，墨子乃在孔子之後、之下。就創教的時間而言，「孔子開教在先」；就學說的內容而言，儒學「道無不包」。墨子本爲孔子後學，後自創學派，爲了與孔子一較高下，「所以攻難者無不至」。雖然如此，但由於墨者的努力，遂成爲儒者的勁敵：

> 挾堅苦之志，俠死之氣，橫屬無前，不數十年，遂與儒分領天下，眞儒之勁敵也。攻儒者亦未有過墨者矣。王肅之攻康成，陽明之攻朱子，皆後起爭勝之習，墨子眞其類也。孟、荀之力闢，豈能已哉！豈能已哉！昌黎眞譽言也！今別著交攻之言，亦猶漢史存楚、漢大案云耳。

由於墨者「挾堅苦之志」，努力傳教，不過數十年，遂與儒教分庭抗禮，共分天下。諸子攻儒中，以墨者最爲用力。雖然「孟、荀之力闢，豈能已哉！豈

〔註28〕康氏對韓愈的批評，已見於卷七〈儒教爲孔子所創考〉云：「昌黎似未讀此篇（按指《墨子・非儒》），攘斥佛、老者，豈能謂孔、墨以相用，反若疑孟子攻之過甚耶？」又卷十五〈墨老攻儒尤盛考〉：「韓愈乃謂孔子必用墨子，墨子必用孔子，兩家弟子相攻，非二師之道本然，眞爲妄言。退之於〈非儒篇〉殆未用心乎？墨家之謬，桀犬吠堯，固無足怪，而當時爭教之情狀可見矣。」且卷十七〈儒攻諸子考〉又再次提起：「昌黎謂孔子必用墨子，墨子必用孔子，孔、墨互攻，乃其後學，非二師之道本然。是未讀《墨子・非儒》、〈公孟〉。墨氏實挾全力以倒戈孔門，實無兩立之理。昌黎生在唐時，已不知孔、墨改制爭教之由，固不足辨也。」

〔註29〕「譽」同「僞」也。

能已哉！」所以孔、墨對立，猶如楚漢相爭而不能並存，焉能如韓愈所謂「孔
子必用墨子，墨子必用孔子。」的「兩立之理」。

　　本卷分爲三部分，依序爲「儒墨互攻」、「儒攻墨」、「墨攻儒」等。最後
一項「墨攻儒」，已經在前幾卷中，多次重複，了無新意，故康氏註文僅有三
條，共七十一字。重點在於「異教相攻，不可聽聞。」「墨攻儒多誣言」。果
眞如此，不但失去批評的精神；而且令人沮喪，蓋「墨攻儒」在本書中所佔
份量不少，然而不過是「誣言」而已，枉費研究者的心力！故本卷探討的重
點，將放在前兩項，即「儒墨互攻」、「儒攻墨」。

一、儒墨互攻

　　此項引文有十二條，分別出自《墨子・公孟》四、《莊子》四、《論衡》
四。就批評者而言，出自《墨子》者，主要是公孟子與子墨子的對話；出自
《莊子》、《論衡》者，多以「儒」、「墨」概括，並無具名。從康氏所徵引的
資料當中，主要說明儒、墨之間，有對立、互攻的現象。歸納康氏註文後，
可發現兩個主要特點：

　　首先，關於墨家學派興盛的時間。康氏徵引《墨子・公孟》：

　　　　二三子復於子墨子曰：「告子曰言義而行甚惡，請棄之。」子墨子曰：
　　　　「不可！稱我言以毀我行，俞於亡。有人於此，翟甚不仁，尊天事
　　　　鬼愛人。甚不仁，猶愈於亡也。今告子言談甚辯，言仁義而不吾毀，
　　　　告子毀，猶愈亡也。」二三子復於子墨子曰：「告子勝爲仁。」子墨
　　　　子曰：「未必然也！告子爲仁，譬猶跂以爲長，隱以爲廣，不可久也。」
　　　　告子謂子墨子曰：「我治國爲政。」子墨子曰：「政者，口言之，身
　　　　必行之。今子口言之，而身不行，是子之身亂也。子不能治子之身，
　　　　惡能治國政？子姑亡，子之身亂之矣！」

引文主要說明告子「言義而行甚惡」，言行不一，不能久勝仁。因此，墨子反
對告子從政。康氏註云：

　　　　告子言不類異教，當是孔門後學，雖與孟子殊，而與墨子辯，亦如荀
　　　　子之類耳。惟告子與孟子同時，而又反與墨子辯，則墨子去孟子時不
　　　　遠，必非與孔子同時者，然其教已大行如此，亦可謂非常巨力矣。

由引文得知，康氏認爲「告子言不類異教，當是孔門後學。」可是在引文，
甚至〈公孟〉全篇中，告子僅云：「我治國爲政。」不知康氏如何據此而斷定

「告子言不類異教」？且上引文中，「二三子復於子墨子曰：『告子曰言義而行甚惡，請棄之。』」墨子部分弟子認爲告子言行不一，請墨子「棄之」，而墨子答以「不可！稱我言以毀我行，俞於亡。有人於此，翟甚不仁，尊天事鬼愛人。甚不仁，猶愈於亡也。」雖然墨子自己承認「甚不仁」，並不喜歡告子，但告子「稱我言」，依然稱述墨子的學說，如「尊天事鬼愛人」，雖然同時也「毀我行」，毀謗墨子的行爲，然「俞於亡」、「猶愈亡也」，總勝過完全不提到墨子。因此墨子不「棄之」。所以如果僅由上段引文判斷，告子應爲墨子弟子。故康氏所謂「告子言不類異教，當是孔門後學。」無法由《墨子·公孟》得到證明，可能須徵引其他文獻加以證明。〔註30〕同理，引文中「二三子復於子墨子」，只能說墨子已收弟子，不知康氏從何得知「然其教已大行如此」？然暫且不論引文與註文之間的不類。康氏主要在於表示，告子活躍的時間在孔子之後，當與孟子、墨子相當。而且更重要的是在告子、孟子之時，墨家學派已相當興盛活躍。由於「諸子中儒、墨最盛，故相攻之是非最多。」「儒、墨辯爭是莊子時事。日日有此人，有此案，故頻舉之。」可見康氏認爲儒、墨互攻，以及墨家興盛的時間，相當於告子、孟子、莊子之時。

其次，康氏有意藉儒墨互攻，比附爲宗教教派之間互攻的現象。如引《莊子·列禦寇》：

鄭人緩也呻吟裘氏之地，祇三年而緩爲儒。河潤九里，澤及三族，使其弟爲墨。儒、墨相與辯，其父助翟，十年而緩自殺。其父夢之曰：「使而子爲墨者予也，闔胡嘗視其良，既爲秋柏之實矣。」

註云：

緩以爲儒而得富貴，乃使其弟爲墨，信道不篤，乃復辯之，有死之道焉。然當時兩教大盛，聽人擇所從，有一家父子兄弟而異教者，亦可見大道經幾許辯爭而後一統矣。

又如《論衡·福虛》：「儒家之徒董無心，墨家之役纏子，相見講道，纏子稱墨家佑鬼神。」註云：「想見兩教人聚會爭教之風。」皆將學派之間的論爭比附爲教派之間的爭教。至於「大道經幾許辯爭而後一統」，康氏這個觀點，使得本書二十一卷中，有五卷的內容，皆在描述、考證孔子與諸子之間的「互攻」，最後孔教終於「經幾許辯爭而後一統」。

〔註30〕且由《墨子·公孟》的引文中，亦不見康氏所謂告子「而與墨子辯」、「而又反與墨子辯」的證據。

二、儒攻墨

在上項中，康氏提到墨子「必非與孔子同時者」。所以「儒攻墨」的批評者，當然不是孔子，而是孔子的後學弟子，主要孟子、荀子。職是之故，本項徵引的文獻，以《孟子》、《荀子》爲首，而以《史記》、《論衡》、《孔叢子》等爲副。

（一）《孟子》

在徵引《孟子》的部分，引文有三條，依序爲《孟子・滕文》二、〈盡心〉一。首引〈滕文〉：「墨者夷之因徐辟而求見孟子。……」夷之主張「愛無差等，施由親始。」孟子則加以反駁。康氏註云：

> 夷子思易天下，則亦墨之巨子，如苦獲、鄧陵之比也。孔子慎終，墨子薄葬，各以其道傳之天下。然夷之以爲施由親始，則已愛有差等矣。孟子傳孔子之道，故攻其二本也。

此條註文並無任何新意，《孟子》其他兩條引文皆無註。〔註31〕

（二）《荀子》

在徵引《荀子》方面。引文主要出自《荀子・禮論》。如「刻死而附生謂之墨，刻生而附死謂之惑，殺生而送死謂之賊，大象其生以送其死，使死生終始莫不稱宜而好善，是禮義之法式也，儒者是矣。」註云：「儒、墨之殊絕而相反，莫如喪葬一事，故彼此攻辨最多。《荀子・禮論》既發明儒者之喪服，而亦專以闢墨焉。」首先，康氏認爲儒、墨之間，對於喪葬一事，彼此的看法差距最大，故攻辨也最多；其次，康氏認爲《荀子・禮論》攻墨最多，所以在儒攻墨的護教功勞上，荀子大過於孟子。康氏云：「荀子攻墨最多，過於孟子遠甚，孟子僅三條耳。然則攘墨之功，以荀子爲大也。」

（三）《史記》

在徵引《史記》方面。「儒攻墨」的相關資料共有四條。註文亦有四，其中兩條分別爲「墨道不行，以其太苦。莊生固謂離天下之心，天下不堪。」「莊子以爲其道太苦，使民憂悲，去王遠矣，最確。」〔註32〕這說明墨家學派之

〔註31〕其他兩條，分爲〈盡心〉：「墨子兼愛，摩頂放踵利天下爲之。」〈滕文〉：「楊、墨之道不息，孔子之道不著，是邪說誣民，充塞仁義也。仁義充塞，則率獸食人，人將相食，吾爲此懼。閑先聖之道，距楊、墨，放淫辭，邪說者不得作。」

〔註32〕此二條註文，前者乃註《史記・太史公自序》：「墨者儉而難遵，是以其事不可偏循。」後者亦註〈太史公自序〉：「墨者亦尚堯、舜道，言其德行。……故曰：儉而難遵。」

所以衰落的原因。這又引出兩個値得探討的問題。首先，如果墨學「其道太苦」爲墨學之所以衰落的原因，那麼當初墨家又何以興盛？其次，康氏認爲「大道經幾許辯爭而後一統」，儒家之所以能一統，在於與諸子辯爭並取得勝利，換言之，諸子之所以不能一統天下，在於辯不過儒家而漸漸消失。那麼墨子的衰亡的原因，在於辯不過儒家，或學說本身有缺陷，即所謂「其道太苦」？亦或兩者皆是？

　　此外，康氏徵引《史記・游俠列傳》中郭解「任俠行權」而遭滅族的事蹟後，註云：

> 史遷謂儒以文弄法，俠以武犯禁。儒、俠對舉，疑俠亦出於墨。致一巨子而殺百四十人，墨道固以死爲義者。漢武時，崇儒，抑禁俠學，而後墨道廢耳。蓋兼愛之餘，自流爲俠也。

在此，有幾點値得探討。首先，上卷最後一條註文云：「文、景之世尙黃老，故老學大盛，於時墨學已衰，故與儒爭教者惟有老學也。故在武帝博士弟子未立以前百年，爲儒、老互爭之世。」可見之前康氏認爲漢初墨學已衰，但此處，康氏又以墨道廢乃在漢武帝之時。這兩者說法顯然不一致。當然也並非全然不通。或許可解釋爲：墨家至漢代已呈衰勢，墨者身分也因此轉「游俠」，至武帝抑禁俠學，於是墨家消失了；其次，康氏提到「疑俠亦出於墨」。〔註33〕這指出了思想學派具有「流變」的可能。流變之所以可能，來自學說本身發展的「潛在」可能性，「蓋兼愛之餘，自流爲俠也。」墨者而爲游俠，乃兼愛思想的另一種發展。然而爲何要變？這就可能牽涉到外在環境的刺激。果眞如此，那麼這說明了思想必須是「活」的，會隨著外在環境的變化而產生「流變」；再次，康氏云：「漢武時，崇儒，抑禁俠學，而後墨道廢耳。」這牽涉到思想學派興廢的問題。漢武帝的罷黜百家，獨尊儒術，使得儒盛而墨廢。如果再加上之前的探討，那麼墨學之所以衰亡的原因，則總計有三，即「其道太苦」、「辯爭失利」、「朝廷抑禁」等。

（四）《論衡》

　　在徵引《論衡》方面。共有四條。其中較有新意者，在於《論衡・薄葬》：

> 墨議不以心而原物，苟信聞見，則雖效驗章明，猶爲失實。失實之

〔註33〕此處云「疑俠亦出於墨」，似有所懷疑、不太確定，然卷六〈墨老弟子後學考〉卻云：「游俠之風開於墨氏，故所載游俠諸人（按：指《史記》），皆列爲墨子後學。」康氏確定地將漢代的游俠列爲墨子後學。

　　議難以教，雖得愚民之欲，不合知者之心，喪物索用，無益於世。
　　此蓋墨術所以不傳也。

〈薄葬篇〉旨在反對當時厚葬的風俗，提倡薄葬。王充認為當時厚葬風俗之所以愈演愈烈，原因在於儒、墨兩家，對於死人到底有知還是無知，未加以清楚論述。王充曰：「聖賢之業，皆以薄葬省用為務。然而世尚厚葬，有奢泰之失者，儒家論不明，墨家議之非故也。」於是墨家以死人有知卻薄葬，儒家以以死人無知反而厚葬，這就造成了「薄厚不相勝」的矛盾。所以本篇的目的旨在闡明「死人無知，厚葬無益。」故就王充的觀點而言，墨家的理論太淺，往往無法充分支持其主張，所以「雖效驗章明，猶為失實。」這就是墨家學說最大的弊病，也是墨術之所以不傳的原因。康氏相當推崇王充的見解，所謂「王仲任實實推求墨學所以致敗之由，漢人亦寡此高識。」在上項「儒墨互攻」中，康氏引《論衡‧案書》：

　　儒家之宗孔子也，墨家之祖墨翟也。且案儒道傳而墨法廢者，儒之道義可為，而墨之法議難從也。何以驗之？墨家薄葬右鬼，道乖相反，違其實，宜以難從也。乖違如何？使鬼非死人之精也，右之未可知。今墨家謂：鬼，審人之精也。厚其精而薄其屍，此於其神厚而於其體薄也，薄厚不相勝，華實不相副，則怒而降禍，雖有其鬼，終以死恨人，情欲厚惡薄，神心猶然。用墨子之法事鬼求福，福罕至而禍常來也，以一況百，而墨家為法皆若此類也。

註云：「仲任能知儒宗孔，墨宗墨，又知孔道所以傳，墨法所以廢，於諸子改制託先王之事，蓋猶能知之也。想東漢人皆能明之，亦視為固然之義矣。」由於康氏對王充的推崇，故《論衡》一書，在《孔子改制考》引用次數的排序中，共引用一百五十六次，佔總引文的百分之七點五七，僅次於《後漢書》、《史記》、《漢書》等史書，而排行第四；在子書中，即排名第一，多過《墨子》、《莊子》、《孟子》等。但實際上，就兩者觀點的契合度而言，康氏與王充多相牴觸。就以上例而言，康氏主厚葬而引《論衡‧薄葬》、稱讚王充，然而王充事實上是主張薄葬的。王充認為墨家之所以不傳的原因，康氏亦不採用。由於王充是一位具有獨立思想能力的思想家，見解當然不同於流俗，而多有新意，這或許是康氏之所以借重《論衡》的主因。

（五）《孔叢子》

　　在徵引《孔叢子》方面。引文共有九條之多。且全出自《孔叢子‧詰墨》

中。康氏云：「《孔叢子》爲王肅僞書，雖不足據，然墨子之毀誣孔子，無所不至，以鼓惑時流，相攻亦甚矣。《孔叢子》能辨正之，故亦節取焉。」雖然《孔叢子》爲王肅僞作，但康氏還是加以徵引，這也算是「藉異教之攻詞，證孔門之大義」的運用。凡是有利於佐證「孔子改制」者，皆加以引用，不管是僞書，或立場相對的言論，康氏皆加以蒐羅。這可說是本書引文的一大特色。

第五節　「儒攻諸子考第十七」述評

本卷〈儒攻諸子考〉與卷十四〈諸子攻儒考〉在「批評者」方面，正好相反。「儒攻諸子」代表儒家對諸子學說批評的「大反擊」，也是諸子互攻的高潮。

卷十四的目次，分爲「春秋時諸子攻儒」、「戰國時諸子攻儒」、「秦時諸子攻儒」、「兩漢時諸子攻儒」等四個階段。主要是依時間先後爲序；然而本卷的排序卻不同，而卷十五〈墨老攻儒尤盛考〉相同，皆以諸子爲單位。雖然兩卷的作爲單位的項目不同，但本卷各項目中徵引文獻的排序，仍以時間先後爲主，如「儒攻諸子總義」徵引文獻的次序爲：《荀子‧非十二子》、《韓詩外傳》、《荀子‧天論》、《荀子‧禮論》、《論衡》、《淮南子‧俶眞訓》、《鹽鐵論‧毀學》、《鹽鐵論‧遵眞》、《後漢‧劉陶傳》，即以時間作爲排序，

本卷「儒攻諸子」的「諸子」，或指個別的思想家，如「管子晏子」、「子桑伯子」、「原壤」、「棘子成」、「少正卯」、「老子」、「楊墨」、「宋鈃」、「許子」、「陳仲子」、「驪子」、「淳于髡」、「子莫」、「白圭」等；或就學派而言，如「法家」、「名家」、「縱橫家」、「兵家」等。此外，尚有所謂「不知名雜教」。這種分法的主要弊病有三：

首先，在分類上，或就思想家個人，或就學派爲單位，因不統一而顯得零亂。

其次，本卷的「諸子」與卷三〈諸子創教改制考〉、卷四〈諸子改制託古考〉、卷五〈諸子爭教互攻考〉等四卷的「諸子」皆不相同。這顯然有體例不一、不夠嚴謹的弊病。

再次，本卷的目次中，有「儒攻楊墨」一項。卷五〈諸子爭教互攻考〉「墨攻楊朱」中，康氏云：「拔一毛以濟天下，不爲。儒攻之，墨亦攻之，而孟孫

陽竟能張其宗旨以緔人。楊朱得此後勁，老學所由偏天下哉！」在卷五楊、墨二家乃對立互攻；然而本卷卻合併爲一組，而同受儒家的批判；且卷六〈墨老弟子後學考〉亦將孟孫陽、楊朱歸入老子後學，既然如此，「儒攻老子」、「儒攻楊墨」等項的安排，似有不妥。

　　以上三項弊病產生的主要原因，可能是爲了遷就所徵引文獻的緣故，如《孟子·滕文》：「楊朱、墨翟吾盈天下。」《論衡·對作》：「楊、墨之學不亂傳義，則孟子之傳不造。」等，皆楊、墨並舉，康氏徵引之，而冠以「儒攻楊墨」似無不可。

　　本卷「緒論」，說明了儒攻諸子的必要性：

　　　　興國者必平僭僞，任道者必攘異端。異說嵬瑣怪偉，足以惑世誣民，充塞大道。爲儒之宗子，爲儒之將帥，張皇六師，無害寡命以推行大道，固守聖法，豈得已哉。《傳》曰：「執德不宏，信道不篤，焉能爲有？焉能爲無？」當諸子之朋興，天下之充塞，而摧陷廓清，道日光大。

康氏將諸子之間的相互批評，比附爲政治的爭奪天下。他並不認同思想多元化發展的意義，站在儒家的立場，將其他諸子皆視爲「異端」，「異說嵬瑣怪偉，足以惑世誣民，充塞大道。」必須加以「攘除」，所謂「興國者必平僭僞，任道者必攘異端。」「而摧陷廓清，道日光大。」也唯有排除異己，儒家才能興盛光大。而在這消滅異端、摧陷廓清的功勞上，以孟子、荀子、以及董仲舒最爲有功。康氏云：「戰國則偏行天下，後世則一統大教。孟、荀揚其鑣，董子定其業。嗚呼！儒家而編功臣傳耶，其淮陰、中山哉！」

　　在卷十四〈諸子攻儒考〉中，將批評的內容，分爲「批評者」、「批評立場」、「批評對象」、「批評內容」等四項。本卷「儒攻諸子」，主要是「批評者」相反而已，故批評的架構依然適用。

一、批評者

　　就儒家批評者而言，在「緒論」中，康氏認爲儒家主要的批評者有三人，即「孟、荀揚其鑣，董子定其業。」三人當中，又以荀子最具代表性。在「儒攻諸子總義」中，儒家批評者的代表，主要是荀子。康氏首引《荀子·非十二子》、〈天論〉：

　　　　萬物爲道一偏，一物爲萬物一偏，愚者爲一物一偏，而自以爲知道，

> 無知也。愼子有見於後無見於先，老子有見於詘無見於信，墨子有
> 見於齊無見於畸，宋子有見於少無見於多。有後而無先則群眾無門，
> 有詘而無信貴賤不分，有齊而無畸則政令不施，有少而無多則群
> 眾不化。

註云：

> 孔子之道，六通四闢，無乎不在，諸子之學悉受範圍。然當時諸
> 子改制紛如，競標宗旨，守一偏以自高異，天下學者靡然從風。
> 荀子特揭其所短，指其所蔽，極力偏攻。儒教光大，荀子最有力
> 焉。

在卷五〈諸子爭教互攻考〉中，提到諸子之所以互攻的主因有三，其一即爲
「學說的偏蔽」。康氏認爲由於諸子「各因其受天之質」，「惟其質毗於陰陽，
故其說亦多偏蔽，各明一義，如耳目鼻口不能相通。」這可說是諸子學說的
「先天」局限；相對於「凡人」身分的諸子，孔子具有「神人」的身分，故
其本質不毗於陰陽，故能開展出一「全面」的學說，所謂「孔子之道，六通
四闢，無乎不在。」這也是「儒攻諸子」的優勢之一。在儒家後學的三個主
要批評者－孟子、荀子、董子當中，以「荀子最有力焉」。

雖然本卷名爲「儒攻諸子」，批評者必然爲儒者，但亦有可議之處。如引
《莊子・養生主》：

> 老聃死，秦失弔之，三號而出。弟子曰：「非夫子友邪？」曰：「然。」
> 「然則弔焉若此，可乎？」曰：「然。始也，吾以爲其人也，而今非
> 也。向吾入而弔焉，有老者哭之如哭其子，少者哭之如哭其母，彼
> 其所以會之，必有不蘄言而言，不蘄哭而哭者，是遁天倍情，忘其
> 所受，古著謂之遁天之刑。」

上文當中，秦失認爲死亡乃天意，不可遁逃，也是一種解脫，所謂「古者謂
是帝之縣解」，故要懂得「安時處順」，如此則「哀樂不能入也」，這種觀點比
較接近道家。然而，康氏以此引文作爲「儒攻老子」的證據之一。除非證明
秦失爲儒家，否則不成立！

二、批評立場

諸子多以儒者「繁文縟節」，相對地，儒者亦以此攻諸子。如「儒攻子桑
伯子」項，引《說苑・修文》：

孔子曰：「可也，簡。」簡者，易野也，易野者，無禮文也。孔子見
子桑伯子。子桑伯子不衣冠而處。弟子曰：「夫子何爲見此人乎？」
曰：「其質美而無文，吾欲說而文之。」孔子去，子桑伯子門人不說，
曰：「何爲見孔子乎？」曰：「其質美而文繁，吾欲說而去文。」故
曰：文質修者謂之君子，有質而無文謂之易野。子桑伯子易野，欲
同人道於牛馬，故仲弓曰太簡。

相對於儒家的「繁縟」，諸子則因缺乏禮文，而顯得「簡野」，這也就成了儒家批評的重點。

三、批評對象

本卷「目次」，已將儒者批評對象羅列標明，依序爲：

1. 管子
2. 晏子
3. 子桑伯子
4. 原壤
5. 棘子成
6. 少正卯
7. 老子
8. 楊墨
9. 法家
10. 名家
11. 縱橫家
12. 兵家
13. 宋鈃
14. 許子
15. 陳仲子
16. 驫子
17. 淳于髡
18. 子莫
19. 白圭
20. 不知名雜教

其中所謂「不知名雜教」者，共有五條，皆出於《荀子‧正論》，〔註34〕其主詞皆爲「世俗之爲說者」，如：

> 今世俗之爲說者，以桀、紂爲君而以湯、武爲弑，然則是誅民之父母而師民之怨賊也，不祥莫大焉。以天下合爲君，則天下未嘗合於桀、紂也，然則以湯、武爲弑，則天下未嘗有說也，直墮之耳。

就上文而言，「世俗之爲說者」，不過是當時某些人的看法，甚至有可能爲荀子的「設問」，重點在於「解答」與觀點，而不在於「問題」、提問之人。然康氏卻視爲「眞有其人」，而定爲「不知名雜教」。至於荀子的回答、反駁，即爲「儒攻諸子」！

又上列諸子中，竟然不見莊子、「儒攻莊子」。本卷中只有一處提到「莊周」，即「儒攻諸子總義」中，引《韓詩外傳》：

> 夫當世之愚，飾邪說，文姦言，以亂天下，欺惑愚眾，使混然不知是非治亂之所存者，即是范雎、魏牟、田文、莊周、愼到、田駢、墨翟、宋鈃、鄧析、惠施之徒也。……則是十子之罪也。

由此，再次證明康氏對莊子的好感。莊子不同於其他諸子，甚至超越老子；且莊子與儒家也不是對立的。

四、批評內容

批評內容相當廣泛，或就「人格行事」，如「儒攻管子、晏子」項中，引《論語‧八佾》：

> 子曰：「管仲之器小哉！」或曰：「管仲儉乎？」曰：「管氏有三歸，官事不攝，焉得儉？」「然則管仲知禮乎？」曰：「邦君樹塞門，管氏亦樹塞門；邦君爲兩君之好，有反坫，管氏亦有反坫。管氏而知禮，孰不知禮？」

此批評管仲行爲不符於禮。或就「學說優劣」。如「儒攻楊、墨」項中，引《荀子‧致士》：「君者國之隆也，公者家之隆也。隆一而治，二而亂，自古及今，未有二隆爭重而能長久者。」註云：

> 此亦攻墨子者也。墨子兼愛、尚同，視至親如路人，無尊卑親疏之

〔註34〕五條之中，「今世俗之爲說者，不怪朱、象而非堯、舜，其過甚矣哉，夫是之謂嵬說。」出處爲《荀子‧主論》。然《荀子》無〈主論〉；且引文內容，全同於〈正論〉，故〈主論〉應爲〈正論〉。

－204－

別，與儒者異，故荀子攻其二而亂，與孟子攻墨氏無父、無君、又
夷子二本之意同。

以上乃就批評架構，簡介本卷的主旨。除此之外，康氏註文當中，尚有值得
注意之處。關於墨學的特色、學派歸屬的問題、禪讓精神的提倡、孔門口說
的傳承等，相當具有探討價值，茲分論如下：

（一）關於墨學的特色

在關於墨學的特色方面。本卷墨學雖與楊朱並稱爲「楊墨」，但引文共有
十七條，〔註35〕相較之下，數量與篇幅皆不算少。更重要的是康氏的註文中，
有許多值得注意者：

1. 墨學的本源

康引《荀子‧禮論》：「夫厚其生而薄其死，是敬其有知而慢其無知也，
是姦人之道，而倍叛之心也。」註云：

> 墨子之學本出於孔子，乃倍叛而反攻，故荀子攻其倍叛也。陳相棄
> 陳良之學而從許行之學，孟子攻其倍師。堅守孔教而攻異，荀、孟
> 兩大儒爲最有力也。

「墨子之學本出於孔子」，可見儒、墨的本源是相同的。既然如此，康氏在本
書中，又何以多次批評韓愈的見解？又「儒攻老子」中，康氏云：

> 儒與楊、墨，其道爲三，而老氏爲我，儒、墨救世，則雖三而實爲
> 二焉。故在戰國，儒、墨最盛，而老氏遜之，以其俱救世也。至於
> 漢初，老氏最盛，儒學駸駸其間，而墨亡矣。蓋救世之道同，而儒
> 順墨逆，故墨歸於儒，老氏與儒相反，故後世反有存也。

這段註文有幾個重要概念：

(1) 儒、墨本源之所以相同的地方，在於「儒、墨救世」。
(2) 「救世」之學說宗旨，使儒、墨並盛於戰國。相對地，「老氏爲我」，
「而老氏遜之」。這是否意味著救世的目的，將決定思想學派興盛與
否的主因之一？
(3) 由於「救世」的宗旨，使得儒、墨不但在本源上相同，且最後墨終
歸順於儒。「蓋救世之道同，而儒順墨逆，故墨歸於儒。」不知康
氏何謂？

〔註35〕主要出自《荀子》，計有十條。

（4）儒墨在本源與目的上皆相同，唯一不同者在於方法，即「儒順墨逆」。所謂「（儒家）本天論，因人情，順時變。」而「墨學太苦，莊生所謂天下不堪，其去王遠，人所難從。」故順逆主要就「人情」而言。也就說在學說的實踐、操持上，儒家順從，而墨家逆於人情。

（5）「老氏與儒相反，故後世反有存也。」儒家的學說，「小大精粗、六通四闢、無乎不在。」既然如此，則無任何學說，可以外於儒學的範疇，何以產生「老氏與儒相反」，老學外於儒學範圍的現象？又「老氏與儒相反，故後世反有存也。」這是爲什麼？

2. 儒墨的異同

儒墨之間最大的差別，主要在「儒順墨逆」的方法上，以葬期爲例。《荀子·正論》：「世俗之爲說者曰：『太古薄葬，棺厚三寸，衣衾三領，葬田不妨田，故不掘也。亂今厚葬，飾棺，故抇〔註36〕也。』」註云：「薄葬之制爲墨子所改定。蓋上古發骸之風甚盛，故墨子定爲此制，所以防其患也。然孔子已爲之防，比太古已薄矣，墨子則儉不中禮矣。」由此可見，雖然表面上，儒家主厚葬，墨家主薄葬，乃相反對立；而實際上，孔子的厚葬，「比太古已薄矣」，故也可視爲薄葬。儒、墨方法上的不同，乃相對的，而不是絕對的，也就是站在儒家的角度，墨家太「薄」，「墨子則儉不中禮矣」，反之亦然。

既然儒墨主要的差別，在實踐方法的不同；至於本源則墨出於儒，若目的則完全相同，儒墨同爲救世，這是否意味著儒、墨可以合而爲一，即康氏所謂「故墨歸於儒」？其實又不然：

> 或以昌黎謂孔子必用墨子，墨子必用孔子，孔、墨互攻，乃其後學，非二師之道本然。是未讀《墨子·非儒》、〈公孟〉。墨氏實挾全力以倒戈孔門，實無兩立之理。昌黎生在唐時，已不知孔、墨改制爭教之由，固不足辨也。

儒、墨「實無兩立之理」，這與上文探討的結果相互矛盾。

3. 墨學的弊病

康氏認爲儒、墨的不同，主要在方法上，即所謂「儒順墨逆」，這同時也是墨學最大的弊病。《荀子·王霸》：

> 大有天下，小有一國，必自爲之然後可，則勞苦耗悴莫甚焉。如是，

〔註36〕抇，音「ㄏㄨˊ」，借爲搰，掘也。此指盜墓而言。

則雖臧獲不肯與天子易勢業。以是縣天下，一四海，何故必自爲之？
爲之者，役夫之道也，墨子之説也。

康氏註云：

孟子無君子莫治野人，無野人莫養君子，上下有等，孔子之義也。
墨子主張兼愛、尚同、無差等之義，不與先王同。然其道大觳，耗
悴莫甚，役夫之道也。莊子謂墨子雖獨能任，奈天下何，是也。墨
子之道所以敗績也，其道高而難行，非孔子中庸之義，故荀子極力
攻之。

康氏認同莊子對墨學弊病的看法，認爲墨道太苦，不合於人情，〔註37〕故「其
道高而難行」。在其他諸子學説當中，有此弊病者，尙有許行，「儒攻許子」
項中，引《孟子·滕文》：「有爲神農之言者許行，自楚之滕，……從許子之
道，相率而爲僞者也，惡能治國家？」註云：

許行被褐織席，高談並耕，其道甚苦，蓋本爲墨學而稍變之，欲自
立門戶者。當時創教紛紛，少自立者，輒思創宗旨以自名一教。莊
子謂墨者以裘褐爲衣，以跂蹻爲服，日夜不休，以自苦爲極，其道
大觳。被褐織席，亦大觳矣。並耕同貫，則尚同之餘義。故許行必
墨氏後學，皆假託先王，力與孔子爲難，故孟子極力攻之。

除了許行之外，陳仲子屬「節用苦行」者。「儒攻陳仲子」引《孟子·滕文》：
「匡章曰：『陳仲子豈不誠廉士哉？……』孟子曰：『……若仲子者，蚓而後
充其操者也。』」註云：

陳仲子亦當時創教之人，其學雖不可見，然統屢辟纑，節用苦行，
避兄離母，薄於人倫，殆聞墨子之風者。荀子以爲盜名，大約以苦
行動人而不尚言論也。孔子之道，以人治人，可而止。陳仲子知義
而不知仁，失其本矣。

「節用苦行」的缺點在於逆於人情，「雖獨能任」，然「天下不堪」。但這又有
益於學派的傳佈、興盛。康氏云：

仲子宗旨雖不可考，而孟子攻其亡親戚君臣上下，則其説與佛氏略
同，但有妻耳。其苦行亦與佛同，故能風動天下。趙威后至欲殺之，
想以其無君也。顯違孔子之道，故孟子不得不攻之。

〔註37〕康氏認爲墨學的弊病除了「其道太苦」之外，還有「辯爭失利」、「朝廷抑禁」
等，詳見本章第四節。

「其苦行亦與佛同，故能風動天下。」「苦行」既違反人情，何以能風動天下？又「墨子雖獨能任，奈天下何，……墨子之道所以敗績也，其道高而難行。」可見墨學太苦，或作爲墨家之所以衰落的主因之一，同時又是它之所以能風動天下的原因，這種矛盾該如何解釋？

墨學敗績之由，除了「其道高而難行」之外，康氏又提到又一原因，那就是儒家後學的攻擊。康氏引《孟子・滕文》：「聖王不作，諸侯放恣，處士橫議，楊朱、墨翟之言盈天下。……能言距楊、墨者，聖人之徒也。」註云：

> 孟子終日以明孔道、闢楊、墨爲事，至引三聖自比，攻之以洪水猛
> 獸，屬其詞如此。率子弟闢之，謂能距楊、墨即爲聖，其樹之標、
> 立之黨也如此。聖門有此堅勁之師，此楊、墨所以敗績矣。

孟子以及後學弟子持續對墨家學說的批評，「此楊、墨所以敗績矣。」此即「辯爭失利」，這在上文，即本章第四節已有提及。

（二）學派歸屬的問題

在學派歸屬的問題方面。墨學實出於孔子，且救世的宗旨相同，但不知康氏爲何堅持儒墨「實不兩立」？這種壁壘分明的堅持，相較於康氏對其他諸子分派的「含糊」，更顯得突兀，茲舉數例說明之。

1. 在卷六〈墨老弟子後學考〉中，楊朱爲老子後學，康氏云：「拔一毛以濟天下不爲，儒攻之，墨亦攻之，而孟孫陽竟能張其宗旨以紲人。楊朱得此後勁，老學所由偏天下哉？」「楊朱即老子弟子」。然而在本卷楊朱不併於老子，卻與墨子合爲「楊墨」，當然，這可能是受限於徵引文獻皆「楊、墨」併稱。

2. 卷六云：「縱橫家乃鬼谷子後學，其原實出於老子，是即爲老子後學。」此混縱橫家與道家爲一。

3. 卷六云：「申、韓之學皆出老子」，然而，在本卷卻皆分而論之。

4. 在「儒攻子莫」項中，引文僅有《孟子・盡心》：「子莫執中，執中爲近之，執中無權，猶執一也。所惡執一者，爲其賊道也，舉一而廢百也。」註云：「子莫執中，蓋與孔子近矣。然彼究別創一教，不從孔子。孟子爲孔門禦侮，故並攻之也。」子莫近於儒家，卻不能併入儒家。

5. 在《荀子・非十二子》中，批評孟子：
> 略法先王而不知其統，猶然而材劇志大，聞見雜博。案往舊造説，
> 謂之五行，甚僻而無類，幽隱而無説，閉約而無解。案飾其辭，而

祗敬之曰：「此眞先君子之言也。」子思唱之，孟軻和之，……以爲

仲尼、子游爲茲厚於後世。是則子思、孟軻之罪也。

在此荀子批評孟子，甚至有視其爲「外道」的意味，[註38] 但在分類上孟、荀卻同爲儒家。這不禁令人起疑，傳統對思想學派的分類，是否有重新探討的必要？

（三）禪讓精神的提倡

在禪讓精神的提倡方面。《荀子·正論》：「夫曰堯、舜擅讓，是虛言也，是淺者之傳，陋者之說也，不知逆順之理，小大至不至之變也，未可與及天下之大理也。」註云：

孟子：「天與賢則與賢，天與子則與子。」王者奉天治民，視民心之

向背而驗天命之所歸，不得私相轉授，擅以天下與人者。故當時子

噲授燕於子之，卒啓亂亡之禍，蓋爲淺陋者之說所惑焉。

康氏相當強調堯、舜的禪讓精神，並且將它比附爲西方的民主精神。[註39] 雖然「視民心之向背而驗天命之所歸」，具有「重視民意」的意味，然而「王者奉天治民」，基本仍屬於「君權神授」的觀念。由此一觀念，過渡到「天賦人權」，也就權力由君主下放到人民，這在傳統文獻中，康氏似乎很難找到相應、有力的學說，來支持民主運動的「合理性」。

（四）「口說」傳承的問題

在孔門「口說」傳承方面。本書中，出現「口說」一詞，計有十五次以上。首見於卷七〈儒教爲孔子所創考〉，「孔子創儒後諸弟子傳其口說謂之儒說」。不同於文字的記載、書面的呈現；「口說」乃是儒家弟子代代口耳相傳孔子之微言大義，它不同於文字的記載，其重要性勝過於書面的呈現。康氏認爲將孔門口說詮釋發揚的最大功臣，當屬董仲舒，其次是司馬遷、何休等。

口說是孔門傳承的重要方式，然而諸子是否亦有此一傳承方式？在本卷最後一項「不知名雜教荀子攻之與孟子同」中，引《荀子·正論》：「今世俗

[註38] 康氏在本卷雖首引〈非十二子〉，卻不徵引此段。康氏徵引的段落，由〈非十二子〉篇首引起，「假今之世，飾邪說，文姦言，……然而其持有故，其言之成理，足以欺惑愚眾，是惠施、鄧析也。」本篇接下來批評孟子、子思的部分，即「略法先王而不知其統，……是則子思、孟軻之罪也。」則不再續引。如果康氏客觀地引出，是否就陷入「儒攻孟子」的窘境。

[註39] 這在本書第六章，第三節〈孔子改制法堯舜文王考第十二〉，已有探討。

之爲說者，不怪朱、象而非堯、舜，其過甚矣哉，夫是之謂嵬說。」註云：「當時諸教之微言大義，全在口說，故荀子攻之爲世俗之說，陋者之說，是之謂嵬說。」康氏將《荀子·正論》中所謂「世俗之爲說者」視爲「不知名雜教」，且爲諸教口說之微言大義。如此一來，不僅孔門有口說，諸子各派亦有之。當然此說的優點，在於「多則不怪」的心理作用，正如諸子既然可創教改制，故孔子創教改制又何足爲奇？但其缺點亦顯然亦見。如果諸子（含孔子）的微言大義，主要皆以口說的方式流傳，那麼如今康氏考證文獻，就算獲得充分的證據，又能證明什麼？因爲諸子的微言大義，根本不在文獻記載當中！

第九章　孔教的興盛

　　由卷十四〈諸子攻儒考〉、卷十五〈墨老攻儒尤盛考〉、卷十六〈儒墨爭教交攻考〉、卷十七〈儒攻諸子考〉等四卷，主旨皆在考證諸子之間的相互批評。「然聖道至中，人所歸往，偏蔽之道，入焉而敗。今藉諸子之相攻，明仲尼之不可毀。」周末諸子之間經由互攻、爭勝，至戰國時，只剩儒、墨二家。藉由批評者不斷地更替、淘汰，凸顯了墨家、儒家等學說的優勢，以及學派興盛。於是由本章，亦即卷十八〈儒墨最盛並稱考〉起，儒教開始興盛；到了卷十九〈魯國全從儒教考〉，最後一個競爭者 —— 墨家，也跟著沒落消失，形成儒家全盛的局勢，並在魯國實踐開來；卷二十〈儒教偏傳天下戰國秦漢間尤盛考〉，儒教以魯國爲起點，歷經戰國、秦、漢，漸漸向外傳播，而偏傳天下；到了漢武帝時，定儒教爲國教，一統天下，此即卷二十一〈武帝後儒教一統考〉。

第一節　「儒墨最盛並稱考第十八」述評

　　本卷「緒論」，說明「儒墨最盛並稱」的現象。首先，將先秦諸子之間的互相批評，比附爲諸侯並立，爭奪天下的現象：

　　　　孔子一統之後，如漢高、明太囊括四海，悉主悉臣。人不知孔子爲
　　　　創教諸子之一人，更不知與孔子同時爭教之巨子。然在戰國時，國
　　　　既諸雄並立，而秦、楚爲強，教亦諸子並爭，而儒、墨最盛。其時
　　　　傳教各視其力，各竭其才，而儒、墨二字充滿天下，實中分天下。

諸子之中，儒、墨二家如戰國七雄中的秦、楚，最爲特出，遂中分天下。接

著康氏引《孟子·滕文》:「楊朱、墨翟之言盈天下。天下之言,不歸楊、則歸墨。」康氏云:「孟子謂楊朱、墨翟之言盈天下,又謂天下之言,不歸楊則歸墨,又謂逃墨必歸楊,逃楊必歸儒。」可見在當時儒、墨頗有「中分天下」之勢,就也就是本卷題目「儒墨最盛並稱」之「儒墨最盛」。至於楊朱等老學,雖未消失,但亦無力與儒、墨相提並論:

> 老、楊之學似若爲吳、蜀之鼎立,然墨學濡首救人,又多才藝,人
> 多歸之,當戰國末,遂與儒並對立,若南北朝,於時老、楊之學,
> 僅如蕭察〔註1〕一線之傳,不足比於大國矣。

老學之所以「不敵」儒、墨,主要的原因在於學派的宗旨,前者重爲我、貴己;而後者則強調行仁、兼愛的救世精神:

> 夫原儒、墨所以最盛者,豈不以行仁兼愛哉?人道莫不賴於仁,固
> 非爲我之私所可比矣;然墨道節用、非樂,薄父子之恩,失生人之
> 性,其道枯(稿)〔槁〕太觳,離天下之心,天下弗堪,咸歸孔子,
> 豈非聖人之道得中和哉?

雖然儒、墨學說宗旨相較之下,墨家太偏、太苦,不如儒家的中和、符於人性。但其救世的主張,使其學派仍得以傳承光大於世,故到了漢代,並可與儒家並稱,「然漢人尚以墨翟與孔子並稱,項羽雖敗,漢人獨立本紀,豈非兼愛尚同之遺烈耶?」就也就是本卷題目「儒墨最盛並稱」之「儒墨並稱」。

　　本卷結構,分爲兩個部分,即「儒墨最盛」與「儒墨並稱」。其實兩者並不容易區別,在「儒墨最盛」項中,徵引資料中,儒、墨二者必定同時出現,否則如何證明「儒墨最盛」?但這同時不也就是「儒墨並稱」?〔註2〕在「最盛」項中,引文共二十條,分別出自《呂氏春秋》七、《淮南子》五、《韓非子》四、

〔註1〕 蕭察(察字應去「宀」)。後梁(亦稱西梁)開國皇帝。「察性儉素,多猜忌。初鎮守襄陽,以梁武帝衰老,朝多秕政,遂蓄財養士,招募勇敢,左右至數千人。以襄陽形勢,梁業所基,可圖大功,乃克己爲政,撫循士民,數施恩惠,延納規諫,所部稱治。後因與其叔蕭繹交惡,遂求援於西魏,及西魏滅梁,殺元帝蕭繹,而立察爲梁主,於襄陽置百官,賞罰制度,並同王者,爲魏之附庸。察以蔡大寶爲相,時人比之如劉備遇孔明。察性不喜酒,尤惡見婦人,酷信佛法,居處殘毀,干戈日用,在位七年,憂憤而死。」(以上抄錄自賈虎臣編著:《中國歷代帝王譜系彙編》,台北:正中書局,民國55年1月)

〔註2〕 然而在「儒墨並稱」引文中,不一定有描述「儒墨最盛」的現象。如《鹽鐵論·毀學》:「儒、墨內貪外矜,往來游說,栖栖然亦未爲得也。」《論衡·案書》:「儒家之宗,孔子也;墨家之祖,墨翟也。」

《莊子》二、《列子》、《荀子》各一；在「並稱」項中，引文共有三十三條，分別出自《淮南子》八、《論衡》八、《莊子》六、《鹽鐵論》四、《尸子》二、《呂氏春秋》、《韓非子》、《新書》、《新序》、《申鑒》各一。引文雖多於前項，然康氏多無發揮，註文尚有新意，僅有一條。故以下就「儒墨最盛」一項，進行探討。在本項中的康註，主旨圍繞在儒墨興盛的原因，以及對儒墨盛況的描述。

（一）儒墨興盛的原因

關於儒、墨興盛的原因，在前幾卷多有涉及，主要是學說論理合於人情。本卷提到的有以下幾點：

1. 學派宗旨

就學派宗旨而言，「緒論」中，提到儒墨之所以最盛的主因，在於「行仁兼愛」的救世宗旨。儒家的行仁，墨家的兼愛，皆以救世為目的。故首引《呂氏春秋・有度》：「孔、墨之弟子徒屬充滿天下，皆以仁義之術教導於天下。」註云：

> 孔、墨以仁立教，其弟子徒屬充滿天下，殆有由也。故諸子並出，孔、墨獨盛，而墨卒敗。大道之行，豈苟然哉？儒於戰國雖未一統，而半分天下矣。

由此可知，康氏認為思想學派之所以興盛的主因，在於是否具有救世的宗旨。
〔註3〕

2. 學說內容

就學說內容而言，多涉及學問制度，也就是重視實學。康氏認為儒墨重實，諸子多虛，也是儒、墨興盛的原因之一。《呂氏春秋・博志》：

> 孔、墨、甯越，皆布衣之士也，慮於天下以為無若先王之術者，故日夜學之，有便於學者無不為也，有不便於學者無肯為也；蓋聞孔丘、墨翟晝日諷誦習業，夜親見文王、周公旦而問焉。

註云：

> 戰國以還，稱博聞勤學者，必以孔、墨為稱首，而諸子不與焉，其並名如此。蓋孔子、墨子皆以學問制度勝人，諸子多空虛，非其比也。雖宜於時者，墨不如孔，而荀勝孟，朱勝陸，後人皆荀、孟並稱，朱、陸對舉，正與此同。

〔註3〕　這個說法，在第八章，第五節〈儒攻諸子考第十七〉已有探討。

雖不清楚「孔子、墨子皆以學問制度勝人，諸子多空虛。」究竟何所指？但孔墨重實，諸子多虛，基本上與儒墨行仁兼愛的救世宗旨是相通的。

康氏認爲儒墨學說不但多爲制度等實學，而且懂得利用託古，營造崇高的理想，令人景仰。《韓非子·五蠹》：「今儒、墨皆稱先王，兼愛天下，則視民如父母。」康註：「儒、墨並稱而謂之皆稱先王，兼愛天下。可知儒、墨所以大行者，惟稱先王則於古有徵，惟兼愛則生民共慕，此所以萬流向風而諸子不能比之也。」儒家利用人心「貴古賤今」的心態，將學說託古於先王，描述出一古代的太平盛世；墨家提倡兼愛，營造出平等互利的社會遠景。儒墨崇高的理想，使人景慕，進而產生追求實踐的動力。這是諸子不能比，而且是儒墨之所以大行者的原因。

3. 行事風格

此乃針對墨家興盛而言，康氏認爲墨者行事風格剽悍。《呂氏春秋·當染》：

> 子學於孔子，田子方學於子貢，段干木學於子夏，吳起學於曾子。
> 禽滑釐學於墨子，許犯學於禽滑釐，田繫學於許犯。孔、墨之後學，
> 顯榮於天下者眾矣，不可勝數，皆所染者得當也。

註云：

> 當時孔、墨二家徒屬彌滿天下，故韓非二家爲顯學，王公大人愛子
> 弟皆從之學，蓋呂氏時，兩教之人中分天下矣。時孔子雖未一統，
> 有墨梗之，亦已得半，傳教亦極速哉！墨子後孔子數十年，而徒屬
> 半天下，則尤速矣，眞儒教之勁敵也。蓋墨子悍甚，故傳極速。

康氏認爲墨家發跡，晚於儒家數十年，而後能與儒家並稱，成爲儒教的勁敵，原因在於「墨子悍甚」，墨徒行事風格相當積極剽悍所致。

（二）儒墨興盛的狀況

關於儒、墨的發展盛況。康氏引《韓非子·顯學》：

> 世之顯學，儒、墨也。儒之所至，孔丘也；墨之所至，墨翟也。自
> 孔子之死也，有子張之儒，有子思之儒，有顏氏之儒，有孟氏之儒，
> 有漆雕氏之儒，有仲良氏之儒，有孫氏之儒，有樂正氏之儒。自墨
> 子之死也，有相里氏之墨，有相夫氏之墨，有鄧陵氏之墨。故孔、
> 墨之後，儒分爲八，墨離爲三。取舍不同，而皆自謂眞孔、墨。孔、

墨不能復生，將誰使定後世之學乎？孔子、墨子俱道堯、舜，而取
舍不同，皆自謂眞堯、舜。堯、舜不復生，將誰使定儒、墨之誠也？……
夫是墨子之儉，將非孔子之侈也，是孔子之孝，將非墨子之戾也。
今孝、戾、侈、儉俱在儒、墨，而上兼禮之。

此篇在本書中，共徵引十九次之多。尤其是前兩段，徵引尤繁。這段引文的
主旨，在說明當時流行的「顯學」 —— 儒、墨，根本沒有一定的標準。孔
子、墨子俱法堯、舜；其弟子們各立門派，「而皆自謂眞孔、墨」。到底誰的
思想是眞的得自孔墨？乃至於得堯舜眞傳？則無從得知！如此一來，「無參驗
而必之者，愚也；弗能必而據之者，誣也。」故當時所謂的儒墨顯學，皆「愚
誣之學，雜反之行。」根本無益於治。在此，有兩個相當值得探討的問題，
一爲思想好壞的評斷標準何在？或者思想眞的需要「標準」嗎？另一爲後學
何以要分派，是思想原創者沒有交代清楚？或者後學弟子詮釋能力不能？亦
或是因應環境而作的修正與調整？分派是否有規則可言？這些問題在康註中
雖找不到答案，但仍然值得探討。在此，康氏的重點在於據韓非的說法，證
明儒、墨乃戰國時之「顯學」。註云：

韓非與李斯同事始皇，去漢不遠，爲諸子之殿。於時猶孔、墨並稱
顯學，蓋宗派散布，徒屬滿天下。然孔學有八家，墨學僅三，比之
南宋朱子學徒勝於陸子，而朱學遂行，至於延祐遂立科舉。孔子入
漢，六經立於學宮，甲科射策，事正相同。鑒後可以推前，孔子大
道之行，亦可考其端緒矣。

康氏認爲戰國韓非時，儒、墨並稱發展爲當時的「顯學」，造成「宗派散布，
徒屬滿天下」的盛況。康氏的註文中，又可分三個層面加以描述儒墨興盛的
狀況：

1. 在地域上

就地域方面而言，「當時孔、墨二家徒屬彌滿天下」，而且擴及到「殊方
絕域」。《列子・黃帝》：

惠盎見宋康王。……惠盎對曰：「……孔丘、墨翟無地而爲君，無官
而爲長，天下丈夫女子莫不延頸舉踵而願安利之。今大王，萬乘之
主也，誠有其志，則四境之內皆得其利矣，其賢於孔、墨也遠矣。」

註云：「孔、墨當時大行於天下，下逮於婦孺，殊方絕域莫不景從，非其徒屬
盛傳之故哉？」康註誇大了引文的描述。就傳播的地域而言，康氏認爲儒墨

已到了「無所不至」的盛況。

2. 在層次上

就層次上面而言。下起「丈夫女子」上至「萬乘之主」，皆臣服於儒墨教化之下。康氏云：「丈夫女子皆願安利孔、墨，則當時服教者無所不偏矣。近世自諸生外不得入廟謁孔子，況女子乎？甚非古義也。」「孔、墨徒屬充滿天下，不可數計，故萬乘之主莫能與之爭。以國主不能與爭，其盛大流行可想。」

3. 在時間上

就時間方面而言。儒、墨最盛並稱於戰國時；到了漢代，儒家受到朝廷獨尊，而墨家轉爲「游俠」身分，繼續發展。康氏云：

> 上稱儒、墨，此稱儒、俠，俠即墨也。〔註4〕孔、墨則舉姓，儒、
> 俠則舉教名，其實一也。太史公云：「儒以文亂法，俠以武犯禁。」
> 有〈儒林傳〉，復有〈游俠傳〉。時墨者尚盛，故二傳並錄，亦對舉
> 儒、墨也。

由以上三點，可知儒、墨由諸子中脫穎而出，到了戰國時最盛並稱於天下。

第二節　「魯國全從儒教考第十九」述評

從本卷開始，已不見其他先秦諸子，重點全放在孔子儒教上。考證並描述儒家的發跡與興盛。「魯國全從儒教考」，即以魯國爲儒家思想實踐的起點。爲何是魯國？當然是因爲孔子爲魯人。「緒論」云：

> 光之行也最速，必自近而至遠者，勢也。將使日月所照，霜露所墜，
> 大小遠近若一，聲教遍於大地，必先行於諸夏；將使楚、魏、齊、
> 秦咸立博士，漢夷四表咸誦六經，必先行於魯國。

儒教首先盛行於魯國，這是自然也是必然的。正如「彼瞿曇之於迦維衛，摩訶末之於麥加猶然。」由自己出生或熟悉、活躍之處，漸漸往外傳播擴散。「康成經學，朱、王理學，皆數十年而遍天下。」

本卷共分五項，依序爲：

魯人從儒通論

〔註4〕　此段註文，乃在引《韓非子》之後。所謂「上稱儒、墨」即指《韓非子・顯學》：「世之顯學，儒、墨也。」；所謂「此稱儒、俠」即《韓非子・五蠹》：「儒以文亂法，俠以武犯禁。」

　　　　孔子負聖人之譽中外皆稱之

　　　　魯人盡服孔子之教

　　　　魯尊敬孔子子孫弟子後學

　　　　魯儒生戰國秦漢時尤盛

　　其中引文、註文較多，且有新意者，當屬三、五項。第一項「魯人從儒通論」，只有兩條引文，即《史記‧游俠列傳》：「魯人皆以儒教。」與《淮南子‧齊俗訓》：「魯國服儒者之禮，行孔子之術。」針對這兩條引文，康氏並無加註。第二項「孔子負聖人之譽中外皆稱之」，引文有三條，分別出自：

　　　　(1)《論語‧子罕》：「達巷黨人曰：『大哉孔子！博學而無所成名。』」

　　　　(2)《論語‧子罕》「大宰問於子貢曰：『夫子聖者與？何其多能也？』

　　　　　　子貢曰：『固天縱之將聖，又多能也。』」

　　　　(3)《列子‧仲尼》：「陳大夫聘魯，私見叔孫氏。叔孫曰：『吾國有

　　　　　　聖人。』曰：『非孔丘邪？』曰：『是也。』」

在引文之後，康註：「右孔子負聖人之譽，吳太宰、魯叔孫、陳大夫所言，中外皆稱之如此。」引文與康註之間並不完全契合。據引文，稱讚孔子的只有三人，似乎還談不上「孔子負聖人之譽中外皆稱之」的評語。且所謂「中外」並非現今的中國與外國，而是魯國及其外，還是在中國之內。

　　第四項「魯尊敬孔子子孫弟子後學」，引文共七條。其中子思即佔四條，如《孟子‧公孫丑》：「昔者，魯繆公無人乎子思之側，則不能安子思。」其餘三條，提到的人物爲公儀休〔註5〕、孔子之徒十數〔註6〕、樂正子。〔註7〕故本卷五項中，康氏引文與註文較多，且有所發揮者，當屬第三項「魯人盡服孔子之教」、第五項「魯儒生戰國秦漢時尤盛」。茲分論之。

一、魯人盡服孔子之教

　　此項中，在前五條引文之後，有一子目，即「右孔子爲吏自行其道」。所

〔註5〕《史記‧循吏列傳》：「公儀休者，魯博士也，以高弟爲魯相。」

〔註6〕《韓非子‧外儲說左》：「南宮敬子問顏涿聚曰：『季孫養孔子之徒，所朝服與坐者以十數。』」季孫供養眾多孔子弟子，然而實際上這段引文並不完整，康氏「隱惡揚善」，少了「而遇賊」三個字，即「季孫養孔子之徒，所朝服與坐者以十數而遇賊。何也？」顏涿聚的結論是「不在所與居，在所與謀也。」可見他們認爲孔子弟子後學，缺乏謀略，無益於治。

〔註7〕《孟子‧告子》：「魯欲使樂正子爲政。」

謂「孔子爲吏」，皆就孔子爲魯「司寇」一職而言。〔註8〕如引《荀子‧儒效》：

> 仲尼將爲司寇，沈猶氏不敢朝飲其羊，公愼氏出其妻也，愼潰氏踰
> 境而徙，魯之粥牛馬者不豫貫，必蚤正以待之者也。居於闕黨，闕
> 黨之子弟，罔不必分，有親者取多，孝弟以化之也。

不管是「孔子爲吏自行其道」、「魯人盡服孔子之教」、「魯國全從儒教」，假設
這是一個事實，那麼最令人注意的，在於孔子所用的「治法」。在上引文中，
荀子提到「孝弟以化之」，至於其他四條引文中，只有一條提到孔子治魯之所
以成功的原因，《新序‧雜事一》：

> 魯有沈猶氏者，且飲羊，飽之以欺市人，公愼氏有妻而淫，……孔
> 子將爲魯司寇，沈猶氏不敢朝飲其羊，……布正以待之者也。既爲
> 司寇，季孟墮郈、費之城，齊人歸所侵魯之地，由積正之所致也。

《新序》提到的原因，在於「布正以待之者也」、「由積正之所致也」。這與《論
語》中「子帥以正孰敢不正」的觀念相同，而與荀子「孝弟以化之」，皆屬於
儒家德治的觀念。

　　除了「孔子爲吏自行其道」之外，本項中尚有七條引文，證明「魯人盡
服孔子之教」。其中最突兀的莫過於徵引《左傳‧哀公二十一年》：「秋八月，
公及齊侯、邾子盟於顧。齊人責稽首，因歌之曰：『魯人之皋，數年不覺，使
我高蹈。唯其儒書，以爲二國憂。』」康氏認爲《左傳》爲劉歆之僞書，但卻
加以徵引，並註云：「當時稱孔子書爲儒書，如今日稱佛書道藏，以教名之。
魯人皆從儒教，自尊，故齊人憂之。儒書之盛於當時，雖僞《左》亦傳其說
也。」可見僞書是否可信，不在於是否爲「僞書」，而在於符不符康氏「孔子
改制」的思想！因此，是否爲僞書、可信與否，不是客觀考證的結果，其判
定的標準，乃由康氏主觀的認定。

　　其他七條引文，內容分別涉及「三年喪」三條、「儒服」、「習禮」各一。
〔註9〕這些項目，基本上，仍屬於康氏所謂「孔子改制」的項目。三年喪，如

〔註8〕　五條引文中，或作孔子「爲魯司寇」，如《淮南子‧泰族訓》；或作「將爲魯
　　　　司寇」，如《荀子‧儒效》、《新序‧雜事一》等。

〔註9〕　除了以上五條之外，另外兩條不見於前幾卷中，孔子改制的內容。一爲引《呂
　　　　氏春秋‧具備》：「漁者不取小魚」康氏認爲此雖爲「先王之法」，然見於《王
　　　　制》，此乃孔子所制而託之於先王者，故爲「孔子之法也」；另一爲《淮南子‧
　　　　道應訓》：「魯國之法，魯人爲人妾於諸侯，有能贖之者，取金於府。」不知
　　　　如何認定此「魯國之法」爲孔子所定？且此法亦不見於之前康氏所謂孔子改
　　　　制的項目中。

引《史記‧孔子世家》：

> 孔子葬魯城北泗上，弟子皆服三年。三年喪畢，相訣而去，則哭，
> 各復盡哀，或復留。唯子貢廬於冢上，凡六年然後去。……孔子冢
> 大一頃，故所居堂，弟子內，後世因廟藏孔子衣冠琴車書，至於漢
> 二百餘年不絕。

註云：

> 魯人盡服孔子之教，事效至先，蓋道必行於鄉，教必起於近。佛教
> 先行於迦維釋族，摩西先行於迦南、猶太，摩訶末先行於麥加，皆
> 自然之理也。

由於孔子為魯國人，「蓋道必行於鄉，教必起於近。」故「魯人盡服孔子之教」，
孔教的發跡正如佛教、基督教、回教一樣，皆由自己的故鄉興起，此乃「自
然之理也」。

　　康氏雖然徵引文獻，極力想證明「魯人盡服孔子之教」，但實際上，他並不
認為魯國國君具有能力與誠意，實踐孔子之道，如卷十四〈諸子攻儒考〉：「然
魯人從儒，其君實未專用儒道也。」、「其實哀公未嘗聽用孔子也。」這與「魯
國全從儒教」顯然矛盾，不知該作何解釋？至於康氏心目中，理想的國君，並
非「全從儒教」的魯國國君，而是「魏文侯為先，滕文公次之」。〔註10〕

二、魯儒生戰國秦漢時尤盛

　　魯國盡服孔教之後，以此為出發點，漸漸向外、向後擴展，到了戰國、
秦、漢，有愈來愈盛的趨勢。本項引文共十一條，分別出自：《史記》八、《列
子》二、《鹽鐵論》一。在引文與註文當中，有幾處值得注意者。首先，本項
首引《列子‧周穆王》：

> 宋陽里華子中年病忘，朝取而夕忘，夕與而夕忘，在塗則忘行，在
> 室則忘坐。……魯有儒生，自媒能治之。……儒生欣然告其子曰：「疾
> 可已也，然吾之方密，傳世不以告人，試屏左右，獨與居室七日。」
> 從之，莫知其所施為也，而積年之疾，一朝都除。華子既悟，迺大

〔註10〕在下一卷，即卷二十〈儒教偏傳天下戰國秦漢時尤盛考〉「儒教盛行于戰國」
　　　　中云：「孔子之道，仁而已矣。仁始於父母，故孝弟為仁之本，仁極於天下，
　　　　故井田為仁之極。國君首從孔子之道者，魏文侯為先，滕文公次之，二君誠
　　　　賢主哉！後世得行孔子之道，二君有功焉，宜配享孔廟者也。」

怒，黜妻罰子，操戈逐儒生。宋人執而問其以。華子曰：「曩吾忘也，蕩蕩然不覺天地之有無，今頓識既往，數十年來存亡得失，哀樂好惡，擾擾萬緒起矣。吾恐將來之存亡、得失、哀樂、好惡之亂吾心如此也，須臾之忘，可復得乎？」〔註11〕

《列子·周穆王》開頭即敘述周穆王求仙得道的過程，其文與〈穆天子傳〉略同，屬志怪性質，康氏首引此作爲「魯儒生戰國秦漢時尤盛」，是否得當？註云：「此雖列子自述其學，而魯多儒生，儒生多術，天下求學術者必於魯儒，亦可見矣。」所謂「魯多儒生，儒生多術，天下求學術者必於魯儒，亦可見矣。」實無法由引文得見！

其次，《史記》尤其是〈儒林傳〉中，提到許多魯國儒生的事蹟，故受到康氏的重視而加以徵引，如：

如田子方、段干木、吳起、禽滑釐之屬，皆受業於子夏之倫，爲王者師，是時獨魏文侯好學。後陵遲以至於始皇，天下並爭於戰國，儒術既絀焉，然齊、魯之間，學者獨不廢也。於威、宣之際，孟子、荀卿之列，咸遵夫子之業而潤色之，以學顯於當世。

司馬遷認爲孔子的弟子後學，相當傑出，能於不同的世代中，「以學顯於當世」。這段記載，相當符合本項的主旨。康註：「齊、魯學者不廢，則儒術自絀於上而自行於下，若元世之學者矣，豈不盛乎？」這牽涉到政治影響思想學派興廢的問題。在此，康氏認爲「儒術自絀於上而自行於下」，言下之意，思想不受政治的打壓，「若元世之學者矣」，然而元代的學者、整體的學術成就，相較其他的朝代如唐、宋、明等是不如的。同時在本書中，康氏亦多次提到，到了漢代，儒家之所以興盛，而墨家之所以沒落，武帝的獨尊與罷黜，乃是主因之一。可見朝廷的態度，對於學術的發展，尤其是思想學派的興衰與否，絕對是有不可忽視的影響力。

再次，朝廷的態度對思想學派的發展，尤其是儒家學派的發展，絕對無法忽略秦的「焚書坑儒」事件。在此，相關的引文、註文有兩條。一爲《史記·儒林傳》：「陳涉之王也，而魯諸儒持孔子之禮器往歸陳王，於是孔甲爲陳涉博

〔註11〕本卷徵引〈周穆王〉「陽里華子」並不完整。在上引文之後，接著爲「子貢聞而怪之，以告孔子，孔子曰：『此非汝所及乎！』顧謂顏回紀之。」華子的現象，類似莊子的「坐忘」境界，並得到孔子的推崇。這是本寓言的重點。當然康氏是不會重視的，故棄而不引。

士。」註云：「歸陳涉者有諸儒，則魯儒甚盛矣，此皆讀秦焚以前之書者，足見先秦儒術之盛也。」在此，康氏認爲先秦時，魯國儒學發展甚盛，到了秦末漢初，有一批儒者，如孔甲等，投靠陳涉。這些儒者「皆讀秦焚以前之書者」，言下之意，儒學發展似乎不受「焚書」的影響；另一爲《史記·儒林傳》：

> 夫齊、魯之間於文學，自古以來，其天性也。故漢興而後，諸儒始
> 得修其經藝，講習大射鄉飲之禮。叔孫通作漢禮儀，因爲爲太常，
> 諸生弟子共定者咸爲選首。

註云：「圍城之際猶誦習絃歌不輟，〔註12〕況干戈大定後哉！孔子之教入人深矣。謂之諸儒，可見坑焚無恙，孔教大行。」可以確定的是康氏認爲由於「孔子之教入人深矣」，故秦的「焚書坑儒」對儒家的發展，並無影響，所謂「坑焚無恙」。而且假設如康氏所說，孔子的微言大義，皆藉由「口說」傳與弟子，那麼「焚書」是不會有絕對的影響的。至於康氏認爲對儒家發展最具有破壞性的，不是始皇的焚書阬儒，而是劉歆的僞作古文經。然而這似乎有矛盾！秦焚書之所以未造成破壞，原因在於「孔子之教入人深矣」，其後又經漢武帝的獨尊，孔子之教當更深入人心，可是這時反被劉歆一人所毀？

康氏由《史記》所徵引的文獻，確實可以證明儒學到了漢初之後，有漸盛的趨勢，如《史記·叔孫通傳》中：

> 漢五年已并天下，諸侯共尊漢王爲皇帝於定陶。叔孫通就其儀，號
> 高帝，悉去秦苛儀法爲簡易。群臣飲酒爭功，醉或妄呼，拔劍擊柱。
> 高帝患之。叔孫通知上益厭之也，……於是叔孫通使徵魯諸生三十
> 餘人。……及上左右爲學者與其弟子百餘人爲綿蕝野外習之，月餘。
> 叔孫通曰：「上可試觀。」上即觀，使行禮，曰：「吾能爲此。」迺
> 令群臣習肄。

註云：「此三十餘人爲叔孫所請，徵定禮樂，必皆耆儒英博，爲叔孫聞名敬服者。若其未徵之儒，多如牛毛，殆不可計知。」康氏的推斷也是合理的。在這樣的背景之下，到了武帝獨尊儒術，使得儒家的發展到了顛峰。

然而令人困惑者，在於本書一再考證的主要內容之一，即儒家禮制，正如上段引文中，叔孫通曰：「夫儒者難與進取，可與守成，臣願徵魯諸生，與

〔註12〕所謂「圍城之際猶誦習絃歌不輟」，乃指《史記·儒林列傳》：「及高皇帝誅項籍，舉兵圍魯。魯中諸儒尚講誦，習禮樂，絃歌之音不絕。豈非聖人之遺化，好禮樂之國哉？」

臣弟子共起朝儀。」這道出儒者性格，以及學說的重點。對於這樣的儒學特色，康氏如何加以轉化，由「守成」轉爲「進取」；由「禮制」換成「西學」？

第三節 「儒教偏傳天下戰國秦漢時尤盛考第二十」述評

在上卷，即卷十九〈魯國全從儒教考〉，魯國盡服孔教之後，以此爲出發點，漸漸向外、向後擴展，到了戰國、秦、漢，有愈來愈盛的趨勢，故最後一項爲「魯儒生戰國秦漢時尤盛」。此與本卷題目幾乎相同。

本卷「緒論」開頭，又如上卷，將諸子並起，比喻爲諸侯並立，互爭天下。康氏云：

> 七雄爭，劉、項戰，如獅狗二蛇之鬥，何關理道哉？古有鬥馬、鬥雞、鬥人俗，大秦有鬥牛，一闋之市若狂，迷於旌旗金鼓，津津樂道之，以爲是時也，儒術絀焉。

這段話並不順暢。康氏意思大概是戰國七雄、秦末劉項之爭天下，並沒有什麼道理，就像鬥雞、鬥牛一樣，在這紛亂的時代中，或許有人認爲儒家已經消失了。但事實不然：

> 夷考其時，服儒衣冠傳教者充塞天下，彌滿天下，得游行教導於天下，不知祿爵，不擇人主，惟以行教爲事，所至強聒其君相，誘導其士民，立博士，開黌舍，雖經焚阬不悔，此儒教所由光被哉！

在紛擾的戰國時代，孔子弟子後學們，皆相當努力地進行「傳教」的工作。甚至後來遭遇到秦始皇的焚書坑儒也不退卻，在這樣的積極努力之下，「儒教」發展越來越興盛。但同時也出現盛極而衰的現象：

> 後生受其成，不知前哲傳教之苦，僅以閉戶潔身爲事，其嗤孔子爲佞也固宜；其不肖者困於祿位，知有國而不知有教，欲不微也得乎！竊用恐懼。著春秋、戰國、秦、漢時孔子弟子後學傳教之故，著於篇，俾後儒知所法焉。

康氏認爲儒教在此時，出現盛極而衰的原因，乃是由於後生不知前人傳教之苦，僅知修身養性、潔身自愛，甚至屈於俸祿，而不知繼續傳教，在這種狀況之下，孔教焉能不微。〔註13〕這個轉折並不順暢。原因在於：一來不合情理。既然是

〔註13〕在此，康氏批評後代儒者僅知「閉戶潔身」，促使得孔教衰微，但在本卷「儒

教徒，焉「知有國而不知有教」？二來孔教的衰微，就康氏的說法，主要來自劉歆偽古文經的破壞，而非教徒的「閉戶潔身」。故在此，康氏似乎缺乏說服力，但也可以看出他的用心，乃是希望藉由此一轉折，將「儒家」提升爲「儒教」。且孔教既微，康氏才得以「竊用恐懼」，藉機「復興孔教」。

本卷目次共分爲五項，依序分別爲：

> 孔子弟子後學偏傳儒教於天下
>
> 天下皆尊慕孔子服從儒教
>
> 儒教盛行於戰國
>
> 儒教盛行於秦
>
> 儒教盛行於漢初

在前兩項中，文獻徵引的數量不多且多重複。例如第一項，只有七條引文，而大部分在前幾卷皆曾徵引，如「孔、墨之弟子徒屬充滿天下，皆以仁義之術教導於天下。」（《呂氏春秋・有度》）「孔、墨之弟子皆以仁義之術教導於世」（《淮南子・俶眞訓》）以上兩條皆見於卷十八，甚至最常見的《韓非子・顯學》亦重複出現，且被「化整爲零」分爲三條：

其一：「世之顯學，儒、墨也。」

其二：「自孔子之死也，有子張之儒、有子思之儒、有顏氏之儒、有孟氏之儒、有漆雕氏之儒、有仲良氏之儒、有孫氏之儒、有樂正氏之儒。」

其三，「儒分爲八。」

在註文方面。兩項各只有一條，〔註 14〕顯得康氏毫無發揮的意願，之所以如此的原因，在於這樣的主題，在前幾卷中，多有重複論述，如卷十八〈儒墨最盛並稱考〉，因此，在本卷康氏很難再有新意。

教盛行於戰國」中，引《韓非子・外儲說左上》：「王登爲中牟令，上言於襄主曰：『中牟有士曰中章、胥己者，其身甚修，其學甚博，君何不舉之？』……」註云：「身修學博，是儒者之學也。觀此，知孔子之學當時已大行矣。」在此，康氏又認爲「身修學博，是儒者之學也。」

〔註14〕 在前項中，引《呂氏春秋・有度》：「孔、墨之弟子徒屬充滿天下，皆以仁義之術教導於天下。」註云：「孔子弟子徒屬充滿天下，則多有無量數可知，此爲孔子身後教大行之鐵證。惟墨子與分立，未能一統耳。」；在後項中，引《呂氏春秋・尊師》：「子張，魯之鄙家也，顏涿聚，梁父之大盜也，學於孔子；……由此爲天下名士，顯人以終其壽，王公大人從而禮之。」註云：「《論語》稱有教無類，鄙家盜駔皆爲大賢，亦可見聖門甚大，無所容心，至斯受耳。」

相較之下，後三項，即「儒教盛行於戰國」、「儒教盛行於秦」、「儒教盛行於漢初」雖然上卷〈魯國全從儒教考〉中「魯儒生戰國秦漢時尤盛」，已約略提到，但本卷將其細分爲三項，即「戰國」、「秦」、「漢初」等三個時段，詳細論之，不僅在引文方面呈倍數增加，在註文方面，康氏亦多所發揮。故以下分項加以探討。

一、儒教盛行於戰國

此項爲三項當中，引文資料最多者，共三十二條。出處頗雜。徵引資料的內容，不外證明「儒教盛行於戰國」，但亦有文獻內容與本項標題不相稱者。如引《呂氏春秋·開春論》：

> 魏惠王死，葬有日矣，天大雨雪，至於牛目。群臣多諫於太子者曰：
> 「雪甚如此而行葬，民必甚疾之，官費又恐不給，請弛期更日。」
> 太子曰：「爲人子者，以民勞與官費用之故，而不行先王之葬，不義也，子勿復言。」

這顯然與「儒教盛行於戰國」的主題不契合。除非詮釋爲魏太子重視葬禮，乃受儒家教化的結果，即作此解，也顯得引文與主題的關係不夠直接，算不上「鐵證」。又如引《孟子·離婁》：「孟子曰：『君子之澤，五世而斬，小人之澤，五世而斬。予未得爲孔子徒也，予私淑之人也。』」《史記·孟子荀子列傳》：〔註15〕「而孟軻乃述唐、虞、三代之德，是以所如者不合，退而與萬之徒序《詩》、《書》，述仲尼之意，作《孟子》七篇。」以上兩條關於孟子的描述，皆無法從中看出「儒教盛行於戰國」的現象。除了以上三條之外，其餘的引文，皆具名指出儒家人物，及其事蹟行爲，並證明戰國時期，儒家學派（儒教）的發展狀況，茲就人物、事蹟、引文出處等三項，列表如下：

表 9-1　儒教盛行於戰國統計表

序	人　　物	事　　蹟	出　　處
1	王登、中章、胥已	參政爲官	《韓非子·外儲說左上》
2	子夏	爲西河教授、魏文侯師	《史記·仲尼弟子》
3	閔子	爲孟嘗君師	《韓詩外傳·卷三》
4	公儀、子思、子原	爲魯繆公卿相	《鹽鐵論·相刺》

〔註15〕《史記·孟子荀子列傳》，應爲《史記·孟子荀卿列傳》。

5	田子方	魏文侯禮遇之	《新序雜事・第四》
6	子夏、田子方、段干木	魏文侯師子夏，友田子方，敬段干木	《新序雜事・第四》
7	李克	使魏國大治	《說苑・臣術》
8	莊周〔註16〕	文侯發粟百鍾	《說苑・善說》
9	孟子	滕文公禮敬之	《孟子・滕文公》
10	陳良	北方大儒	《孟子・滕文公》
11	孟軻、淳于髡	受齊上大夫之祿	《鹽鐵論・論儒》
12	荀子	名顯於諸侯之間，弟子李斯相秦。	《史記・孟荀列傳》
13	牛缺〔註17〕	盜賊畏其賢	《呂氏春秋・必己》
14	吳起〔註18〕	事悼王	《戰國策・秦》
15	魯仲連	解齊國之圍	《戰國策・齊》
16	商君、鄒子〔註19〕	曲學阿世而顯名	《鹽鐵論・論儒》
17	子魚	樂先王之道，講習不倦。	《孔叢子・獨治》
18	賈袪	魏王博士弟子	《漢書・賈山傳》
19	孫子	受春申君禮遇	《戰國策・楚》
20	衛平	爲元王博士	《史記・龜策列傳》

所謂「儒教盛行於戰國」該如何形容？也就是該如何描述學派的興盛。由本項三十二引文中，可以歸納出三個描述的方向：

1. 就人物而言

當然人數越多越能證明所謂「盛行」的情形。在本卷前兩項的標題爲「孔子弟子後學偏傳儒教於天下」、「天下皆尊慕孔子服從儒教」。既然「天下皆服從儒教」，那麼「孔子弟子徒屬充滿天下，則多有無量數可知。」當然這是誇大了。在本項的引文中具名者，去其重複，共二十五人，見於上表。

2. 就事蹟而言

〔註16〕在卷六〈墨老弟子後學考〉，康氏將莊子歸爲老子弟子後學，但在此，又歸入儒家，康氏云：「莊周爲田子方弟子，則亦儒者也。子夏、田子方、吳子皆爲文侯所師友，乃於莊周復發粟百鍾送之，其尊儒亦至矣。」可見康氏的矛盾。

〔註17〕康氏註云：「牛缺爲上地大儒，下之邯鄲，則趙人從儒教而有盛名者。且當時惟荀卿得稱大儒，然則牛缺之成就可想，否亦陳良之儔也。」

〔註18〕康氏註云：「吳起爲曾子弟子，雖有失行，而曾聞儒者之道，故其行可取如是。」

〔註19〕康氏註云：「商君、鄒衍，固儒家後學也，但稍曲學阿世耳。」

上表二十五人之所以爲文獻所記載，當然是因爲他們有異於常人的事蹟，主要是受到朝廷的禮遇，爲官參政。這代表儒家學說受到重視。同時學習該思想，不但可以使學者身顯，同時有益於治國。

3. 就地域而言

當儒者分佈的區域越廣，越能說明儒家的興盛。這一點康氏亦注意到了。如引《史記・循吏》：「公儀休者，魯博士也，以高弟爲魯相。」註云：「觀此，可見魯有博士。孟子，魯繆公之時，公儀子爲相，即是其人。」引《呂氏春秋・必己》：「牛缺居上地，大儒也。下之邯鄲，遇盜於耦沙之中。」註云：「牛缺爲上地大儒，下之邯鄲，則趙人從儒教而有盛名者。」引《說苑・尊賢》：「十三年，諸侯舉兵以伐齊。齊王聞之，惕然而恐，召其群臣大夫告曰：『有智爲寡人用之。』於是博士淳于髡仰天大笑而不應。」註云：

> 《漢書》：「賈山之祖爲魏文侯博士。」《史記・循吏傳》：「公儀休者，魯之博士也。」《漢書・伏勝傳》：「伏生故爲秦博士。」則孔子之道，已行於魏、魯、秦之國矣。此云博士淳于髡，齊亦立博士而尊孔子矣。

最後，引《史記・龜策列傳》：「元王惕然而悟，乃召博士衛平而問之。」註云：「由是言之，楚亦立博士矣。」康氏徵引以上的文獻，證明魯、趙、魏、秦、齊、楚等國皆有儒者被立爲博士。間接證明了儒教曾活躍於戰國時代。

除此之外，在本項中，康氏提到學派興盛的原因 —— 戒律甚嚴。《韓非子・外儲說》：

> 齊宣王問匡倩曰：「儒者博乎？」曰：「不也。」王曰：「何也？」匡倩對曰：「博貴梟，勝者必殺梟。殺梟者，是殺所貴也，儒者以爲害義，故不博也。」又問曰：「儒者弋乎？」曰：「不也，弋者，從下害於上者也，是從下傷君也，儒以爲害義，故不弋。」又問：「儒者鼓瑟乎？」曰：「不也，夫瑟以小絃爲大聲，以大絃爲小聲，是大小易序，貴賤易位，儒者以爲害義，故不鼓也。」宣王曰：「善」仲尼曰：「與其使民諂下也，寧使民諂上。」

註云：

> 當時戰國之儒教盛行天下，以儒者爲一異教異人，戒律甚嚴，故有此問。匡倩所答，或有爲而言，或是時儒教持戒更嚴，如宋儒之嚴謹，故能變動天下歟？

戒律的目的在於止欲修身。康氏不贊成節欲，更反對禁欲。所以在本卷「緒

論」中，他批評後生「僅以閉戶潔身爲事」。然而戒律甚嚴不就是「潔身」所必備的原則嗎？在本書中，立論矛盾隨處可見。這或許是因爲本書體裁博大，行文前後，難免不太週全、契合；又或許是康氏隨文加註，並不太在意，所以容易造成疏忽？

二、儒教盛行於秦

本項引文共二十四條，主要出自《史記》，計有十四條。康氏認爲「儒教盛行於秦」的首要證據，在於《韓非子・問辨》：〔註20〕「儒服帶劍者眾而耕戰之士寡。」註云：「觀此可知儒教大行于秦，故謂之眾。」然而上引只引兩句，似有斷章取義之嫌。〈問辯〉云：

> 明主之國，令者，言最貴者也；法者，事最適者也。言無二貴，法不兩適，故言行而不軌于法令者必禁。……亂世則不然。主有令，而民以文學非之；官府有法，民以私行矯之。……是以亂世之聽言也，以難知爲察，以博文爲辯；其觀行也，以離群爲賢，以犯上爲抗。……是以儒服、帶劍者眾，而耕戰之士寡；……故曰：「上不明，則辯生焉。」

引文中，韓非認爲如果縱容儒（儒服、文學）、墨（帶劍、私行）的妄爲，那麼儒墨的人數將越來越多，「是以儒服、帶劍者眾」，這將對君主的「法」與「令」造成嚴重威脅，使得國家進入爭辯的亂世。可見「儒服帶劍者眾」，是一「推衍」的假設說法，且就「亂世」而言，並非指當時的秦國。故康氏以此作爲「儒教大行于秦」的證據，似乎不妥。茲就本項引文中，儒家人物具名者，製表如下：

表 9-2　儒教盛行於秦代統計表

序	人　物	事　　蹟	出　　處
1	李　斯	師事荀卿	《鹽鐵論・毀學》
2	周青臣	爲博士僕射、稱頌始皇威德。	《史記・李斯列傳》
3	淳于越	建議始皇大封子弟以爲輔弼	《史記・秦始皇本紀》

〔註20〕〈問辨〉應爲〈問辯〉，亦即「詢問辯論」，主旨在反對先秦諸子的爭辯，韓非認爲這是「亂世」的現象；若「明主之國」，「言當，則有大利，不當，則有重罪。」人民應以「令」、「法」爲適，不應有辯，進而主張思想言論一統的必要。

4	叔孫通	為文學博士	《史記・劉敬叔孫通傳》
5	張　蒼	為秦御史	《漢書・張蒼列傳》
6	子　魚	受陳王禮遇，尊為博士。	《孔叢子・獨治》
7	張　良	嘗學禮淮陽	《漢書・張陳王周傳》
8	陳　餘	好儒術	《漢書・陳餘列傳》
9	伏　生	秦博士	《漢書・伏勝傳》

　　本表相較於上表，「儒教盛行於戰國統計表」，在事蹟上大致相同，然人數上較少，具名者僅有九人，似不足以稱「盛」。但如果由個別不具名，而稱「博士」、「諸儒」，反倒可看出儒學在秦的興盛狀況，如引《說苑・至公》：「秦始皇帝既吞天下，乃召群臣而議曰：『古者五帝禪賢，三王世繼，孰是將為之？』博士七十人未對。」註云：「案秦以武力得天下，然能立博士以尊孔子之經，且多至七十人，孔子之學亦盛矣。」又《史記・秦始皇本紀》：「二十八年，始皇東行郡縣，上鄒嶧山，立石。與魯諸儒議刻石頌秦德，議封禪望祭山川之事。」《史記・封禪書》：「諸儒疾秦焚《詩》、《書》，誅僇文學。」「於是徵從齊、魯之儒生博士七十人，至乎泰山下。」由以上這些引文，可見秦時儒生眾多、儒學興盛。

　　至於「焚書坑儒」是否對儒學的發展造成破壞？在卷十九〈魯國全從儒教考〉「魯儒生戰國秦漢時尤盛」中，康氏認為「坑焚無恙，孔教大行。」在本卷本項中，徵引「坑焚」的引文有二，皆出自《史記・秦始皇本紀》。一為：

　　　　非博士官所職，天下敢有藏《詩》、《書》百家語者，悉詣守尉雜燒
　　　　之。始皇聞亡，乃大怒曰：「吾前收天下書，不中用者盡去之，悉召
　　　　文學方術士甚眾，欲以興太平。」

此段引文覈之〈秦始皇本紀〉原文，有誤。「非博士官所職，天下敢有藏《詩》、《書》百家語者，悉詣守尉雜燒之。」此乃李斯建諫始皇焚書之語。全文為：

　　　　臣請史官非秦記，皆燒之。非博士官所職，天下敢有藏《詩》、《書》
　　　　百家語者，悉詣守尉雜燒之。有敢偶語《詩》、《書》者，棄市。以
　　　　古非今者族。吏見知不舉者與同罪。令下三十日不燒，黥為城旦。
　　　　所不去者醫藥卜筮種樹之書。若欲有學法令，以吏為師。制曰可。

至於「始皇聞亡，……」前言為「侯生、盧生相與謀曰：『始皇為人天性剛戾自用，……』」之後，二生乃逃亡，接著：

　　　　始皇聞亡，乃大怒曰：「吾前收天下書，……，欲以興太平。方士欲

練以求奇藥。今聞韓眾去不報，徐市等費以巨萬計，終不得藥徒姦
利相告日聞。盧生等吾尊賜之甚厚。今乃誹謗我，以重吾不德也。
諸生在咸陽者。……」

「諸生在咸陽者。……」以下，爲康氏的另一引文，即：

諸生在咸陽者，吾使人廉問，或爲妖（訞）言以亂黔首。於是使御
史悉案問諸生，傳相告引〔註21〕乃自除，犯禁者四百六十餘人，皆
阬之咸陽，（使天下知之以懲後）。

李斯「焚書坑儒」的建議，在始皇三十四年，雖然得到秦始皇的批准 ── 「制
曰可」，但諸生四百六十餘人的阬殺，卻發生在隔年，即三十五年；而且始皇
殺人的動機，在於「徐市終不得藥」、「盧生誹謗」、「諸生訞言」等誘因，並
非李斯之前的建言。故鄭樵曰：

陸賈，秦之巨儒也；酈食其，秦之儒生也；叔孫通，秦時以文學召，
待詔博士數歲；陳勝起，二世召博士諸儒生三十餘人而問其故，皆
引《春秋》之義故對，是秦時未嘗不用儒生與經學也。況叔孫通降
漢時，有弟子百餘人，齊魯之風，亦未嘗替，故項羽既亡之後，而
魯爲守節禮義之國，則知秦時未嘗廢儒，而始皇所阬者，蓋一時議
論不合者耳。（以上轉引自《史記會注考證・秦始皇本紀》。）

說得相當有理。這至少顯示出「焚書坑儒」事件，有討論的空間，並非李斯
一建言，秦始皇立即焚毀儒家經書、阬殺天下儒生。「焚阬」對儒家在秦，及
其後來的發展，有無不良影響？康氏只有引文，但不加以評註。但可以確定
的，他主張「阬焚無恙，孔教大行。」這由本項最後一條引文亦可相驗，即
「始皇長子扶蘇諫曰：『天下初定，遠方黔首未集。諸生皆誦法孔子，今上皆
重法繩之，臣恐天下不安，唯上察之。』」〔註22〕註云：「或疑博士僅掌通古
今，豈知其皆誦法孔子乎？」

三、儒教盛行於漢初

本項引文共二十九條，分別來自：《史記》十九、《漢書》九、《淮南子・
修務訓》一。茲將人物具名者，製表如下：

────────────

〔註21〕「傳相告引」前應有「諸生」二字。
〔註22〕這是阬殺諸生四百六十餘人之後，扶蘇的諫言。諫言之後的結果是「始皇怒，
　　　　使扶蘇北監蒙恬於上郡。」

表 9-3　儒教盛行於漢初統計表

序	人　物	事　蹟	出　處
1	陸賈、酈生	開國辨士	《史記・酈生陸賈列傳》
2	隨何	開國辨士	《史記・黥布列傳》
3	叔孫通	漢王拜爲博士	《史記・劉敬叔通列傳》
4	楚元王交	好《詩》，拜浮丘伯〔註 23〕爲師。	《漢書・楚元王傳》
5	穆生、白生、申公	與楚元王爲同學，且皆封中大夫。	《漢書・楚元王傳》
6	浮丘伯	授《詩》楚元王	《漢書・楚元王傳》
7	梁懷王揖	文帝少子也，好《詩》、《書》。	《漢書・文三王傳》
8	張蒼	以列侯居相府	《漢書・張蒼列傳》
9	賈誼〔註 24〕	文帝召以爲博士	《史記・屈賈列傳》
10	賈嘉（賈誼孫）	孝昭列爲九卿	《史記・屈賈列傳》
11	宋忠	爲中大夫	《史記・日者列傳》
12	公孫臣（魯人）	文帝召爲博士	《史記・孝文本紀》
13	淳于意（太倉公）	公孫光稱其爲「聖儒」〔註25〕	《史記・扁鵲倉公列傳》
14	賈山	祖袪，故魏時博士弟子也。	《漢書・賈山列傳》
15	司馬談	學天官於唐都，受《易》於楊何。	《史記・太史公自序》
16	伏生	故秦博士，治《尚書》。	《史記・袁盎晁錯列傳》
17	河間獻王德	好儒學，被儒造次必於儒者。	《史記・五宗世家》
18	司馬相如	與諸生游士居數歲	《史記・司馬相如列傳》
19	灌嬰、田蚡	俱好儒術	《漢書・田蚡傳》

1. 就人物而言

具名者有二十三人。其中叔孫通因生卒年跨秦漢之際，故在上項與本項

〔註23〕浮丘伯爲孫卿門人也。

〔註24〕康氏以賈誼爲儒者的證據，引《史記・屈賈列傳》：「賈生名誼，洛陽人也。年十八，以能誦《詩》屬書，聞於邵中。吳廷尉爲河南守，聞其秀才，召至門下，甚幸愛。孝文皇帝初立，聞河南守吳公治平爲天下第一，故與李斯同邑而常學事焉，乃徵爲廷尉。廷尉乃言賈生年少，頗通諸子百家之書。文帝召以爲博士。」註云：「吳公爲李斯弟子，即荀卿再傳。賈誼實荀卿後學也。」

〔註25〕康氏註云：「儒之極者爲聖儒，荀子所稱于禮旁皇周洽之聖人也，即聖儒也。蓋儒教中之極品名號，創教者不能名之，只能謂之神人矣。」

重複出現。至於不具名者，爲數眾多。如引《漢書‧曹參傳》：「悼惠王富於春秋。參盡召長老諸先生，問所以安集百姓；而齊故諸儒以百數，言人人殊，參未知定。」康註云：「曹參相齊時，諸儒百數言治；則知秦、漢之際，儒生固多矣。」在人物的身分方面，最大的特色，在於康氏將帝王也歸入儒者之列，如楚元王：

> 元王既至楚，以穆生、白生、申公爲中大夫。高后時，浮丘伯在長安，元王遣子郢客與申公俱卒業。文帝時，聞申公爲《詩》最精，以爲博士。元王好《詩》，諸子皆讀《詩》，申公始爲《詩傳》，號《魯詩》。元王亦次之《詩傳》，號曰《元王詩》。（《漢書‧楚元王傳》）

除了楚元王之外，還有梁懷王〔註 26〕、河間獻王〔註 27〕等，皆具王者身分。當然就引文而言，這些王公只是對儒家經典、儒術有興趣，不見得就是眞正的儒者。但單憑他們對儒學的興趣與投入，這對儒學的發展而言，絕對有正面的助益。

2. 就事蹟而言

由於秦漢之際，有建國、改正朔等的時代需要，所以當時的儒者，也具有相應的功能，即所謂「開國辨士」。康氏云：

> 陸賈、隨何、酈生，今人以爲開國辨士者，而皆儒也。蓋自戰國來，儒生以辯定天下，故四科以言語次德行。儒生無操干戈之功者，聞俎豆而未習軍旅，蓋教之宗旨，疾火攻，疾滅國，疾取邑，故不言兵學。後世儒生爭言兵學，失教旨矣。

康氏認爲儒學的功效 —— 聞俎豆而未習軍旅，「儒生無操干戈之功者」，由於這個特色，使得「用儒皆國弱」，這也就是雖然「魯國全從儒教」，在當時卻一直是積弱不振的小國。〔註 28〕秦末的動亂時代中，最需要進取積極之士，在這種時代背景下，儒者是受到輕視的，如《史記‧酈生陸賈列傳》：

> 沛公方洗，問使者曰：「何如也？」使者對曰：「狀貌類大儒，衣儒衣，冠側注。」沛公曰：「爲我謝之，言我方以天下爲事，未暇見儒人也。」酈生瞋目案劍叱使者曰：「走，復入言沛公，吾高陽酒徒也，

〔註 26〕《漢書‧文三王傳》：「梁懷王揖，文帝少子也，好《詩》、《書》」
〔註 27〕《史記‧五宗世家》：「河間獻王德，以孝景帝前二年用皇子爲河間王，好儒學，被服造次必於儒者，山東諸儒多從之游。」
〔註 28〕卷十四〈諸子攻儒考〉：「（魯人從儒），儒不尚詐謀，不言兵，故國弱。」

非儒人也！」……

這實在是對儒者的一大輕視，甚至恥辱。康氏註云：「漢高以儒不言兵，且迂
腐，故不好。猶方有事之際，有僧來見，自未暇見之。當時見儒別一衣冠，
別一道術，有類此。」《史記》的記載，已使人沮喪，康氏的註釋，更令人絕
望！不過，漢高皇對儒者的鄙視，〔註29〕近乎本能，並非常態。不過後來態
度，有了一百八十度的轉變，《史記·孔子世家》：「高皇帝過魯，以太牢祠焉。」
康氏的「新解」爲：「當時孔子未一統，高祖以其爲一方教主，故尊祀之。」

　　儒者除了擔任「開國辯士」之外，最明顯的功勞之一，即制定漢諸儀法。
如叔孫通制定朝儀。《史記·劉敬叔孫通列傳》：

> 漢王拜叔孫通爲博士，號稷嗣君。漢五年，已并天下，諸侯共尊漢
> 王爲皇帝於定陶。叔孫通就其儀，號高皇帝，悉去秦奇儀法爲簡易。
> 群臣飲酒爭功，醉或妄呼，拔劍擊柱。高帝患之。叔孫通知上益厭
> 之也，説上曰：「夫儒者難與進取，可與守成。臣願徵魯諸生與臣弟
> 子共起朝儀。」

又如《史記·孝文本紀》：

> 魯人公孫臣上書陳終始，傳五德事。言方今土德時，土德應黃龍見，
> 當改正朔、服色、制度。天子下其事，與丞相議。丞相推以爲今水
> 德始明，正十月，上黑事，以爲其言非是，請罷之。十五年，黃龍
> 見成紀。天子乃復召魯公孫臣以爲博士，申明土德事。

康氏註云：「公孫臣請改正朔、服色、制度，蓋用《春秋》改制，五德終始，
亦是儒家三統義，不得以鄒衍黜之。」

第四節　「漢武帝後儒教一統考第二十一」述評

　　本卷乃本書的結論。由上古茫昧無稽，到先秦時諸子並出、互攻，最後
儒、墨爭霸，孔教勝出，到了漢武帝後，儒教遂一統天下。本卷「緒論」云：

> 孔子之道，配神明，醇天地，育萬物，本末精粗，六通四闢，無乎
> 不在。諸子奮其螳斧，自取滅亡。自獲麟至元狩三百年，削莠剗亂，

〔註29〕甚至尿溺儒冠。對於儒服亦相當憎恨。《史記·劉敬叔孫通列傳》：「叔孫通儒
　　　服，漢王憎之。迺變其服，服短衣楚製，漢王喜。……」康氏註云：「如今泰
　　　西君相俱短衣，惟神父牧師皆衣長衣，故當時惟儒服乃長衣也。」

芟墨夷老，天下歸往，大道統一。

在此，康氏認爲孔子由於理論的奧妙，以及學說涵蓋的周遍，故得以擊敗諸子，從魯哀公十四年獲麟事件起，直到漢武帝元狩年間，三百多年來，終於取得一統中國的局勢，不但如此，還傳至中國之外，所謂「非特郡國立學，乃至裔夷遣子，章縫偏於外域，六經揭於日月。《春秋》繼周，範圍百世，盛矣哉！」這使得孔教進入到前所未有的盛況。

本卷的目次，共有九項，依序爲：

漢武帝罷黜百家專崇儒教

漢武後特尊孔子加崇異禮

漢武後崇尚儒術盛行孔子學校之制

漢武後崇尚儒術盛行孔子選舉之制

兩漢帝者及諸侯王皆受經通儒術　皇后附

兩漢帝者屢詔諸儒評定五經以一學術

兩漢廷議多召儒生

兩漢學人皆從儒教

兩漢郡吏皆以儒術化民

然而似乎有所遺漏，在正文當中還有一項，即「漢世帝者及諸侯皆受經通儒術」，理應插入於「漢武後崇尚儒術盛行孔子選舉之制」、「兩漢帝者及諸侯王皆受經通儒術　皇后附」之間。康氏藉由以上十個單元，證明、說明漢武帝之後，儒教的一統及其盛況。以下將這十個單位，歸納爲：「漢帝對儒教的推崇」、「孔子之制的實踐」、以及「儒教的普及」等三點，加以說明。

一、漢帝對儒教的推崇

這包含「漢武帝罷黜百家專崇儒教」、「漢武後特尊孔子加崇異禮」、以及「漢世帝者及諸侯皆受經通儒術」等三項。

「漢武帝罷黜百家專崇儒教」，引文共有七條，主要來自史書，如《漢書》即佔四條。康氏首引《漢書‧董仲舒傳》：

《春秋》大一統者，天地之常經，古今之通誼也。今師異道，人異論，百家殊方，指意不同，是以上亡以持一統，法制數變，下不知所守。臣以爲諸不在六藝之科，孔子之術者，皆絕其道，勿使並進。邪辟之說滅息，然後統紀可一，而法度可明，民知所從矣。

上引文乃董仲舒對漢武帝,「罷黜百家獨尊儒術」的建言,康引此作爲「漢武帝罷黜百家專崇儒教」的序幕。接下來的引文言內容,不外武帝崇尙儒術、重視經學等。其中康氏有註文的只有兩條。一爲引《新論・識通》:

> 漢武材質高妙,有崇先廣統之規;故即位而開發大志,考合古今,
> 模範前聖故事,建正朔,定制度,招選俊傑,奮揚威怒,義四加,
> 所征者服,興起六藝,廣進儒術。自開闢以來,惟漢家爲最盛焉,
> 故顯爲世宗,可謂卓爾絕世之主矣!

註云:「孔子制度,至孝武乃謂大行,乃謂一統,佛法之阿育大天王也。自此至今,皆尊用孔子。」另一爲《漢書・儒林傳》:「自武帝立五經博士,開弟子員,設科射策,勸以官祿,訖於元始,百有餘年,傳業者寖盛,支葉蕃滋,一經說至百餘萬言,大師眾至千餘人。」註云:

> 古無學校選舉,三桓七穆,只有世卿。雖顏、冉龍翰鳳雛,曾、閔
> 蘭薰雪白,不登孝廉,豈有甲乙?自孔子譏世卿,立科舉,田野之
> 秀乃有登進。《春秋》雖改制而未行,至漢武乃始創行之,迄今二千
> 年,雖少有更變,大端仍自漢武始。漢武之功亦大矣!

在卷十九、二十中,康氏提到儒學盛況之一,即事蹟顯榮。這不外是受到朝廷的重視,而爲官參政,但之所以能如此,並非得力於儒者的身分,也就儒學本身,不是朝廷取才的管道。但自漢武帝開始,立經學博士,於是儒學成爲選舉人材的重要標準,這對儒學的興盛,有絕對的幫助。故康氏推崇「漢武之功亦大矣!」

「漢武後特尊孔子加崇異禮」一項中,引文共有七條。此項旨在考證漢武帝後,其他皇帝對孔子的推尊,計有光武帝、明帝、章帝、安帝、靈帝、獻帝等六位。茲製成簡表如下:

表9-4 「漢武後特尊孔子加崇異禮」表

序	帝　王	時　間	事　蹟
1	光武帝	建武五年冬十月	使大司空祠孔子
2		建武十四年四月辛巳	封孔子後志爲褒成侯
3	明　帝	永平十五年	幸孔子宅,〔註30〕祠仲尼及七十二弟子。親御講堂,命皇太子諸王說經。

〔註30〕康氏註云:「明帝最尊孔子,爲帝王詣闕里之始。」

4	章　帝	元和二年春	帝東巡狩，還過魯，幸闕里。以太牢祠孔子及七十二弟子，作六代之樂，〔註31〕大會孔氏男子二十以上者六十三人，命儒者講論。
5	安　帝	延光三年戊辰	祀孔子及七十二弟子於闕里，自魯相令丞尉屬婦女諸生悉會。賜褒成侯以下帛各有差。
6	靈　帝	光和元年	置鴻都門學，畫孔子及十二弟子像。
7	獻　帝〔註32〕		備博士，廣太學而祀孔子，禮焉。

康氏所謂「漢武後」，列有六位帝王，首位即漢光武帝。然而武帝與光武之間，尚有昭、宣、元、成、哀、平等六帝、以及新莽，約一百年，其間何以無引任一帝王「特尊孔子」的事蹟或政策？令人不解，是疏漏？或文獻缺乏？或另有安排？至於所謂「特尊孔子加崇異禮」，主要爲帝王親自祭祀孔子及其弟子、加封孔子後代等。

在「漢世帝者及諸侯皆受經通儒術」一項中，引文共二十條。其中帝王部分有十六、皇后四。製成簡表如下：

表9-5　「漢世帝者及諸侯皆受經通儒術」表

序	帝　王	事　蹟（受經）
1	武　帝	太子少壯，詔受《公羊春秋》，又從瑕丘江公受《穀梁》。
2		曾孫病已，年十八受《詩》、《論語》、《孝經》，操行節儉，慈仁愛人。
3	昭　帝	八歲即位，選名儒韋賢、蔡義、夏侯勝等入授於前。
4	憲　王	好經書法律。
5	宣　帝	八歲立爲太子，壯大柔仁，好儒。

〔註31〕康氏註云：「後漢時，六代之樂猶存。大合孔子之樂，親謁闕里，自此始。」

〔註32〕此條出自《申鑒・時事》：「備博士，廣太學，而祀孔子焉，禮也。」引文中無帝名、年號，該段原文爲：「備博士，廣太學，而祀孔子焉，禮也。仲尼作經本一而已，古今文不同，而皆自謂眞本經；古今先師義一而已，異家別說不同，而皆自謂古今。仲尼邈而靡質，昔先師歿而無聞，將誰使折之者。……執不俱是，比而論之，必有可參者焉。」（《四部備要》，子部，中華書局據漢魏叢書本校刊）主旨在說明作者對今古文經之爭的看法，主張不偏執，「比而論之」，並采今古的態度。故不知所謂「備博士，廣太學，而祀孔子焉」，究竟何帝所爲？只能推測，《申鑒》的作者爲荀悅，荀氏仕漢獻帝，在加上康氏此項的引文，依時間排序，前一條爲靈帝，其後爲少帝，然僅在位一年，接著爲獻帝，在位三十年，而後漢代結束，故康氏可能以荀悅所謂「備博士，廣太學，而祀孔子焉。」是就獻帝時而言。

6	元　帝	壯好經書。
7	光　武	數引公卿郎將講論經理，夜分乃寐。
8	敬王睦	博通書傳。謙恭好士，千里交結，自名儒宿德，莫不造門。
9	順陽懷侯嘉	習《尚書》、《春秋》。〔註33〕
10	沛獻王輔	矜嚴有法度，好經書，善說《京氏易》、《孝經》、《論語》傳。
11	東平憲王蒼	少好經書，雅有智思。
12	明　帝	十歲能通《春秋》、師事桓榮，學通《尚書》。
13	章　帝	好儒術。
14	長安侯祐	通《詩》、《論》，篤學樂古。
15	馬皇后	能誦《易》，好讀《春秋》。
16	鄧皇后〔註34〕	十二通《詩》、《論語》。志在典籍，不問居家之事。
17	梁皇后	九歲能誦《論語》，治《韓詩》。

　　在「漢世帝者及諸侯」方面，康氏提到的「帝王」有武帝、昭帝等十一人；「諸侯」有順陽懷侯嘉、長安侯祐等二人；「皇后」有馬、鄧、梁等三人。在「受經通儒術」方面，或以儒者爲師，或好經書。提到的經典，計有《公羊春秋》、《穀梁》、《詩》、《論語》、《孝經》、《尚書》、《春秋》、《京氏易》、《韓詩》、《易》等十部。其中《論語》最受歡迎，其次爲《詩》、《春秋》等。

　　漢武帝獨尊儒術，設五經博士。博士的來源，始於戰國。齊之稷下先生也是博士之流。到了秦朝，便有博士七十人。不過此一時期的博士，各家並雜。到了漢武帝的設立五經博士，才使博士變爲儒家所專用。五經博士中，在文景時，已有《詩》、《春秋》兩家博士，到了漢武帝增立了《書》，以歐陽生爲博士、《易》以田何爲博士、《禮》以后倉爲博士。然而就上表而言，何以無任一帝王對《禮》有興趣？原因在於康氏徵引有漏？或帝王的個人興趣使然？或《禮》的特質枯燥無趣？或其他原因？〔註35〕

〔註33〕康氏引文爲：「順陽懷侯嘉興伯升俱學長安，習《尚書》、《春秋》。」然有錯字一，漏字一，且爲節錄。原文爲：「順陽懷侯嘉，字孝孫，光武帝族兄也。父憲，舂陵侯敞同產弟。嘉少孤，性仁厚，南頓君養視如子，後與伯升（按：齊武王縯字伯升）俱學長安，習《尚書》、《春秋》。」（《後漢書‧宗室四王三侯列傳第四》）

〔註34〕康氏註云：「馬、鄧二后皆深於經學，儼如諸生。」

〔註35〕在上表中，六經除了缺《禮》之外，還缺《樂》。缺《樂》可能的原因有三。首先，《樂》因不易口耳相傳而失傳；其次，爲新樂所取代；再次，《樂》譜無法訓詁、寄託。其他五經都可以通過訓詁義疏，重新詮釋發揮，以利時代

二、孔子之制的實踐

　　這包含「漢武後崇尙儒術盛行孔子學校之制」、「漢武後崇尙儒術盛行孔子選舉之制」等兩項。主旨在考證說明，漢武帝尊儒之後，孔子之制被實踐的狀況。然而何謂「孔子之制」，在本書中提到孔子改制項目的，主要有兩卷，即卷九和卷十一。兩卷中，提到的改制項目，去除重複，計有：

（1）儒服

（2）親迎之制

（3）立嗣之制

（4）喪葬之制

（5）削封建大一統

（6）授時

（7）制土籍田

（8）選舉

（9）刑罰之制

（10）定姓之義

（11）禮樂之義

（12）三統之義

（13）諸侯歸命、新王蒙褒之制

（14）禹之法度典章

（15）事生、送死、祭祀、師旅

（16）百里之制

共十六項。然而本卷只提到其中的「學校之制」與「選舉之制」兩項。至於其他項目棄而不論，或許是康氏認爲不重要？然而卷十五〈墨老攻儒尤盛考〉云：「孔子大義微言，條理萬千，皆口授弟子。若傳之於外，導引世人，大率以三年喪、親迎、立命三者。」三者當中，又以「三年喪」，在本書中，談論次數最多，幾乎成爲儒教的主要教義，然而在此一項中，康氏亦不加以論述，不知原因爲何？資料文獻的不足？康氏論述的遺漏？矛盾？或「今採傳記發一隅，以待學者引伸觸長焉。」（卷九）？

　　與政治的需要，而樂譜獨沒有改造利用的可能與必要，因此無須費力收集整理而任其自然淘汰。故漢武帝雖新設「樂府」，卻不設博士，而後代帝王則無習《樂》者。

在「漢武後崇尙儒術盛行孔子學校之制」一項中，引文共二十九條。其中除了《華陽國志》和《論衡‧程材》外，其餘皆出自《漢書》、《後漢書》，尤其是《後漢書‧儒林傳》，徵引次數最多。引文主旨在考證漢武帝後，朝廷對於經學教育的重視。這主要包含增設學校，以及增加博士弟子員等。〔註36〕首先，在增設學校方面。如引《漢書‧王莽傳》：

> 莽奏（按：此爲平帝時）起明堂〔註37〕、辟雍〔註38〕、靈臺〔註39〕，爲學者築舍萬區，作市常滿倉，制度甚盛。立《樂經》，益博士員經各五人，徵天下通一藝教授十一人以上。

又如《漢書‧孝平皇帝紀》：

> 夏，安漢公（按：即王莽）奏車服制度，吏民養生、送終、嫁娶、奴婢、田宅、器械之品，立官稷及學官。郡國曰學，縣、道、邑、侯國曰校，校學置經師一人。鄉曰庠，聚曰序，庠序置《孝經》師一人。

除了王莽之外，光武與明帝等亦熱衷於興建太學。如《漢書‧禮樂志》：

> 及王莽爲宰衡，欲燿眾庶，遂興辟廱，因以篡位，海內畔之。世祖受命中興，撥亂反正，改定京師于土中，即位三十年，四夷賓服，百姓家給，政教清明，迺營立明堂辟廱。顯宗即位，躬行其禮，宗祀光武皇帝于明堂，養三老五更於辟廱。

在漢代對經學推廣的帝王當中，康氏最推崇明帝。如引《後漢‧儒林列傳》：

> 中元元年，〔註40〕初建三雍。明帝即位，親行其禮，天子始冠通天，衣日月，備法物之駕，盛清道之儀，坐明堂而朝群后，登靈臺以望雲物，袒割辟廱之上，尊養三老五更。饗射禮畢，帝正坐自講說，儒執經問難於前，冠帶縉紳之人，圜橋門而觀聽者蓋億萬計。其後

〔註36〕「漢武後崇尙儒術」，即重視經學教育，「盛行孔子學校之制」這可能較爲不妥，蓋學校之制並非孔子所創，故所謂「孔子學校之制」不知康氏何所指？且「孔子學校之制」又不見於卷九、十一所謂「孔子改制」的項目當中！

〔註37〕明堂，明政教之堂也。《周禮‧考工記‧匠人》：「夏后氏世室，堂修二七，廣四修一，五室九階；殷人重屋，堂修七尋，崇三尺，四阿重屋；周人明堂度九尺之筵，東西九筵，南北七筵，堂崇一筵、五室，凡室二筵。」

〔註38〕辟雍或作「辟廱」，天子所設大學之稱。辟同「璧」。《三輔黃圖》：「文王辟雍在長安西北四十里，亦曰『辟廱』，如璧之圓，雍之以水，象教化流行也；漢辟雍在長安西北七里，河間獻王對三雍宮即此。」

〔註39〕靈臺，古時觀察天文氣象之臺也。《後漢書‧章帝紀》：「登靈臺，望雲物。」

〔註40〕「中元」爲漢光武帝年號，「中元元年」正值西元56年。

　　復爲功臣子孫、四姓末屬別立校舍，搜選高能以受其業，自期門羽
　　林之士，悉令通《孝經》章句。匈奴亦遣子入學。濟濟乎！洋洋乎！
　　盛於永平〔註41〕矣。

這或許有誇張之處，但更重的是可以從中看出明帝對儒學的重視，而皇帝親自講經，更是難能可貴，對於儒學的興盛，有莫大的助益。康氏引此文之後，對明帝讚譽有加：

　　三雍爲明堂、太學、靈臺，王莽行之不成。光武三十年營之，至明
　　帝始行，爲行孔子三雍之制之始。……養老亦孔子之制。明帝袒割
　　養老，饗射偏舉，執經自講，圜橋億萬，孔學之行，古今爲最盛矣。

故漢明帝乃繼魏文侯、滕文公之後，康氏第三位稱讚的帝王。原因在於明帝努力實踐孔子之制。但在此，康氏面臨一大矛盾，即康氏認爲孔教藉武帝之力而一統天下，但遭到了王莽、劉歆君臣二人的大破壞，使儒學中衰。既然如此，何以王莽之後的明帝，會造成「孔學之行，古今爲最盛矣。」這是很明顯的矛盾。

　　其次，在增加博士弟子員方面。康引《漢書・儒林傳》：

　　昭帝時，舉賢良文學，增博士弟子員滿百人；宣帝末，增倍之；元
　　帝好儒，能通一經者皆復。數年，以用度不足，更爲設員千人。郡
　　國置五經百石卒史；成帝末，或言孔子布衣，養徒三千人，今天子
　　太學弟子少。於是增弟子員三千人，歲餘復如故。平帝時，王莽秉
　　政，增元士之子得受業如弟子，勿以爲員。歲課甲科四十人爲郎中，
　　乙科二十人爲太子舍人，丙科四十人補文學掌故云。

可見歷經昭、宣、元、成、平等帝，皆增員博士弟子等。其後有章帝的「白虎觀」經學會議，「將大夫、博士、議郎、郎官及諸生、諸儒會白虎觀，講議五經同異。」（《後書・章帝紀》）甚至到了東漢末年的靈帝，還是相當重視經學。如《後漢・儒林傳》：「熹平四年，靈帝迺詔諸儒正定五經，刻于石碑，爲古文、篆、隸三體書法以相參檢。樹之學門，使天下咸取則焉。」又《後漢・蔡邕傳》：

　　邕以經籍去聖久遠，文字多謬，俗儒穿鑿，疑誤後學。熹平四年，
　　乃與五官中郎將堂谿典、光祿大夫楊賜、諫議大夫馬日磾，議郎張
　　馴、韓說，太史令單颺等，奏求正定六經文字。靈帝許之。邕乃自

〔註41〕「永平」明帝唯一的年號，共十八年（西元58～75）。

書冊於碑，使工鐫刻，立於大學門外。於是後儒晚學，咸取正焉。
康氏註云：「今欲考孔子正字，當以邕石經爲定。邕所書《公羊》、《歐陽尙書》，蓋今學正宗也。」康氏亦承認，到了東漢末年，尙可見「今學正宗」。然而，這又犯了上一矛盾。蓋《新學僞經考‧敘》開頭即云：「始作僞亂聖制者自劉歆，布行僞經纂孔統於鄭玄。」康氏以今文經爲經學發展的正統，不滿鄭玄「遍注群經，混淆家法」，〔註42〕使今古文經之間的對立消弭，如此一來，模糊了今文經的正統性，且提升了古文僞經的地位。鄭玄生於順帝永建二年（西元 127 年），卒於獻帝建安五年（西元 200 年）。蔡邕的石經建立於熹平四年（西元 175 年），當時鄭玄四十八歲。所以鄭玄的遍注群經，調和今古，與蔡邕的確立今學正宗，在時間上是重疊的，同時發生的。〔註43〕故康氏所謂「夫始於盜纂者，終於即眞；始稱僞朝者，後爲正統。」（《新學僞經考‧敘》）鄭玄調和今古後，今文經即喪失正統地位的說法，嚴重矛盾。

本項最後一條引文爲《論衡‧程材》：「夫五經亦漢家之所立，儒生善政大義皆出其中。董仲舒表《春秋》之義，稽合於律，無乖異者。然則《春秋》漢之經，孔子制作，垂遺於漢。」註云：「《春秋》漢之經，漢家善政皆出其中；蓋漢人政事皆法孔經，非同後世僅資考據也。」康氏將王充的「儒生善政大義皆出其中」，改說成「漢家善政皆出其中」，誇大了六經的實踐性，與史實亦不合，且無引任何文獻加以佐證，缺乏說服力。

在「漢武後崇尙儒術盛行孔子選舉之制」一項中，引文很多，共九十二條。全出自於《史記》、《漢書》、《後漢書》等三部史書，其中以《後漢書》，徵引次數最多。所謂「選舉之制」與上項「學校之制」性質相近。前者重在徵召人材，尤其是通經學的儒者；後者則偏重於培育經學人材。

本項提到的帝王，亦相當多，計有武、昭、宣、元、成、哀、平、光武、明、章、和、安、質、桓、靈、獻帝等十六位。幾乎囊括武帝之後，所有漢代帝王；〔註44〕提到的徵召人數，除了具名者如公孫弘、董仲舒、孟喜、申

〔註42〕鄭玄先從京兆第五元先通今文經，又從東郡張恭祖受古文經。以山東無足問者，乃西入關，師事扶風馬融。鄭玄注經的主要特色之一，即「遍注群經，混淆家法。」如箋《詩》以《毛本》爲主，又博採《齊》、《魯》、《韓》三家之長。

〔註43〕且黨錮事起，鄭玄被禁錮，於是隱修經業，杜門不出。至靈帝中平元年（西元 184），黃巾起義，黨錮禁解，仍隱居不仕，專心經術。故鄭學在當時算是私人著作；相較之下，蔡邕得眾人之力，又獲得靈帝的讚許，在今文經的宣傳效力上，遠大於鄭玄通學。

〔註44〕孺子嬰、王莽、順帝三位除外。

公、蕭望之、梁丘賀、夏侯勝、韋玄成、嚴彭祖、尹更始、貢禹、彭宣、王吉、韋賢、疏廣……等等之外，還有不具名者，如《漢書・孝昭皇帝紀》：

> （昭帝）始元五年，詔曰：「朕以眇身，獲保宗廟，戰戰栗栗，夙興夜寐，修古帝王之事，通保傅，傳《孝經》、《論語》、《尚書》，未云有明。其令三輔太常舉賢良各二人，郡國文學高第各一人。」

康氏認為漢代立學官，選舉人材，始於武帝時，公孫弘的建諫。康氏引《史記・儒林列傳》中，公孫弘對武帝的建諫：

> 請因舊官而興焉，為博士官置弟子五十人，復其身。太常擇民年十八已上儀狀端正者，補博士弟子，郡國縣道邑有好文學，敬長上，肅政教，順鄉里，出入不悖所聞者，令相長丞上屬所二千石，二千石謹察可者，當與計偕詣太常，得受業如弟子。一歲皆輒試，能通一藝以上，補文學掌故缺，其高弟可以為郎中者，太常籍奏，即有秀才異等，輒以名聞，其不事學若下材及不通一藝，輒罷之，而請諸不稱者罰。

康氏註云：「以孔子之學立學官選舉，自此始，遂至於今。」

　　由九十二條引文中得知，漢武帝之後，朝廷對於學者的徵召，不計其數。故康氏的證據可以說相當充分。在卷九〈孔子創儒教改制考〉中，提到「選舉為孔子之制」，康氏云：「讀《王制》選士、造士、俊士之法，則世卿之制為孔子所削，而選舉之制為孔子創，昭昭然矣。選舉者，孔子之制也。」暫不管此說可信與否，但至少卷九與本項的說法呈一致性；然而，其矛盾之處與上項相同。由引文得知，漢武帝後儒學的傳承，並未受王莽君臣的破壞，這與康氏說法是矛盾的。

三、儒學的普及

　　這包含「兩漢帝者及諸侯王皆受經通儒術　皇后附」、「兩漢帝者屢詔諸儒評定五經以一學術」、「兩漢廷議多召儒生」、「兩漢學人皆從儒教」、以及「兩漢郡吏皆以儒術化民」等五項。這五項與前文提到的五項，主旨有重複者，如「兩漢帝者及諸侯王皆受經通儒術　皇后附」與「漢世帝者及諸侯皆受經通儒術」；「漢武後崇尚儒術盛行孔子選舉之制」與「兩漢帝者屢詔諸儒評定五經以一學術」、「兩漢廷議多召儒生」；「漢武後崇尚儒術盛行孔子學校之制」與「兩漢學人皆從儒教」等，且引文多相近或重複，故此不贅述。

在這上述五項中，註文相當少，如果有註也相當簡短。稍有發揮創意者，如：

1. 在「兩漢廷議多召儒生」中，引《鹽鐵論・刺復》：「賢良文學臻者六十餘人，懷六藝之術。」〔註45〕《鹽鐵論・雜論》：「賢良茂陵唐生、文學魯萬生之倫六十餘人，咸聚闕廷，舒六藝之諷，論太平之原；知者贊其慮，仁者明其施，勇者見其斷，辯者陳其辭。」等，註云：

賢良文學皆七十子後學，皆能據儒術以折時宰，直節謇謇，群才泛泛，無敗類者，人才之盛極矣！今對策欲求一人明道言事不可得，何古今相去之遠哉！

康氏認爲漢代的「賢良」、「文學」等，皆爲孔子七十子之後學，故漢代人才極盛；反觀清末，「欲求一人明道言事不可得，何古今相去之遠哉！」在此，康氏藉古諷今，對於時人相當不滿。

2. 在「兩漢學人皆從儒教」中，康氏引《漢書・孝武本紀》：「建元元年，丞相綰奏：所舉賢良，或治申、商、韓非、蘇秦、張儀之言，亂國政，請皆罷，奏可。」註云：「諸教進用者罷斥，故無人再從異教者。」在此，康氏間接說明了，朝廷態度對學派興盛與否，具有絕對的影響。當然本卷所徵引的文獻，也都指出了漢帝乃造成儒學全面興盛的最大助力。

除了漢帝之外，康氏認爲儒學在漢代興盛的第二大功臣即董仲舒。《漢書・董仲舒傳》：「仲舒下帷發憤，潛心大業，令後學者有所統壹，爲群儒首。」註云：「大業一統于董子，故爲群儒首。此漢高之韓信，藝祖之曹彬，明祖之徐達也。故論功作配，應以董子充四配之列。」

3. 在上文「漢武後崇尙儒術盛行孔子學校之制」項中，康氏認爲靈帝時，蔡邕所建立的石經，乃「孔子正字」、「今學正宗」，在這之前，章帝的白虎觀

〔註45〕《鹽鐵論・刺復》之原文爲「大夫曰：『……今賢良文學臻者六十餘人，懷六藝之術。騁意極論，宜若開光發蒙；信往而乖於今，道古而不合於世務。意者不足以知士也？將多飾文誣能以亂實邪？何賢士之難睹也！自千乘倪寬以治《尚書》位冠九卿，及所聞睹選舉之士，擢升贊憲甚顯，然未見絕倫比，而爲縣官興滯立功也。』」大夫認爲儒士並非眞正的賢士，只知信往道古，根本不知時務。而朝廷錄用這麼多的儒生，不知是主事者不懂如何徵選人材？還是儒生過度矯情文飾以假亂眞？要不然爲何賢士如此難得！自倪寬以來，儒者官位顯赫者不少，但卻無超群出眾者，能爲天子振衰起蔽，建立大功的！所以基本上，原文的主旨與康氏徵引的用意，正好相反。但康氏只徵引符於「兩漢廷議多召儒生」的兩句話，其他的則加以捨棄。

經學會議，也被康氏視爲「集今學之大成」。在「兩漢帝者屢詔諸儒評定五經以一學術」中，康氏引《後漢·儒林傳》：「建初中，大會諸於白虎觀，考詳同異，連月迺罷。肅宗親臨稱制，如石渠故事。」註云：「《白虎通義》集今學之大成，傳至於今，可爲瑰寶。」又引《後漢·魯恭傳》：「肅宗集諸儒於白虎觀，恭特以經明侍召，與其議。」註云：「國王乃諸儒同論經義，當與石渠爲儒宗二大會。」此處矛盾依舊。根據康氏的說法，在王莽、劉歆提倡古文經之後，今文經學受到重大的破壞，使得孔子改制之義不彰。但據引文、註文，章帝的白虎觀會議，甚至漢末的熹平石經，皆可考得孔子正字、今學正宗，何來的劉歆古文經破壞之有？既然如此，康氏自詡復興、發微今文經學、孔子改制之義的必要性，似乎也相對地減弱了許多。

第十章　康有爲與孔教運動

　　在中國傳統文化當中，孔子擁有無上的權威，所以清末的變法運動，如果能夠找到孔子作爲「代言人」，那將會減少很多阻力。所以康有爲將自己構思的變法思想「托古」於孔子，這似乎是唯一且必然的選擇。他不僅抬出孔子作爲變法的提倡者，並且進一步將他「神格化」、「宗教化」，這無形中又加強變法運動的權威性與神祕性。

第一節　康有爲救世的宗教情操

　　光緒二十四年三月，洪嘉與做〈駁保國會章程〉，謂康氏「將欲爲民主教皇」。洪的動機在於謗言中傷康有爲，但說康氏「將欲爲民主教皇」，也並非毫無根據。民國六年（1917）康氏自謂：「吾少嘗欲自爲教主矣，欲立乎孔子之外矣，日讀孔氏之遺書，而吹毛求疵，力欲攻之。」〔註1〕

　　康有爲年幼，便有志於聖賢之學，開口閉口不離「聖人」，故鄉鄰們爲他取了個綽號 —— 聖人爲。根據《自編年譜》記載，十二歲時，「是時岐嶷，能指揮人事。」「俛接州中諸生，大有霸視之氣。」十九歲時，拜入朱九江先生門下，受到了鼓舞，他相信自己終將躋身於聖賢行列，「以聖賢爲必可期」，而聲名不朽，「於是偶然自負於眾以不朽之業。」要成就聖賢事業，必須盡己爲人。這是他在感情上要求自己的，同時在理智上督促自己的。他相信自己有非凡的德智能力，故必須帶頭爲人類服務。所謂「天與我聰明才力，當拯救之。」所以在

〔註1〕　《不忍雜誌》，第九、十期（1917），「教說」，頁九。（轉引自蕭公權著《康有爲思想研究》，頁21）

禮山草堂從學第二年時，開始對於自己成天埋首書堆感到厭惡：

> 以日埋故紙堆中，汨其靈明，漸厭之。日有新思，思考據家著書滿
> 家，如戴東原，究復何用？因棄之，而私心好求安心立命之所。忽
> 絕學捐書，閉户謝友朋，靜坐養心，同學大怪之。……靜坐時，忽
> 見天地萬物皆我一體，大放光明，自以爲聖人，則欣喜而笑；忽思
> 蒼生困苦，則悶然而哭。

這是康氏第一次靜坐而得到的「宗教經驗」，也是求道歷程的開始。隔年（光
緒五年），康氏來到西樵山白雲洞，專講道佛之書，打坐以養神明。康氏云：

> 於時舍棄攷棄帖括之學，專意養心，旋念民生艱難，天與我聰明才
> 力，當拯救之。乃哀物悼世，以經營天下爲志，時時取《周禮》、《王
> 制》、《太平經國書》、《文獻通考》、《經世文編》、《天下郡國利病全
> 書》、《讀史方輿紀要》緯劃之，倦讀仰思，兼以筆記，皆經緯世宙
> 之言。

可見在此時救世的理想，已經成爲他生命的目的，唯有達到這個目的，才能
滿足內在對自身的期許。同時由這一年起，康氏開始接觸「道佛之書」，並「習
五勝道，見身外有我，又令我入身中，視身如骸，視人如豕。」「嘗註《老子》」
等。

光緒十年，接觸更多的佛教經典，「於海幢華林讀佛典頗多，上自婆羅門，
旁收四教。」有了這些宗教經典與經驗之後，在一次思想的體悟中，他更清
楚地認識到，自己有必要提出一套救世的理論，理論的來源在於「合經子之
奧言，探儒佛之微旨，參中西之新理，窮天地之賾變，搜合諸教。」康氏的
企圖，顯然是希望將現有的學術，如哲學、宗教、傳統、西學等，加以綜合，
發展出一學說理論，來解救眾生的困苦，以及規劃人類的未來。同時，康氏
認爲這是他「無所希望，無所逃避」的「天職」：

> 其來現也，專爲救眾生而已，故不居天堂而故入地獄，不投淨土而
> 故來濁世，不爲帝王而故爲士人。不肯自潔，不肯獨樂，不願自尊，
> 而以與眾生親，爲易於援救，故日日以救眾生爲心，刻刻以救世爲
> 事，舍身命而爲之。以諸天不能盡也，無小無大，就其所生之地，
> 所遇之人，所親之眾，而悲哀振救之，日號於於眾，望眾從之，以
> 是爲道術，以是爲行己。

「日日以救眾生爲心，刻刻以救世爲事，舍身命而爲之。」這種以救世自命

的宏願，簡直就是宗教家、教主的志向。「但推惻隱之心，以行吾仁，不計禍患、不計大小、不計成敗也。」這個義無反顧的決心，與後來的變法救中國、提倡孔教等運動是相應的。

　　光緒十一年，著《人類公理》，由書名可以看出，這書的主旨，在於詮釋並規劃人類的未來。隔年，「又作公理書」，並制定人類統一的曆法，即所謂「天然曆法」：

> 夜為天象學，乃重定天然曆法，以為人號稱為年者，以地繞日一周之故，宜以三百六十五日名為周，十年為十周，百年為百周焉。地之繞日卑高及平，凡有四游，宜二至、二分，名以南游、北游、東游、西游，分一周為四游焉。……皆吾地球中之定義也。其月及五星各自為表，分縣通衢，則月亦至用。

這套曆法，適用的範圍，不僅包括是地球，甚至可以是月球及五星。光緒十三年，「是歲編《人類公理》，游思諸天之故，則書之而無窮也。」這時心思不只有放在中國，甚至徧及全地球：

> 以論地球，以為養兵學言語，皆於人智人力大損，欲立地球萬音院之說，以考語言文字，創地球公議院，合公士以談合國之公理，養公兵以去不會之國，以為合地球之計，其日所覃思大率類是，不可勝數也。

這個一個統合的構想，希望整合各國，類似後來的「聯合國」。光緒十四年，居鄉澹如樓，讀佛典。在第一上書不達之後，他認為中國必亡，在救之不得，坐視不忍的狀況底下，於是計劃經營殖民地於巴西，自己建立一個新朝代，一個新的中國。

　　康有為認為救世的使命，乃出於「天命」。在民國六年（1917）的詩作中提到：「吾生信天命，自得大無畏。」在同一首詩裏，他提到自己出生時的異兆：「維吾攬揆辰，五日月維二；大火赤流屋，子夜吾生始。」信有天命，使他在許多場合中，克服了恐懼與猶豫。如光緒十四年（1888），正準備遞〈上清帝第一書〉，由旅舍出外時，受阻於菜市場口，原來正有人被殺。此一不祥的巧合，不禁令他三思：

> 車不能行，心為之動。私念吾上書而遇殺人，兆大不吉，家有老母，豈可遂死。既而思吾既為救天下矣，生死有命，豈可中道畏縮？慷慨登車，從南繞道行。

又十年後，光緒二十四年時，當他的弟弟廣仁，鑒於形勢險惡，促他離京時，他回答道：「生死命也，我昔經華德里，飛磚掠面，若逾寸，中腦死矣！假中風痰，頃刻可死。有聖主在上，吾以救中國，豈忍心去哉？」戊戌政變，逃亡日本後三月，他細述上天賦予的使命。在講完十一次死裏逃生後，他結論是：「而曲線巧奇，曲曲生之，留吾身以有待，其茲中國不亡，而大道未絕耶？……順天俟命，但行吾不忍之心，以救此萬民耳！」這樣的天命思想，以及人道的關懷，就成爲康氏思想的主軸與目的。在這樣性格，以及救世的期許之下，不管是提倡維新變法或孔教運動，對康氏而言，似乎都是「理所相然」的。

第二節　孔教主形象的塑造

康有爲以孔子爲孔教的教主，對孔子地位的推崇到了無以復加的地步。但將孔子「神格化」，並非始於康氏，「尊孔」一直是歷代公羊學者立論的最高前題。早在西漢董仲舒。在《春秋繁露》中，董氏以孔子爲「新王」，所謂：「《春秋》應天，作新王之事。」關於孔子的「身分」，《史記》云：「孔子布衣」、「孔子貧且賤」，根據〈孔子世家〉記載，孔子曾擔任過的官職，依序是「嘗爲季氏史」，「嘗爲司職史」，魯定公八年，「以孔子爲中都宰」，一年後，「由中都宰爲司空」、「由司空爲大司寇」。到了定公十四年，孔子五十六歲，「由大司寇行攝相事」。此後，孔子週遊列國十四年，最後回到魯國，「然魯終不能用孔子，孔子亦不求仕。」故就史實，至少就《史記・孔子世家》而言，孔子最高的職位爲「大司寇行攝相事」，終爲人臣，並沒有爲「王」的事實。然而，這是史實，也是史學家的看法，公羊學家並不這樣認爲。

根據公羊家的說法，新、舊王朝的交替，決定於「天命」，即爲「君權神授」的觀念。然而所謂「天命」，如何得知？這要由自然現象中尋找「啓示」：當上天要立新王、黜舊王時，便賜「符瑞」與新王，同時降「災異」與舊王。既然董氏以孔子爲「新王」，那麼上天必有賜「符瑞」，這也就是「西狩獲麟」事件。《春秋繁露・符瑞》云：「有非力之所能致者，西狩獲麟受命之符是也。然後託乎《春秋》正不正之間，而明改制之義。」「西狩獲麟」乃是孔子受天命的「符瑞」，孔子爲新王乃是天命，「有非力之所能致而自致者」。在《史記・孔子世家》中記載「西狩獲麟」事件：

> 魯哀公十四年春，狩大野，叔孫氏車子鉏商獲獸，以為不祥。仲尼
> 視之，曰：「麟也。」取之。曰：「河不出圖，雒不出書，吾已矣夫！」
> 顏淵死，孔子曰：「天喪予！」及西狩見麟，曰：「吾道窮矣！」喟
> 然嘆曰：「莫知我夫！」……「知我者其天乎！」……「君子病沒世
> 而名不稱焉。吾道不行矣。吾何以自見於後世哉？！」乃因史記作
> 《春秋》。

從這段描述來看，麟雖是「祥瑞」的象徵，但遭捕獲，似乎反有「災異」的
意味，「以為不祥」，因此孔子嘆：「吾道窮矣！」同時把它和顏淵的死聯想在
一起，認為這是「天喪予」的徵兆。然而，公羊家重視的是「麟者，仁獸也。
有王者則至」的徵兆，從而認為這是孔子「受命改制」之符。也因此，孔子
作《春秋》以寄託改制思想。

　　到了東漢何休，除了接受董氏的「以《春秋》當新王」之外，更進一步
地將孔子「神化」：

> 孔子母徵在游於大冢之陂，睡夢黑帝使請己。已往夢交，語曰：「女
> 乳必於空桑之中。」覺在若感，生邱於空桑之中，故曰元聖。……
> 孔子之胸曰：「制作定，世符運。」（《春秋公羊經傳解詁》「哀公十
> 四年春西狩獲麟」條下注）

何休將孔子的誕生說得幾乎和耶穌一樣。〔註2〕在何休的心目中，孔子的出生
背景異於凡人，乃「黑帝」降精轉世。而孔子降世的目的，在於為漢代預「作
撥亂之法」：

> ……得麟之后，天下血書魯端門曰：「周姬亡，彗東出；秦政起，胡
> 破術；書記散，孔不絕。」子夏明日往視之，血書飛為赤鳥，化為
> 白書，署曰演孔圖，中有作圖制法之狀。孔子仰推天命，俯察時變，
> 卻觀未來，豫解無窮。知漢當繼大亂之后，故作撥亂之法以授之。（同
> 上）

可是生於春秋時代的孔子，怎麼可能「知漢當繼大亂之后」，同時提供一套制
度為後來的漢代所用呢？孔子這種「仰推天命，俯察時變，卻觀未來，豫解
無窮。」的能力，已非常人所能，然與黑帝轉世的身分相應。這也為康有為

〔註2〕耶穌也是那利亞從聖靈感孕而生的。《聖經・馬太福音》：「耶穌基督降生的事，
　　　記在下面：他母親馬利亞已經許配了約瑟，還沒有迎娶，馬利亞就從聖靈懷
　　　了孕。」（第一章，第十八節）

的「孔教主」提供了創意淵源。

在《孔子改制考》，康氏接受董仲舒的說法，以孔子具有「新王」的身分，不但如此，他更追加孔子更多的王號。在卷八〈孔子為制法之王考〉「緒論」中云：

> 何謂之王？一畫貫三才謂之王，天下歸往謂之王。天下不歸往，民皆散而去之，謂之匹夫。以勢力把持其民謂之霸。殘賊民者謂之民賊。
>
> 夫王不王，專視民之聚散向背名之，非謂其黃屋左纛，威權無上也。

在此，他對「王者」的定義為「天下歸往謂之王」，中國人民四萬萬，歷經二十餘朝，人心皆歸往孔子，那麼「孔子有歸往之實，即有王之實，有王之實而有王之名，乃其固然。」「夫王者之正名出於孔氏」，所以歷代君主都不能有王號，真正可以稱「王」只有孔子一人。孔子不但為董仲舒所稱「新王」、「素王」，在本卷，康氏更追加孔子為「文王」、「聖王」、「先王」、「後王」、「王者」等五個王號。

康氏與董仲舒相同，認為孔子為王，乃出於「天意」，出於上天救世的慈悲，所謂：「天閔振救，不救一世而救百世，乃生神明聖王，不為人主，而為制法主。」（同上）。然而董仲舒雖然認為孔子為新王乃是天意，但基本上，孔子的出身，仍是凡人；但康氏則更進一步認為，孔子為救世的「神明聖王」，這已超越董說，而接續何休「黑帝降精」的說法。在《孔子改制考‧敘》中，康氏云：「天既哀大地生人之多艱，黑帝乃降精而救民患，為神明，為聖王，為萬世作師，為萬民作保，為大地教主。」可見康氏接受何休對孔子「神化」的描述，以孔子為「黑帝降精」、「神明」，「聖王」，「萬世作師」、「萬民作保」、「大地教主」等。孔子降世不僅要「創教」，同時要「改制」，以救民患。所以《孔子改制考》中，有卷七〈儒教為孔子所創考〉、卷八〈孔子為制法之王考〉。在此，康氏認為孔子創教的說法，並非他所新創，而是一個事實，一個眾人皆知的事實，「漢自王仲任前，……皆知孔子為儒教之主，皆知儒為孔子所創。」只是儒教的發展，到了西漢時，遭到劉歆的破壞，所以到了清代，康氏認為他有必要，重新「發明儒為孔子教號，以著孔子為萬世教主。」

第三節　孔教的教義

康有為既然將孔子視為天神轉世，將儒家說成儒教、孔教。那麼孔教的

「教義」爲何？即所謂「三世之義」。《孔子改制考‧敍》云：

> 生于亂世，乃據亂世而立三世之法，而垂精太平；乃因其所生之國
> 而立三世之義，而注意於大地遠近大小若一之大一統。乃立元以統
> 天，以天爲仁，以神氣流形而教庶物，以不忍心而爲仁政。合鬼神
> 山川、公侯庶人、昆蟲草木一統于其教，而先愛其圓顱方趾之同類，
> 改除亂世勇亂戰爭角力之法，而立《春秋》新王行仁之制。

「三世」即「據亂世」、「升平世」、以及「太平世」。孔子雖生在「據亂世」，但他嚮往，同時規劃未來的「太平世」，此即「三世之法」、「三世之義」，它是一套「行仁之制」，主要寄託於《春秋》之中。孔教主的三世之義，規劃地相當周延，而且涉及層面，可以用「無所不至」來形容。康氏云：「其道本神明，配天地，育萬物，澤萬世，明本數，係末度，小大精粗，六通四闢，無乎不在。」

　　傳統今文學家認爲，孔子受命而爲「素王」，負有「改制」使命。也正因爲孔子只是「素王」，其非眞王，所以改制立法不能見諸實事，只有「著之六藝，托之空言」，以「微言」的方式，寄託在《春秋》一書中，傳予後世。就《春秋》三傳——《左傳》、《公羊傳》、《穀梁傳》而言，公羊學家認爲《公羊傳》最能發明，孔子寄託在《春秋》的「微言大義」。《公羊傳》對《春秋》的傳注條目，舊傳有「五始」、「三科」、「九旨」、「七等」、「六輔」、「二類」、「七缺」等。其中以「三科」和「九旨」最爲重要。所謂「三科」即「張三世」、「通三統」、以及「異內外」。﹝註3﹞這是後來學者發展、歸納所賦予的名目，在《公羊傳》中，並沒有明文記載「三科」、「九旨」的名稱與內容。二者成爲公羊學的主旨與綱目，乃是經過歷代公羊學者努力的結果。由西漢董仲舒經東漢何休，最後到了徐彥等人，才訂定「三科」、「九旨」的名目，同時使其成爲後來公羊學的主要思想。正如上一節提到康氏「神化」孔子的思想淵源，可以上推漢代董仲舒、何休等公羊家，「三世之義」也是來自公羊學，即「張三世」一科。

﹝註3﹞　至於「九旨」乃「三科」的細目。清代陳立云：「春秋設三科九旨，其義如何？
　　　　答曰：何氏之意，以爲三科九旨正是一物，若總言之謂之三科，科者段也；
　　　　析而言之，謂之九旨，旨者意也。故何氏作文諡例云：三科九旨者，新周、
　　　　故宋、以春秋當新王，此一科三旨也；又云：所見異詞、所聞異詞、所傳聞
　　　　異詞，二科六旨也；又，內其國而外諸夏，內諸夏而外四夷，是三科九旨也。」
　　　　但最後一科，實際只有「二旨」。（見陳立《公羊義疏》第一冊，頁四）

在《公羊傳》中，有三處出現「所見異詞，所聞異詞，所傳聞異詞。」其原義可能是《公羊傳》的作者，對於《春秋》中的某些事件，因年代久遠，而「見者」、「聞者」或「傳聞者」說法不一，互相存有「異詞」。因此作者不能對該事件作精確的記錄，如《公羊》「隱公元年十二月公子益師卒」：

> 冬，十有二月。祭伯來。祭伯者何？天子之大夫也。何以不稱「使」？
>
> 奔也；奔則曷爲不言「奔」？王者無外，言「奔」，則有外之辭也。
>
> 公子益師卒，何以不日？遠也。所見異辭，所聞異辭，所傳聞異辭！

這種因事件發生久遠，不能詳考而存有「異詞」、說法不同的現象，在史書中是很常見的。董仲舒據此加以引申，以「有見」、「有聞」、以及「有傳聞」三者，將魯國歷史分爲三個階段。《春秋繁露·楚莊王》：

> 《春秋》分十二世以爲三等：有見、有聞、有傳聞。有見三世、有聞四世、有傳聞五世。故昭、定、哀，君子之所見也；襄、成、宣、文，君子之所聞也；僖、閔、莊、桓、隱，君子之所傳聞也。所見六十一年、所聞八十五年、所傳聞九十六年。

在《公羊傳》中「所見」、「所聞」、「所傳聞」，並不是用來作爲劃分歷史時代的標準。然董仲舒卻將《春秋》中，魯國世系十二公，分成三個時段。昭、定、哀三世稱爲「有見」三世。這是因爲孔子生於昭、定、哀三世，所以對這三世所發生的事件，皆能親眼看見，故稱「有見」；至於孔子未出生前的魯國九世，當然不能目睹，只能靠傳聞，故稱這九世爲「有聞四世」及「有傳聞五世」。董仲舒將魯史擬分「三世」，目的爲何？《春秋繁露·楚莊王》云：

> 於所見，微其辭；於所聞，痛其禍；於傳聞，殺其恩，與情俱也。
>
> 是故逐季氏，而言又雩，微其辭也；子赤殺，弗忍書日，痛其禍也；
>
> 子般殺，而書乙未，殺其恩也。屈伸之志，詳略之文，皆應之，吾
>
> 以其近近而遠遠，親親而疏疏也。

可見董仲舒並無特別的用意。目的在「與情俱也」。也就是說，董仲舒認爲「基於情感的因素」，孔子對於自己當世發生的事件，發表看法時，「不好意思」大加撻伐，只能隱約其辭，微加設論；相對地，對於久遠的事，因「年久恩淺」，所以可以直言其詳，無庸避忌，也就是所謂的「吾見其近近而遠遠，親親而疏疏也。」除了情感之外，同時「避禍」的效果：

> 然則《春秋》義之大者也，得一端而博達之，觀其是非，可以得其正法；視其溫辭，可以知其塞怨。是故於外，道而不顯；於內，諱

而不隱。……義不訕上，智不危身，……則世逾近，而言逾謹矣，
此定、哀之所以微其辭。以故用則天下平，不用則安其身，《春秋》
之道也。

根據世代久遠的不同，而記載用辭也不同；孔子因生於定、哀之時，所以對
於事件的批評，只能用「微辭」，如此一來，既能表達自己的意見，又不致於
犯禁。所以因三世的不同，而採不同的用辭與情感，這具有「智不危身」而
「安其身」的自保效果。「張三世」一科，在董仲舒的思想體系中，並無特殊
的地位，在《春秋繁露》的其他篇章中也未見發揮。〔註4〕

　　到了東漢何休，不但接受了董仲舒「所見、所聞、所傳聞。」十二世三
等的分法。《春秋公羊經傳解詁》「隱公元年十二月子益師卒」條下云：

所見者，謂昭、定、哀，己與父時事也；所聞者，謂文、宣、成、
襄，王父時事也；所傳聞者，謂隱、桓、莊、閔、僖，高祖、曾祖
時事也。異辭者，見恩有厚薄，義有深淺，時恩衰義缺，將以理人
倫，序人類，因治制亂之法，故於所見之世，恩己與父之臣尤深，
大夫卒有罪無罪皆日錄之，丙申季孫隱如卒是也；於所聞之世，王
父之臣恩少殺，大夫卒無罪者日錄，有罪者不日略之，叔孫得臣是
也；於所傳聞之世，高祖、曾祖之臣恩淺，大夫卒有罪無罪皆不日，
略之也，公子益師無駭卒是也。

同時接著又加以推衍：

於所傳聞之世，見治起於衰亂之中，用心尚麤觕，故內其國而外諸
夏，先詳內而後治外。……於所聞之世，見治升平，內諸夏而外夷
狄。……至所見之世，著治太平，夷狄進至於爵，天下遠近小大若

〔註4〕 至於三科的其他二科。在「異內外」方面，《春秋繁露・王道》云：「親近
以來遠，故未有不先近而致遠者也。內其國而外諸夏，內諸夏而外夷狄，
言自近者始也。」主要說明施政順序應「自近及遠」，並沒有特別的涵義。
在「通三統」方面。此乃董仲舒，乃至於整個漢代公羊學說發展的重點，
這是因為時代背景使然。經由秦、漢大一統之後，改制的需要十分迫切。
因此必須有一個史觀能為朝野所共同接受，同時為改制提供一學理上的依
據。在這種時代背景底下，董仲舒吸收了鄒衍「五德終始說」的循環史觀，
創立了「三統說」，即「黑統」、「白統」、以及「赤統」。若將三統與三代相
配，則夏為黑統、商為白統、周為赤統；三代之後，也就是繼周而起的朝
代，又從黑統開始。如此終而復始，循環往復。基本上，「通三統」是一個
循環的史觀，說明朝代的更迭是正常而必然的。它可以說為漢朝的建立，
提供了理論依據。

一，用心尤深而詳。

何休在三世的劃分上與董仲舒一致。但他突破了董仲舒「與情俱也」的情感因素和筆法特色，增添了簡單的社會歷史內容。將「異內外」與「張三世」結合。從而描述出魯國的歷史：「所傳聞」世，處於亂世之中，諸侯割據，華夏尙未統一，各諸侯只能「內其國而外諸夏」；到了「所聞」世，政治逐漸升平，諸侯割據結束，華夏統一，於是「內諸夏而外夷狄」；最後到「所見」世，天下進入太平，成大一統，「夷狄進至於爵，遠近大小若一」。在此何氏描繪出一種「進化」的歷史觀。〔註5〕

到了清代中葉以後，常州學派興起，公羊學漸盛。「三世」思想的發展，到了龔自珍開始受到重視。首先，在三世史觀的建構方面。龔自珍〈乙丙之際著議〉中說：「吾聞深於《春秋》者，其論史者，曰：書契以降，世有三等，三等之世，皆觀其才。才之差者，治世爲一等，亂世爲一等，衰世別爲一等。」（《定盦文集》，頁8）他將「張三世」解釋爲「治世」、「亂世」、以以「衰世」。這與原本的公羊三世 —— 據亂（所傳聞世）、升平（所聞世）、太平（所見世）不同，同時也不合乎「世越後越治」的原則。然而龔氏所重視的，並不在「三等之世」，而是「人才」，尤其是「衰世」的人才問題。其次，龔自珍認爲「三世非徒《春秋》法」，可以運用至其他典籍。例如〈洪範〉八政配三世」、「公劉之詩於三世何屬也？……有據亂、有升平。」他擴大、延伸了「張三世」的適用範圍，以「三世」的模式去理解《詩》、《書》等古籍。

到了魏源，將區分魯史的「張三世」，適用範圍擴大到整個中國歷史：「三皇以後、秦以前，一氣運焉；漢以後、元以前，一氣運焉。」（《古微堂内集》，三：十）在「氣運」遞變當中，隱約指出了一種歷史循環的模式。更重要的是在「氣運」循環變換的模式底下，魏源提出了變法的主張。他說：「天下無數百年不弊之法，無窮極不變之法，無不除弊而能興利之法，無不易簡而能變通之法。」（《古微堂外集》，（淮南，1878）七：十六）

廖平乃魏源之後的公羊大家，同時也是影響康有爲思想由古文經轉向今

〔註5〕 但是何休所提到的魯國「三世史」，並不符合眞實的魯國歷史。因爲在《春秋》中，魯國越後越亂。如昭、定、哀之際，不是大一統的太平世，而是日趨分裂的時期。因此何休說昭、定、哀爲「太平世」，只是「文致太平」，即理想中的太平。

文經的關鍵人物。廖平在三世思想的發展上，主要是在魏源變法的要求下，提出一套具體變法的制度與方向。他選擇了《禮記》中的〈王制〉，將它說成是孔子的「素王新制」，並強調〈王制〉中「二伯」和「方伯」的地位。「以今制喻之，京師如周，南北洋大臣如二伯，行省督撫如方伯。」（《何氏公羊春秋十論》）他以清末的政軍制度與〈王制〉相比附，目的在藉由突出「二伯」、「方伯」的地位，來強化南、北洋大臣及督撫的功能。言下之意則是希望藉由地方大臣來領導維新。

　　以上是公羊學說中「張三世」思想的發展歷程。如果以這個淵源和康有為的三世說作比較，則可以輕易地發現，康氏傳承的部分，遠遠超過獨創的地方。理由是：

　　1. 在何休的公羊思想中，首先，三世的遞變已隱含「進化」的意味，但限於魯史，到了魏源已突破魯史，而至中國歷史發展。到了康有為將其適用範圍擴及全世界，「乃因其所生之國而立三世之義，而注意於大地遠近大小若一之大一統。」（《孔子改制考・敘》）乃至於全宇宙，都包含在「三世進化」的原則之下。

　　2. 龔自珍認為「三世非徒《春秋》法」，可以運用至其他典籍。將「三世」的運用，突破《春秋》、《公羊傳》的原本範疇，甚至用以解《詩》、《書》等。故康有為也可以用「三世說」，遍註儒家經典，以及詮釋人類文明社會的各種現象。

　　3. 魏源以三世為「氣運」的必然循環，所以「天下無數百年不弊之法」，進而主張變法，將三世的循環與變法的必要相結合。這一點康有為扣得最緊。所以他提倡「三世進化之義」，無異在宣揚變法維新。

　　4. 廖平以「王制」為變法的藍圖，以南、北洋大臣及督撫作為推動變法維新的主角。相較之下，康有為則以西方政治、文化發展為中國變法努力的範本，而以光緒，乃至於康氏自身，擔負起變法維新的工作。

　　基於以上的理由，可見康有為「三世進化之義」乃是繼承傳統公羊學說中「三世」的觀念。可以說是集大成者，而非獨創者。但是康氏的說法，還是有其新意，主要在他將中國的三世思想和西方學術相結合，指出了中國變法維新的方向。由於康有為對西學，以及西方文化有某種深度的認識，再加上西醫曾有救命之恩，這樣的認識與經歷，必然使其相信，解決中國當前的困境在於西學、「智學」；而中國努力的方向，和西方文化走向是相同。所以

他模仿基督教而爲孔教，將美國華盛頓比喻爲中國的堯、舜，〔註6〕而中國未來太平世的政治型態即爲西方的民主政治。因此，所謂的「三世」也就成爲一種步驟、一段向西方學習的歷程。然而若要直接宣揚這個概念，使一般士人接受，恐怕不容易，除非在傳統學術找到可以依附的理論架構，當然最好的，莫過於與孔子扯上關係，借用孔子名義來推行西學則效果最大。因此，三世之義就成爲孔教的主要教義。

三世的更替與進化，乃是時間的，同時也是制度的。康氏將西方制度、精神與三世相互比附。如「《春秋》亂世討大夫，升平世退諸侯，太平世貶天子。」（《孔子改制考·孔子爲制法之王考第八》）不過在《孔子改制考》中，由於主旨在於考證孔子改制的「事實」，對於三世之制的內容，反而著墨不多。不過在康氏後來的另一部作品 —— 孟子微，其中有更爲詳細的描述，〔註7〕茲將該書中政治、經濟方面的三世之制製表如下：

表 10-1　三世制度進化表

		據　亂　世	升　平　世	太　平　世
政治方面		家天下	家天下	公天下
		文王	文王	堯、舜、華盛頓
		封建諸侯	授民權、開議院	民主政治
		去太夫	去諸侯	去天子
		重刑		
		尙君主	君民共主	民主政治
		議貴之條	犯罪皆同	
		以力服人		以德服人
經濟方面		人少，專於農田	人繁，兼於工商	一切皆成爲大公司
			田產平均，人人無甚富貧	均無貧、安無傾
		貢	助	徹

當然以「孔子改制」作爲變法理論的依據，其中政治方面的改革，即民主

〔註6〕　《孟子微·總論第一》云：「後世有華盛頓其人，雖生不必中國，而苟符合舜、文，固聖人所心許也。」又「華盛頓之高蹈大讓」（〈性命第二〉）「讓天下如堯、舜、華盛頓，舍身家如佛，立心思之魂靈者也。」（〈心身第三〉）「……華盛頓……，大義獨倡，爲太平世之永法矣！」（〈同民第十〉）

〔註7〕　請參考拙著碩士論文「康有爲《孟子微》研究」第五章、第四節〈三世進化與西方制度的比附〉。

精神的嚮往，當然也就成爲改制的重點。在本書卷十一〈孔子改制託古考〉，考證孔子將其改制思想假託於古人，在託古的對象當中，康氏認爲孔子最心怡堯、舜，因爲此二人具有「君主禪讓」的精神形象，這同時也是民主精神的表現。故本卷之後，接著爲〈孔子改制法堯舜文王考第十二〉，說明了孔子改制效法堯舜禪讓的精神。亦即在暗示孔子改制所蘊含的民主方向。「緒論」云：

> 堯、舜自讓位盛德，然太平之盛，蓋孔子之七佛也。《孝經緯》所謂「託先王以明權。」孔子撥亂升平，託文王以行君主之仁政，尤注意太平，託堯、舜以行民主之太平。

同時，康氏認爲六經也隱含了孔子政治進化的方向，如「《詩》託始文王，《書》託始堯、舜，《春秋》始文王終堯、舜。」所以記載孔子改制的《春秋》，「始文王終堯、舜」，即「始君民共主（文王）終民主政治（堯舜禪讓）」。《春秋》的功能，在於指引中國政治由君主集權，過渡到君主立憲，而終至民主政治。

第四節　孔教的聖經

孔子既然「創教改制」，必然要有一部「聖經」記載「教義」。這方面，康有爲承繼今文經家的說法，以六經皆爲孔子所作，其中《詩》、《書》、《禮》、《樂》爲早年所作，《春秋》與《易》則爲「晚年定論」。〔註8〕故六經即爲孔教的聖經。〔註9〕孔子改制即孔子教義皆記載六經，其中又以《春秋》最爲重要，「《春秋》始文王終堯、舜」（《孔子改制考·孔子改制法堯舜文王考第十二》）「蓋《春秋》有三世進化之義，爲孔子聖意之所寄，孔子之所以賢於堯舜，功冠生民者，在是。」（《孟子微·總論第一》）

在《孔子改制考》一書中，卷七〈儒教爲孔子所創考〉有「孔子創儒後其書謂之儒書」一項。康氏認爲孔子創儒教而有「儒書」，正如佛教有佛典、道教有道藏、基督教有聖經一樣。儒書乃指六經而言。卷九〈孔子創儒教改制考〉引《論衡·對作》：「孔子作法五經，運之天地，稽之圖象，質於三王，施於四海。」康氏註云：「此爲孔子作六經之明證」，又卷九末有「孔子作經

〔註8〕 《孟子微·闢異第十八》云：「《詩》、《書》、《禮》、《樂》爲孔子早年所作；而《春秋》、《易》爲晚年定論。」

〔註9〕 「《六經》皆孔子所作」，但孔子在《論語》中自謂「述而不作」，對於這個矛盾，康有爲解釋爲：「孔子改制，皆託之三代，故曰『述而不作』。」（《萬木草堂口說·孔子改制》）

以改制」一項，徵引《春秋緯》等文獻，證明「秦、漢諸子，無不以六經爲孔子所作」，而作經的目的則在於「改制」。卷十爲〈六經皆孔子改制所作考〉則全卷專考孔子作六經之「事實」。〔註10〕

　　康氏盛讚孔子的神聖與偉大，所謂：「孔子爲教主，爲神明聖王，配天地，育萬物，無人、無事、無義不圍範于孔子大道中，乃所以爲生民未有之大成至聖也！」康氏認爲在漢代之前，孔子的地位是相當極高的：

> 漢以前咸知孔子爲改制教主，知孔子爲神明聖王。莊生曰：「《春秋》經世先王之志。」荀子曰：「孔子明智且不蔽，故其術足以爲先王也。」故宰我以爲賢于堯、舜，子貢以爲生民未有也。

康氏認爲孔子地位之所以崇高，主要的原因在於制作六經：

> 孔子之爲教主，爲神明聖王，何在？曰：在六經。六經皆孔子所作也，漢以前之說莫不然也。學者知六經爲孔子所作，然後孔子之爲大聖，爲教主，範圍萬世而獨稱尊者，乃可明也。知孔子爲教主、六經爲孔子所作，然後知孔子撥亂世致太平之功，凡有血氣者，皆曰被其殊功大德，而不可忘也。漢前舊說猶有存者，披錄而發明之，拯墜日于虞淵，洗茅霧于千載，庶幾大道復明，聖文益昭焉。

歷史幾乎沒有任何一部古籍，可以描述孔子的神聖，記載孔子事蹟的《論語》，以及史作《春秋》，兩者與孔子神奇的角色，並不能相映。「而求孔子之大道乃無一字，僅有弟子所記之語錄曰《論語》，據赴告策書鈔謄之斷爛朝報曰《春秋》耳。若《詩》、《書》、《禮》、《樂》、《易》皆伏羲、夏、商、文王、周公之舊典，于孔子無與。」果眞如此，那麼孔子不就等同於伏生、申公一類的經師，甚至連鄭康成、朱子等都比不上。所以康氏以「循環論證」的方式：因爲孔子是偉大的教主，所以六經這樣的巨作必然出於孔子；同時也因爲孔子著作六經，所以他是偉大的教主。

　　依照康氏的說法，凡孔子所作謂之「經」，即《詩》、《書》、《禮》、《樂》、《易》、《春秋》等六經。故傳統所謂「十三經」中，除了孔子所作《詩》、《書》、《禮》、《易》等四經外、其他皆爲「僭僞紛乘，經名謬甚。」「皆由不知孔子所作乃得爲經之義」。康氏認爲五經當中，以《春秋》最能保留孔子改制的「微言大義」，可是現存的「十三經」中，竟然缺《春秋》一經，且「經」、「傳」不分，「皆由不知孔子所作乃得爲經之義」因此，他認爲有重新「正名」，導

────────────────

〔註10〕請參考本書第六章〈孔子的創教〉

正世人錯誤觀念的必要：

> 今正定舊名，惟《詩》、《書》、《禮》、《樂》、《易》、《春秋》爲六經，
> 而于經中雖《繫辭》之粹懿，《喪服》之敦慇，亦皆復其爲傳，如《論
> 語》、《孟子》、《大》、《小戴記》之精粹，亦不得不復其爲傳，以爲
> 經佐，而《爾雅》僞《左》咸黜落矣，今正明（名）于此。

因此，康氏認爲只有《詩》、《書》、《禮》、《樂》、《易》、《春秋》等六部可以
稱之「經」。六經的作者全爲孔子，內容乃孔教教義之所在，目的則在寄託改
制的思想。

第五節　孔教的門徒

　　康有爲認爲任何的宗教或學說創立之後，都需要有後人、門徒加以發揚，
然後才得以大盛，「若佛教之有龍樹，基督教之有保羅。」因此，孔教也不例外：

> 一教主之起，……必有魁壘雄邁，龍象蹴踏之元夫巨子，爲之發明
> 布濩，而後大教盛。……若佛教之有龍樹，基督教之有保羅是也。
> 孔子改制創教，傳於七十子，其後學散布天下，徒侶六萬，於是儒
> 分爲八，而戰國時孟、荀尤以巨儒爲二大宗。（《孟子微・自序一》）

孔教經「七十子」、「徒侶六萬」、以及孟、荀二大弟子的傳佈，達到了「天下
咸歸依孔子」的空前盛況。

　　《孔子改制考》卷六爲〈墨老弟子後學考〉，此乃總結前面諸子並起創教、
改制、爭教互攻、最後墨、老二派勝出，而有弟子後學加以流傳。至於儒教
的部分，則由卷七，直到書末，共十五卷，皆在考證、敘述孔子創教改制的
相關思想，但這些目次中，卻不見如「儒教弟子後學考」的卷次。但是卷十
八〈儒墨最盛並稱考〉、卷十九〈魯國全從儒教考〉、卷二十〈儒教徧傳天下
戰國秦漢時尤盛考〉、卷二十一〈漢武帝後儒教一統考〉等四卷，其內容除了
說明儒教興盛過程，另一方面，藉由考證儒教弟子後學的眾多，證明儒教的
興盛。關於這部分，可參考本書第九章〈孔教的興盛〉。

　　傳統認爲孟子與荀子，乃孔門的二大弟子，康氏基本上也認同，除此之
外，他更推崇公羊學家董仲舒。卷十七〈儒攻諸子考〉「緒論」云：

> 興國者必平僭僞，任道者必攘異端。異說詭瑣怪偉，足以惑世誣民，
> 充塞大道。爲儒之宗子，爲儒之將帥，張皇六師，無害寡命以推行

大道，固守聖法，豈得已哉。……當諸子之朋興，天下之充塞，而
摧陷廓清，道日光大。戰國則偏行天下，後世則一統大教。孟、荀
揚其鑣，董子定其業。嗚呼！儒家而編功臣傳耶，其淮陰、中山哉！

康氏並不認同思想多元化發展的意義，他站在儒家的立場，將其他諸子皆視
爲「異端」，且必須加以「攘除」。而在這消滅異端、摧陷廓清的功勞上，以
孟子、荀子、以及董仲舒最爲有功。然而康氏對於三人的評價並不相同，茲
分論如下：

一、孟 子

在卷十七中，康氏引《孟子‧滕文》：「聖王不作，諸侯放恣，處士橫議，
楊朱、墨翟之言盈天下。……能言距楊、墨者，聖人之徒也。」註云：

孟子終日以明孔道、闢楊、墨爲事，至引三聖自比，攻之以洪水猛
獸，屬其詞如此。率子弟闢之，謂能距楊、墨即爲聖，其樹之標、
立之黨也如此。聖門有此堅勁之師，此楊、墨所以敗績矣。

孟子以及後學弟子持續對墨家學說的批評，「此楊、墨所以敗績矣。」康氏在
此推崇孟子「攘除異端」的功勞。

康氏於光緒十九年著《孟子爲公羊學考》；光緒二十八年，逃亡海外，於
印度大吉嶺時，著《孟子微》。康氏詮釋《孟子》重在公羊義，即改制思想的
闡揚。在本書中，他提到孔學的傳承。康氏認爲孔子之道包含甚廣，幾乎無
所不至，而最得意的弟子顏淵又早歿，所以後出的弟子在傳承上，難免有「不
能盡傳」的遺憾。所謂：「嗟夫！蓋顏子早歿，而孔子微言大義不能盡傳矣。」
（《孟子微‧自序一》）在這種無奈下，於是造成孔學「分傳」的現象，「大道
遂爲天下裂」，「後學各得其一體」。

首先，在「三世進化」的教義傳承方面。《孟子微‧闢異第十八》云：

子貢傳太平之學，曰：「我不欲人之加諸我，吾亦欲無加諸人。」人
己皆平。……有子傳升平之學，其傳在子游、子張、子夏，而子游
得大同，傳之子思、孟子。曾子傳據亂世之學，故以省躬寡過爲主，
規模少狹隘矣。曾子最老壽，九十餘乃卒，弟子最多，故其道最行。
而有子亦早卒，其道不昌，於是孔子之學隘矣！此儒教之不幸也。

康氏認爲孔門後學當中，以有子與曾子二派最盛，理由是：「《論語》開章於
孔子之後，即繼以有子、曾子。又孔門諸弟子皆稱字，雖顏子亦然，惟有子、

曾子稱子，蓋孔門傳學二大派。」「而有子、曾子爲巨子宗師也」。在三世教義的傳承上，子貢得太平之學、有子得升平之學、曾子得據亂世之學。由於曾子的長壽與弟子的眾多，故孔教據亂世之學最盛，這是孔教的不幸。至於有子升平之學，傳予子游、三傳子思、孟子。但在此似乎有一問題，即康氏認爲有子既得「升平」之學，再傳子游、子思、孟子時，三人何以得「大同之道」，即太平之學，不知爲何？

　　其次，在六經的傳承方面。《樂》由於容易流失，不易保存，故只剩五經。康氏云：「荀卿傳《禮》，孟子傳《詩》、《書》及《春秋》」（《孟子微・自序一》）可見孟荀二大弟子並未得《易》的傳承。康氏爲此感到遺憾：「夫孟子不傳《易》，寡言天道之精微，於孔子天地之全，尚未幾焉！」但由於《春秋》乃孔子「晚年定論」，「蓋《春秋》有三世進化之義，爲孔子聖意之所寄。」所以基本上，「孟子乎眞得孔子大道之本者也」，「孟子乎眞孔門之龍樹、保羅乎」，孟子還是得孔子的眞傳的。

二、荀　子

　　相對孟子的孔子之眞傳，荀子則得「孔子之粗末也」。原因在於荀子在六經的傳承方面，僅得《禮》一經：

> 禮者，防檢於外，行於當時，故僅有小康據亂世之制，而大同以時未可，蓋難言之。……蓋禮以防制爲主，荀子傳之，故禮經三百，威儀三千，事爲之防，曲爲之制。故荀子以人性爲惡，待隳括之，傳小康據亂之，道蓋得孔子之粗末者也。（同上）

康氏認爲人性也會隨著三世進化，即由性惡而至性善。由於荀子得《禮》，而《禮》的目的在於「防制爲主」，故僅適合據亂世的性惡，不能行於太平世的性善。故荀子在孔教的傳承上，在六經方面得《禮》一經，而在三世進化的教義上，爲據亂世之學。

　　雖然荀子得孔子之粗末，但在攘除異端的功勞上，爲弟子後學中，乃「最有力焉」。《孔子改制考》卷十七〈儒攻諸子考〉「儒攻諸子總義」中，康氏首引《荀子・非十二子》、〈天論〉後，註云：

> 孔子之道，六通四闢，無乎不在，諸子之學悉受範圍。然當時諸子改制紛如，競標宗旨，守一偏以自高異，天下學者靡然從風。荀子特揭其所短，指其所蔽，極力偏攻。儒教光大，荀子最有力焉。

在本卷中，康氏認爲儒家主要的批評者有三人，即「孟、荀揚其鑣，董子定其業。」三人當中，又以荀子最具代表性。由於闢教有功，所以荀子在光大儒教上，荀子最有力焉。

　　除了闢教有功之外，康氏相當賞賜荀子對孔子的詮釋。卷十〈六經皆孔子改制所作考〉「緒論」中云：「漢以前咸知孔子爲改制教主，知孔子爲神明聖王。莊生曰：『《春秋》經世先王之志。』荀子曰：『孔子明智且不蔽，故其術足以爲先王也。』」「明智且不蔽」出於《荀子・解蔽》：「孔子仁智且不蔽，故學亂術，足以先王者也。」康氏樂於荀子標榜孔子「知」的方面，同時與「仁」並稱。在孔子改制思想中，常見康氏徵引「孔子仁智」一語。蓋康氏認爲西方之強盛，乃在於智（知）學之興，知學即西學，這完全符合孔子改制的方向，即向西方效法、引進西方學術。康有爲意識到中國變法維新，唯一的途徑就是西學，而非傳統的道德與修身，所以如果能強調「智」又能與「仁」並稱，相輔相成，如此的儒學特色，最適宜作爲清末改制變法的代言人。

三、董仲舒

　　以同樣身爲公羊學者，康氏對於董仲舒的推崇，高於所有儒家人物。《萬木草堂口說・春秋繁露》云：「董子微言大義，過於孟、荀。」「董子窮理過於荀子，荀子過於孟子。」光緒十九年（1893）著《春秋董氏學》[註11]〈自序〉云：

> 然大賢如孟、荀，爲孔門龍象，求得孔子立制之本，如《繁露》之微言奧義不可得焉。董生道不高於孟、荀，何以得此？……善乎王仲任之言曰：「文王之文，傳於孔子；孔子之文，傳於仲舒。」故所發言軼荀超孟，實爲儒學群書之所無。若微董生，安從復窺孔子之大道哉！

對於董仲舒的推崇，遠遠超過孟、荀，並以董仲舒爲孔子的眞傳。正如上文所言，儒教的傳播，「孟、荀揚其鑣，董子定其業。」孟、荀所擔任的角色，乃攘除異的開路先鋒，至於定儒教之大業者，乃董仲舒也。在《孔子改制考》

〔註11〕　本書〈自序〉末署：「光緒十九年癸巳七月」，然《自編年譜》光緒二十年甲午條末云：「著《春秋董氏學》及《孔子改制考》。」不知何者爲是？本書首次由上海大同譯書局於光緒二十三年冬刊行，分八卷六冊；其後廣州演孔書局，於光緒二十四年重刻。戊戌、庚子兩次奉旨毀版。其後，作爲《萬木草堂叢書》之一種，於民國6年（1917）重刊。

中，康氏屢稱董仲舒。原因有二。首先，董仲舒發明孔子改制之義。卷八〈孔子爲制法之王考〉云：「董子醇儒，發改周受命之說，昭晰如是。」「孔子爲改制教主，賴董生大明。」「知有事而不知有義，于是孔子之微言沒，而《春秋》不可通矣。尙賴有董子之說得以明之。」其次，建議漢武帝「罷黜百家獨尊儒術」。卷二十一〈漢武帝後儒教一統考〉云：「大業一統于董子，故爲群儒首。此漢高之韓信，藝祖之曹彬，明祖之徐達也。故論功作配，應以董子充四配之列。」由於《春秋繁露》，使得孔子改制大義得以流傳於後世，同時也由於董仲舒的努力，使得儒教終於一統天下。因此康氏對於董仲舒相當推崇，並作爲效法的對象。所以孔子改制、孔教運動，對康氏而言，基本上，乃自許繼承董仲舒而來的。

由以上的探討，可知康氏將原本屬於哲學範疇的儒家思想，轉換成宗教性的儒教、孔教。《宗教辭典》中，關於宗教的定義：

> 社會意識形態之一，上層建築的一部分。相信在現實世界外還存在著超自然、超人間的神秘境界和力量，主宰著自然和社會，因而對之敬畏和崇拜。……在宗教的發展過程中，陸續出現了由信教者組織成的宗教組織、專職教務人員和教階體制。各種宗教還形成了自己的教義信條、神學理論、清規戒律和祭儀制度等，而且日趨複雜多樣。

若以這個定義，來檢視康氏對孔教的塑造，在「清規戒律」與「祭儀制度」等，《孔子改制考》中，提到的較少；相對地，在「教義信條」提到的較多，至於孔教主，則相當符合「相信在現實世界外還存在著超自然、超人間的神秘境界和力量，主宰著自然和社會，因而對之敬畏和崇拜。」所以在康氏的塑造下，孔教基本上是可以成立的。

第六節　孔教運動

康有爲提倡「孔教」，除了滿足變法的需要之外，另一個重要的目的，那就是抵制西方的宗教侵略。由於道光二十四年（1844）簽訂的《中法黃埔條約》，規定天主教士可以在通商口岸自由傳教；咸豐八年（1858）簽訂的《中英天津條約》，規定耶穌教、天主教士可以在中國內地傳教，於是西方教會迅速地深入到中國城鄉各地。康氏指出，西方國家在世界各地傳播宗教，剛開

始以教爭取當地人民，其後則借宗教爭端的機會攻取該國。這就是所謂的「教案」。當時西方的宗教侵略，引起中國人民的不滿和反抗，因此發生了許多教案問題。西方殖民主義者常常利用教案問題，或通過外交壓力，或藉由武裝侵略，迫使清廷簽訂新的不平等條約。康有爲沉痛地指出這一事實 —— 教案之難，天下畏之。貴州之案、鎮江之案、天津之案、膠州之案等，都引起了嚴重後果，甚至割削土地。而「彼教堂遍地，隨在可以起釁。」數十年來，西方天主教、耶穌教橫行中國，「士民爲其所誘者，日多一日，尋至挾教力以割吾地，弱吾國，其患不可勝言。」（《請尊孔聖爲國教立教部教會以孔子紀年而廢淫祀摺》）因此，如果中國也有定於一尊的國教，那麼就可以與基督教、天主教相抗衡。

在光緒二十一年的「公車上書」，即〈上清帝第二書〉中，首次建議立孔教爲國教。這個提議的動機有三，一來藉此挽救日益敗壞的人心；二來提倡經世之學；三則藉由提倡孔教，制衡外來宗教的入侵，所謂「扶聖教而塞異端」，此乃最主要的動機：

> 然近日風俗人心之壞，更宜講求挽救之方。蓋風俗弊壞，由於無教。士人不勵廉恥，而欺詐巧滑之風成；大臣託於畏謹，而苟且廢弛之弊作。而六經爲有用之書，孔子爲經世之學，鮮有負荷宣揚，是外夷邪教，得起而煽惑吾民。直省之間，拜堂棋布，而吾每縣僅有孔子一廟，豈不可痛哉！

因此，康氏希望由朝廷出面主其事，首先，立孔教爲唯一的國教。「令鄉落淫祠，悉改爲孔子廟，其各善堂、會館俱令獨祀孔子。庶以化導愚民，扶聖教而塞異端。」其次，立道學科，遴選「傳教士」：

> 今宜亟立道學一科，其有講學大儒，發明孔子之道者，不論資格，並加徵禮，量授國子之官，或備學政之選。其舉人願入道學科者，得爲州、縣教官。其諸生願入道學科者，爲講學生。

如此一來，則可儲備傳教人材，培訓傳教士。最後，派傳教士到各鄉落，講明孔子之道，甚至可以出國傳播孔教：

> 其道學科有高才碩學，欲傳孔子之道於外國者，明詔獎勵，當給國子監、翰林院官銜，助以經費，令所在使臣領事保護，予以憑照，令資游歷。若在外國建有學堂，聚徒千人，確有明效，給予世爵。……且借傳教爲游歷，可調夷情，可揚國聲，莫不尊親，尤爲大義矣。

由以上康氏的建議可知，有很大的成分，乃模仿西方傳教士的模式。主要目的在於抗衡當時基督教的傳播。

　　光緒二十三年正月到桂林，與唐薇卿、岑雲階議開「聖學會」，「獨尊孔子以廣聖教」。假廣仁善堂以供孔子。行禮之日，士夫雲集，威儀甚盛。康氏起草章程序文，敘述緣起：

> 天下所宗師者，孔子也。……頃梧州通商，教士蝟集，皆獨尊耶穌之故，而吾乃不知獨尊孔子以廣聖教，……本堂創行善舉，特奉孔子，如勸賑、贈醫、施衣、施棺諸善事，開辦有年。今欲推廣，專以發明聖道，仁吾同類，合官紳紳士庶而講求之，以文會友，用廣大孔子之教爲主。……今本堂創設此會，略仿古者學校之規，及各家專門之法，以擴見聞而開風氣。上以廣先聖孔子之教，中以成國家有用之才，下以開愚氓蚩陋之習，庶幾不失廣仁之義云爾。

在〈會章〉中，康氏標舉「聖學會」的活動，主要有五項：

> 一曰庚子拜經：「每逢庚子日大會，會中士夫衿帶陳經行禮，誦經一章，以昭尊敬。」

> 二曰廣購書器：近年西政、西學，日新不已，實則中國聖經之義，議院實謀及庶人，機器則開物利用，……今擬合中國圖書陸續購鈔，而先搜其經世有用者，西人政學及各種藝術圖書，皆旁搜購採，以廣考鏡而備研求。

> 三曰刊布報紙：「今之刊報，專以講明孔道，表彰實學，次及各省新聞，各國政學，而善堂美舉，會中事務附焉。」

> 四曰設大義塾：「茲特設大義塾，增聘通人掌教，以育冠髦之士，課以經學爲本，講求義理、經濟，旁及詞章及泰西各學。」

> 五曰開三業學：「泰西之富，不在治砲械軍兵，而在務士農工商。農工商之業，皆有專書千百種，……今翻譯其書，立學講求，以開民智。」

> （〈兩粵廣仁善堂聖學會緣起附會章〉）

　　由以上可見，聖學會「以尊孔教救中國爲宗旨」。「孔教」、「救國」、「西學」乃康氏的「三位一體」，在「救國」的目的下，以「孔教」爲體、而以「西學」爲用。其所有思想與努力，皆不外於此。

　　光緒二十四年，在「百日維新」期間，他正式奏議光緒皇帝，仿照西方基督教的形式，成立「孔教會」。在〈請尊孔聖爲國教立教部教會以孔子紀年

而廢淫祀摺〉中。康氏反對中國傳統民間的多神信仰：

> 惟中國尚爲多神之俗，……鄉曲必廟，禱賽是資。而牛神蛇鬼，日
> 竊香火；山精木魅，謬設廟祠，于人心無所激屬，于俗尚無所風導，
> 徒令妖巫欺惑，神怪驚人，虛糜牲醴之資，日竭香燭之費。而歐美
> 游者，視爲野蠻，指像傳觀，以爲笑柄，等中國于爪哇、印度、非
> 洲之蠻俗而已。

康氏認爲中國民間習俗，向來爲多神信仰，甚至牛神蛇鬼、山精木魅，都成爲祭祀的對象。如此一來，不但日竭香燭之費，徒令妖巫欺惑，且爲歐美國家所訕笑，視同野蠻的民俗。職是之故，康氏希望光緒皇帝藉由朝廷之力，嚴禁淫祀。模仿基督教，提倡一神教：

> 然旋觀歐美之民，祈禱必于天神，廟祀只于教主，七日齋潔，膜拜
> 誦其教經，稱于神名，起立恭默，雅琴合歌，一唱三歎，警其天良，
> 起其齊肅，此眞得神教之，而又不失尊教之心。

相較於基督教的上帝，中國若要提倡一神教，該獨祀誰呢？康氏認爲傳統神祇中的文昌、觀音、關帝等，都比不上敬祀孔子來得有教化的意義：

> 即祀文昌，或謂一星，或謂張亞子，何功何德，而妄祀之？即觀音
> 慈悲可奉，乃一印度之尼；關帝忠義可尊，不過奉《春秋》之遺教，
> 而今家家祭祀，地地崇奉，則吾國自有教主，《春秋》作自先聖，何
> 不直祀孔子，同奉教主，不更足以感動人之仁慈忠信哉？

康氏認爲朝廷應立孔教爲國教。由中央立教部、地方設教會，並定期舉行宗教儀式，會中講解四書六經：

> 夫舉中國人皆孔教也，將欲令治教分途，莫若專職業以保守之，令
> 官立教部，而地方立教會焉。首宜定制，令舉國罷棄淫祀，自京城
> 野省府縣鄉，皆獨立孔子廟。聽人民男女，皆祠謁之，釋菜奉花，
> 必默誦聖經。所在鄉市，皆立孔教會。公舉士人通六經四書者爲講
> 生，以七日休息，宣講聖經，男女皆聽。

關於鄉、縣、府、省等孔教講生的遴選辦法，康氏的建議爲：

> 講生兼爲奉祀生，掌聖廟之祭祀灑掃。鄉千百人必一廟，每廟一生，
> 多者聽之。一司數十鄉，公舉講師若干，自講生選焉。一縣公舉大
> 講師若干，由講師選焉。以經明行修者充之，並掌其縣司之祀，以
> 教人士。或領學校，教經學之席。一府一省，遞公舉而益高尊，府

> 位曰宗師，省曰大宗師。其敎學校之經學亦同。此則于明經之外，
> 爲通才博學者矣。合各省大宗師公舉祭酒老師，耆碩明德，爲全國
> 敎會之長，朝命即以爲敎部尚書，或曰大長可也。

除此之外，康氏在此摺中，建議光緒皇帝，立孔子生年爲中國的紀年：

> 抑臣更有請者，大地各國，皆以敎主紀年，一以省人記憶之力，便
> 于考據；一以起人信仰之心，易于尊行。日本無敎主，亦以開國二
> 千五百年紀元，與其時王明治年號並行。一以貴當王，一以便考古。
> 若吾國歷朝數十，閏帝數百，年號幾千，記述既艱，考據不便，苟
> 非通博專門，令人不知何世。既爲前代，無關尊王。不若以敎主紀
> 年，更于敎有補。

以孔子生年爲紀年的優點：一來，便於學術上考據之用；二來，使得孔敎更加尊崇，「行孔子紀年以崇國敎」。

此外，在題爲〈請商定敎案法律，釐正科舉文體，聽天下鄉邑增設文廟，並呈《孔子改制考》，以尊聖師保大敎絕禍萌摺〉的奏議中，建議成立「孔敎會」，其中要點有：

1. 開孔敎會，以衍聖公爲總理，由入會士庶公舉督辦、會辦、分辦，分別管理各級孔敎會。
2. 皇上舉行臨雍之禮，令禮官議訂尊孔之典，天下淫祠皆改爲孔子廟，士庶男女膜拜祭祀。
3. 選生員爲各鄉縣孔子廟祀生，專司講學，日夜宣講孔子忠愛仁恕之道。
4. 孔敎會與禮部的關係，如軍機處之與內閣，總署之與理藩院。

以上建議包括了敎會機構、宗敎儀式、宣道職司、敎義內容、以及政敎分離的立敎原則。其中除敎義內容之外，均是仿照西方基督敎設計的。

提倡「孔敎」可以與基督敎、天主敎相抗衡，抵擋外國宗敎的侵略，間接達到救國、愛國的目的。所謂：「政敎各立，雙輪並馳。」「國勢可張，聖敎日盛。」同時將孔子塑造成「敎主」，比原本「素王」的身分來得高，這對於推行變法而言，相對地多了一分「宗敎性」與「權威性」。民國成立之後，康有爲仍然繼續提倡孔敎運動，直到民國六年，「復辟運動」失敗，孔敎運動才漸漸地銷聲匿跡。於孔敎運動的提倡，使得康有爲獲得「孔敎之馬丁・路德」的稱號。

第十一章 結 論

　　《孔子改制考》徵引漢代之前的古籍共六十八種，二千零六二條引文，共分二十一卷，證明孔子爲儒教之教主，並具有改制的思想。光緒二十四年（1898）五月二十九日，孫家鼐上摺彈劾康有爲及其《孔子改制考》云：

　　　「孔子制法稱王」一篇，雜引讖緯之書，影響附會，必證實孔子改制稱王而後已，言《春秋》既作，周統遂亡，此時王者即是孔子。無論孔子至聖，斷無此僭亂之心，即使後人有此推尊，亦何必以此事反覆徵引，教化天下？

他建議光緒，將其書中，凡有關「孔子改制稱王」字樣，「明降諭旨，亟令刪除。」（《皇朝蓄艾文編》卷上）孫氏的建議，代表傳統士大夫對《孔子改制考》的態度，一來，說明了該書確實相當醒目，具有一定的影響力；二來，「何必以此事反覆徵引」，說明康有爲「心虛」，如果孔子改制，乃天下人皆知之事，又何必反覆考證？若就前幾章的探討來看，《孔子改制考》，也就是考證孔子改制的事實，並不能算是成功！

第一節　《孔子改制考》的缺失

　　《孔子改制考》的缺失，可以分爲兩個層面，分別爲「形式方法」與「內容主旨」兩方面的缺失：

一、形式方法方面

　　在《孔子改制考》體例形式與詮釋方法上的缺失，計有「體例不一」、「分

類矛盾」、「斷章取義」、以及「過度推衍」等弊病。分論如下：

（一）體例不一

　　就篇章結構而言。在卷名後，往往接有目次，排列本卷考證的主題、對象、以及先後的次序。然而順序的前後，似乎不具用意。且本書二十一卷中，並非每一卷皆有目次，有目次者，共計十三卷；至於無目次者，共計八卷。如此一來，則形成體例不一的現象。

　　就卷次項目而言。《孔子改制考》的重點，在於「孔子改制」，然而就改制的項目而言，卷九〈孔子創儒教改制考〉、卷十一〈孔子改制托古考〉、卷二十一〈武帝後儒教一統考〉等三卷，皆提到改制的具體項目，然而卻都不盡相同，出入不小！不知何者爲是？又何以不加以統一？

（二）分類矛盾

　　分類矛盾的現象，主要見於康氏對諸子分派的前後不一，如卷二〈周末諸子並起創教考〉、卷三〈諸子創教改制考〉、卷四〈諸子改制託古考〉、卷五〈諸子爭教互攻考〉，其中的「諸子」分類不盡相同。尤其是道家人物最易混淆，如楊朱、韓非子、莊子、淮南子等。

　　以莊子爲例。在卷二〈周末諸子並起創教考〉「道家創教」老、莊同爲道家；卷三〈諸子創教改制考〉「棘子成原壤老子改制」老子與棘子成、原壤合併，而莊子並不在改制的諸子當中；卷四〈諸子改制託古考〉有「老子託古」、「莊子託古」兩項，老、莊分爲二家；卷五〈諸子爭教互攻考〉皆言「老攻某」，而不言道攻某，亦不見莊子；卷六〈墨老弟子後學考〉正文與附表皆列有莊子，可見在此，莊子爲老子弟子後學。附表註云：「莊周雖從田子方，而歸本老子，故列老學。」但卷十康氏註云：「莊子學出田子方，田子方爲子夏弟子，故莊生爲子夏再傳，實爲孔子後學。」可見莊子到底是歸儒？歸道？康氏實有矛盾！

（三）斷章取義

　　在本書二十一卷的引文中，常見康氏徵引文獻時，有斷章取義的現象。如卷七〈儒教爲孔子所創考〉考證「孔子創儒顯證」首引《鹽鐵論·論儒》：「禮義由孔氏出。」註云：「儒教禮制義理，皆孔子所制，此條最可據，蓋漢諸儒皆知之。」（同樣的引文與註文，亦出現於卷九〈孔子創教改制考〉中）。《鹽鐵論·論儒》的主旨，主要是「御史」與「文學」雙方在爭論儒家學派

的價值。御史抨擊孔、孟的學說，並無法達到「安國尊君」的效果。且言行不一，「有是言而行不足從也」，並舉孔子見南子爲例，說明儒家自違禮義。御史曰：「男女不交，孔子見南子，非禮也。禮義由孔氏出，且貶道以求容，惡在其釋事而退也？」可見如果由上下文來看，「禮義由孔氏出」一語，乃在諷刺孔子言行不一。但是康氏只截取自己需要的重點，認爲據此可斷定孔子定禮制義理而創儒教。

（四）過度推衍

對於文獻指涉過度推衍的現象，乃康氏在《孔子改制考》中，最爲嚴重的弊病。這種現象，尤其發生在證明孔子改制的項目上，如卷九〈孔子創儒教改制考〉中，考證「孔子定刑罰之制」，只有一條引文，那就是《荀子‧正論》：「殺人者死，傷人者刑，是百王之所同，未有知其所由來者也。」荀子認爲「殺人者死，傷人者刑」的刑制，幾乎是百王不變定律，但未言此一刑制由誰所定，但康氏認爲乃孔子所定。這種推斷已相當具有爭議，然而進一步認爲荀子並非眞不知「殺人者死，傷人者刑」的由來，同時刑罰之制也並非「百王所同」，而是孔子所制定。而最後的結論就是孔子制定一切刑罰。雖然本卷「緒論」云：「今採傳說發其一隅，以待學者引伸觸長焉。」但是只以一條引文作爲證據，同時又過度曲解推衍，這種「引伸觸長」也未免「觸」得太「長」了。

康氏過度推衍的手法，甚至重新詮釋對方語意，轉負面批評爲正面讚賞。如《鹽鐵論‧毀學》：「儒、墨內貪外矜，往來游說栖栖然，亦未爲得也。」康氏註云：「孔子爲行道救時計，凡有所以行吾道者則爲之，故曰『內貪』；不直則道不行，故曰『外矜』。往來游說，雖未有得，亦『栖栖然』而不止。亦可見傳道之勤矣。」註文與引文意義正好完全相反，在此，引文根本失去了徵引的意義。這不禁令人懷疑，康氏所謂的考證，需要徵引文獻嗎？因爲他原本無視於引文的原意。

二、內容主旨方面

在《孔子改制考》內容與主旨方面的缺失，註文中最明顯可見者有三：

（一）關於思想流派興盛的原因

關於墨子學說的特色，在卷五〈諸子爭教互攻考〉中，康氏認爲墨學，

乃至於老學之所以興盛的原因，在於其學說「切於人情」：

> 墨子本孔子後學，楊子爲老子弟子。戰國時，諸子雖並爭，而兼愛
> 以救人，爲我以自私，皆切於人情，故徒屬極眾，與孔子並。故當
> 時楊、墨與儒相攻最多。

墨家「兼愛以救人」、道家「爲我以自私」，「皆切於人情，故徒屬極眾，與孔子並。」這說明康氏認爲一個學說派別的興盛，重要原因之一，在於學說「切於人情」。思想的主要目的在於實踐理想，實踐的操持爲眾人，故切於人情的學說，必然易於付諸實踐，反之，太過於精細，則因不切於人情而不易施行，所謂：「至理精言，凡不可乎人情者，必不能大行。佛說微妙而不能盡人從之，儒術以人治人，故人人可從。」

然而在卷十七〈儒攻諸子考〉中，康氏認爲墨學太苦，「不切於人情」，乃「役夫之道」，「雖獨能任，奈天下何！」「墨子之道所以敗績也，其道高而難行」：

> 孟子無君子莫治野人，無野人莫養君子，上下有等，孔子之義也。
> 墨子主張兼愛、尚同、無差等之義，不與先王同。然其道大觳，耗
> 悴莫甚，役夫之道也。莊子謂墨子雖獨能任，奈天下何，是也。墨
> 子之道所以敗績也，其道高而難行，非孔子中庸之義，故荀子極力
> 攻之。

康氏認同莊子對墨學弊病的看法，認爲墨道太苦，不合於人情。這已與卷五之說相互矛盾，然而他又進一步認爲「節用苦行」可以風動天下，他以墨子之徒陳仲子爲例：

> 仲子宗旨雖不可考，而孟子攻其亡親戚君臣上下，則其說與佛氏略
> 同，但有妻耳。其苦行亦與佛同，故能風動天下。趙威后至欲殺之，
> 想以其無君也。顯違孔子之道，故孟子不得不攻之。

「其苦行亦與佛同，故能風動天下。」「苦行」既違反人情，何以能風動天下？又「墨子雖獨能任，奈天下何，……墨子之道所以敗績也，其道高而難行。」可見墨學是否切於人情？或其道高而難行？節用苦行是墨者之敗績？亦或風動天下之由？康氏的說法相當夾雜。

此外，在儒家學派興盛的原因之一，乃來自朝廷君主的提倡。這在《孔子改制考》中，康氏強調這個因素。如卷二十〈儒教偏傳天下戰國秦漢時尤盛考〉「儒教盛行於戰國」中，提到戰國時儒教盛行，最具代表性的有二十五人，這

些人士都受到朝廷的禮遇，爲官參政。這代表儒家學說受到重視，藉由朝廷禮遇儒者，故可證明「儒教盛行於戰國」。到了卷二十一〈武帝後儒教一統考〉「兩漢學人皆從儒教」中，康氏引《漢書・孝武本紀》：「建元元年，丞相綰奏：所舉賢良，或治申、商、韓非、蘇秦、張儀之言，亂國政，請皆罷，奏可。」註云：「諸教進用者罷斥，故無人再從異教者。」在此，康氏間接說明了，朝廷態度對學派興盛與否，具有絕對的影響。當然本卷所徵引的文獻，也都指出了漢帝乃造成儒學全面興盛的最大助力。然而，卷十四〈諸子攻儒考〉中，針對《淮南子・人間訓》：「哀公好儒而削。」的說法，康氏反駁云：「戰國人多以魯好儒而削，爲儒罪。其實哀公未嘗聽用孔子也。」由於魯國的衰落乃爲一不爭的史實，康氏亦不得不承認，「儒不尙詐謀，不言兵，故國弱」。但同時也提出「然魯人從儒，其君實未專用儒道也」作爲辯護。不僅魯國未專用孔子之道，漢代亦然。如云：「井田爲孔子所立，……漢亦未有行此制，故漢人猶攻之。」「孔子之制，不征山澤，不言錢幣，漢廷俗吏溺守舊法，豈肯用之？」然這與上文二卷中，強調朝廷支持儒教的說法，相互矛盾。

（二）關於劉歆破壞孔教的說法

在《孔子改制考・敘》中，康氏提到武帝時，孔教一統天下，盛況空前，但不久後，卻遭到王莽、劉歆君臣的迫害，「聖制萌芽，新歆遽出，僞《左》盛行，古文篡亂。」劉歆僞作的古文經說，篡亂、替代孔教的今文經說；以《左傳》取代了《公羊》；尊周公而將孔子降爲「先師」的地位。如此一來，儒教的發展，以及三世進化之義皆隨之湮沒。

然而卷二十一〈武帝後儒教一統考〉，康氏徵引史書等文獻，共計三百九十一條之多，證明「自漢武帝後，崇尙儒學。」考證漢武帝後，朝廷對於經學教育的重視。如王莽、光武與明帝等皆熱衷於興建太學，康氏甚至認爲明帝時「孔學之行，古今爲最盛矣」；而昭、宣、元、成、平等帝，皆有增員博士弟子。其後章帝的「白虎觀」經學會議，甚至到了東漢末年的靈帝，還是相當重視經學，在蔡邕的建議下，刻成「熹平石經」，康氏云：「今欲考孔子正字，當以邕石經爲定。邕所書《公羊》、《歐陽尙書》，蓋今學正宗也。」可見他也認爲到了東漢末年，尙可見「今學正宗」。可見儒學並未被王莽、劉歆君臣所破壞。

（三）關於改制的方向與主軸

卷十三〈孔子改制弟子時人據舊制問難考〉中，提到孔子改制的項目，

共十項，二十一次。喪禮之制共九次，其中三年之喪有五次。康氏云：「儒教至戰國既大行，而時人猶多據舊制以攻孔子之制者。三年喪、親迎尤爲數見。可見改制之難。」在本書註文中，三年之喪即出現四十三年之多，成爲「孔子改制」中，最具有代表性的範例。如果再加上本書提到的其他的禮儀，則可以發現，康氏所謂孔子改制的項目中，禮制改革佔大多數，其中喪禮即佔所有改制項目的四分之一。又卷十四〈諸子攻儒考〉中，康氏認爲執「禮」，尤其是主持婚、喪等儀式性的典禮，乃儒者的「專業」：

> 婚冠喪祭，相禮必以儒者，如佛之齋醮故事。蓋禮爲孔禮，舍孔門
> 外無知之者也。亦可見諸儒行道之苦心矣。後世冠婚喪事一以巫祝
> 主之，而儒者又不知禮節，無怪孔教之日衰也。

在此之前，康氏一直將儒教的衰落，歸咎於劉歆的破壞。但在此，康氏認爲「禮」乃儒者的專業。這個專業後爲巫祝所取代，而儒者又不知禮節，「專業之失傳」，成爲孔教日衰的原因。如果康氏將孔子改制的重點，放在禮制的改革上，尤其是喪葬之禮，那麼孔子充其量不過是一個關心民生的「殯葬業者」。那麼在清末提倡孔子改制思想，就缺乏實際的意義了。

以上的分析探討如果成立的話，那麼《孔子改制考》並不能算是很成功的作品，我們甚至可以懷疑，在康氏的心裡，眞的相信有「孔子改制」這一回事嗎？這是相當值得懷疑的。在上清帝的七次上書中，康氏曾建議成立「孔教會」，至於「孔子改制」一事則未提及，反倒提倡西學者，比比皆是。所以如果以「體用」的模式來看，變法之「用」在於西學，西方社會乃康氏變法所追求的方向；至於「體」則在孔子，故「孔子改制」不過是康氏的託古，主要目的在於塑造一個變法的教主，爲清末維新運動揭開序幕。

第二節　《孔子改制考》在思想史上的意義

雖然《孔子改制考》在清末變法上，發揮不了實際的作用；但在中國思想發展上，卻有它的意義。蕭公權先生在《康有爲思想研究》中，認爲康有爲自有其缺點與錯誤，他並不是聖人。他的努力失敗，也不能說是英雄。雖一度頗受人注目，但情況迅即轉變。然而在思想的領域中，康氏的改制思想與烏托邦理想，對中國思想史有重要貢獻。同時也因爲此一貢獻，將使得他受到學術界的重視。

　　《孔子改制考》為康有為的主要代表作之一，被梁啟超比喻為學界的「火山大噴火」、「大地震」。本書主旨在將孔子塑造成一創教改制的教主，這個角色是經過康氏「創意」再造的，並不等於原來的孔子。它所呈現的是思想的「運用」，而不是歷史的「真相」。也就是如何將一個歷史人物，原本屬於思想哲理範疇的孔子，改造成一由聖而神的虛構神祇。在這個塑造的歷程中，一個思想學說就這樣完整地呈現出來，所以相當適合作為思想研究的對象。

　　在《孔子改制考》二十一卷中，提到的思想現象很多，其中最大而明顯的議題有「思想產生的背景」、「思想立論的方法」、「思想批評的現象」、以及「學派興衰的緣由」等，分論如下：

一、思想產生的背景

　　康氏認為中國思想到先秦（周末），之所以出現百家爭鳴的現象，其背景在於「上古茫昧」，其後經過二千年智性的累積，到了先秦而出現了諸子百家。《孔子改制考》卷一為〈上古茫昧無稽考〉，所謂「上古」的界限，包含夏、商、周三代之前。上古因時間的久遠故茫昧無從稽考：

> 人生六七齡以前，事跡茫昧，不可得記也。開國之始，方略缺如，
> 不可得詳也。況太古開闢，為萌為芽，漫漫長夜，舟車不通，書契
> 難削，疇能稽哉？

這是經驗法則，屬於合理的推斷。康氏認為上古之所以茫昧，主要的原因有三。首先，在於「時間久遠」。康氏云：「後世一代之興，名賢名士傳述充棟，功績典章志略彌滿，而五帝時人與政無一傳者，可見茫昧極矣。」「太古至于今日，年數固不可勝紀，伏羲已來三十餘萬歲，賢愚、好醜、成敗、是非無不消滅。」因此，上古之前的歷史，不管是人物或事件，皆時間久遠而使得後人有若存若亡、若覺若夢的混沌茫然之感。其次，在於「典籍喪失」。上古因為時間的久遠，就有可能造成歷史典籍的喪失。最後，即「削簡艱難」。古代書寫工具的不便，所謂「書契難削」，也是造成上古之所以茫昧的主因之一。

　　在卷二〈周末諸子並起創教考〉中。康氏認為諸子的出現，乃是「積」的結果，所謂「積愚而後智生焉」，為大禹治水之後，中國二千年來，智性累積的結果。這是進化的必然結果，「不可遏靡」：

> 洪水者，大地所共也。人類之生皆在洪水之後，故大地民眾皆葭萌
> 於夏禹之時。積人積智，二千年而事理咸備。於是才智之尤秀傑者，

> 蜂出挺立，不可遏靡；各因其受天之質，生人之遇，樹論語，聚徒
> 眾，改制立度，思易天下。

這種說法的弊病相當明顯。根據上一卷的主旨而言，上古是茫昧，「時間久遠」、「典籍喪失」、「削簡艱難」的，那麼如何「積智」？又二千年來的眾人之智，如何累積到某一諸子身上？雖然如此，但是康氏至少說明思想的產生是需要時代背景，同時也要經過長時間的文化蘊蓄。

除此之外，在本卷中，康氏同時又提到「思想的目的」以及「思想的局限」。首先，在「思想的目的」方面，傳統觀念多認為諸子思想的主要目的，在於「學以救之弊」，康氏亦不外於此，他認為諸子立說的目的，在於希望以思想改變制度，所謂「改制立度，思易天下。」其次，在「思想的局限」方面，所謂「各因其受天之質」，「惟其質毗於陰陽，故其說亦多偏蔽，各明一義，如耳目鼻口不能相通。」可見他們的局限不是後天努力、或智性累積不夠，而是來自先天秉氣的不全。這是先天的，也是後天努力所不能克服的宿命。這個局限所造成的結果，那就思想理論的「偏蔽」。康氏這種說法的目的，在於藉由諸子學說的偏蔽，來襯托孔子學說的「全面」、「無所不至」。蓋孔子在後天方面，乃「積諸子之盛」；在先天方面乃「蒼帝降精」，為神人轉世，「其尤神聖者」。故可以為「諸子之卓」，而「其道本神明，配天地，育萬物，澤萬世，明本數，係末度，小大精粗，六通四闢，無乎不在。」(《孔子改制考·敘》)。這其中當然包含康氏對孔子，乃至於自己變法思想的期許與誇張，但可以說明思想的建立之初，思想家是有所針對與偏重，所以由各個角度來檢驗某一思想學說，其「偏蔽」勢所難免！

二、思想立論的方法

在《孔子改制考》中，康氏提到諸子立論的方法，最主要的是託古的運用。諸子的託古見於卷四〈諸子改制託古考〉，孔子的託古則卷十一〈孔子改制託古考〉。

首先，就託古背景而言。諸子之所以可以任意假託，原因在於卷一的「上古茫昧」，「由於書缺籍去，混混茫茫，然後諸子可以隨意假託。」其次，就積極目的而言。「託古」之所以可以達到宣傳效果，主要的原因，在於它滿足了「厚古而薄今」的人情需要。同時重要的道理或新說，易令人起疑不信，故「遷遠難信」的學說，更需要託古。否則易陷入「無徵不信」的窘況。再

次，就消極目的而言。託古可以遠禍。以孔子爲例，所謂「布衣改制，事大
駭人，故不如與之先王，既不驚人，自可避禍。」因爲學說如不託古，下不
足以取信於民，上則可能得罪於君。康氏云：

> 《春秋》以新王受命，而文王爲受命之王，故假之以爲王法，一切
> 制度皆從此出，必託之文王者，董子《繁露》所謂「時詭其實以有
> 所諱也」。必如是而後可以避禍，而後可以託王。

又卷九〈孔子創儒教改制考〉云：「但世多是古而非今，故不得不託先王以明
權，且以遠禍矣。」

　　「託古」是思想家宣傳自己的學說、說服他人的重要技巧。蓋思想往往
具有改革，或異於時代價值者，在這種情況下，將學說假託於古人，請先王
「代言」，說服力必然大於思想家本人出面宣傳。所以託古也就成了中國思想
中，常見的技巧。康氏將託古現象與技巧，提出來徵引、考證、以及評論，
這對於中國思想方法的探討上，相當具有功勞！甚至可以進一步假設：「託
古」，乃以「時間的長短」作爲價值的判斷，那麼「空間的大小」，是否也可
以作爲「託」的對象？如天、地，乃至於出自天的人性等，是否也可以作爲
假託的對象，以及立論的基礎。

三、思想批評的現象

　　《孔子改制考》中，提到思想批評，即所謂「爭教互攻」的有卷五〈諸
子爭教互攻考〉、卷十三〈孔子改制弟子時人據舊制問難考〉、卷十四〈諸子
攻儒考〉、卷十五〈墨老攻儒尤盛考〉、卷十六〈儒墨爭教交攻考〉、卷十七〈儒
攻諸子考〉等六卷。康氏並不認同思想可以多元發展，所以他認爲諸子的互
相批評是必然，正如動盪的時代中，群雄並起而爭奪天下。就康氏而言，思
想批評不是客觀的探討評論某一思想學說，而是一種「排他性的攻擊」。藉由
爭教、護教的言論往來，最後儒教技冠群雄，於「漢武帝後儒教一統」。

　　在卷五中的註文中，歸納諸子互攻的原因有三，即「學說的偏蔽」、「衛
道的心理」、以及「宗旨的不同」。尤其在「宗旨的不同」方面，最容易引發
學派之間的互攻。如：

> 戰國之世，儒、墨後學盛行於時，韓非目擊其所傳之道，與己之法
> 大相刺謬，遂倡言剖擊，謂無耕之勞，有富之實；無戰之危，有貴
> 之尊。一則曰亂人之法，再則曰亂人之國。

諸子對於儒家的批評，主要集中於「繁文縟節」、「重禮好樂」等。如《史記・孔子世家》：

> 景公説，將欲以尼谿田封孔子。晏嬰進曰：「夫儒者滑稽而不可軌法，倨傲自順不可以爲下，崇喪遂哀，破産厚葬，不可以爲俗，游説乞貸不以爲國。……今孔子盛容飾，繁登降之禮，趨詳之節，累世不能殫其學，當年不能究其禮。」

相對地，儒家則批評諸子「不符於禮」如引《論語・八佾》「管氏而知禮，孰不知禮？」又如《説苑・修文》：

> 孔子曰：「可也，簡。」簡者，易野也，易野者，無禮文也。孔子見子桑伯子。子桑伯子不衣冠而處。弟子曰：「夫子何爲見此人乎？」曰：「其質美而無文，吾欲説而文之。」孔子去，子桑伯子門人不説，曰：「何爲見孔子乎？」曰：「其質美而文繁，吾欲説而去文。」故曰：文質修者謂之君子，有質而無文謂之易野。子桑伯子易野，欲同人道於牛馬，故仲弓曰太簡。

相對於儒家的「繁縟」，諸子則因缺乏禮文，而顯得「簡野」，這也就成了儒家批評諸子的重點。

思想批評乃思想建立之後，必然產生的現象。它的作用不僅如康氏所謂「爭教互攻」的負面意義，同時也具有其正面功能，那就是對思想學説的內容，作一探討與評價。康氏徵引相當多的文獻，證明諸子之間的相互批評，所以如果能藉此將先秦諸子之間的批評，如《莊子・天下篇》、《荀子・非十二子篇》、《史記・論六家要旨》、《漢書・藝文志》、《淮南子・要略》等具有代表性的評論，加以整理歸納，探討先秦兩漢思想批評的動機、標準、方法等，甚至往後延伸，整理出「中國思想批評史」，果眞如此，對於豐富的中國思想，將會有更爲深刻的了解。

四、學派興衰的緣由

《孔子改制考》註文中，常見關於諸子學派興盛與衰落的緣由，尤其是儒、墨二家。

（一）關於儒墨學派興盛的原因

康氏提到儒墨二家之所以興盛的原因有許多，可以歸納爲三個方面，即

「學說特色」、「門徒傳承」、以及「朝廷抑揚」等。

1. 在學說特色方面

儒墨二家在學說內容方面的優點，主要有三：

（1）行仁救世的學派宗旨。在卷十八〈儒墨最盛並稱考〉中，康氏認為到了戰國時，諸子紛紛衰落消失，而儒墨二家得以最盛並稱，主要的原因在於二者強調行仁、兼愛的救世精神：

> 夫原儒、墨所以最盛者，豈不以行仁兼愛哉？人道莫不賴於仁，固非爲我之私所可比矣；然墨道節用、非樂，薄父子之恩，失生人之性，其道枯（稿）〔槁〕太觳，離天下之心，天下弗堪，咸歸孔子，豈非聖人之道得中和哉？

雖然儒、墨學說宗旨相較之下，墨家太偏、太苦，不如儒家的中和、符於人性。但其救世的主張，使其學派仍得以傳承光大於世，故到了漢代，並可與儒家並稱，「然漢人尚以墨翟與孔子並稱，項羽雖敗，漢人獨立本紀，豈非兼愛尚同之遺烈耶？」

（2）學說內容重制度實學且符合人情。就學說內容而言，康氏認為儒墨重實，諸子多虛，也是儒、墨興盛的原因之一：

> 戰國以還，稱博聞勤學者，必以孔、墨爲稱首，而諸子不與焉，其並名如此。蓋孔子、墨子皆以學問制度勝人，諸子多空虛，非其比也。雖宜於時者，墨不如孔，而荀勝孟，朱勝陸，後人皆荀、孟並稱，朱、陸對舉，正與此同。（卷十八）

雖不清楚「孔子、墨子皆以學問制度勝人，諸子多空虛。」究竟何所指？但孔墨重實，多涉及學問制度。由於儒墨多重視學問制度等實學，使學說在實踐較「切於人情」，「故徒屬極眾」。這基本上與儒墨行仁兼愛的救世宗旨是相通的。

（3）擅用託古使人嚮往。康氏認為儒墨學說不但多爲制度等實學，而且懂得利用託古，營造崇高的理想，令人景仰。康氏云：「儒、墨並稱而謂之皆稱先王，兼愛天下。……惟稱先王則於古有徵，惟兼愛則生民共慕，此所以萬流向風而諸子不能比之也。」儒家利用人心「貴古賤今」的人情心態，將學說託古於先王，描述出一古代的太平盛世；墨家提倡兼愛，營造出平等互利的社會遠景。儒墨崇高的理想，使人景慕，進而產生追求實踐的動力。這是諸子不能比，而且是儒墨之所以大行者的原因。

2. 在門徒傳承方面

在卷六〈墨老弟子後學考第六〉「緒論」中，康氏認爲在學派的傳承中，門徒角色相當重要。所謂「大教之行，各有龍象。其教力之所噓吸，皆有聰敏堅強之士爲之先後、疏附、奔走、禦侮焉。」儒墨的傳承亦然。

首先，在墨子弟子方面。墨子弟子人數眾多。《淮南子・泰族訓》云：「墨子服役者百八十人，皆可使赴火、蹈刃、死不還踵，化之所致也。」康氏註云：「則墨子以死爲教，確乎其爲任俠之傳哉！耶穌及摩訶末徒眾僅十二，猶能大成，況此百八十乎？」康氏認爲耶穌與穆罕默德創教時，門徒皆只有十二人，終爲世界性的大教，何況墨子有百八十人，焉有不盛的道理，故《呂氏春秋・當染》云：「孔、墨之後學顯榮於天下者眾矣，不可勝數。」《孟子・滕文》云：「楊朱、墨翟之言盈天下，天下之言不歸楊則歸墨。」康氏徵引後註云：「孟子去墨子、楊子爲時不遠，而其徒盈天下，其道亦可謂盛矣。」

墨子後學弟子人數不但多，而且還有一共同的特色，那就是風格剽悍，「赴火、蹈刃、死不還踵」，質勝於文：

> 墨道尚俠，以友失國之故而爲之死，弟子以其師故而爲死者至百餘人，輕身尚氣，與西教之十三傳弟子皆喪身獅口略同。蓋專以悍勝，不必其精義也。然悍則可畏矣。（卷六）

又云：

> 當時孔、墨二家徒屬彌滿天下，故韓非二家爲顯學，王公大人愛子弟皆從之學，蓋呂氏時，兩教之人中分天下矣。時孔子雖未一統，有墨梗之，亦已得半，傳教亦極速哉！墨子後孔子數十年，而徒屬半天下，則尤速矣，眞儒教之勁敵也。蓋墨子悍甚，故傳極速。（卷十八）

康氏認爲墨家發跡，晚於儒家數十年，而後能與儒家並稱，成爲儒教的勁敵，原因在於「墨子悍甚」，墨徒行事風格相當積極剽悍所致。這樣的門徒性格，到了漢代則化身爲「遊俠」。「游俠之風開於墨氏，故所載游俠諸人，皆列爲墨子後學。」

其次，在孔子弟子方面。在卷十四〈儒攻諸子考〉「緒論」中，康氏說明了儒家弟子的重要責任，在於「攘除異端」：

> 興國者必平僭僞，任道者必攘異端。異說鬼瑣怪偉，足以惑世誣民，充塞大道。爲儒之宗子，爲儒之將帥，張皇六師，無害寡命以推行

大道，固守聖法，豈得已哉。《傳》曰：「執德不宏，信道不篤，焉
能爲有？焉能爲無？」當諸子之朋興，天下之充塞，而摧陷廓清，
道日光大。

康氏站在儒家的立場，將其他諸子皆視爲「異端」，「異說詭瑣怪偉，足以惑
世誣民，充塞大道。」必須加以「攘除」，所謂「興國者必平僭僞，任道者必
攘異端。」「而摧陷廓清，道日光大。」也唯有排除異己，儒家才能興盛光大。
而在這消滅異端、摧陷廓清的功勞上，以孟子、荀子、以及董仲舒最爲有功。
康氏云：「戰國則偏行天下，後世則一統大教。孟、荀揚其鑣，董子定其業。
嗚呼！儒家而編功臣傳耶，其淮陰、中山哉！」這三人只是代表性的人物，
至於其他弟子後學，更到達了「殊方絕域莫不景從」的盛況。

3. 在朝廷抑揚方面

　　朝廷君主的喜好、態度，對於儒墨學派的發展，具有決定性的影響。
　　首先，在墨家方面。康氏認爲墨學之盛，朝廷利祿的助長，亦是助力之
一：

墨子極能薦其徒屬弟子於時王，如游耕柱於楚，使管黔游游高石子
於衛，游公尚過於越，使勝綽事項子牛。而其弟子得祿，待其師友
極厚，故其徒屬甚盛。（卷六）

康氏認爲墨子擅於推薦其徒屬於朝廷，受到重用，可見利祿對於墨學傳佈有
正面的效用。

　　儒家最後得以由諸子之中脫穎而出，最主要的原因之一，在於漢武帝的
罷黜百家獨尊儒術。故卷二十一〈漢武帝後儒教一統考〉中，推行儒家學術
的主角，主要不是孔門弟子，而是漢世帝王、皇后、諸侯等。康氏引《漢書·
儒林傳》：「自武帝立五經博士，開弟子員，設科射策，勸以官祿，訖於元始，
百有餘年，傳業者寖盛，支葉蕃滋，一經說至百餘萬言，大師眾至千餘人。」
註云：

古無學校選舉，三桓七穆，只有世卿。雖顏、冉龍翰鳳雛，曾、閔
蘭薰雪白，不登孝廉，豈有甲乙？自孔子譏世卿，立科舉，田野之
秀乃有登進。《春秋》雖改制而未行，至漢武乃始創行之，迄今二千
年，雖少有更變，大端仍自漢武始。漢武之功亦大矣！

自漢武帝始，立經學博士，於是儒學成爲選舉人材的重要標準，這對儒學的
興盛，有絕對的幫助。故康氏推崇「漢武之功亦大矣！」

（二）關於儒墨學派衰落的原因

《孔子改制中》中，提到儒學的衰落主要有三點，即「利祿的腐化」、「專業的喪失」、以及「後學的墮落」；至於墨學則有四點，即「學說偏蔽」、「其道太苦」、「辯爭失利」、以及「朝廷抑禁」等。

1. 在思想學說方面

首先，就儒家而言。在康有爲的心目中，孔子乃蒼帝降精，神人轉世，且「積諸子之卓」，所以儒家學說思想本身是完美無缺的。

其次，就墨家而言。

（1）「學說偏蔽」。相較於「凡人」身分的墨子，由於「因其受天之質」，「惟其質毗於陰陽，故其說亦多偏蔽，各明一義。」這也就成爲墨家學說先天的必然局限。

（2）「其道太苦」。墨家學說，除了先天學說偏蔽的缺失之外，墨學最引人詬病，在於「其道太苦」。所謂「墨道不行，以其太苦。莊生固謂離天下之心，天下不堪。」「莊子以爲其道太苦，使民憂悲，去王遠矣，最確。」這說明墨家學派之所以衰落的原因。

（3）「太淺失實」。此外，康氏還認爲墨家學說尚有太淺失實的弊病。康氏引《論衡·薄葬》：

> 墨議不以心而原物，苟信聞見，則雖效驗章明，猶爲失實。失實之議難以教，雖得愚民之欲，不合知者之心，喪物索用，無益於世。此蓋墨術所以不傳也。

〈薄葬篇〉旨在反對當時厚葬的風俗，提倡薄葬。王充認爲當時厚葬風俗之所以愈演愈烈，原因在於儒、墨兩家，對於死人到底有知還是無知，未加以清楚論述。王充曰：「聖賢之業，皆以薄葬省用爲務。然而世尚厚葬，有奢泰之失者，儒家論不明，墨家議之非故也。」於是墨家以死人有知卻薄葬，儒家以以死人無知反而厚葬，這就造成了「薄厚不相勝」的矛盾。所以本篇的目的旨在闡明「死人無知，厚葬無益。」故就王充的觀點而言，墨家的理論太淺，往往無法充分支持其主張，所以「雖效驗章明，猶爲失實。」這就是墨家學說最大的弊病，也是墨術之所以不傳的原因。康氏相當推崇王充的見解，所謂「王仲任實實推求墨學所以致敗之由，漢人亦寡此高識。」

2. 在門徒傳承方面

首先，在儒家方面。康氏認爲孔門弟子後學上，造成儒家衰落的主因有二：

（1）「專業的喪失」。在卷十四〈諸子攻儒考〉中，康氏認為「禮」乃儒者的專業，這個專業後為巫祝所取代，而儒者又不知禮節：

> 婚冠喪祭，相禮必以儒者，如佛之齋醮故事。蓋禮為孔禮，舍孔門
> 外無知之者也。亦可見諸儒行道之苦心矣。後世冠婚喪事一以巫祝
> 主之，而儒者又不知禮節，無怪孔教之日衰也。

由於「專業之失傳」，成為孔教日衰的另一原因。

（2）後學的墮落。在卷十四中，康氏引《論衡·謝短》：「然則儒生不能知漢事，世之愚蔽人也。」「夫總問儒生以古今之義，儒生不能知，別名以其經事問之，又不能曉。斯則坐守，何言師法？不頗博覽之咎也。」接著感慨地表云：「後漢最崇儒術，百官盡用儒生，然詆訾墮落猶如此，況後世乎？」「合上二條觀之，漢儒生已如今日從事八股者之陋，不通古今，不諳經義，宜劉歆得出而奪之。」可見後學的墮落，乃儒家衰亡的重要原因之一。

其次，在墨家方面。康氏認為後學在傳承的問題有二：

（1）「後學不及」。在卷十四中，康氏解釋《韓非子·顯學》「墨離為三」時，註云：

> 韓非子以孔、墨為顯學，且明其後學之盛，儒分為八，墨離為三。
> 二教並行，其披倡於周、秦之際者，亦盛矣。……蓋儒、墨爭教，
> 勢力均敵，互相頡頏，而墨子以苦人之道卒敗於孔子，固由後學之
> 不及，亦其道有以致此也。

由於儒、墨在當時併為顯學，所以一起成為韓非批評的對象。在此，康氏同時附帶提出，思想或學派衰落的原因，為「後學之不及」。「儒分為八，墨離為三」，墨家在後學弟子的人數上，不及儒家，故而漸趨失傳凋零。

（2）「辯爭失利」。在卷十七〈儒攻諸子改〉中，康氏引《孟子·滕文》：「聖王不作，諸侯放恣，處士橫議，楊朱、墨翟之言盈天下。……能言距楊、墨者，聖人之徒也。」註云：

> 孟子終日以明孔道、鬥楊、墨為事，至引三聖自比，攻之以洪水猛
> 獸，屬其詞如此。率子弟鬥之，謂能距楊、墨即為聖，其樹之標、
> 立之黨也如此。聖門有此堅勁之師，此楊、墨所以敗績矣。

孟子以及後學弟子持續對墨家學說的批評，「此楊、墨所以敗績矣。」墨子弟子後因「辯爭失利」，使得墨學的傳承出現敗績。

3. 在朝廷抑揚方面

　　首先，在儒家方面。

　　（1）王莽、劉歆君臣的破壞。漢武帝對儒術獨尊，促使儒教一統天下，然其後王莽、劉歆君臣的破壞，使得儒學發展中輟，這個說法在本書已重複多次，故茲不贅述。

　　（2）利祿的腐化。自漢武立五經博士，經學迅速發展，然而在儒道大行、儒生眾多的盛況當中，弊病亦悄然而生。如《漢書·儒林傳》云：「一經說至百餘萬言，大師眾至千餘人，蓋利祿之路然也。」以利祿爲導向，過度重視經學，其弊病也隨之而來。這個現象，康氏也注意到了：「經義僅供帖括文章之用，無關治事。則通學大儒，與筆帖式同矣。」「本朝幾世幾年，漢之儒生猶多不識，陋亦極矣。與今鄉曲之士專窮舉業者同。」又：

> 儒是以教任職，如外國教士之入議院者。其後雜用武夫，世爵高門，詩賦帖括，皆非儒矣。而詩賦帖括託於儒門，而以僞亂眞。至於今日，身爲儒而口不談道，若與俗人同。則教之盡失，而仍以教託之，悲夫！

經學考試成爲利祿之門後，「經義僅供帖括文章之用，無關治事。」於是乎儒家的精神不得不有所喪失，「身爲儒而口不談道，若與俗人同。則教之盡失，而仍以教託之，悲夫！」

　　其次，在墨家方面。康氏認爲墨家至漢代已呈衰勢，「文、景之世尙黃老，故老學大盛，於時墨學已衰。」「蓋兼愛之餘，自流爲俠也。」墨者身分也因此轉「游俠」，「漢武時，崇儒，抑禁俠學，而後墨道廢耳。」至武帝抑禁俠學，於是墨家消失了。

　　經由以上的探討，結論是如果認眞而客觀地分析《孔子改制考》之後，可以說它並不算是很成功的作品，因爲康氏所徵引的文獻，並不能充分支持「孔子改制」的說法；就算孔子眞有改制之舉，重點亦多放在禮制改革方面，這對於清末的追求西學、變法維新，有何助益？雖然《孔子改制考》在清末變法上，發揮不了實際的作用；但在中國思想發展史上，卻有它豐富的意義，儘管說法可能有所偏蔽，但至少他提出了不少有價值的思想議題，以及示範了解決問題的熱忱，故相當值得後人加以探索。更何況康氏能以畢生之精力，對當代政治、社會等問題，貢獻一己之心力，這樣的壯舉，不就是對儒家精神的最佳詮釋嗎？又何必以《孔子改制考》一書中的瑕疵而加以責難！

主要參考書目

1. 《晏子春秋》，晏嬰撰，台北縣：藝文，民國 54 年（1965）。

2. 《孔叢子》，孔鮒撰，台北縣：藝文，四冊，民國 54 年（1965）。

3. 《尸子》，尸佼撰，台北縣：藝文，民國 54 年（1965）。

4. 《說苑》，劉向撰，台北縣：藝文，四冊，民國 54 年（1965）。

5. 《康有爲與戊戌變法》，康同家編，台北：文海出版社，1966 年。

6. 《康南海自訂年譜》，康有爲著，台北：文海出版社，1966 年。

7. 《康南海先生年譜續編》，康文佩編，台北：文海出版社，1966 年。

8. 《管子》，管仲撰、房玄齡注，台北：台灣中華，民國 57 年（1968）。

9. 《戊戌變法人物傳稿》，湯志鈞著，台北：文海（近代中國史料叢刊），民國 65 年。

10. 《康南海先生遺著彙刊》，蔣貴麟主編，台北：宏業書局有限公司，民國 65 年 9 月 30 日。

11. 《康梁師生年譜》：楊克己著，台北：台灣商務，民國 71 年。

12. 《尚書緯》，黃奭編，台北縣：藝文，民國 72 年。

13. 《宗教哲學》，賈詩勒（L.Geisler）著、吳宗文譯，香港：種籽出版社，1983 年 5 月。

14. 《列子》，列禦寇撰、張湛注，北京市：中華出版社，1985 年。

15. 《法言》，揚雄著，北京市：中華出版社，1985 年。

16. 《清末的公羊思想》，孫春在著，台北：台灣商務印書館，民國 74 年 10 月。

17. 《世界十大宗教》，黃心川主編，北京：東方出版社，1988 年 9 月。

18. 《飲冰室全集》，梁啓超著，台北市：文化，民國 78 年。

19. 《廖平學術論著選集》，李耀仙主編，四川：巴蜀書社出版，1989 年 5 月。

20. 《莊子集釋》：郭慶藩輯，台北：華正書局，民國 78 年 8 月（1989）。

21. 《論語》：朱熹集註、蔣伯潛廣解，台北：啟明書局，民國 80 年。

22. 《孟子》：朱熹集註、蔣伯潛廣解，台北：啟明書局，民國 80 年。

23. 《新校本後漢書》，楊家駱主編，台北：鼎文書局印行，民國 80 年 9 月（1991），七版。

24. 《新校本漢書》，楊家駱主編，台北：鼎文書局印行，民國 80 年 9 月（1991），七版。

24. 《荀子》：荀子著，王忠林註譯，台北：三民書局，民國 80 年 11 月，八版。

26. 《墨子》：李漁叔註譯，台北：臺灣商務印書館，民國 81 年 5 月。

27. 《商君書》：賀凌虛註譯，台北：臺灣商務印書館，民國 81 年 10 月。

28. 《史記會注考證》，瀧川龜太郎著，台北：萬卷樓圖書有限公司，民國 82 年 8 月（1993）。

29. 《清代學術概論》，梁啟超著，台北：台灣商務印書館，1994 年 1 月臺二版。

30. 《康有爲傳 —— 孔教之馬丁・路德》，馬洪林著，台北：克寧出版社，1994 年 12 月。

31. 《中國清代宗教史》，李尚英著，北京，人民出版社，1995 年 1 月。

32. 《鹽鐵論》：桓寬著，盧烈紅注譯、黃志民校閱，台北：三民書局，民國 84 年 7 月。

33. 《呂氏春秋》：張雙棣等注譯，台北：建宏出版社，1996 年 1 月。

34. 《中國近三百年學術史》，錢穆著，台北：台灣商務印書館，1996 年 7 月二版。

35. 《吳越春秋》：趙曄著，黃仁生注譯，李振興校閱，台北：三民書局，民國 85 年 2 月。

36. 《韓非子》，張覺譯注，台北：臺灣古籍出版社，1996 年 6 月。

37. 《列子》：列禦寇，莊萬壽注譯，台北：三民書局，民國 85 年 10 月，八版。

38. 《春秋繁露今註今譯》：賴炎元註譯，台北：臺灣商務印書館，1996 年 12 月。

39. 《論衡》：王充著，蔡鎮楚注譯、周鳳五校閱，台北：三民書局，民國 86 年 10 月。

40. 《晏子春秋》：晏嬰，陶梅生注譯、葉國良校閱，台北：三民書局，民國 87 年 8 月。

41. 《孟子微》，康有爲著、樓宇烈整理：北京：中華書局，1987 年 9 月。

42. 《禮運注》，康有爲著，北京：中華書局，1987 年 9 月。

43. 《新學僞經考》，康有爲，上海：上海古籍出版社，1987 年 10 月。

44. 《康有爲全集》上下，康有爲著，上海：上海古籍出版社，1987 年 10 月。

45. 《康有爲思想研究》，蕭公權著、汪榮祖譯，台北：聯經出版事業公司，民國 77 年 5 月。

46. 《康有爲思想研究》，鍾賢培，廣東：廣東高等教育出版社，1988 年 8 月。

47. 《康有爲先生年譜》上下，吳天任撰，台北：藝文印書館，民國 83 年 11 月。

48. 《孔子改制考》，康有爲，北京：中華書局，1989 年 3 月。

49. 《春秋董氏學》，康有爲著、樓宇烈整理，北京：中華書局，1990 年 7 月。

50. 《春秋緯》，黃奭編，上海市：上海古籍出版社，1993 年。

51. 《樂緯》，黃奭編，上海市：上海古籍出版社，1993 年。

52. 《淮南子》：王繼如譯注，台北：建安出版社，1998 年 11 月。

53. 《中國宗教通史》，牟鍾鑒、張踐著，北京：社會科學文獻出版社，2000 年 1 月。

54. 《老子解義》：吳怡著，台北：三民書局，民國 90 年 3 月，初版四刷。